뉴노멀 시대, 아시아의
뉴데모크라시

뉴노멀 시대, 아시아의
뉴데모크라시

New Normal Age, New Democracy in Asia

조원빈 엮음

성균관대학교
출판부

이 저서는 2017년 대한민국 교육부와 한국연구재단의 지원을 받아
수행된 연구임(NRF-2017S1A3A2066491).

머리말

    민주주의의 위기에 대한 논의가 활발하게 이루어지고 있다. 얼마 전까지 민주주의의 위기에 대한 논의는 민주주의 체제 내에서 포퓰리즘의 등장이 민주주의를 위협한다는 반성으로부터 시작되었다. 그러나, 최근에 벌어지고 있는 민주주의의 위기에 대한 논의는 권위주의 체제 국가가 민주주의 체제를 비판하는 방향으로 전환되고 있다. 코로나19 사태가 전 세계로 확산되자 민주주의 체제와 권위주의 체제 구분 없이 이에 대한 각 국가의 다양한 대응과 효과가 직접적으로 비교 대상이 되었다. 이와 함께 미국에서 인종차별 문제를 제기하면서 급속히 확산되고 있는 대규모 거리의 시위가 민주주의 체제의 가치를 다시 돌아보게 만들고 있다.

    이러한 상황을 잘 보여주는 사례가 있다. 중국 관영 언론들은 개발도상국들을 대상으로 중국의 공산당 중심의 '당─국가체제(a one-party-state)'가 서구의 다당제 민주주의 체제보다 우월하다는 것을 노골적으로 선전하고 있다. 중국의 당─국가체제가 이번 코로나19 사태를 '효과적으로' 해결하는 데 원천을 제공했으며, 서구의 다당제 민주주의는 불평등과 인종 및 종교갈등, 폭력을 유발하고 있을 뿐 아니라 개발도상국 국민들의 생명과 재산을 착취하고 있다고 비판한다. 이러한 중국의 비판에 대응해 미국 국무장관 폼페이오(Pompeo)는 "중국 공산당이 아프리카 국가에 지나치게 많은 부채의 짐을 지우고 있다"고 일갈했다.

지난 5월 말 중국 외교부 대변인이 트위터에 글을 올렸다. "I can't breathe" 이것은 미국 흑인 플로이드(Floyd)가 백인 경찰관의 무릎에 눌린 채 죽어가면서 외쳤던 말이다. 중국 외교부 대변인은 이와 함께 미국 정부가 중국의 홍콩 국가보안법 입법을 비난한 성명의 일부분 "전 세계의 자유를 사랑하는 이들은 홍콩인들과 했던 약속을 어기는 중국 공산당에 책임을 물어야 한다"도 올렸다. 미국인들이 대규모 거리시위를 통해 인종차별에 항의하고 있는 미국의 상황을 비웃는 것이다. 1979년 미-중 수교 이후 미국은 항상 중국에 인권과 자유민주주의 문제를 지적해왔다. 아이러니하게도 지금은 중국이 미국에게 인권 문제와 민주주의를 비판하고 있다. 다만, 중국 대변인이 트위트한 "I can't breathe" 내용을 보도한 중국 기사에 비판적인 네티즌들은 "I can't tweet"로 댓글을 달지만 곧 검열로 삭제된다. 중국 정부의 인터넷 통제로 중국 국내에서는 트위터에 접속할 수 없는데, 외교부 대변인은 트위터에 글을 올려 미국을 비판하는 것을 다시 비판한 것이다.

대규모 집회가 미국뿐 아니라 전 세계적으로 발생하고 있다. 이러한 집회들이 대부분 공통적으로 요구하는 것은 부패한 지도자를 축출하는 것이지, 포퓰리즘 선동가를 지지하는 것은 아니다. 2016년 한국에서 벌어졌던 대규모 촛불 집회는 좀 더 나은 민주주의를 요구했으며, 이러한 요구를 바탕으로 국회는 박근혜 대통령 탄핵소추를 의결했다. 민주주의의 정착이나 심화에 어려움을 겪고 있는 많은 국가들이 공유하는 문제는 실질적인 변화를 막는 부패한 엘리트들이 공고한 기득권을 누리고 있다는 것이다. 이처럼 견고하게 자리 잡고 있는 부패한 엘리트들은 새로 도입된 민주주의 규범과 제도들을 점차 위축시키려 한다. 전 세계에서 벌어지는 대규모 시위들은 대부분 정부의 민주적 책임성 강화를 요구하는 것이었다. 한 국가에 내재된 모순을 지적하고 해결하기 위해 시민들이 거리로 나와 "No Justice, No Peace(정의가 없으면 평화도 없다)"고 외칠 수 있는 권리는 강요된 침묵보다 더 중요하다.

본서는 뉴노멀 시대에 우리가 마주하는 민주주의의 위기 문제에 대하여 민주주의의 과정적 성과뿐 아니라 결과적 성과에 대한 평가도 동시에 이루어져야 하다는 것을 강조한다. 본서의 연구는 한국연구재단의 사회과학연구지원(SSK)사업 지원으로 이루어졌다. 각 장의 연구 결과는 2019년 12월 30일 성균관대학교에서 개최된 SSK 뉴노멀 시대 '뉴데모크라시' 연구팀 주최 '아시아 민주주의의 질' 학술회의에서 발표된 논문의 수정본이다. 본서의 편집과정에서 많은 도움을 준 성균관대학교 좋은민주주의연구센터 최광승 박사와 권영승 박사, 오재익 박사과정생, 백주현 조교, 최종학 조교에 심심한 감사를 표한다.

엮은이 조원빈

차 례

1장

서론: 뉴노멀 시대와 민주주의의 위기

조원빈(성균관대학교)

뉴노멀(New Normal)이란 용어는 2008년 금융위기를 거치면서 세계 최대 채권운용회사 핌코의 최고경영자인 모하마드 엘 에리언이 자신의 보고서에서 저성장, 규제 강화, 소비 위축, 미국 시장의 영향력 감소 등을 위기 이후의 '뉴노멀'로 지목하면서 널리 알려졌다. 신자유주의 경제 모델과 거대한 엔진 미국이 이끄는 세계 경제 대신 저성장에 따른 불안정, 강력한 정부의 개입, 그리고 상대적으로 작아진 미국 시장과 중국을 비롯한 신흥시장이 성장을 도모하는 상황이 일상화된 뉴노멀의 시대에 접어들었다는 것이다. 뉴노멀의 개념이 주로 경제학이나 경영학 분야에서 상당한 논의가 이루어져 왔지만, 뉴노멀 시대의 정치는 과연 기존의 정치에 비해 어떠한 변화를 겪게 될 것인지에 대한 논의는 많이 이루어지지 않았다. 뉴노멀 시대에서 발생하는 경제적 변화에 대응하여 정치적 영역에서 시민들은 무엇을 추구할 것인지, 또한 뉴노멀 시대 정부의 개입이 강화될 것이 예상되는데 그 방향은 어떻게 진행될 것인지 등에 대한 논의는 거의 이루어지지 않고 있다. 특히, 시장 중심의 신자유주의 경제모델에 대한 비판이 정부(혹은 국가)의 적극적 개입으로 이어지고, 이러한 정부 개입이 시장의 영향력이 미약한 분야를 중심으로 이루어질 것인지, 아니면 시장 메커니즘이 초래한 부정적 영역에 정부의 역할이 강조될 것인지에 대한 논의는 매우 미약하다.

코로나19는 우리 사회에서 이루어졌던 '큰 정부 대 작은 정부'의 논쟁을 더 이상 의미가 없는 것으로 만들었을 뿐 아니라, 오히려 국가권력의 확대가 '권위주의의 부활'로 이어질 수 있다는 우려를 낳기까지 하고 있다. 당분간 '국가의 시장개입'과 '재정 확대'는 하나의 선택지가 아니라 전 세계의 화두로 자리잡을 것이다. 이미 미국은 코로나19에 대응하기 위해 2조 2천억 달러 규모의 경기부양 패키지 법안을 가결했으며, 미국 다음으로 코로나19의 피해를 입은 유럽이 최소 5천억 유로의 범유럽 경기 부양책을 준비하고 있다. 이러한 재정을 퍼붓는 방식에서도 2008년 금융위기 당시에는 금융기관에 재정 지원을 집중했다면, 코로나19에 대한 대응으로 각국 정부는 가계소득을 보전하고 일자리를 유지하는 방향으로 재정을 집중적으로 투입하고 있다. 2020년 5월 문재인 정부도 대한민국 역사상 처음으로 전 국민에게 '긴급재난지원금'을 지급했다. 즉, 은행이나 기업을 위한 양적완화가 아니라 모두를 위한 양적완화가 전 세계적으로 이루어지고 있는 것이다.

코로나19로 초래된 '큰 국가'는 개인의 자유에 대한 국가의 개입이 어느 수준까지 허용되어야 하는가에 대한 논의를 다시 초래했다. 예를 들어, 한국에서 확진자의 동선 추적과 확진자에 대한 제한된 신상정보 공개, 자가격리 지침 위반자 안심밴드 착용뿐 아니라, 전 세계적으로 이루어지고 있는 확진자 이동 제한과 봉쇄령, 집회·시위 및 종교집회 제한, 상점운영 제한 등이 커다란 저항 없이 이루어지고 있다. 이처럼 개인의 자유를 제한하고 인권을 침해할 소지가 있는 정부의 강제적 조치와 더불어 첨단 기술을 활용해 국가가 국민을 대상으로 행하는 감시 조치가 민주주의 체제가 확고하게 뿌리내리지 못한 국가들에서는 권위주의의 재등장을 우려하게 만들고, 권위주의 국가에서는 독재자가 권력을 더욱더 공고히 할 수 있는 기회가 될 수도 있다.

민주주의가 전 세계적으로 그 모멘텀을 잃고 있다. 지난 10여 년 동안 다수의 신생 민주주의(emerging democracies) 국가들이 서서히 비민주주의 체제 혹은 권위주의 체제로 전환하는 경향이 두드러지고 있다. 이와 더불어, 몇몇 선진 민주주의 국가들에서도 권위주의적이고 외국인 혐오나 인종주의를 조장하는 포퓰리즘 운동이 안정적이었던 민주주의 체제를 위협할 정도로 강력해지고 있다. 2020년 5월 29일 워싱턴 DC를 비롯해 미 전역으로 시위가 번진 것은 트럼프 대통령이 분노한 흑인들의 민심에 불을 지르고 인종적 갈등을 부추기는 발언을 연이어 하고 있기 때문이다. 트럼프는 앞서 29일 트위터에 미니애폴리스의 시위대를 "폭력배"라고 규정하고 "약탈이 시작되면 총격이 시작된다"고 시위대를 향한 발포 명령을 연상시키는 글을 올렸다. 이날 트럼프의 트윗에 대해 트위터는 '폭력을 조장하는 게시물'이라며 플랫폼의 규칙을 위반했다고 경고까지 했다. 이 발언은 1967년 흑인 시위 당시 경찰이 했던 말이기 때문이다. 또 신종 코로나 바이러스의 감염증 사태로 인종적 불평등 문제가 다시 논의가 되고 있는 시점이다. 코로나19로 인한 피해자 숫자에서 흑인들이 압도적인 비율을 차지하고 있는 것으로 드러나 인종 간 경제적, 건강적 불평등이 확인됐다. 트럼프 대통령이 이처럼 사실상 인종주의를 부추기는 발언을 쏟아낸 것은 정치적, 도덕적인 평가와 무관하게 '백인 우월주의'를 자극하는 것이 오는 11월에 있을 대선에서 유리하다는 판단에 기반한 것으로 풀이된다.

이러한 변화가 민주주의의 정체를 의미하는가 아니면, 민주주의의 쇠퇴 혹은 새로운 체제의 등장을 의미하는가? 프리덤 하우스(Freedom House)는 21세기가 시작되었던 시기와 비교해 현재 선거민주주의(electoral democracy) 국가의 수가 거의 증가하지 않았다고 보고했다. 다수의 신생 민주주의 국가들은 민주주의의 뿌리를 내리는 데 어려움을 겪고 있으며, 미국과 같은 선진 민주주의 국가들도 자신들의 체제의 안정성에 대한 도전에 직면하고 있다.

지금까지 민주주의의 이행이 자연스럽게 긍정적인 방향으로 발전할 것이며 공고화된 민주주의 체제는 퇴행하지 않을 것이라는 주장들이 이제 근본적인 시험대에 오른 것이다. 1930년대 이래로 전 세계적으로 민주주의가 가장 심각한 쇠퇴를 경험하고 있으며 이러한 경향은 기존의 경제적으로 부유한 국가들과 선진 민주주의 국가들이 불평등 문제를 해소하고 정보의 혁명을 관리할 수 있는 방법을 찾지 못하는 한 지속될 수 있다. 특히, 미국의 트럼프 대통령의 등장이나 영국인들의 브렉시트(Brexit) 투표, 유럽에서 포퓰리즘이 정치 영역 내 주류로 부상하는 현상들을 자유주의적 규범에 대항하는 전 세계적 반혁명의 일부로 해석되기까지 한다.

제3의 민주화 물결이 시작된 이래로 전 세계에 권위주의 체제에서 민주주의 체제로 이행했던 국가들과 그 시민들은 어느 정도 자유민주주의에 대한 일관되고 인간적인 기대를 공유하고 있었다. 민주주의 이행을 경험한 국가들의 시민들이 자유민주주의에 매력을 갖게 된 것은 자유민주주의가 갖고 있는 규범과 가치 때문만이 아니라, 기존의 자유민주주의 국가들이 보여준 수준 높은 경제발전과 그들의 지정학적 성공 때문이기도 했다. 자유로운 참정권이나 시민적 자유 등이 이들 권위주의 체제 내의 시민들이 민주주의 체제에 대한 신뢰 형성에 기여했던 것도 무시할 수 없다. 이와 더불어, 1950년대와 1960년대 서유럽 국가들이 보여준 경이로운 경제발전 모습과 냉전체제의 끝이 자유민주주의 국가의 승리로 귀결되었던 모습, 민주주의와 경쟁하던 강력한 권위주의 국가가 몰락하는 모습 등도 민주주의 체제로 이행을 선호하도록 했던 중요한 요인 중 하나였다.

21세기 들어 다수의 자유민주주의 국가들이 자국민들의 생활을 풍요롭게 만드는 데 성공하지 못하고 있다. 이와 더불어, 자유민주주의를 무시하는 포퓰리스트 운동들이 이들 국가에서 등장하기 시작했다. 여론조사에 따르면, 이들 국가의 국민들도 민주주의 체제하에서 산다는 것의 중요성을 더 이상 의미 있는 것으로 받아들이지 않고 있다. 예를 들어, 65세 이상의 미국인 중 2/3가 민주주의 체제에서 사는 것이 중요하다고 생각하는 반면, 35세 이하의 미국인 중 이렇게 생각하는 비율은 1/3도 안 되는 것으로 조사되었다. 서유럽 국가 시민들 중 여전히 소수이지만 민주주의 체제의 대안으로 군사 독재를 선호한다고 대답하는 응답자의 비율이 증가하고 있다. 최근 선거 결과를 보면, 자유민주주의 국가 내 기득권세력에 비판적인 감정을 보유한 집단이 확대되고 있으며, 이들 비판적 세력들은 극단주의 정당이나 후보자들에 의해 쉽게 동원되기도 했다.

지난 20여 년 동안 서유럽이나 북미 지역에서 민주주의 체제의 기반이 되는 기본적인 규칙이나 규범을 무시하는 권위주의적인 포퓰리스트가 점차 그 세력을 확장하고 있다. 이와 더불어, 아시아와 동유럽 지역에서는 권위주의적인 강력한 통치자가 민주주의의 진전을 퇴보시키고 있기도 하다. 제3의 민주화 물결이 절정에 이르렀던 1990년대 말에도 중동지역 대부분의 국가는 비민주주의적 체제를 유지하고 있었으며, 구소련은 민주주의 체제가 아니라 권위주의 체제로 이행하고 있었다. 뿐만 아니라, 아프리카 대륙 내에서도 르완다의 폴 카가메(Paul Kagame) 대통령과 우간다의 요웨리 무세베니(Yoweri Museveni) 대통령으로 대변되는 비민주적이며 강력한 권력을 보유한 '새로운 리더'의 등장을 반기고 있었다. 동아시아에서도 중국과 베트남, 북한처럼 여러 국가들이 견고한 독재체제를 유지하고 있었다.

지금까지 전 세계적으로 자유민주주의 체제가 지배적인 위치를 점하게 된 주요한 이유로 물질적 기반의 성공을 강조하는 것은 현재 민주주의가 위기에 처한 상황을 이해하는 데 매우 중요하다. 경제성장을 경험하는 국가는 권력과 영향력을 쟁취할 뿐 아니라, 체제의 안정을 획득할 수 있다. 쉐보르스키(Przeworski)와 그의 동료들은 경험 분석을 통해 경제 수준이 낮은 민주주의는 붕괴되기 쉽다는 것을 보여주었다. 그들의 연구는 1인당 GDP가 현재 가치로 14,000달러 이상인 민주주의 국가는 상대적으로 안전하다는 것을 경험적으로 보여주었다.

기존 서구 중심의 민주주의 국가들이 경제적으로 강력한 힘을 이용해 신생 독립국이나 개발도상국이 자유민주주의 체제 도입을 위한 개혁 정책을 수행하도록 압력을 행사할 수 있었다. 그들은 개발도상국을 대상으로 세계 경제 시스템에 초대를 약속하거나 그 시스템으로부터 배제할 것을 위협하면서 그 국가들 내부에서 벌어지는 정치 상황에 영향을 미치곤 했다. 이들 민주주의 국가들은 1990년대와 21세기 초에 동유럽 국가들과 터키, 아시아의 태국과 한국과 같은 개발도상국에게 민주주의 개혁을 요구하면서 그 대가로 유럽연합(EU)이나 세계무역기구(WTO)의 공식적인 구성원이 될 수 있다는 것을 제시했다. 이와 더불어, 이들 서구 민주주의 국가가 주도가 되어 실행한 제재(sanction)는 특정 개발도상국이 세계 경제 체제에 진입하는 것을 거부하고 종종 이들 개도국 정부의 퇴진으로 이어지기도 했다.

이처럼 민주주의가 우월적 지위를 누리던 시기를 제대로 설명하기 위해서는 자유민주주의라는 이념을 전 세계로 전파할 수 있었던 경제적 힘의 역할에 대한 이해가 필수적이다. 마찬가지로, 앞으로 다가올지 모르는 민주주의 동맹의 경제적 영향력이 상대적 약화가 가져올 결과에 대한 고려 없이 자유민주주의의 미래에 대하여 의미 있는 논의를 전개하는 것은 불가능하다.

경제적 풍요가 정치적 안정으로 이어진다는 주장은 북미와 서유럽 지역 국가들처럼 자유민주주의 정치제도가 최고로 공고한 국가들의 미래를 쉽게 예측할 수 있게 한다. 이들 집단에 속한 국가들의 권력이 상대적으로 쇠퇴할지라도, 이 국가들의 경제 상황이 민주주의 체제가 붕괴되는 수준 이하로 하락할 가능성은 매우 낮기 때문이다. 또한, 이들 안정적인 민주주의 국가들이 지배적인 위치를 점할 수 있었던 것은 경제적 풍요 외에도 상대적으로 평등한 사회를 유지했으며 대부분의 시민들이 가파른 소득 상승 경험을 공유했고, 민주주의의 경쟁자인 권위주의 국가들의 경제 상황이 매우 낮았기 때문이기도 했다.

지금까지 높은 수준의 경제발전을 성취한 공고화된 민주주의 국가들이 서로 동맹의 관계를 이루며 지배적인 위치를 점해왔던 모습이 더 이상 지속되기 어려울 것이란 전망이 우세해지고 있다. 민주주의 국가들의 더 이상 지배적인 위치를 점유하지 못하게 된 것과 동시에, 권위주의 국가들이 생산하는 경제적 성과가 전 세계 경제 규모에서 차지하는 비율이 상상 이상으로 빠르게 커지고 있다. 1990년 프리덤 하우스 조사에서 "자유가 없다(not free)"고 평가받은 국가들이 전 세계 소득의

12%를 차지했었다면, 현재 자유가 없다고 평가받은 국가들의 소득 규모는 전 세계 소득의 33%를 차지하고 있다. 중국과 러시아, 사우디아라비아가 대표적인 국가들이다. 향후 5년 후에 이러한 자유가 없는, 즉 권위주의 국가들이 전 세계 소득에서 차지하는 비율이 자유민주주의 국가들이 차지하는 비율보다 더 커질 것이라 전망되고 있다. 4반세기 만에 전에 없이 강력한 경제적 능력을 보유했던 자유민주주의 국가들이 지금까지 경험하지 못했던 경제 능력의 상대적 하락을 경험하는 것이다. 자유민주주의의 심장부 역할을 담당했던 북미와 서유럽 국가들이 민주주의 체제 내부적으로 겪고 있는 어려움과 세계 경제에 이들이 미치는 영향력이 줄어드는 것을 볼 때, 이들이 지금까지 누려왔던 우월적 지위를 다시 누릴 가능성은 점차 줄어드는 것처럼 보인다.

권위주의 체제 국가들이 자유민주주의 국가들을 상대로 경제성장의 업적을 겨룰 수 있는 능력을 보유했다는 것은 특히 중요하고 새로운 현상이다. 20세기를 아울러 공산주의 국가가 자유민주주의 국가와 이념적 대결을 벌이면서도 자신들의 국민에게 서구 자본주의 국가들이 제공했던 경제적 풍요를 제공하진 못했다. 그러나, 새로 등장하는 권위주의적 자본주의(authoritarian capitalism) 국가 중 적지 않은 수의 국가가 상당한 경제발전을 경험하고 있다. 이 국가들은 강력한 국가를 유지하면서도 상대적으로 자유로운 시장경제를 받아들였을 뿐 아니라 다소 안정적인 사적 재산권을 보장하고 있다. 이들은 주로 중동지역과 동아시아 지역에 위치한 국가들이다. 2017년 GDP 상위 20개국 중에는 중국과 러시아, 인도네시아, 터키, 사우디아라비아 등이 포함되어 있다. 비교적 경제적 성공을 이루지 못한 권위주의 국가인 이란(Iran)이나 카자흐스탄(Kazakhstan), 러시아 등도 1인당 소득이 2만 달러를 넘고 있다. 중국의 1인당 소득수준은 상대적으로 낮지만, 경제성장 속도는 매우 빨랐다. 농촌 지역의 평균 소득수준은 여전히 낮지만, 도시와 그 근교 지역의 높은 소득수준과 그 증가 속도는 중국의 권위주의 체제가 경제적 풍요를 제공할 수 있는 능력을 보유하고 있다는 것을 보여주고 있다. 4억이 넘는 중국인이 해안지역에 거주하고 있으며, 이 지역의 평균 소득은 2만 3천 달러를 넘어섰을 뿐 아니라 계속 증가하고 있다. 즉, 수억 명의 인구가 "권위주의적 근대화(authoritarian modernity)"라는 상황에 삶을 누리고 있다는 것이다. 이들보다 경제적 상황이 어려운 국가의 지도자의 눈에는 이 권위주의 국가들의 경제적 성공 사례가 더 이상 자유민주주의를 통한 경제성장이 유일한 대안이 아닐 수 있다는 것을 적나라하게 보여질 것이다.

서구 민주주의 국가들이 내부적으로 자유민주주의적 정치제도나 정치체제의 민주적 정당성에 대한 심각한 문제제기를 마주하는데 비해, 권위주의 국가들은 자신의 체제와 이념에 대한 어느 정도 자신감을 보여주고 있다. 심지어 러시아는 서구 민주주의의 정치과정에 직접 개입하기까지 했다. 러시아가 2016년 미국의 대통령 선거 결과에 영향을 미치려 했던 것이 지난 2년 동안 미국 내에서 주요 이슈로 작동하고, 이는 자유민주주의의 대표적 사례이기도 한 미국의 정치체계, 특히 선거의 민주적 정당성에 대한 논의로 이어지고 있다. 사실, 러시아는 오래전부터 서유럽 정치에 직, 간접적으로 영향력을 행사해 왔다. 예를 들어, 러시아는 지난 10년 이상 이탈리아와 프랑스에서 좌와 우를 가리지 않고 극단주의를 주장하는 정당에게 정치자금을 지원해 온 것으로 알려져 있다. 이뿐 아니라, 러시아는 슈뢰더 전 독일 총리와 전 오스트리아 수상 등 은퇴한 유력 정치인들을 로비스트로 채용하고 국제사회 내에서 자신의 이해관계를 대변하도록 하고 있다.

내부적으로 심각한 갈등 상황을 겪고 있는 민주주의 국가들의 정치

과정에 대한 개입 시도는 러시아에만 해당하는 것은 아니다. 중국이 러시아처럼 직접적인 정치과정 개입을 시도했다는 증거는 없지만, 중국은 이미 공자학당(孔子學堂)이란 기관을 통해 전 세계의 주요 지역에 자신의 언어와 문화, 이념 등을 선전해 왔다. 사우디아라비아도 최근 2년여 동안 미국 내에서 자국의 이해관계를 대변할 로비스트 채용 규모를 확대해 왔다. 이처럼 서구 민주주의 국가와 권위주의 국가들 사이의 경제적 영향력이나 기술발달 수준 차이가 빠른 속도로 줄어들어, 권위주의 국가들 소프트 파워(soft power)를 통해 자신들의 가치를 확산시키고 있다. 이러한 소프트 파워에는 학계와 대중문화, 해외투자, 개발원조 등이 포함된다. 특히, 권위주의 국가가 지원하는 국가 소유의 미디어, 예를 들어 카타르(Qatar)의 알 자지라(Al Jazeera)와 중국의 CCTV, 러시아의 RT 등은 풍부한 재원과 기술 축적을 통해 전 세계적으로 수많은 시청자를 확보하고 있다. 이들이 제공하는 뉴스 내용이나 시각은 과거 서구 민주주의 국가 중심의 미디어가 제공해온 그것과는 확연한 차이를 보여주고 있다.

신생 민주주의 국가들이 기존 자유민주주의 체제 국가들과 연대하여 민주주의적 가치를 전파함으로써 민주주의의 확산에 기여할 수 있을까? 브라질이나 인도, 남아프리카공화국 등이 보여주는 외교 정책 방향은 이들이 항상 서구 민주주의 국가들이 추구하는 것들에 동의하는 것은 아니었다. 예를 들어, 이 국가들은 러시아가 초래했던 크리미아 사태를 비난하는 UN 결의안 투표에 기권했으며, 러시아에 대한 제재에 대해서도 반대를 표명했다. 다수의 신생 민주주의 국가들은 권위주의 국가들이 인터넷에 대한 국가의 규제를 강화하는 시도에 동조하기도 한다. 최근 터키가 보여준 민주주의의 퇴행과 아르헨티나와 멕시코, 필리핀 등이 보여준 민주주의의 하락 등은 이들 국가들이 결함 있

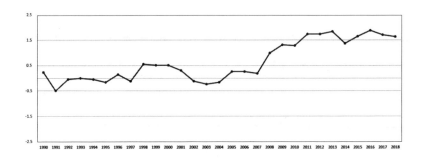

출처: Polity Project (https://www.systemicpeace.org), 검색일: 2020년 5월 25일.

〈그림 1〉 아시아 지역 민주주의 수준 변화, 1990∼2018년

는 민주주의 국가(flawed democracy)가 될 수 있으며 좀 더 시간이 지남에 따라 명백한 권위주의 국가로 변할 수 있는 가능성이 높다는 것을 의미한다.

아시아 지역의 민주주의 상황은 어떠한가? 아시아의 민주주의 수준의 평균은 1990년대 이래 서서히 상승해오다 2010년대 들어서서 더 이상 상승을 멈춰 제자리에 머물러 있다. 〈그림 1〉은 Polity IV 지수를 이용해 아시아 지역에 포함된 27개 국가의 평균값 변화를 1990년부터 2018년까지 제시하고 있다. Polity IV 지수는 한 국가의 민주주의 수준을 가장 낮은 점수 −10점에서 가장 높은 점수 +10점까지로 평가한다. 이 기간 중 평균값이 가장 낮은 해는 1991년으로 27개 국가의 평균값이 −0.5점이었으며, 가장 높은 평균값은 2016년 1.9점이었다. 이 기간 중 아시아 지역의 민주주의 수준 평균값 상승에 기여한 국가로는 말레이시아와 인도네시아, 부탄, 키르키스스탄 등을 들 수 있다. 2018년 현재 27개 아시아 국가 중 일본과 대만, 몽골 세 국가가 10점, 한국은 8점, 북한이 −10점, 중국과 베트남, 라오스가 동일하게 −7점, 중앙아

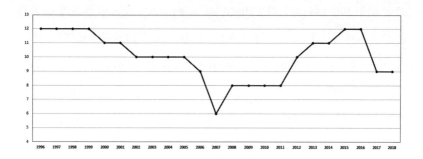

출처: Freedom House (https://freedomhouse.org). 검색일: 2020년 5월 25일.

〈그림 2〉 아시아 선거민주주의 수 변화, 1996~2018년

시아의 우즈베키스탄이 −9점인 것으로 조사되었다.

　〈그림 2〉는 프리덤하우스(Freedom House)가 발표하는 '선거민주주의 (electoral democracy)' 국가 중 아시아 지역에 속한 국가들의 수를 1996년 부터 2018년까지 합산한 결과를 보여주고 있다. 여기서 선거민주주의 는 자유민주주의(liberal democracy)와 구분되는 개념으로, 민주주의 이행 을 경험한 신생 민주주의 국가 중 정치체제에 비민주적인 요소를 포함하 고 있는 민주주의 체제를 의미한다. 이러한 선거민주주의 하에서는 복수 의 정당이 참여하는 경쟁적 선거가 정기적으로 이루어지지만, 유권자나 정당에게 충분한 표현의 자유나 집회·결사의 자유를 보장하고 있지 않 다. 종종 경쟁적 선거는 정부 여당이나 특정 정치세력에게 유리한 방향으 로 이루어져, 유권자와 정치엘리트 간에 책임성(accountability)이나 대표성 (representation)을 보장하는 제도가 아니라, 정치세력의 집권 정당성을 용 인해 주는 도구로 전락하기까지 한다.

　〈그림 2〉가 보여주듯이, 지난 20여 년 동안 아시아 27개국 중 선거 민주주의의 수(자유민주주의 국가를 포함한다)는 최고 12개국(약 44%)에서

최소 6개국(약 22%)이었다. 1990년대 중반 12개 선거민주주의 국가가 2007년 6개국으로 축소되었다가 다시 2015년에 12개국으로 회복했다. 이 기간 중 계속해서 선거민주주의(혹은 자유민주주의)를 유지한 국가는 다섯으로, 대한민국과 일본, 대만, 몽골, 인도 등이었다. 2017년 선거민주주의 지위를 상실한 세 국가는 모두 남아시아에 속한 국가들로 파키스탄과 방글라데시, 부탄 등이다.

이 책은 아시아 지역 내 민주주의의 질을 다면적으로 평가하려 한다. 이를 위해, 우선 조원빈의 연구는 다양한 민주주의 지수를 소개하고 이 지수들이 지나치게 민주주의의 과정적 측면에 중점을 두고 있다고 주장한다. 그는 민주주의의 질을 측정하기 위한 대안으로 '뉴데모크라시'라는 지표를 제시하고 그 구성요소로 과정적 측면의 질을 측정하는 요소로 절차(procedure)를 결과적 측면의 질을 측정하는 요소로 효능(effectiveness)과 성과(performance)를 포함한다. 그리고, 절차의 하부 요소로 참여와 경쟁, 권력 분산 등 세 가지를 포함한다. 효능의 하부요소로 대표성, 책임성과 반응성을, 성과의 하부요소로 복지와 불평등, 신뢰를 포함한다. 정구연의 연구는 여론조사 데이터를 이용해 뉴노멀 시대 동아시아 국가 내부의 소득불평등과 정치적 불평등이 국민들의 민주주의에 대한 태도에 어떠한 영향을 미치는지 분석하고 있다. 김형철의 연구는 아시아에서 비교적 모범적인 민주주의 국가로 평가받고 있는 대만과 일본, 한국의 선거제도인 혼합명부다수대표제(Mixed-Member Majoritarian system)가 개별 국가의 민주주의의 질에 어떠한 영향을 미치는지 분석하고 있다. 남윤민과 마인섭의 연구는 후발산업국가로 경제발전과 민주화를 성공적으로 이뤄낸 것으로 평가받는 일본과 대만, 한국에서 민주주의가 경제적 불평등 완화에 어떻게 기여해 왔는지 시계열적 분석을 수행한다. 김남규의 연구는 의회 의석분포로 표현되는 여성 의원의 기술적 대표성이 여성의 실질적 대표성으로 이어지는지 분석한다. 여성의 이해관계가 실질적으로 반영되는가를 살펴보기 위해, 김남규는 국가별 영아 사망률과 유아 사망률, 모성 사망률 등을 분석대상으로 하고 있다.

이 책의 두 번째 섹션은 아시아 지역 국가들의 다양한 정치체제를 '뉴데모크라시'의 구성 요소를 중심으로 평가하고 있다. 한국의 민주주의를 평가한 강명세의 연구는 여론조사 데이터를 이용해 지역주의와 정치이념, 세대균열 등이 한국 정치의 변화에 미치는 영향을 분석한다. 일본의 민주주의를 평가하는 최희식의 연구는 지방분권 과정을 통해 중앙정부와 지방정부의 관계가 일본의 민주주의에 어떠한 영향을 미치는지 분석하고 있다. 대만의 민주주의를 평가하는 강수정의 연구는 여론조사 데이터를 이용해 대만 국민들이 대만의 민주주의의 질의 다양한 측면을 어떻게 평가하는지, 그리고 이러한 평가가 그들의 민주주의 체제와 정부에 대한 태도에 어떠한 영향을 미치는지 분석한다. 인도의 민주주의를 평가하는 라지브 구마르의 연구는 민주주의의 절차적 측면인 법치와 참여, 경쟁이 인도 민주주의의 질 향상에 어떠한 영향을 미치는지 분석한다. 인도네시아의 민주주의를 평가하는 최경희의 연구는 무슬림이라는 종교적 요소가 인도네시아의 민주주의의 과정적 측면에 어떠한 영향을 미치는지 분석한다. 몽골의 민주주의를 평가하는 박정후의 연구는 여론조사 데이터를 이용해 민주화 이후 몽골 국민들이 자신의 민주주의 체제에 대한 지지도가 어떻게 변해왔는지 분석하고 있다. 이 책은 아시아 지역내 대표적 민주주의 국가와 신생민주주의 국가에 대한 민주주의 평가뿐 아니라, 대표적 권위주의 국가인 베트남과 중국의 정치체제 내에서 민주주의적 요소의 작동 방식에 대한 평가도 포함하고 있다. 김용균의 연구는 베트남이 공산당 중심의 권위주의 체제임에도 불구하고 입법부인 국회의 정부 견제 기능과 지방 분권화의 강화 등 제한적이지만 정책결정 과정에서 대표성과 책임성, 반응성이 어떻게 실현되고 있는지 분석하고 있다. 백우열의 연구는 중국이 권위주의 체제임에도 불구하고 탄원(petition) 정치를 통해 어떻게 지방정부 수준에서 중국인들이 제한적이나마 자신들의 이해관계를 표출하고 이것이 정책결정 과정에 반영될 수 있도록 하는지 분석하고 있다. 마지막으로, 조원빈은 결론을 통해 이 책에 포함된 다양한 연구 결과를 정리하고 현재 우리가 마주한 민주주의의 위기 상황에 대하여 엄밀한 평가가 필요하다는 것을 강조한다.

제1편

동아시아
민주주의의 질

2장

민주주의의 질과
'뉴데모크라시'[1]

조원빈(성균관대학교)

I. 들어가며

20세기 말부터 다수의 신생 민주주의(emerging democracy) 국가가 등장했다. 1976년 남유럽 국가인 포르투갈의 민주주의 이행을 시발점으로 전 세계는 "제3의 민주화 물결"(Huntington 1991)을 경험했다. 남아메리카와 동유럽, 동남아시아, 사하라이남 아프리카 지역 등에 존재하던 다수의 권위주의 정권이 붕괴했으며, 이들 국가가 다당제와 선거제도를 (재)도입함으로써 민주주의 정치체제로의 이행을 경험했다. 이와 같은 다수의 신생 민주주의 국가들의 등장은 민주주의 이행의 원인

---

[1] 이 장은 "뉴데모크라시" 지표에 기반이 된 이론적 연구(조원빈 2014)와 지표 개발 연구(조원빈·이희옥 2015)를 재구성한 부분이다.

과 과정에 대한 분석과 이후 민주주의 공고화의 특성에 대한 활발한 연구로 이어졌다(Diamond 1999; Linz and Stephen 1996; Munck 2001; Power 2000; Prezeworski 1991).

많은 학자들의 기대와는 달리, 이러한 신생 민주주의 국가의 민주화 물결이 단선적으로 민주주의 공고화로 이어지지 않았다. 다당제와 선거제도의 도입이 사회의 다양한 영역인 경제사회나 시민사회, 정치사회 등의 상대적 자율성이나 제도화로 귀결되어 민주주의 공고화로 이어지는 경우도 있었지만, 민주화 이후에도 이전의 권위주의 정치체제의 특성이 재등장하거나 유지되는 사례도 다수 관찰되었다. 실제로 다수의 국가들이 민주주의 이행을 경험한 이후에도 민주주의와 비민주주의 정치체제 사이에서 다양한 수준의 준민주주의 체제(semi-democratic)와 준권위주의 체제(semi-authoritarian) 형태로 존재하고 있다(Collier and Levitsky 1997; Schedler 2006).

아시아에서도 1980년대 후반과 1990년대 전반기에 걸쳐 한국과 대만, 필리핀, 태국, 몽골 등이 권위주의 체제에서 민주주의 체제로의 이행을 경험했다. 매년 국가들의 민주주의 수준을 정치적 권리(political rights)와 시민적 자유(civil liberty)라는 두 가지 개념을 중심으로 평가해온 프리덤하우스 지수(Freedom House Index)는 아시아 대륙의 민주주의 수준이 지난 20년 동안 다소 향상되었다는 것을 보여준다. 1995년 이 지역의 프리덤하우스 지수[2] 평균값은 5.2였으며, 2014년 그 평균값은 4.6으로 0.6점 감소했다(Freedom House 2015). 이처럼 지난 20년 동안 아시아 대륙의 민주주의 수준에 다소의 긍정적인 변화가 있었지만, 여전히

---

[2] 프리덤하우스 지수는 1에서 7로 평가되며 그 값이 적을수록 민주주의 수준이 높다는 것을 의미한다.

이 지역의 평균적인 민주주의 수준은 "부분적으로 자유롭다"는 수준에 머물러 있다. 이 지역의 많은 국가들이 다당제와 선거제도를 도입했음에도 불구하고 여전히 경쟁적인 선거를 통한 리더십 교체가 발생할 수 있는 조건만을 충족한 수준에 머물러 있다는 것이다. 다시 말해 이는 아시아 내에 자유민주주의가 추구하는 높은 수준의 선거 진실성과 표현의 자유, 결사의 자유 등이 보장되지 못한 신생 민주주의 국가들이 많다는 것을 의미한다.

제3의 민주화 물결 이후부터 지금까지 관찰된 신생민주주의 국가들의 등장이 단순히 민주주의의 확산으로 이어지지 않고, 민주주의에서 권위주의로의 쇠퇴나 준민주주의 체제 유지 등으로 이어지고 있는 현상은 우리가 다양한 정치체제를 구분함에 있어 바람직한 정치체제에 대한 새로운 개념화를 요구한다. 이러한 요구와 더불어 이러한 새로운 개념화를 기반으로 민주주의 질에 대한 새로운 경험적 측정의 필요성이 제기되고 있다(Diamond and Molino 2005; 김웅진 외 2005; 김형철 2012). 기존의 민주주의 수준을 경험적으로 측정하는 지표들은 정치체제의 과정적 혹은 절차적 측면을 지나치게 강조해왔다(마인섭·이희옥 2014; 조원빈 2014). 때문에 이들은 대부분 다수의 신생 민주주의 국가들이 최소한의 절차적 정당성을 확보하고 있다고 긍정적으로 평가하고 있다. 그러나 이들 지표에서 최소한의 민주적 절차를 확보한 것으로 평가받은 다수의 신생민주주의 국가들이 생산하는 정치적 결과와 경제·사회적 결과들은 확연한 차이를 보이고 있다. 예를 들어, 어떤 국가들에서는 다당제 선거제도를 도입함으로써 종족적 갈등이나 이념적 갈등이 초래되고, 특정 정당이 선거를 통해 계속해서 집권함으로써 경제적 양극화가 심해지거나 사회적 불신이 팽배해지는 사례들이 발생해 왔다. 그럼에도 불구하고 기존의 민주주의 지표들의 평가에서는 이와 같이 다양한 정치·경제·사회적 결과물에 대한 평가가 포함되어 있지 않다.

이처럼 다수의 신생민주주의 국가의 등장과 그들이 다양한 결과물을 생산해 내고 있다는 변화된 현실에 따라 포괄적인 민주주의의 질을 새롭게 측정하고 비교 가능한 방법을 연구해야 한다는 필요성이 제기되고 있다. 그러나 실질적으로 아시아 지역을 대상으로 변화된 환경에 맞춰 민주주의의 질을 새롭게 측정하려는 시도는 소수에 그친다. 민주주의의 질에 대한 평가를 주제로 하는 기존의 연구들은 단일국가의 민주주의 수준을 평가하거나 소수의 유사한 사례를 비교분석하는 수준에 그쳤다. 다만, 최근 성공회대학교 민주주의연구소는 한국을 포함한 아시아 다섯 국가를 대상으로 전문가 집단의 평가를 수집해 "아시아 민주주의 지표"를 개발했다(조희연 외 2014).

기존의 민주주의 측정지표들은 대부분 정치제도(혹은 정치과정)를 중심으로 민주주의의 수준을 측정해 왔다. 이와 달리, "뉴데모크라시"는 민주주의 질을 측정하기 위해 정치제도 중심의 과정적 측면과 더불어 실질적 혹은 결과적 측면도 핵심적 요소로 포함한다(마인섭 외 2014; 조원빈 2014). 본 장은 민주주의의 진화라는 측면에서 민주주의의 질이라는 새로운 개념화와 이러한 개념을 기반으로 질적으로 높은 수준의 민주주의를 달성하기 위해 무엇이 필요한가에 대한 대답을 시도하며 초기 수준의 "뉴데모크라시" 지표를 개념화하려 한다.

II. 민주주의 개념과 측정지수들

프리덤하우스는 한 국가가 "선기민주주의(electoral democracy)"로 평가받기 위해 최소한 네 가지의 기준을 충족해야 한다고 주장한다(Freedom

House 2014). 이들 네 가지는 (1) 경쟁적인 다당제, (2) 보통 선거권, (3) 자유롭고 공평한 선거의 정기적인 시행, (4) 선거 캠페인이나 미디어를 통해 주요 정당에 대한 유권자의 접근성이 쉽게 이루어져야 한다 등이다. 프리덤하우스의 민주주의 개념에는 자유민주주의와 선거민주주의가 개념적으로 분리된다. 모든 자유민주주의 국가는 선거민주주의 국가이지만, 반대로 모든 선거민주주의 국가가 자유민주주의 국가가 될 수는 없다. 이는 프리덤하우스의 자유민주주의가 선거민주주의가 충족해야 하는 최소한의 기준들뿐만 아니라 추가적인 민주주의적 요소들을 포함해야 한다는 것을 의미한다. 프리덤하우스의 개념 정의에 따르면, 자유민주주의는 선거민주주의에 비해 상당한 수준의 시민적 자유가 보장되어야 한다. 프리덤하우스는 2013년에 122개(63%)의 선거민주주의가 존재한다고 보고했다. 그러나, 프리덤하우스의 자유민주주의와 선거민주주의를 구분하는 개념적 기준이 명확하지 못하다고 비판받기도 한다(Kekic 2008).

『역사의 종말』에서 후쿠야마(Fukuyama)는 서구식 자유민주주의에 대한 대안적이고 유효한 개념의 정치체제의 존재 가능성을 배제했다(Fukuyama 1992). 그의 주장에 따르면 우리는 더 이상 민주주의의 발전을 기대할 수 없는 것이다. 사실, 그의 저작에서 민주주의의 질적 수준에 대한 언급은 찾아볼 수 없지만, 후쿠야마도 자신의 논문에서 평등 혹은 불평등의 문제에 대해 언급하고 있다(Fukuyama 1989). 현재의 민주주의가 시간이 흐름에 따라 새로운 문제들을 대면하게 되리라는 것은 부인할 수 없다. 이처럼 새롭게 등장하는 문제들은 민주주의에 대한 대안을 요구하거나 현재의 민주주의 체제가 끊임없이 이어지는 문제들을 해결하면서 적응하고 진화할 것을 요구한다.

자유민주주의는 자유라는 근본적인 원리의 측면에서 강점을 보여준다. 그러나, 평등이라는 또 하나의 민주주의의 근본적인 원리의 측면에서 무시할 수 없는 약점을 보여주는 것도 사실이다. 예를 들어, 양성평등의 문제나 사회·경제적 발전의 지속가능성 문제, 환경 문제 등은 평등을 제한하는 것으로 이해되는 이슈들이다. 또한, 과학기술 혁신으로 인한 정보나 지식의 발달은 현재의 사회와 경제의 변화를 초래하며 이러한 변화는 민주주의의 변화로 이어질 수 있다.

민주주의 정치체제를 유형별로 구분하는 학자들도 존재한다. 레이파트(Lijphart 1999)는 민주주의 유형을 다수제 민주주의(majoritarian democracy)와 합의제 민주주의(consensus democracy)로 구분한다. 다수제 민주주의는 한 사회의 다수에 권력이 집중되어 있고 경쟁적인 성격이 강한 반면, 합의제 민주주의는 다양한 이해관계가 협상을 통해 정책 결정 과정에 반영되어 가능한 사회의 다양한 부분이 합의에 이를 수 있도록 타협을 강조하는 경향이 강하다. 소다로(Sodaro 2004)는 서유럽의 민주주의 체제를 사회복지제도의 발전 징도에 따라 구분한다. 그의 분류에서 미국식 민주주의는 자유민주주의에 좀 더 치우쳐 있는데 비해 유럽의 다수의 민주주의 국가들은 사회민주주의를 지향하는 것으로 구분된다.

민주주의를 이론적으로 개념화하는 시도 중에는 '최소주의(minimalist)'적 접근과 '최대주의(maximalist)'적 접근 등 다양한 주장이 존재한다. 부엘만 등(Buhlmann et al. 2008)은 민주주의를 정의하는 세 가지 유형을 소개한다. 최소주의적(minimalist) 정의는 엘리트 중심적으로 민주주의를 정의하며 국민의 정부(government of the people)와 효율적인 거버넌스에 초점을 맞춘다. 민주주의에 대한 중범위적(medium) 정의는 국민의 정부뿐만 아니라 국민에 의한 정부(government by the people)이며 국민의 정치 참여도가 어느 정도 높은지와 국민의 이해관계기 잘 대변되고 있는지에 강조점을 둔다. 마지막으로, 민주주의에 대한 최대주의적 정의는 국민의, 국민에 의한, 국민을 위한 정부(government for the people)를 의미하며 최상의 대표성과 높은 수준의 정치참여와 더불어 사회적 정의(social justice)를 실현하는 것을 특징으로 한다.

소다로는 다른 시각에서 민주주의의 최소적 정의와 최대적 정의를 개념화한다(Sodaro 2004). 그는 민주주의 국가를 국민주권이 실현되는 정도에 따라 "대표 민주주의(representative democracy)"와 "직접 민주주의(direct democracy)"로 구분하고, 경제정책의 결정 과정 방식에 따라 "자유방임형(laissez-faire)"과 "평의회(councils)와 참여 민주주의(participatory democracy)" 유형으로 구분한다. 또한, 민주주의적 가치의 측면에서 소다로는 "무차별(non-discrimination)"을 최소주의적 민주주의의 유형으로 "차별 철폐 조처(affirmative action)"를 최대주의적 민주주의의 유형으로 구분한다.

지금까지 살펴본 민주주의의 정의에 대한 다양한 시각들을 정리해보면, 민주주의에 대한 최소주의적 정의는 특정 이슈에 집중적이며 협소한 측면의 민주주의를 이론적으로 개념화한다. 이에 비해, 민주주의의 최대주의적 정의는 좀 더 포괄적이고 광범위한 이론적 개념화이다. 다시 말해, 최소주의적 민주주의는 정치체제의 특성을 중심으로 민주주의를 정의하려 하는 시도임에 비해 최대주의적 민주주의는 경제나 환경까지 포괄하는 사회적 맥락과 정치체제를 관련지어 민주주의를 정의하려 한다.

민주주의의 측정에서는 선거 결과를 핵심적 요소로 포함하는 다양한 측정지수들이 존재한다. 아래에 살펴볼 다양한 측정지수들은 구체적인 목적은 상이하지만 모두가 민주주의를 경험적으로 측정하려 시도했다. 우선, 커트라이트(Cutright 1963)의 정치발전 지수는 의회의 존재 여부, 의회 내 정당별 의석 분포, 대통령 선출, 대통령에 대한 지지도라는 네 가지 변수들로 구성된다. 그의 정치발전 지수에 따르면, 하나의 정당이 의회 내 의석의 70% 이상을 차지한 국가는 1점을 상실한다. 반면, 직접선거를 통해 대통령이 선출되는 국가는 대통령의 출신 정당이 의회 의석의 70% 이상을 점유하는 경우에도 1점을 더 획득하게 된다. 커트라이트의 정치발전 지수에서는 선거 결과가 국가의 민주주의 정도를 측정하는데 1/3 정도를 차지한다. 커트라이트의 정치발전 지수는 한 국가의 정치제도가 얼마나 복잡한지를 측정하는 것이며 지배적인 정당이 부재한 경우에 좀 더 높은 정치발전 지수를 부여했다.

커트라이트는 와일리와 함께 기존의 정치발전 지수에 투표권에 대한 점수를 추가한 정치대표 지수(political representation index)를 만들었다(Cutright and Wiley 1969). 정치대표 지수는 한 정당이 의회 의석의 70% 이상을 점유하지 않고, 두 번째 정당이 의회 의석의 20% 이상을 점유한 국가에게 가장 높은 점수를 부여한다. 즉, 야당의 의석 점유율이 너무 낮거나 여당의 의석 점유율이 너무 높은 국가는 낮은 점수의 정치대표 지수를 받게 된다. 또한, 대통령의 당적이 여당인지 야당인지와 무관하게 의회 내에서 한 정당이 70% 이상의 의석수를 점유하는 경우도 점수를 잃게 된다. 저자들은 정치적 대표란 "행정부와 입법부가 일반 시민의 요구에 얼마나 부응하는가 하는 정도"(Cutright and Wiley 1969, 23-24)라고 정의하고 있지만, 이러한 정의가 정치대표 지수에 어떻게 반영되었는지에 대한 명확한 설명을 제시하고 있지 못하다. 만약, 선거에서 대다수의 시민들이 한 정당에 대한 지지를 표명하고 야당이 분열되어 아주 낮은 득표율을 획득한 경우, 정치대표 지수는 이 국가에 낮은 점수를 부여하게 된다. 과연, 이러한 의석 배분 상황을 정치대표 수준이 낮다고 평가할 수 있을까?

달(Dahl, 1971)은 자신의 저서 『다두제』에서 경쟁(contestation)과 참여(participation)라는 다두제(polyarchy)의 두 가지 서로 다른 측면을 측정했다. 우선, 경쟁의 측면에서는 선거에 참여한 야당이 승리할 수 있는 기회를 측정한다. 이를 위해 달은 다음과 같은 세 개의 변수를 제시한다. 첫 번째 변수는 경쟁력이다. 한 정당이 의석수의 85% 이상을 점유한 경우는 덜 경쟁적인 것으로 평가되고 한 정당이 모든 의석을 획득하거나 야당 의석이 전무한 경우는 경쟁적이지 않은 것으로 평가된다. 두 번째 변수는 정당체제(party system)이다. 달은 정당체제를 다당제(multiparty system)에서 무정당 국가(no-party state)까지 여섯 가지로 구분했다. 달이 경쟁을 측정하기 위해 사용한 마지막 변수는 입법 효율성(legislative effectiveness)이다. 이 변수에서 의회가 하나의 지배정당(dominant party)에 의해 통제되는 경우는 비효율적인 입법효율성을 가지고 있다고 평가된다. 달이 제시하고 있는 세 가지 변수들은 모두 선거 결과와 밀접한 연관을 가지고 있으며 한 정당의 지지율이 매우 높은 경우, 그 국가의 민주주의 수준이 낮은 것으로 평가될 수밖에 없다.

반하넨(Vanhanen 2003)의 민주주의 지수(Index of democracy)는 '경쟁(competition)'과 '참여(participation)'라는 독립적인 범주를 포함한다. 이 지수는 민주주의 정치체제가 다른 정치체제들과 구분되는 중요한 차이점들을 나타내는 '간단하고' '정량적'인 측정지수 개발을 목적으로 한다. 경쟁은 의회나 대통령 선거에서 소수당들이 획득한 득표율, 즉 100에서 최다 득표 정당의 득표율을 뺀 비율로 측정된다. 참여는 선거의 투표율로 측정된다. 이 두 범주는 민주주의 지수를 측정하는데 동등한 비율로 반영된다. 반하넨의 민주주의 지수의 가장 큰 특징은 간결성과 객관성에 있다. 민주주의 지수를 형성하는 요소는 경쟁과 참여 두 가지이며, 각각을 측정하는 자료도 객관적인 선거 결과 데이터를 이용한다. 지표를 측정하고 계산하는 과정이 투명하므로 관심 있는 연구자라면 누구나 직접 이 지수를 다시 측정할 수 있다. 그러나 반하넨의 민주주의 지수는 민주주의 정도를 측정하기 위해 오직 선거 결과 데이터만을 기반으로 하기 때문에 민주주의의 다른 요소인 시민적 자유나 정치적 권리 등에 대한 직접적인 측정은 포함하지 못한다는 한계를 가지고 있다.

Polity IV 프로젝트는 "정치체제의 특징과 전환"을 조사 대상으로 하며, 1800-2012년 사이의 모든 독립국가(인구 50만 명 이상의 국가, 2012년 현재 167개국)를 대상으로 한다(Polity IV, 2013). 본 프로젝트는 개념적으로 특정한 정치제도에 민주주의적인 특성과 권위주의적인 특성이 동시에 어느 정도 포함되어 있는지에 초점을 맞추고 있다. Polity IV는 정치 체제를 "완전히 제도화된 권위주의(fully institutionalized autocracies)", "혼합된 권위주의(mixed autocracies or anocracies)", "완전히 제도화된 민주주의 (fully institutionalized democracies)"라는 세 가지 유형으로 구분한다. 민주주의 측정 점수인 폴리티 점수(polity score)는 21점 척도로 구분되며 −10점은 세습적 군주제(hereditary monarchy)를 +10점은 공고화된 민주주의 (consolidated democracy)를 의미한다. 이때 −10점에서 −6점까지는 권위주의 체제, −5점에서 +5점까지는 혼합적 권위주의(anocracies), +6점에서 +10점까지는 민주주의 정치체제로 분류된다. 폴리티 점수는 세 가지 핵심적 분야("행정부 충원(executive recruitment)", "행정부 권한에 대한 제한 (constraints on executive authority)", "정치 경쟁(political competition)")를 각각 여섯 가지 문항으로 측정한다.

2019년 현재 한국의 폴리티 점수는 8로 완전히 제도화된 민주주의 체제로 평가받고 있다. 분야별로 살펴보면, 행정부 충원 분야는 최고점인 8점으로 선거가 경쟁적으로 치러지고 있다고 평가하고 있다. 행정부 권한에 대한 제한 분야는 최고점인 7점에 못 미치는 6점으로 평가하고 있다. 마지막으로, 정치 경쟁 분야에서 최고점인 10점에 못 미치는 9점으로 선거를 통한 정권교체에 어느 정도 제한이 있는 것으로 평가하고 있다. 폴리티 점수는 민주주의 정치체제의 절차적 측면을 강조하는 민주주의의 최소주의적 정의를 잘 반영하고 있다. 특정 국가의 민주주의 발전 정도를 측정하면서 정치적 측면에서 참여와 경쟁이 얼마나 제도적으로 잘 확보되어있는가를 폴리티 점수를 통해 확인할 수 있다. 하지만, 이러한 장점에도 불구하고, 폴리티 점수에 포함된 세 가지 핵심 분야와 이들을 측정하기 위해 사용되는 여섯 가지 문항들이 서로 중첩된다는 비판을 받기도 한다(Munck and Verkuilen 2002).

민주주의 정도를 측정하기 위해 가장 많이 이용되는 지수중 하나인 프리덤하우스 지수(Freedom House Index)는 정치적 권리(political rights)와 시민적 자유(civil liberties)라는 두 가지 요소로 구성된다(Freedom House 2014). 프리덤하우스 지수는 이 두 가지 항목을 측정하고 그 평균으로 자유지수(Freedom Rating)를 평가한다. 최고점 1부터 최하점 7까지로 이루어진 정치적 권리와 시민적 자유는 각각 3개와 4개의 측정항목으로 구성되어 있다. 정치적 권리는 선거제도(electoral process), 정치적 다원성과 참여(political pluralism and participation), 정부의 기능(functioning of government)이라는 측정항목으로 구성된다. 시민적 자유는 표현과 신념의 자유(freedom of expression and belief), 집회와 결사의 자유(associational and organizational rights), 법치(rule of law), 개인의 자율성과 권리(personal autonomy and individual rights)라는 측정항목들로 이루어진다. 프리덤하우스는 각각의 항목별로 한 가지에 최소점 0에서 최고점 4로 매겨지는 질문의 값을 합산하여 최종적인 점수를 측정한다.

각 항목에 해당되는 점수들은 매년 프리덤하우스 조직 내의 팀과 외부 분석가, 학계, 싱크탱크, 인권 단체로부터의 자문을 기반으로 측정된다. 2013년의 자유지수를 측정한 2014년 보고서는 60명의 분석가들과 30명에 달하는 고문들에 의해 작성되었다(www.freedomhouse.org, 2014

년 4월 1일). 보고서와 점수의 초안을 마련하는 각 국가 전문가들은 뉴스 기사, 학문적 분석, 비정부기구의 보고서, 개개인의 전문적인 접촉을 포함하는 폭넓은 범위의 자료를 사용한다. 프리덤하우스 지수는 정치적 측면에서 정치적 권리를 통해 민주주의의 최소주의적인 기준을 도입하고 있지만, 사회·경제적 측면에서 시민적 자유를 통해 민주주의의 최대주의적 기준을 포함하려 시도한다. 이러한 시도를 통해 프리덤하우스 지수는 다양한 차이를 가진 민주주의 국가들을 자유민주주의와 제한된 민주주의인 선거민주주의로 분류할 수 있도록 도와준다.

프리덤하우스 지수가 민주주의 정치체제의 다양성을 엄밀하게 측정할 수 있도록 하는 방향으로 진전을 보여주고 있음에도 불구하고, 방법론적으로는 몇 가지 한계를 내포하고 있다(김웅진 외 2005). 우선 각각의 요인들을 측정하는 방식이 특정 국가의 전문가들을 대상으로 한 설문지 답변을 통해 이루어진다는 점을 들 수 있다. 복수의 전문가들을 참여시킴으로써 어느 정도는 그들의 평가가 가지고 있는 주관적인 측면을 약화시킬 수 있지만, 지표를 구성하는 주된 자료가 정성적인 자료라는 한계는 분명히 존재한다. 뿐만 아니라, 지표의 최종 결과가 1부터 7까지로만 표현되기 때문에, 신생민주주의 국가들에서 단기간에 역동적으로 관찰되는 부분적인 민주주의 향상이나 하락 등의 변화를 보여주기 어렵다는 한계도 존재한다.

민주주의 지표(democracy index)는 이코노미스트(Economist Intelligent Unit)에서 165개 독립국가와 두 개의 영토를 대상으로 민주주의 정도를 측정한다(EIU 2013). 2006년의 민주주의 정도를 측정한 민주주의 지표는 2007년에 처음으로 소개되었으며 격년으로 측정해 왔다. 가장 최근 발표된 민주주의 지표는 2011년 말의 전 세계 국가들의 민주주의 정도를 측정한 것으로 2012년에 출판되었다. 민주주의 지표는 60가지의 요인들을 포함하며 이들은 선거절차와 다원주의(electoral process and pluralism), 시민의 자유(civil liberties), 정부의 기능(the function of government), 정치 참여(political participation), 정치 문화(political culture)라는 5가지 분야로 구분된다. 각각의 국가들은 각 범주의 자료들을 기반으로 완전한 민주주의(full democracies), 결함 있는 민주주의(flawed democracies), 혼합체제(hybrid regimes), 권위주의 체제(authoritarian regimes)라는 네 가지 형태로 분류된다.

민주주의 지표는 다섯 가지 범주로 나누어지는 60개의 평가 문항에 의해 측정된다. 60개의 문항들은 각각 0점, 0.5점, 또는 1점으로 매겨지거나 '예/아니오'로 답할 수 있게 제시된다. 각 범주의 개별 문항에 대한 응답으로 얻어진 점수들의 합에 10을 곱한 뒤, 각 문항에 있는 질문의 수로 나눈다. 그리고 얻어진 각 범주의 평균값을 모두 더해 다시 총 범주 수인 5로 나누면 최종 점수를 얻을 수 있다. 8~10점을 얻으면 완전한 민주주의, 6~7.9점을 얻으면 결함 있는 민주주의, 4~5.9점은 혼합체제, 그리고 4점 이하는 권위주의 체제로 구분된다.

EIU의 민주주의 지표가 보유한 가장 독특한 점은 가능한 부분에 대해서는 전문가들의 평가 이외에 여론조사도 평가 요소로 사용한다는 데 있다. 여론조사에 기초한 지표들은 주로 '정치 참여'와 '정치 문화' 분야에 주로 사용되며 '시민의 자유'와 '정부의 기능' 분야에도 사용된다. 여론조사 자료로는 주로 World Value Survey가 사용되지만 이외에도 Eurobarometer survey, Gallup polls, Asia Barometer, Latin American Barometer, Afrobarometer, 그리고 각국의 여론조사 데이터 등이 사용된다. 다만, 여론조사 데이터가 없는 국가의 경우, 비슷한 국가의 여론조사 데이터 결과와 전문가의 평가가 사용되기도 한다.

대부분의 사회과학 통계 자료들이 그러하듯 민주주의 지표에도 그 신뢰성에 대한 비판이 존재한다. 우선, EIU는 민주주의 지표를 조사하고 작성하는 이들을 '전문가'라는 지칭하고 있는데, 단지 전문가라는 언급 외에 참여 인원수나 소속, 예를 들어 EIU의 직원인지 혹은 외부 연구기관의 학자인지 정보가 명확히 제시되어 있지 않아 그 신뢰성에 대한 비판이 제기된다. 또한, 아무리 수치화와 계량화가 이루어진다 해도 그것을 측정한 것이 인간인 이상 그의 주관이 포함될 수 있는 항목들이 있음에도 불구하고 평가 문항별 원자료가 어떻게 작성되어 있는지에 대한 정보 공개가 이루어지지 않는다. 이로 인해 작성된 데이터에 대한 동료 검증 과정 등 객관성을 높이기 위한 절차가 없다는 점이 문제점으로 제시되기도 한다.

마지막으로, 성공회대학교 민주주의연구소는 "아시아 민주주의 지표"를 개발했다(김형철·이승원 2013). 아시아 민주주의 지표는 자유화와 평등화를 핵심 가치로 두고 있다. 자유화는 자율성과 경쟁성이라는 하위영역으로 나누어지고, 평등화는 다원성과 연대성으로 세분화된다. 뿐만 아니라, 아시아 민주주의 지표는 기존의 민주주의 지표들과 달리 정치영역과 더불어 경제영역과 시민사회영역에서도 자유화와 평등화를 측정하고 있다는 것이 특징이다. 아시아 민주주의 지표는 평등화의 원리를 통해 앞서 이야기한 세 가지 영역에서 관찰되는 실질적인 불평등을 측정하려 하며 시민사회 영역을 포함함으로써 한 국가의 민주주의 역동성을 지수에 포함하려 한다.

아시아 민주주의 지표는 총 49개 항목(자유화 25개 항목과 평등화 24개 항목)과 57개의 지표(자유화 29개 지표와 평등화 28개 지표)로 구성되어 있다. 이를 다시 영역별로 구분해보면 정치영역은 18개의 항목과 19개의 지표, 경제영역은 16개의 항목과 20개의 지표, 시민사회 영역은 15개의 항목과 18개의 지표로 구성되어 있다. 아시아 민주주의 지표는 조사

대상을 전문가로 제한한다. 전문가 집단을 각 국가의 환경에 따라 보수, 중도, 진보 혹은 친정부, 중도, 반정부 등으로 나눈다. 이와 더불어 정치, 경제, 시민사회라는 세 분석영역에 대한 각각의 전문가 집단에게 평가를 맡긴다. 2011년 한국의 민주주의 지수는 4.93점으로 10점 척도의 평균점수인 5점보다 낮게 측정되었다. 좀 더 세분화하여 각 영역별로 자유화 지수와 평등화 지수를 중심으로 한국의 아시아 민주주의 지수를 살펴보자. 2011년의 한국은 정치영역에서 5.85점으로 측정되었지만, 시민사회 영역은 4.84점 그리고 경제영역은 4.10점으로 5점보다 낮게 측정되었다. 또한, 민주주의 지수의 두 핵심가치들 중 하나인 평등화 점수는 세 영역 모두에서 자유화 점수보다 낮게 측정되었다.

아시아 민주주의 지표를 구성하는 모든 요소들은 각 국가의 전문가 집단들의 주관적인 판단을 근거로 점수가 주어진다. 이로 인한 주관성의 한계를 극복하려는 시도로 아시아 민주주의 지표는 각 국가별로 전문가 집단을 이념적으로 혹은 정부에 대한 태도별로 분류하고 그들을 대상으로 설문지에 대한 응답을 구한다. 하지만 이러한 시도들은 의도한 결과인 민주주의에 대한 다소 객관적인 전문가들의 평가를 얻어내기보다, 개별 국가의 정치적 상황이나 경제와 정치의 관계의 특수성, 시민단체와 정부 혹은 경제집단 간의 관계의 특수성이 더 확연하게 드러나는 측정 결과를 가져올 가능성도 높다. 이러한 결과는 아시아 민주주의 지표 개발을 통한 민주주의 질의 비교국가 분석이라는 기본적인 목적을 이루는데 걸림돌로 작용할 수 있다.

Ⅲ. 민주주의의 질과 '뉴데모크라시'

앞에서 소개한 다양한 민주주의 경험적 측정지수들은 민주주의의 최소주의적 정의부터 최대주의적 정의까지의 연장선 위에 차례로 정렬될 수 있다. 우선, 선거의 참여와 경쟁만을 민주주의 요소로 포함하는 반하넨의 민주주의 지수는 과연 최소주의적 민주주의를 충족시킬 수 있는지 의문을 제기할 수 있을 정도로 매우 낮은 수준의 민주주의 개념 정의에 기반하고 있다. Polity IV는 정치제도의 특성에 초점을 맞추고 있지만 좀 더 다양한 측면을 포괄하고 있으므로 반하넨의 민주주의 지수보다 넓은 민주주의 개념을 기반으로 하고 있다. 프리덤하우스의 자유도 점수는 Polity IV보다 확장된 민주주의 개념을 기반으로 하고 있다. 왜냐하면, 자유도 점수에는 정치제도의 특성뿐만 아니라 정부가 어떻게 작동하는가와 시민적 자유를 측정하는 요소도 포함하고 있기 때문이다. 이코노미스트의 민주주의 지표는 프리덤하우스의 자유도 점수보다 더 포괄적인 민주주의 개념을 기반으로 하고 있다. 민주주의 지표는 최초로 정치문화라는 요소를 민주주의 수준을 측정하는 지표에 포함시켰다. 마지막으로, 성공회대학교 민주주의연구소의 아시아 민주주의 지표는 정치 영역뿐만 아니라 경제 영역과 시민사회 영역까지도 민주주의를 측정하는 요소에 포함하고 있어 가장 포괄적인 민주주의 개념을 기반으로 하고 있다. 특히, 아시아 민주주의 지표는 현재의 민주주의의 수준뿐만 아니라, 시민사회 영역을 포함시킴으로써 민주주의 발전 잠재성까지도 지표를 통해 측정하려 한다.

민주주의의 질적 측면을 중심으로 이루어진 연구들을 정리한 다이아몬드와 몰리노(Diamond and Morlino 2004)는 "결과의 질(quality of results)", "내용의 질(quality of content)", 그리고 "과정적 질(procedural quality)"이라는

민주주의를 구성하는 세 가지 질적 측면을 제시한다. 결과의 질이란, 정치체제가 국민의 기대를 얼마나 만족시켜주는가를 의미하며, 내용의 질은 시민이나 그들이 구성하는 공동체가 정치체제 내에서 얼마나 많은 자유와 정치적 평등을 누리고 있는가를 의미한다. 마지막으로 과정적 질은 정치체제가 시민들이 선거와 같은 메커니즘을 통해 정부의 업적을 평가할 수 있는 방법과 다양한 정부 기관들 간의 책임성을 명확히 할 수 있는 방법이 얼마나 제공되는지를 의미한다. 이와 더불어 다이아몬드와 몰리노는 민주주의의 질을 구성하는 8개의 측면으로 (1) 법의 지배(rule of law), (2) 참여(participations), (3) 경쟁(competition), (4) 수직적 책임성(vertical accountability), (5) 수평적 책임성(horizontal accountability), (6) 자유(freedom), (7) 평등(equality), (8) 반응성(responsiveness)을 제시했다. 이 중 (1)부터 (5)까지는 민주주의 질의 "과정적 측면(procedural dimensions)"으로 구분된다(Diamond and Morlino 2004). 이와 같은 다면적인 분석틀은 선거민주주의를 충족하는 최소의 기준을 능가한 것이며 자유민주주의가 요구하는 필수 요소들을 모두 충족시켜주기에 충분하다. 이러한 민주주의 개념의 질적 확장은 민주주의에 대한 이론적 개념화가 질적으로 낮은 수준의 선거민주주의에서 질적으로 높은 수준의 자유민주주의로 전환되는 것을 의미한다. 또한, 민주주의의 질적 측면이 더 이상 선거민주주의나 낮은 수준의 자유민주주의를 개념화했던 협의적 개념이 아니라 좀 더 복합적인 개념이라는 것을 의미한다.

오도넬(O'Donnell 2004)은 민주주의의 질을 인간개발(human development)과 인권(human rights)이라는 두 가지 원리를 기반으로 개념화한다. 오도넬(O'Donnell 2004)은 인간이 의사결정의 자율성을 보유한 존재이며, 이성을 기반으로 인지적 능력을 보유하고 있고, 자신의 행위에 책임을 지는 주체라고 정의한다. 따라서, 오도넬의 인간개발이라는 개

넘은 개인들이 주체로 행동할 수 있도록 조건 지우는 사회적이고 경제적인 맥락을 포괄하고 있다. 오도넬의 인간개발은 유엔 개발프로그램(United Nations Development Programme: UNDP)가 매년 발간하는 『Human Development Report』의 주요 내용 중 하나인 인간개발지수(Human Development Index)가 기반으로 하는 개념과 직접적으로 연결된다. 이처럼 오도넬은 민주주의의 질을 평가함에 있어 UNDP의 인간개발지수가 보여주듯이 사회적 개발 수준뿐만 아니라 경제적 개발 수준도 핵심적인 요소로 포함되어야 한다고 주장한다.

오도넬이 민주주의의 질을 개념화하면서 사용한 또 하나의 핵심적 원리는 인권이다(O'Donnell 2004). 기본적으로 인권이란 정치적 권리(political rights)뿐만 아니라 시민적 권리(civil rights), 사회적 권리(social rights) 등을 모두 포괄하는 개념이다. 사회에서 인권이 정착되기 위해서는 이를 보호하는 법제도의 역할이 중요하다. 인권을 보호하는 법제도는 국가의 권력기관 간의 균형을 규정할 뿐만 아니라 시민을 대상으로 발생할지 모르는 국가 폭력(state violence)을 제한하는 기능을 담당한다. 이러한 형식적인 측면에서 다양한 권리가 보호되어야 한다는 것과 더불어 오도넬은 "사회적 차원(social dimension)"을 강조하며 이러한 형식적인 권리들이 실질적인 자유(real freedoms)로 전환될 수 있도록 하는 환경이 민주주의의 질을 향상시킬 수 있는 필수 조건이라고 명시한다(O'Donnell 2004). 그는 민주주의의 질을 향상시킬 수 있는 사회적 조건이 이루어지기 위한 세 가지 필수 요소로서 (1) 자유롭고 다양한 정보(free and pluralistic information); (2) 다양한 가치와 삶의 형태, 여론을 기반으로 형성된 사회적 조건(a social context based on a diversity of values, life styles, and opinions); (3) 다양한 논쟁과 담론으로 이루어진 공론장(a public sphere with a pluralism of debates and discourses)을 제시한다. 요약하자면, 오도넬이 제시한 민주주의의 질의 개념 또한 선거민주주의 개념보다 좀 더 포괄적인 것이다.

"뉴데모크라시"는 민주주의의 절차적 개념뿐만 아니라 민주주의의 질적 측면도 함께 포함하려 한다. 민주주의의 최소주의적 정의에 따르면, 특정한 정치체제가 민주주의라고 평가받기 위해서는 적어도 보통선거권과 정기적으로 이루어지는 자유롭고 공정한 선거, 다당제 등이 필수적인 요소로 보장되어야 한다. 뿐만 아니라, 이러한 제도들이 과연 민주주의의 두 가지 핵심적 가치인 자유와 평등을 어느 정도 실현하는가를 측정하는 경험적 분석도 이어져야 한다.

여기에 더해 "뉴데모크라시"는 민주주의의 질을 평가대상으로 하므로 질(quality)에 대한 명확한 정의가 필요하다. "뉴데모크라시" 지표는 두 가지 상이한 측면의 질을 사용한다. 우선, 절차(procedure)를 강조하는 질이다. 생산물이 계획된 대로 정해져 있는 절차를 그대로 통과해 이루어진 결과물이어야 질적으로 좋은 평가를 받는다. 두 번째, 단순히 결과(outcomes)만을 보고 질을 평가하는 것이다. 결과가 어떠한 절차를 통해 양산되었는지 아니면 결과가 어떠한 내용물로 구성되었는지 등에는 관심을 두지 않고 사용자(소비자)가 그 생산물이나 서비스에 얼마나 만족해하는가에 따라 그 질을 평가하는 것이다.

절차적인 측면에서 질 높은 "뉴데모크라시"는 시민들이 권력을 보유하며 스스로 정부가 법의 지배를 통해 민주주의의 가치인 자유와 평등을 올바르게 추구하고 있는지 견제하고 평가할 수 있는 정치체제이다. 다시 말해, 시민들이 정부가 공권력을 남용하지 않고 법질서를 잘 유지하고 있는지, 시민사회가 요구하는 것과 관련해 선출된 정치 엘리트들이 책임성(accountability)과 대표성(representation)을 잘 이행하고 있는지를 감시할 수 있는 민주주의 체제이다.

결과적인 측면에서 높은 질을 보여주는 "뉴데모크라시"는 자신의 정치체제에 대한 시민들의 만족도가 매우 높기 때문에 확고한 정당성을 보유하고 있다. 이처럼 정치체제가 시민사회의 절대적인 지지를 기반으로 하는 경우, 스스로의 민주주의적 가치를 추구하는데 막힐 것이 없다. 반면, 정치체제가 시민들의 폭넓은 지지를 기반으로 하지 못하는 경우, 자신의 정당성을 공고히 하고 이를 유지하기 위해 자원을 소비해야 하기 때문에 스스로의 민주주의적 가치를 실현하는 것을 뒤로 미뤄야 한다. 따라서 질 높은 민주주의는 인간의 자유를 실현함으로써 자신의 행복을 추구하는 최선의 정치체제여야 한다(마인섭·이희옥 2014). 이에, "뉴데모크라시" 지표는 '절차'와 '효능', '성과' 등 세 가지 구성요소를 포함한다. 특히, "뉴데모크라시" 지표는 과정적 측면을 측정하기 위해 '절차'에 집중하고 결과적 측면을 측정하기 위해 '효능과 성과'에 주의를 기울인다(조원빈 2014).

"뉴데모크라시" 지표 = 과정적 측면(절차) + 결과적 측면(효능과 성과)

1. 절차(Procedure): 참여, 경쟁, 권력 분산

절차는 한 사회에 포함된 다양한 집단들 사이에서 발생하는 복잡한 이해관계가 어떠한 과정을 통해 체제의 산출로 이어지는가를 보여준다. 민주주의를 논하는 최소주의자인 슘페터(Schumpeter 1942)는 한 사회에 살고 있는 모든 시민이 동의할 수 있는 공공의 이익이 존재한다는 전제를 거부한다. 이와 더불어, 그는 시민들이 공공의 이익에 합의하는 것은 불가능하다고 주장한다. 민주주의를 정의하는 최소주의자들은 복수정당이 참여하는 자유롭고 공정한 선거가 사회의 복잡한 이해관계로 초래되는 갈등을 평화적 혹은 비폭력적으로 조정하여 체제의 붕괴를 방지하는데 필수적인 최소한의 장치라고 주장한다(Przeworski 1999). "뉴데모크라시"가 되기 위해서는 시민들의 의사 표현에 대한 자유가 보장되고 정기적으로 제도화된 과정을 통해 집단의 의사를 결정하는 메커니즘이 확보되어야 한다. 예를 들어, 정기적인 선거를 통해 정치 엘리트들이 경쟁적으로 시민의 지지를 획득하려 하고 자유롭고 공정한 선거가 반복됨으로써 지도부의 교체가 이루어질 수 있다. 이러한 과정을 통해 정치 엘리트는 시민의 이해관계를 대표하는 책임성과 반응성의 중요성을 존중하게 된다.

절차는 그 구성요소로 참여와 경쟁, 권력 분산을 포함한다. 이때, 참여는 한 국가의 시민들이 얼마나 자신의 의사나 정치적 선택을 자유롭게 표현할 수 있는지, 또한 법률이 이러한 것들을 얼마나 제대로 보호하고 있는지의 정도를 보여준다. 또한, 절차의 다른 요소인 경쟁은 한 국가의 정치 엘리트들이 얼마나 자유롭고 공정한 제도를 통해 선출되는가를 보여준다. 이와 더불어, 선출과정에 참여하는 다수의 정치엘리트나 정치집단이 충분히 선출될 경쟁력을 보유하고 있어 시민들에게 의미 있는 선택 대상이 되어야 한다. 권력 분산은 제도적으로 참여와 경쟁이 보장되더라도 특정한 정치세력이 권력을 독점할 경우, 참여와 경쟁이 실질적으로 그 기능을 발휘할 수 없기 때문에 절차를 구성하는 중요한 요소로 포함되어야 한다. 권력 분산이 제대로 이루어지지 않는 정치체제에서 단순한 형식적 참여와 경쟁은 오히려 권력이 민주적 정당성을 확보하기 위해 이용하는 도구가 될 수도 있다.

2. 효능(effectiveness): 대표성, 책임성과 반응성

절차의 제도화와 확보만으로는 좋은 민주주의가 목표로 하는 정치 엘리트와 시민들 사이의 바람직한 관계를 충족할 수 없다. 예를 들어, 다수의 지지로 선출된 정부가 시민들의 요구에 반응하지 않을 수 있으며 자신들의 업적에 대한 책임을 부인하는 경우도 실질적으로 존재한다. 따라서 정기적으로 시행되는 정치엘리트 선출과정과 더불어 그 선출이라는 행사가 없는 기간에도 선출된 정치 엘리트들에 대한 시민들의 견제와 통제가 얼마나 제도화되었는가가 "뉴데모크라시"를 구성하는 필수 요소가 되어야 한다. 효능이란, 자유롭고 평등한 개인들이 공정한 절차에 따라 대표를 선출할 뿐 아니라, 선출된 대표들이 과연 누구의 이해관계를 대표하는 것인지와 그들이 얼마나 제대로 대표하고 있는지 등 결과의 한 측면을 보여준다.

효능을 구성하는 두 요소는 대표성(representation)과 책임성과 반응성 (accountability and responsiveness)이다. 여기서 대표성은 한 사회에 포함된 다양한 구성원과 집단들이 정책결정 과정에 어떻게 참여하고 자신들의 이해관계를 잘 대변하는지를 보여준다. 그리고 효능을 측정하는 다른 요소인 책임성과 반응성은 정치 엘리트들이 자신을 선출한 시민들의 요구사항에 대해 자신들의 정치적 결정을 통해 어떻게 대답하는지를 보여준다.

3. 성과(performance): 복지, 불평등, 신뢰

"뉴데모크라시"는 진보와 보수로 구분되는 이념적 접근을 초월하려 한다. 이를 위해, "뉴데모크라시"는 진보적 정책이나 보수적 정책을 구분하지 않고 하나의 정치체제가 이루어 놓은 성과에 초점을 맞춘다. 높은 성과는 진보적인 정책에 의해서도 보수적인 정책에 의해서도 달성될 수 있다. 이러한 측면에서 본다면, 성과라는 이론적 개념은 정치적(혹은 이념적)으로 좌와 우를 나누는 기준점보다 상위에서 중립적이고 균형을 유지하는 것이다. "뉴데모크라시"의 세 가지 요소 중 하나인 성과는 다양한 정치적 이념과 정책, 가치 등을 좀 더 공정하게 취급하며 이들의 정치적 다양성을 인정하고 존중한다.

정권의 성향이 진보적인지 보수적인지와 무관하게 민주주의 정치체제는 광범위한 정치적 정당성을 획득하기 위해 긍정적인 정책적 산물을 생산해 내야 한다. 이때 정책적 산물의 내용과 어떠한 정책적 산물이 긍정적인가에 대한 평가는 시기나 국가에 따라 다양할 수 있다. 중요한 것은 "뉴데모크라시" 지수는 경제적인 성장이나 분배의 영역만을 강조하지 않고, 민주적 정치제도와 행위자들의 정치적 성과까지도 측정대상으로 포함한다는 것이다. 성과를 구성하는 요소로 "뉴데모크라시" 지수는 '복지'과 '불평등', '신뢰'를 포함한다.

신뢰는 한 사회를 구성하는 시민들이 공동체 의식을 획득하도록 기여하는 요소 중 하나이다. 이러한 공동체 의식 획득은 형식적인 제도와 더불어 규범과 같은 비형식적인 제도 형성에서도 함께 이루어진다. 뿐만 아니라, 공동체의 구성원은 상호 신뢰가 형성된 공동체 내 구성원들 사이에 평화로운 소통도 보장된다는 것을 자연스럽게 받아들인다. 따라서 "뉴데모크라시"에서는 구성원 간의 신뢰도가 높고, 갈등이 발생할 경우 이를 해소할 수 있는 제도나 절차가 제대로 갖춰져 있어야 한다. 뿐만 아니라, 한 사회의 구성원들이 정치체제의 산출물을 평가할 수 있는 다양한 시각에 접근할 수 있으며, 다양한 이익집단 간의 갈등의 정도도 매우 낮아야 한다.

〈표 1〉 뉴데모크라시 지표 구성요소

뉴데모크라시		
과정적 측면	결과적 측면	
절차	효능	성과
• 참여 • 경쟁 • 권력 분산	• 대표성 • 책임성과 반응성	• 복지 • 불평등 • 신뢰

참고문헌

김웅진·김지희·김형기·김형철·안승국·홍재우. 2005. 『비교민주주의: 분석모형과 측정지표』. 서울: 한국외국어대학교출판부.

김형철. 2012. "아시아 민주주의의 질: 지표의 구축전략과 과제." 『비교민주주의 연구』 8집, 99–131.

김형철·이승원. 2013. "아시아 민주주의 지표를 통해 본 한국 민주주의" 『생명연구』 27집, 37–82.

마인섭·이희옥. 2014. "아시아에서의 "좋은 민주주의"의 모색: 이론, 평가지표, 유형." 『비교민주주의 연구』 10집, 5–31.

조원빈. 2014. "'좋은 민주주의' 지표: 민주주의 질의 경험적 측정." 『비교민주주의 연구』 10집, 65–92.

조원빈·이희옥. 2015. "2010년 아시아 국가들의 "좋은 민주주의" 지표." 『정치·정보연구』 18호 2호, 115–150.

조희연·김동춘·윤상철·김정훈. 2014. 『민주주의의 질과 아시아 민주주의 지표』. 파주: 한울아카데미.

Buhlmann, M., Wolfgang Merkel, and Bernhard Wessels. 2008. "The Quality of Democracy: Democratic Barometer for Established Democracies. National Center of Competence in Research: Challenges to Democracy in the 21st Century." *Working Paper* No. 10a. Available at http://www.nccr-democracy.uzh.ch/publications/workingpaper/pdf/WP10a.pdf

Collier, P., and S. Levitsky. 1997. "Democracy with Adjectives." *World Politics* 49: 430-451.

Cutright, P. 1963. "National Political Development: Measurement and Analysis." *American Sociological Review,* 28(2): 253-264.

Cutright, P., and Wiley, J. 1969. "Modernization and Political Representation: 1927-1966." *Studies in Comparative International Development,* 5(2): 23-43.

Dahl, R. 1971. *Polyarchy: Participation and Opposition.* New Haven: Yale University Press.

Diamond, L. 1999. Developing Democracy. Baltimore: Johns Hopkins University Press.

Diamond, L., and Morlino, L. 2004. "The Quality of Democracy: An Overview." *Journal of Democracy* 15(4): 20-31.

Diamond, L., and L. Molino. 2005. *The Quality of Democracy.* Baltimore: Johns Hopkins University Press.

Economist Intelligent Unit. 2013. *Democracy Index 2012: Democracy at a standstill.* London: The Economist.

Freedom House. 2014. *Methodology.* Washington D.C. and New York: Freedom House.

Freedom House. 2015. *Freedom in the World 2015.* New York: Freedom House.

Fukuyama, F. 1989. "The End of Hirtory?" *The National Interest,* Summer: 3-18.

Fukuyama, F. 1992. *The End of History and the Last Man.* London: Penguin Books.

Howard, P., and Hussain, M. 2013. *Democracy's Fourth Wave? Digital Media and the Arab Spring.* New York: Oxford University Press.

Huntington, S. 1991. *The Third Wave: Democratization in the Late Twentieth Century.*

Norman: University of Oklahoma Press.

Kekic, L. 2008. *The Economist Intelligence Unit's Index of Democracy: The World in 2007.* London: The Economist.

Lijphart, A. 1999. *Patterns of Democracy.* New Haven: Yale University Press.

Linz, J., and A. Stepan. 1996. *Problems of Democratic Transition and Consolidation: Southern Europe, South America, and Post-Communist Europe.* Baltimore: Johns Hopkins University Press.

Munck. G. 2001. "The Regime Question: Theory Building in Democracy Studies." *World Politics* 54: 119-144.

Munck, G., and Verkuilen, J. 2002. "Conceptualizing and Measuring Democracy: Evaluating Alternative Indices." *Comparative Political Studies* 35(1): 5-34.

O'Donnell, G. 2004. "Human Development, Human Rights, and Democracy." In *The Quality of Democracy: Theory and Applications.* edited by G. O'Donnell, J. Cullell, and O. Iazzetta, 9-91. Notre Dame: University of Notre Dame Press.

Polity IV. 2013. *Polity IV Project.* Severn: Center for Systematic Peace. http://www.systemicpeace.org/polity/polity4.htm

Power, B. 2000. *Elections as Instruments of Democracy.* New Haven: Yale University Press.

Przeworski, A. 1991. *Democracy and the Market: Political and Economic Reforms in Eastern Europe and Latin America.* Cambridge: Cambridge University Press.

Przeworski, A. 1999. "Minimalist Conception of Democracy: A Defense." In *Democracy's Value.* edited by Ian Shapiro and Casiano Hacker-Cordón, 23-55. Cambridge: Cambridge University Press.

Schedler, D. eds. 2006. *Electoral Authoritarianism.* Boulder: Lynne Rienner.

Schumpeter, J. A. 1942. *Capitalism, Socialism, and Democracy.* New York: Harper and Brothers.

Sodaro, M. 2004. *Comparative Politics: A Global Introduction.* New York: Mc Graw Hill.

Vanhanen, T. 2003. *Democratization: A Comparative Analysis of 170 Countries.* New York: Routledge.

3장

뉴노멀 시대
민주주의
선호도[1]

정구연(강원대학교)

I. 서론

본 장은 뉴노멀 시대 동아시아 시민들이 선호하는 민주주의의 형태에 대해 알아본다. 우선 본 연구는 현재의 민주주의가 직면한 뉴노멀(new normal) 시대의 특징을 논의하며, 이러한 시대적 변화와 맞물려 점차 심화되는 소득 불평등이 정치적 불평등으로 이어지고 있는 현상에 주목한다. 이때의 정치적 불평등은 참여와 대표성의 측면 모두에서 관찰된다. 즉, 소득 불평등으로 인해 민주주의 수행력에 대한 회의적인 평가가 대두되며 시민 개개인의 정치적 효능감이 약화되고 있을 뿐 아니라, 소득 불

---

[1] 본 장은 『국가전략』 제26권 2호 (2020)에 게재된 논문 "뉴노멀 시대 동아시아 국가들의 민주주의 선호도"를 수정·보완한 것이다.

평등이 정치적 참여 기회도 제약하는 상황으로 이어지고 있다. 결과적으로 이러한 불평등은 자유민주주의(liberal democracy), 즉 주류 정치체제에 대한 시민들의 불만족으로 이어지고 있다. 또한 반주류(anti-establishment)적 태도, 권위주의의 확산, 포퓰리즘에 대한 선호로 이어지고 있어 민주주의 탈공고화(deconsolidation)에 대한 우려도 제기되고 있다(Foa and Mounk, 2017). 예컨대 지난 2016년 미국 트럼프 대통령 당선 전후로 북미 지역과 유럽 전역에서 관찰되었던 좌·우파 대중영합주의 정당 및 정치인들의 부상은 이러한 맥락에서 이해할 수 있을 것이다. 특히 미국 트럼프 대통령뿐만 아니라, 프랑스의 마리 르펜(Marie Le-Pen), 헝가리의 빅터 오르반(Viktor Orbán), 필리핀의 로드리고 두테르테(Rodrigo Duterte) 대통령 등으로 대표되는 포퓰리스트 지도자들의 집권이 이러한 흐름을 대변해주며, 이들은 기존의 민주주의 체제에 대한 정치적 효능감이 약화된 결과일 것이다(Jesuit et al, 2009; Pepinsky, 2017). 본 논문은 이러한 맥락에서 뉴노멀 시대의 가장 주요한 특징인 소득 불평등이 동아시아 시민들로 하여금 어떤 형태의 민주주의를 선호하게 하는지, 그 관계를 아시아바로미터(Asia Barometer) Wave IV 데이터를 통해 확인해보고자 한다.

우선, 소득 불평등은 시장경제체제 속에서 언제나 존재한다. 기술 보유 수준, 교육수준 등 개인의 소득에 영향을 미칠 수 있는 변수와 수준이 모두 다르기 때문에, 고학력 숙련노동자와 그렇지 않은 개인 간의 소득 격차는 존재할 수 있다. 문제는 2008년 금융위기를 기점으로 소득 불평등의 수준이 급격히 높아졌다는 것이며, 동시에 그것이 정치적 불평등으로 이어지고 있다는 점이다. 절차적 평등이 유지되는 민주주의 체제하에서는 소득수준과 관계없이 모든 개인은 법과 정부 앞에 평등하다(Hacker and Pierson 2010). 즉, 모든 개인은 정치과정에 평등하게 영향을 미칠 수 있도록 제도적으로 보장받아야 하며, 이러한 절차적 평등이 유지되어야만 개인이 실제 정치과정에 자유롭게 참여할 수 있는 민주주의 체제가 유지될 수 있다. 이러한 논리에 근거해 제기된 민주주의의 균등화 효과(equalizing effect) 이론에 따르면, 민주주의 체제에서는 중위투표자, 즉 중산층의 존재로 인해 소득 불평등이 정치적 불평등으로 전이되지 않는다(Meltzer and Richard 1981). 그러나 최근에는 공고화된 민주주의 체제에서도 소득 불평등의 수준이 심화되고 있을 뿐 아니라, 정치적 참여의 수준과 대표성에 대한 인식 역시 낮아지고 있어, 정치적 불평등의 정도도 높아지고 있다.

그렇다면 이러한 현황에 대해 동아시아 시민들은 어떻게 인식하고 있는가? 본 연구는 아시아바로미터 Wave IV의 설문 결과를 바탕으로 동아시아 시민들의 민주주의에 대한 인식을 논의한다. 특히 본 연구는 민주주의가 다양한 요소로 구성되어 있으며 시민 각각이 선호하는 우선순위가 있다는 점에 착안하여, 과연 어떠한 민주주의의 요소를 우선시하는지, 그리고 이러한 선호를 결정하는 요인이 무엇인지 확인해보고자 한다.

이러한 연구는 동아시아 시민들의 민주주의에 대한 인식을 확인할 수 있는 기회로서 의미가 있을 뿐만 아니라, 이러한 평가를 바탕으로 향후 동아시아 민주주의가 어떠한 조건하에서 질적 변화를 도모할 수 있을지에 대한 전망을 가능하게 한다. 이를 위해 본 논문은 우선 동아시아 뉴노멀 시대의 소득 불평등과 정치적 불평등의 현황을 살펴보고, 그 다음으로 동아시아 시민들의 민주주의에 대한 우선순위 인식과 이에 대한 결정요인을 아시아바로미터 Wave IV 데이터를 중심으로 살펴본다.

II. 뉴노멀로서의 소득 불평등과 정치적 불평등

1. 소득 불평등과 민주주의의 균등화 효과 약화

뉴노멀(new normal)은 학계 내부에서 명확히 정립된 개념은 아니다. 뉴노멀은 로저 맥나미(Roger McNamee)가 그의 저서 『The New Normal: Great Opportunities in a Times of Great Risk』(2004)에서 처음 사용하였으며, 그 이후로 뉴노멀은 과거에 비정상적으로 여겨지던 것이 이제는 상식으로 받아들여지는 변화를 지칭하며, 과거의 표준에 대해 의문을 제기하며 시대변화와 함께 새롭게 부상하는 대안을 의미하게 되었다.

이러한 맥락에서 뉴노멀이라는 용어는 2001년 9.11 테러사건 발생 이후의 국제질서를 의미하기도 했으나, 2008년 글로벌 금융위기 이후 선진국이 직면한 장기경기침체를 지칭하면서부터 본격적으로 사용되었다(Gomstyn 2009; Summers 2013; Wysong and Perruci 2018). 2008년 금융위기 이후 저성장, 저소비, 저수익률 등의 추세가 장기화됨에 따라 20세기 산업화 시대와는 다른 양상으로 경제적 불평등 및 양극화 현상이 나타났다. 이는 금융위기 이후 금융규제가 강화되었을 뿐 아니라 지속가능한 저탄소 경제를 추구하게 되며 세계 경제가 저성장 국면으로 전환되었고, 국제질서의 다극화 및 달러 기축통화체제의 약화, 자원 확보 경쟁으로 인해 국제경제질서의 주도세력이 다양화된 데에 기인한다. 이러한 맥락에서 지금의 뉴노멀 경제란 단순히 2008년 금융위기의 발생이나 기술체계 변화 차원의 문제가 아니라, 국제분업구조와 지정학적 변화가 동반되어 전개되고 있다는 점을 지적하며 이로 인해 전 세계적 수준의 저성장과 불평등이 심화되고 있다는 주장도 존재한다(이일영 2016).

한편 주류경제학은 후기 산업사회에서 나타난 기술혁신을 소득 불평등의 원인으로 지적하는데, 숙련 편향적 기술 진보가 일어남에 따라 고학력 숙련노동자와 저학력 미숙련노동자 간의 임금 격차가 확대되었다는 것이다(김태일 2016). 즉 후기지식경제는 IT 혁명의 흐름 속에서 노동의 한계화를 촉진시켜, 자기혁신이 어려운 노동자들은 경쟁에서 낙오되어 노동시장에서의 양극화를 가져온다는 것이다. 구교준, 이용숙(2016)의 경우 노동 영역에서 나타난 보다 근본적인 변화를 원인으로 지적하는데, 저출산 및 고령화로 인해 노동시장에서의 공급이 줄어들어 경제 전체의 장기적인 잠재성장률이 하락하고 있다는 점을 밝힌다. 또한 정부의 적극적 시장개입의 실패를 지적하는 학자들의 경우 금융규제 완화로 생겨나는 금융 부문의 지대추구 행위가 시장의 실패로 이어졌다고 지적하기도 하며, 혹은 복지제도나 부의 재분배 실패 등을 소득 불평등의 원인으로 지적하기도 한다(Stiglitz 2012; Atkins 2015).

이러한 원인들로 인해 소득 불평등은 심화되고 있는데, 많은 인구학적 집단 중에서도 특히 밀레니얼(millennial) 세대들에게 가장 많은 영향력을 미치고 있다고 분석되었다. 저성장으로 인한 소득수준의 정체, 중산층의 축소, 인구 유동성의 약화, 값싼 노동력을 제공하는 이민자들의 유입 등으로 인해 노동시장에 막 진입하려는 밀레니얼 세대는 단기간에 회복될 수 없는 구조화된 불평등을 겪어야 했기 때문이다.

요컨대 소득 불평등은 뉴노멀 시대 도래로 인해 더욱 현저해진 현상임과 동시에 정치적 변화를 야기할 수 있는 촉발 원인이다. 실제로 경제적 양극화와 소득 불평등이라는 경제적 영역에서의 변화는 정치 영역에서의 변화로 전이되고 있다. 이러한 측면에서 2008년 금융위기 이후 제기된 소득 불평등 문제는, 소득 불평등을 바라보던 기존의 시각을 다음과 같이 바꾸어놓았다(서환주·김준일 2014). 첫째, 경제성장으로부터의 낙수효과는 소득 불평등을 해소하지 못하며, 둘째, 오랫동안 당연시되어왔던 민주주의의 소득 불평등 자정능력은 민주주의의 질적 성숙 혹은 국가별 맥락에 따라 다르게 나타난다(남윤민·마인섭 2019). 그렇다면 왜 민주주의 체제하에서 소득 불평등에 대한 자정 효과가 나타나지 않는가?

민주주의의 소득 불평등 자정 능력, 즉 민주주의의 균등화 효과(equalizing effect)가 실제로 발휘되기 위해서 필요한 것은 유권자의 다수(majority)를 차지하는 중산층의 존재이다(Meltzer and Richard 1981). 멜처와 리차드(Meltzer and Richard)에 따르면, 민주주의는 다수결의 원칙에 따라 정책 결정이 이뤄지기 때문에 어떤 정책이든 중위투표자 즉, 중산층의 정책적 선호가 중요하다. 특히 소득재분배 정책과 관련해서 중위투표자들의 소득, 즉 중위소득(median income)이 해당 국가경제 전체의 평균 소득(mean income)보다 낮을 경우 이들은 소득재분배를 선호하게 되어 이를 반영한 정책에 투표할 것이며, 그렇지 않을 경우에는 소득재분배 정책에 반대한다. 결과적으로 소득 불평등이 심화될수록 중위투표자, 즉 중산층은 이러한 불평등을 교정하기 위해 시도할 것이며 민주주의 체제는 이와 같은 중위투표자들의 역할로 인해 극단적인 소득 불평등과 양극화를 경험하지 않게 될 것이라는 것이다. 그러나 〈그림 1〉에서와 같이 실제 데이터를 살펴보면, 민주주의의 균등화 효과는 나타나지 않았다.

〈그림 1〉은 Polity 5 데이터에 포함된 2008-2018년도 사이 168개 민주주의 국가의 소득 불평등 수준을 지니계수(Gini Index)를 통해 확인한 것이다. 〈그림 1〉에서 알 수 있듯 소득 불평등은 오히려 민주주의 수준이 높아질수록 미약하나마 증가하는 것으로 나타났으며, 높은 수준의 민주주의를 보유한 국가들 가운데서 나타나는 소득 불평등의 분포 폭 역시 넓은 것으로 나타났다. 비록 기술통계(descriptive statistics) 차원에서 작성한 그래프이지만, 이에 따르면 민주주의의 균등화 효과는

이론만큼 명확히 나타나지 않는다. 다시 말해 소득 불평등이 심화되어
도 중산층은 이를 교정하는 역할을 하지 않으려는 반면, 고소득층은 오
히려 자신의 이익을 대변하기 위해 적극적으로 정치참여를 할 수 있음
을 의미한다. 혹은 소득 불평등의 확대로 인해 실제 중산층의 규모가
작아졌을 수 있음을 추론할 수 있다(Blanchard and Willmann 2016).

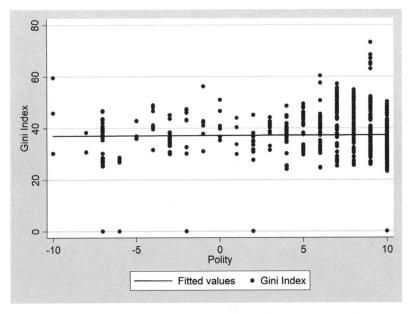

출처: UNU-WIDER, World Income Inequality Database-WIID[2]; Polity 5 Annual Time-series
1946-2018 Dataset.[3]

〈그림 1〉 민주주의 국가의 소득 불평등 현황, 2008-2018

---

[2] UNU-WIDER의 데이터셋 〈World Income Inequality Database-WIID〉는 다음의 웹사이트에서 접
근가능하다 (http://wider.unu.edu/database/wiid)(검색일: 2020. 3. 14).
[3] Polity5 Annual Time-series 1946-2018 dataset은 다음의 웹사이트에서 접근 가능하다(http://
systemicpeace.org/inscrdata.html)(검색일: 2020. 3. 14).

이러한 추세를 고려해 최근에는 소득 불평등의 정치적 효과에 관해 많은 연구가 진행되고 있다. 이들 연구에 따르면, 소득 불평등은 상대적으로 고소득층에게 더 많은 자원을 배분함으로써 소득계층별 정책 선호의 간극을 확대할 뿐만 아니라 중산층의 정치참여를 축소시키며, 중산층의 민주주의에 대한 지지도를 약화시킨다(Houle, 2018; Weatherall et al, 2018; Han, 2016; Levin-Waldman, 2016; 박영환, 2015; 이현경, 권혁용, 2016). 실제로 소득 구간에 따른 시민적 관여의 수준은 차별적으로 존재한다고 밝혀진 바 있다. 민주주의 체제 하에서 고소득층의 정책적 선호가 저소득층의 정책적 선호보다 정부 정책에 더욱 잘 반영됨으로써 정치적 불평등으로 이어지는 것이다(Bonica et al, 2013; Acemoglu and Robinson, 2008; Acemoglu et al, 2013). 투표, 시민조직에의 참여, 공무원과의 간담회, 시위 및 집회 참여 등 다양한 형태의 시민적 관여는 고소득층일수록 좀 더 그 빈도가 높게 나타났다 (Levin-Waldman 2013). 예컨대 미국의 경우 2012년 대통령 선거 당시 소득계층 상위 0.01%의 대선 캠페인 기부금이 전체 기부금의 40% 이상을 차지했을 뿐만 아니라, 고소득 계층의 75%가 다양한 정치활동에 참여한 반면 저소득 계층은 오직 13% 만이 참여하는 것으로 나타났다(Bonica et al, 2013). 또한 정치 조직화의 수준에 있어서도 소득수준별 차이가 관찰되었는데, 미국의 경우 노동조합의 영향력이 급속하게 줄어들고 있어 가입률조차 2012년 기준 11% 정도로 집계되었으며, 노동자의 이익을 대변하던 미국 민주당조차 노동조합으로부터의 정치자금 후원이 줄어들자 기업의 이익을 반영하는 모습을 보이고 있다. 마지막으로 바텔(Bartel, 2008)의 연구에 따르면 미국 민주·공화당 모두 빈곤층의 이익을 대변하는 정책을 법제화하지 않았으며, 고소득층에 좀 더 호의적인 정책이 입안되었다.

요컨대 소득 불평등은 정치적 불평등으로 이어지며, 이러한 정치적 불평등은 국민들 간에 이해관계를 공유한다는 의식이 줄어들게 되어 국민적 일체감도 약화시키며(Stiglitz 2012), 궁극적으로 민주주의에 대한 선호를 약화시킨다고 분석되고 있다. 즉 소득 불평등이 심화될수록 저소득층은 자신이 사회 주류로부터 밀려났다는 소외 의식을 가질 확률이 높으며, 고소득층과 저소득층은 서로 사회적 목표와 비전을 공유하기 어렵다고 판단한다(Uslaner and Brown 2005). 이러한 사회적 연대의 약화는 궁극적으로 민주주의 정부의 기능과 역할에 대한 부정적 평가로 이어져, 자신이 몸담고 있는 정치체제에 대한 불신으로 이어지며 정치 참여 의지도 약화되는 것이다(Haveman et al. 2004; Solt 2008).

이러한 논의의 흐름은 민주주의의 경제적 수행력(performance)에 의해 시민들의 민주주의에 대한 지지도가 결정된다는 기존연구와 궤를 같이한다(Mishler and Rose 1997; Bratton and Mattes 2001). 물론 소득 불평등과 같은 경제적 불평등을 나타내는 현상이 장기화되지 않는 한, 경제적 수행력은 민주주의에 대한 지지도를 설명하는데 있어 유의미한 변수가 되기는 어렵다고 논의되기도 했으며 그에 따라 정치적 수행력의 변수도 동시에 고려해야 한다는 의견이 제기되기도 한다(강우진 2012; Evans and Whitefield 1995). 그러나 장기적인 경기침체와 소득 불평등의 구조화를 동반하는 뉴노멀 시대의 특성상 민주주의의 경제적 수행력을 더욱 중요하게 여길 가능성이 높으며, 이에 따라 경제적 수행력의 약화는 민주주의의 정당성의 위기로 이어질 수 있다.

실제로 이러한 정치적 태도 변화는 지난 2016년 미국 대선에서 관찰되었듯 권위주의적 지도자 및 대중영합주의(populism)에 대한 지지 혹은 반주류적(anti-establishment) 태도로 나타나기도 한다(Weatherall et al. 2018). 이러한 논의를 바탕으로 다음 절에서는 동아시아 내부의 소득 불평등과 정치적 불평등의 수준을 논의한다.

2. 동아시아 국가들의 소득 불평등과 정치적 불평등

동아시아 지역은 소득 불평등과 경제성장 추세와 관련해 모순적인 특징을 보인다. 글로벌 수준에서 관찰했을 때, 동아시아 지역은 빠른 경제성장을 이뤄왔으며 이에 따라 글로벌 수준의 빈곤퇴치율이 제고되었고 소득 불평등의 수준은 낮아졌다. 특히 이러한 변화는 1990년부터 2017년까지 각각 평균 9.7% 및 6.7%의 경제성장률을 보인 중국과 인도에 의해서 견인되었다고 해도 과언이 아니다. 그러나 개별 국가 수준으로 분석 수준을 낮춰보면, 동아시아 국가들 내부의 소득 불평등은 오히려 높아지고 있다는 역설적 상황을 관찰할 수 있다.

물론 다른 지역과 비교해보았을 때 아시아 지역의 소득 불평등 수준은 상대적으로 높지 않다. 2013년 기준 아시아 국가들의 평균 지니계수는 26-46으로, 중위값이 37이다. 반면 같은 시기 사하라이남 아프리카의 경우 31-63의 분포를 보이며 중위값은 43, 라틴아메리카의 경우 40-58의 분포 가운데 47의 중위값을 보인다. 한편 동남아시아와 동북아시아의 국가로 나누어 지니계수를 살펴보면, 동북아시아 국가들의 경우 지니계수가 38.06, 동남아시아의 경우는 38.23으로 나타나 큰 차이가 없는 것처럼 나타난다. 그러나 팔머 비율(Palmer ratio)을 통해 살펴보면, 동아시아 지역 내 소득 불평등은 다른 특징을 보인다. 지니계수가 전통적으로 소득 불평등을 측정하는 지표로써 사용되어 왔지만, 팔머 비율은 소득 분포에 있어서 양측 꼬리(tail), 즉 저소득층과 고소득층의 소득수준 변화를 더욱 잘 반영하기에 좀 더 구체적인 소득 불평등의 수위를 보여주기 때문이다.

〈그림 2〉는 팔머 비율을 통해 동북아시아 국가들과 동남아시아 국가들 간의 소득 불평등 추이를 보여주고 있다. 팔머 비율은 소득상위

10%의 소득점유율과 소득하위 40%의 소득점유율을 나눈 값으로, 그 값이 클수록 불평등하다는 것을 나타낸다. 동아시아의 사례를 살펴보면, 〈그림 2〉에서 나타나듯 동남아시아 국가들은 동북아시아 국가들보다 훨씬 소득 불평등의 수준이 높다.

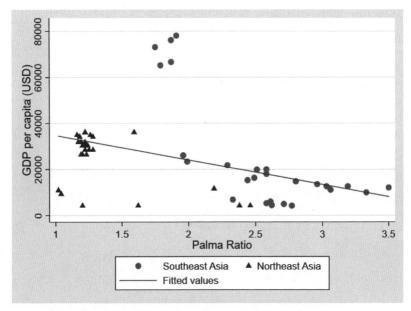

출처: UNU–WIDER, World Income Inequality Database–WIID[4]

〈그림 2〉 동아시아 국가들의 팔머 비율, 2000–2017

동아시아 국가들의 이질적인 특성상 이들의 소득 불평등 수준을 설명할 수 있는 단일 변수를 찾기는 어려우나, 기존의 연구들은 동아시아

---

[4] UNU–WIDER의 데이터셋 〈World Income Inequality Database–WIID〉는 다음의 웹사이트에서 접근가능하다 (http://wider.unu.edu/database/wiid)(검색일: 2020. 3. 14).

선진국(advanced states)과 급속한 사회적 체제 전환(social revolution)을 겪는 국가, 그리고 탈식민 이후 동남아시아 국가 등으로 사례를 유형화하여 그 원인을 추적한다(Haggard 2016). 동아시아 선진국들, 예컨대 일본과 한국, 대만의 경우 동아시아 이외 지역의 선진산업국가들에게서 발견되는 소득 불평등의 원인들이 지적되는데, 예컨대 세계화, 기술혁신으로 인한 노동의 한계화가 촉진되어 소득 불평등이 증가되었다는 것이다. 특히 대만의 저학력 숙련노동자(less educated skilled workers)들의 경우 중국으로부터의 노동력 유입으로 인해 소득 불평등이 확대되고 있으며, 이는 비단 대만뿐만 아니라 한국의 경우에서도 관찰되고 있다고 분석되었다. 한편 급속한 사회적 체제 전환을 겪는 국가, 예컨대 중국과 베트남의 경우 급속한 산업화로 인해 소득수준은 높아졌으나 이것이 공간적으로 불평등을 야기하고 있다. 예컨대 세계화의 영향력이 강한 연안지역 도시 주민의 경우 소득 불평등 확대 속도가 상대적으로 더 빠른 반면 내륙지방의 경우 그 속도가 느리다고 분석된다. 더욱이 사회주의 체제 내에서 제공되었던 사회안전망이 제거됨으로써 이러한 소득 불평등은 더욱 심화되고 있다. 마지막으로 동남아시아 국가들의 경우 제2차 세계대전과 탈식민 이후로 이루어진 국가발전궤적이 너무나 상이하기 때문에 일반화된 결론을 내리기 어려우나, 각 국가의 민족주의적 지도자의 특성, 토지개혁, 산업정책과 정당 체제 형성과정에 따라 소득 불평등의 수준이 결정되었다고 분석되었다.

중요한 것은 이러한 상이한 소득 불평등의 분포가 역내 민주주의 선호에 어떠한 영향을 주고 있느냐일 것이다. 앞서 논의했듯 기존의 연구들은 소득 불평등 수준이 높아질 경우 민주주의에 대한 불만으로 이어지거나 권위주의로의 쇠퇴도 가능하다는 주장을 개진하고 있으나, 동아시아 국가들의 경우 아직까지 그러한 징후는 관찰되고 있지 않다

(Haggard and Kaufman 2016). 다만 소득 불평등이 민주적 통치의 질(quality)에는 영향을 미치고 있다고 분석되는데, 소위 민주주의의 탈공고화 과정에서 관찰되는 포퓰리즘, 매표 행위, 후견주의(clientelism) 등이 점차 축소되는 중산층과 확대되어가는 저소득층의 계층구조 속에서 현저히 관찰되고 있다고 주장된다. 그렇다면 이러한 행위는 앞서 언급했던 시민적 관여 및 정치 조직화 수준의 약화와 더불어 민주주의 체제 속에서 국민들의 정치적 불평등으로 귀결될 수 있을 것이다.

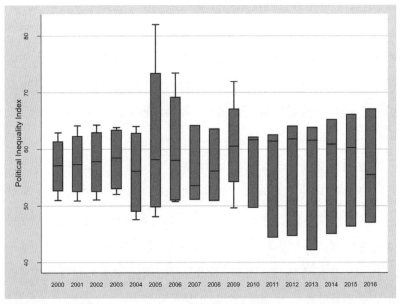

출처: Choi, Gwangeun. Political Inequality Index. Ann Arbor, MI: Inter-university Consortium for Political and Social Research. 2019-12-01. https://doi.org/10.3886/E101268V3

〈그림 3〉 동아시아 국가들의 정치적 불평등 지수, 2000-2016

〈그림 3〉은 동아시아 국가들의 연도별 정치적 불평등 분포 현황

을 나타낸다. 〈그림 2〉 작성을 위해 사용된 정치적 불평등 지수(Political Inequality Index)는 민주주의 수행력 지수(Democratic Performance Index, DPI)의 참여(participation) 및 대표(representation) 지수를 정치적 불평등 지수 측정에 포함시킴으로써 투표(voting)에만 국한되어있던 기존의 정치적 불평등 지수의 구성요소를 좀 더 늘린 것이다. 정치적 불평등 지수의 값이 0일 경우는 절대적 평등을 의미하지 않으며, 반대로 100의 값도 절대적 불평등을 의미하는 것은 아니다. 다만 관찰사례들 가운데 상대적 위치로 이해해야 할 것이다. 〈그림 3〉에 따르면, 2008년 금융위기 이후 동아시아 국가들의 정치적 불평등 지수는 상자그림(boxplot)의 중위값 변화추세에서 확인할 수 있듯 대체로 상승세에 있으며 그 편차의 폭 역시 커지고 있음을 확인할 수 있다. 그러나 이러한 결과를 단순히 정치적 불평등이 실제로 확장되고 있다고 해석하기에는 무리가 있으며, 좀 더 구체적인 맥락과 정치적 불평등에 대한 구체적 영역별 분석이 필요할 것이다. 또한 본 논문에서 주목하는 것은 이러한 현황 자체보다는 이에 대한 동아시아 시민들의 인식이므로, 다음 절에는 이러한 이론적 논의를 바탕으로 실제 동아시아 시민들이 어떠한 민주주의를 선호하고 있는지에 대한 설문조사 결과를 정량적으로 분석한다.

Ⅲ. 동아시아 시민들의 민주주의 선호도

1. 민주주의 구성요소와 선호도

이제까지 논의한 바와 같이 소득 불평등은 정치적 불평등으로 이어질 뿐만 아니라 민주주의 정치체제에 대한 불만으로 이어질 수 있다.

때로는 권위주의 체제, 혹은 대중영합주의에 취약한 유권자의 모습도 관찰되나, 동아시아 국가들의 경우에는 그러한 징후가 아직 나타나지 않고 있다. 그럼에도 불구하고 민주주의의 질(quality) 차원에서의 변화는 예측되고 있기에, 본 절에서는 소득 불평등과 정치적 불평등이 동아시아 국가의 국민들로 하여금 어떠한 형태의 민주주의를 선호하게 만드는지를 정량적 데이터를 통해 확인해보고자 한다.

이러한 접근법이 가정하고 있는 것은 민주주의란 상당히 논쟁적 개념이며, 시민 개개인이 상정하는 민주주의 개념이 서로 다른 내포(connotation)로 구성되어 있다는 점이다(Chu et al. 2013). 즉 시민 개개인이 서로 다른 민주주의 개념을 보유하고 있기 때문에, 정책집행자들과 학자들은 민주주의의 질(quality)을 평가하고 및 향상시키기 위한 방안을 논의하는데 있어 어려움을 겪을 수밖에 없으며, 권위주의 지도자들의 경우 권위주의 통치를 위장하기 위해 민주주의 개념을 확장하기도 한다는 점이다 (Zakaria, 1994). 이러한 측면에서 시민들이 민주주의를 어떻게 개념화하는지를 확인하는 것은 민주주의 선호를 예측하고 민주주의의 질을 향상시키기 위한 개념화를 시도하는데 있어 중요한 작업이 될 것이다.

본 논문은 아시아 국민들의 소득 불평등 수준과 선호하는 민주주의 형태와의 관계를 식별하기 위해 아시아바로미터(Asia Barometer) Wave IV 데이터를 이용한다.[5] 아시아바로미터 Wave IV 데이터는 2014~2016년의 기간 동안 동아시아 14개국의 20,667명의 응답자들을 대상으로 대면 설문조사를 실시하여 취합된 결과로 구성되어 있으며, 각 응답자들의 인

---

[5] 아시아바로미터 Wave IV 데이터는 다음의 웹사이트에서 확인할 수 있다(http://www.asianbarometer.org/). 본 데이터는 동아시아 14개국, 즉 한국, 캄보디아, 홍콩, 일본, 베트남, 필리핀, 중국, 대만, 싱가포르, 몽골, 태국, 말레이시아, 미얀마, 인도네시아에서 실시된 대면 설문조사 결과를 바탕으로 한다.

구학적 특성뿐만 아니라 이들이 위치한 정치·경제적 환경에 대한 인식도 측정한다. 물론 본 데이터는 개인 설문 조사를 바탕으로 만들어진 데이터이기에, 설문조사에 포함되지 않은 변수들을 조사 이후 추가적으로 조사하기는 어려워 통계모델을 구체화하는 데 있어 누락변수(omitted variable)가 분명히 존재할 수 있다. 그러나 소득재분배와 정치적 효능감에 대한 다양한 문항 등을 포함하고 있어 본 논문에서 제기하는 민주주의 선호 형태에 대한 정량적 연구를 수행하기에 적절하다고 판단되었다.

우선, 동아시아 국가들의 민주주의 요소 선호도는 〈그림 4〉와 같다. 〈그림 4〉는 앞서 소개한 아시아바로미터 Wave IV 데이터를 이용하여 정리한 것이며, 표에 명시된 "freedom and liberty," "social equality," "norms and procedure," "good governance"는 아시아바로미터 Wave III 조사 당시 응답자들에게 개방형 질문으로 민주주의의 의미 세 가지를 요청하여, 그 응답을 유형화하여 만들어진 지표이다.[6] "freedom and liberty"의 경우 표현의 자유, 결사 및 종교의 자유와 같이 정치적 자유와 시민적 자유를 의미하며, "social equality"의 경우 최소생활기준 충족 및 사회적 약자 보호를, "norms and procedure"의 경우 자유롭고 공정한 선거, 개방된 정치적 경쟁, 국민에 대한 책무, 권력 분립과 같은 민주적 규범과 제도를 의미한다. 마지막으로 "good governance"의 경우 정부의 역량, 특히 경제적·정치적 공공재 제공측면에서의 성과를 의미한다.

아시아바로미터 Wave IV 조사결과에 따르면, 동아시아 시민들은 평균적으로 민주주의를 "norms and procedure"의 차원으로 가장 많

---

[6] 본 내용은 다음의 논문에서 자세히 확인 가능하다: Yun-Han Chu, Min-Hua Huang and Jie Lu, 2013. "Understanding Democracy in East Asian Societies," A paper prepared for the Asian Barometer Conference on Democracy and Citizen Politics in East Asia, Taipei, Taiwan (June 17-18, 2013).

이 이해하고 있으며(37.89%), 그 다음으로는 "social equality"(24.27%), "freedom and liberty"(23.93%), 그리고 마지막으로 "good governance"(13.90%)의 순서로 이해하고 있는 것으로 나타났다. 동아시아 각국별 민주주의 구성요소 선호도는 〈그림 4〉에 나타나 있다.

〈그림 4〉에 나타나 있듯 동아시아 시민들은 민주주의의 주요 요소에 관해 서로 다른 생각을 가지고 있다. 동아시아의 평균적인 순위와 동아시아 각국의 순위가 서로 다르다는 사실은 동아시아 각국의 시민들이 자국의 정부에 대해 기대하는 민주주의 통치의 형태가 서로 다름을 의미한다. 특히 "norms and procedures"와 "freedom and liberty"는 절차적 민주주의, 혹은 정치적 정당성을 위한 인풋(input)을 의미하는 한편 "social equality"와 "good governance"의 경우 내용적 민주주의, 정치적 수행력, 민주주의의 질(quality) 혹은 정치적 정당성을 위한 아웃풋(output)을 의미한다는 점을 고려해볼 때(Easton 1963; Pan and Wu 2017), 동아시아 국가들은 전반적으로 절차적 민주주의(procedural democracy)의 중요성을 인지하고 우선시하는 것으로 판단되나, 내용적 민주주의의 요소 역시 중시하고 있다. 즉 내용적 민주주의(substantive democracy)를 우선시하는 개인은 민주주의의 수행력, 특히 경제적 수행력을 강조하는 입장이라고 볼 수 있는 반면, 절차적 민주주의를 우선시하는 입장은 민주주의의 제도와 근본적 가치를 중시하는 입장이라고 볼 수 있다. 절차적 민주주의를 우선시하는 개인이라면, 비록 경제적 수행력이 우수하다 할지라도 권위주의 체제를 견디기 어려울 가능성이 높으며, 반대로 내용적 민주주의를 선호하는 개인이라면 권위주의 체제라 할지라도 경제적 수행력이 뛰어나다면 자신의 체제에 만족하게 될 것이라고 이론적으로 예측할 수 있다.

그러나 실제 소득 불평등을 줄여나가는 것과 정치적 자유를 지키는 것 중에 하나를 선택해야 한다면, 동아시아 시민들은 대체로 소득 불

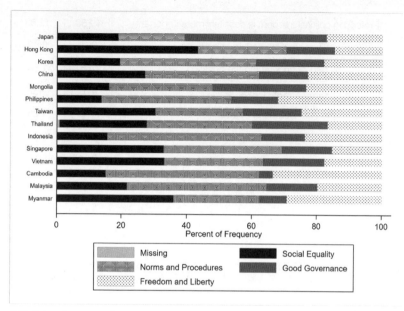

출처: Asian Barometer Survey of Democracy, Governance and Development (Wave IV), Taiwan National University, Taiwan.

〈그림 4〉 동아시아 국가들의 민주주의 구성요소 선호도

평등을 줄여야 한다고 답하고 있다. 아래 〈표 1〉은 이에 관한 데이터를 정리한 것이다.

〈표 1〉 소득 불평등과 정치적 자유 사이의 우선순위

설문 문항: "If you had to choose between reducing economic inequality and protecting political freedom, which would you say is more important?"

설문 항목	빈도	퍼센트
Reducing economic inequality is definitely more important	3,747	36.68
Reducing economic inequality is somewhat more important	2,265	22.17
Protecting political freedom is somewhat more important	1,288	12.61

Profecting political freedom is definitely more important	1,280	12.53
They are both equally important	861	8.43
Do not understand the question	168	1.64
Can't choose	470	4.6
Decline to answer	129	1.26
Missing	8	0.08
Total	10,216	100.00

출처: Asian Barometer Survey of Democracy, Governance and Development (Wave IV), Taiwan National University, Taiwan.

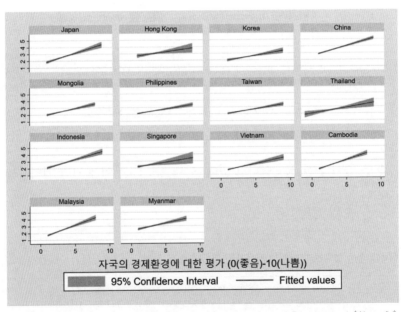

출처: Asian Barometer Survey of Democracy, Governance and Development (Wave IV), Taiwan National University, Taiwan.

〈그림 5〉 동아시아 국가의 경제적 만족도와 민주주의 체제에 대한 만족도 관계

〈그림 5〉는 동아시아 국가 시민들의 민주주의의 경제적 수행력에 대한 태도를 좀 더 알아보기 위해 자국의 경제적 상황에 대한 인식과 자국의 민주주의에 대한 만족도를 국가별로 대별한 것이다.

〈그림 5〉 그래프들의 X축은 동아시아 시민들이 자국의 경제 환경에 대해 어떻게 평가하는가에 관한 것이고, 0(좋음)에서 5(나쁨)까지의 스케일로 만들어졌다. Y축의 경우 자국의 민주주의에 대한 만족도이며, 역시 1(매우 만족)부터 5(매우 불만족)까지의 스케일이다. 〈그림 5〉에 따르면 동아시아 국가들은 비록 국가별 기울기의 차이는 존재하지만, 경제 환경에 대한 평가와 민주주의에 대한 평가가 정의 관계에 놓여있다. 즉 이는 절차적 민주주의를 우선시하기는 하지만 경제적 수행력이 담보되어야만 민주주의에 대한 우호적인 평가가 가능한 것으로 해석할 수 있을 것이다. 이러한 기술통계 결과를 바탕으로 다음절에서는 동아시아 시민들의 민주주의 선호 결정요인을 통계분석을 통해 논의해본다.

2. 민주주의 선호도 결정요인 분석

본 절에서는 다항로짓모형(multinomial logistic regression)을 통해 동아시아 국가 시민들의 민주주의 선호도 결정요인을 분석해본다. 데이터는 앞서 논의했던 아시아바로미터 Wave 4 데이터의 설문문항 조사 결과를 이용한다. 우선 앞서 〈그림 4〉에서 논의했던 동아시아 국가들의 민주주의 구성요소 선호도를 종속변수로 설정하고, 독립변수로는 응답자 자신(가족)의 경제상황 평가(1(매우 좋음)~5(매우 나쁨)), 응답자 자신의 정치관심도(1(매우 높음)~4(매우 낮음)), 응답자의 자국 민주주의 작동에 대한 만족도(1(매우 높음)~4(매우 낮음)), 정치적 자유와 소득 불평등 사이의 우선순위(1(소득 불평등 우선)~4(정치적 자유 우선)), 응답자 자신의 정치적 임파워먼트 수준 평가(1(매우 높음)~4(매우 낮음))을 독립변수로 설정한다. 응답자 개인의 인구사회학적 변수인 성별(1(남성), 2(여성))과 교육수준(1(낮음)~10(높음)) 역시 포함한다.

〈표 2〉 다항로짓 결과 분석

변수	Social Equality		Good Governance		Liberty and Freedom	
	Coef.	Risk Ratio	Coef.	Risk Ratio	Coef.	Risk Ratio
경제상황 인식	0.1473***	1.1587***	0.0871	1.0910	0.0453	1.0463
정치적 관심도	0.0726*	1.0753*	-0.0125	0.9874	0.0111	1.0112
민주주의 만족도	0.0303	1.0308	0.0722*	1.0749*	0.0587*	1.0605*
소득 불평등 우선순위	0.0310	1.0315	0.0091	1.0091	0.0129	1.0130
정치적 임파워먼트	0.0508	1.0521	0.0440	1.0450	-0.0150	0.9851
성별	0.1285	1.1372	0.1764*	1.192*	0.0397	1.0405
교육수준	-0.0060	0.9939	0.0053	1.0053	-0.0024	0.9975
상수	-1.4095***	0.2442***	-1.5302***	0.2164***	-0.7766***	0.4599***
Log Likelihood	-3134.73					
Pseudo R2	0.0683					
N	10,216					

참고: 준거집단(Base outcome)은 Norms and Procedures임; 종속변수 값 가운데 설문문항 응답으로서 "Missing," "Do not understand the question", "Can't Choose," "Decline to answer"에 해당하는 Coefficient(계수)와 risk ratio는 위 결과 분석표에 포함하지 않았음.
*p〈0.05, **p〈0.01, ***p〈0.001

우선 〈표 2〉의 다항로짓 분석 결과에서 통계적으로 유의미한 결과들을 중심으로 논의해보기로 한다. 본 다항로짓 분석의 준거집단(base outcome)이 "norms and procedures"였음을 고려해볼 때, 동아시아 국가 시민들로 하여금 "norms and procedures"에서 "social equality"로 민주주의의 우선순위가 바뀌게 되는데 있어서 가장 중요한 것은 자신의 경제

상황에 대한 인식이며, 통계적으로도 유의미한 값이 도출되었다. 즉 자신의 경제상황이 나빠진다고 인식할수록 "social equality"를 민주주의의 주요 요소로 선택할 가능성이 높다는 것이다. 또한 정치적 관심도가 낮아질수록 "norms and procedures"보다 "social equality"를 택할 가능성이 높아지는 것으로 나타났다. 다시 말해 이러한 결과들은 정치적 관심이 낮고 경제상황이 어려운 시민들의 경우 절차적 민주주의보다 내용적 민주주의의 요소를 우선시할 가능성이 높다는 것을 보여준다. 한편 자국의 민주주의에 대한 만족도가 낮아질수록 "norms and procedures"로부터 "good governance" 및 "liberty and freedom"으로 우선순위를 바꿀 가능성이 높아진다는 결과도 도출되었는데, 이를 액면 그대로 해석하면 자국의 민주주의에 대한 만족도가 낮아질수록 절차적 민주주의와 내용적 민주주의 모두를 더 중시한다고 볼 수 있다. 그러나 이러한 결과를 있는 그대로 해석하기보다는 향후에 좀 더 분석수준을 낮춰 국가별 분석을 시도하여 이러한 결과가 나오게 된 맥락적 분석을 시도해야 할 것으로 판단된다. 마지막으로 여성일 경우 "norms and procedures"보다 "good governance"를 택할 가능성이 높다고 분석되었다. 이러한 젠더적 관점과 민주주의 선호 관계 역시 향후 연구를 통해 보강해야 할 부분이라고 생각된다. 한편 소득 불평등 우선순위화 변수의 경우 통계적으로 유의미하지도, 이론적 예측이나 앞서 〈표 1〉에서의 설문조사 결과와도 일관되지 않은 결과가 관찰되었는데, 이와 관련해서도 추가적으로 국가별 맥락적 연구가 필요할 것으로 생각된다.

Ⅳ. 결론

본 연구는 동아시아 시민들의 민주주의에 대한 인식과 어떠한 민주주의를 선호하는가에 대한 정량적 분석을 시도하였다. 분석 결과, 동아시아 시민들은 절차적 민주주의의 요소를 대체로 중시하지만, 민주주의의 경제적 수행력 역시 중요하게 생각하고 있다. 특히 뉴노멀 시대의 가장 특징은 소득 불평등과 정치적 자유의 관계 속에서 소득 불평등 해결을 우선순위에 놓을 수 있다는 입장이 다수를 차지하기도 했다는 점이다. 이러한 이중적인 결과는 동아시아 시민들이 민주주의를 상정하는데 있어 절차적 민주주의와 내용적 민주주의, 경제적 수행력과 정치적 수행력 모두를 중시하고 있다는 점을 보여준다. 다만 자신의 경제적 처지가 악화되고 있다고 인식한다면, 내용적 민주주의를 좀 더 선호할 가능성이 있음을 보여줌으로써, 동아시아 민주주의에서 경제적 수행력은 민주주의의 공고화를 위해 간과하지 말아야 할 변수임을 보여 주었다.

물론 본 연구는 앞서 논의했듯 많은 추가적인 연구를 필요로 한다. 특히 소득 불평등 우선순위에 관한 응답자들의 입장과 실제 다항로짓 분석에서 나타난 결과의 불일치성의 원인은 추후 연구를 통해 분석해야 할 것이다. 많은 응답자들이 정치적 자유보다 소득 불평등이 더 중요한 문제라고 응답한 반면, 실제 다항로짓 분석에서는 소득 불평등 우선순위 변수가 독립변수로서 유의미한 결과를 가져오지 않았는데, 이에 대해서 좀 더 심층적인 데이터 분석이 필요할 것으로 생각된다. 또한 각 국가별 맥락을 고려한 정성적 분석도 병행되어야 할 것으로 생각된다.

한편, 앞서 논의했듯 지금의 뉴노멀은 경제 양극화, 소득 불평등이 구조화되고 있는 특징을 보이고 있다. 20세기의 산업구조와 글로벌 분업구조가 재편되며 노동자들의 적응력에 따라 소득 양극화의 효과를 상쇄할 수 있는 사회가 되어가고 있다. 더욱이 최근의 COVID-19 확산 사태는 또 다른 국면의 뉴노멀을 만들어가고 있으며, 앞으로의 국제질서는 더욱 많은 불확실성을 노정하게 되었다. 보건 안보가 우선시되는 민주주의와 그러한 민주주의 국가들로 구성된 국제사회가 어떠한 뉴노멀을 형성하게 될 것인지는 아직은 불확실하다. 개인의 자유에 방점을 두는 서구의 자유주의 이념체계 속에서 민주주의 국가는 보건 안보위기와 충돌할 가능성이 높음을 보여주었으나, 이 역시 정부가 국민의 요구를 받아들이며 민주주의 체제를 어떻게 관리하느냐에 따라 그 변화의 방향이 달라질 수 있을 것이다. 또한 동아시아의 경우 본 연구에서와 같이 민주주의 수행력을 강조하기 때문에, 지금의 COVID-19와 같은 외부로부터의 위기가 국내 내용적 민주주의, 즉 민주주의의 질에 어떠한 영향을 미칠 수 있을 것인지에 대해서도 지속적인 연구가 필요할 것이다.

참고문헌

강우진. 2012. "한국 민주주의에서 경제적 불평등에 대한 인식의 정치적 효과: 민주주의 효능성에 대한 효과를 중심으로." 『한국과 국제정치』 28권 2호, 145–171.

구교준·이용숙. 2016. "뉴노멀 시대의 경제환경과 다양성." 『정부학연구』 22권 2호, 27–50.

김태일. 2016. "적극적 중립: 경제구조 변화에 대한 대응." 『정부학연구』 제 22권 2호: 51–79.

남윤민·마인섭. 2019. "동아시아의 민주주의와 경제적 불평등: 한국, 일본, 그리고 대만." 『한국동북아논총』 24권 3호, 5–29.

박영환. 2015. "경제적 불평등과 정치적 대표: 18대 국회 사례." 『현대정치연구』 8권 1호, 5–37.

서환주·김준일. 2014. "소득 불평등, 정치적 불평등, 그리고 기회불평등의 누적적 증가에 대하여: 복지제도와 노동조합의 새로운 역할." 『사회경제평론』 45호, 231–275.

이일영. 2016. "뉴노멀 경제와 한국형 뉴딜 – 동아시아 발전모델의 전환을 위한 전략." 『동향과 전망』 100호, 78–117.

이현경·권혁용. 2016. "한국의 불평등과 정치선호의 계층화." 『한국정치학회보』 50집 5호, 89–108.

Acemoglu, Daron, Pascual Restrepo, and James Robinson. 2013. "Democracy, Redistribution and Inequality." *NBER Working Paper* No. 19746.

Acemoglu, Daron, and James Robinson. 2008. "Persistence of Power, Elites, and Institutions." *American Economic Review* 98(1): 267-293.

Atkins, Anthony. B. 2015. *Inequality: What can be done?* Cambridge: Harvard University Press.

Bartel, Larry. 2008. *Unequal Democracy: The Political Economy of a New Gilded Age.* New Jersey: Princeton University.

Blanchard, Emily, and Gerald Willmann. 2016. "Trade, Education, and the Shrinking Middle Class." *Journal of international Economics* 99: 263-278.

Bonica, Adam, Nolan McCarty, Keith T. Poole, and Howard Rosenthal. 2013. "Why hasn't democracy slowed rising inequality?" *Journal of Economic Perspectives* 27(3): 103-124.

Bratton, Michael, and Robert Mattes. 2001. "Support for Democracy in Africa: Intrinsic or instrumental?" *British Journal of Political Science* 31(3): 447-474.

Chu, Yun-Han, Min-Hua Huang, and Jie Lu. 2013. "Understanding Democracy in East Asian Societies." A paper prepared for the Asian Barometer Conference on Democracy and Citizen Politics in East Asia, Taipei, Taiwan (June 17-18, 2013).

Cobham, Alex, and Andy Sumner. 2013. "Is it all about the tails? The Palmer Measure of Income Inequality." Center for Global Development Working Paper 343 (September).

Easton, David. 1963. *The Political System: An Inquiry into the State of Political Science.* New York: Alfred A. Knopf.

Evans, Geoffrey, and Stephen Whitefield. 1995. "The Politics and Economics of Democratic

Commitment: Support for Democracy in Transition Societies." *British Journal of Political Science* 25(4): 485-514.

Foa, Roberto Stefan, and Yascha Mounk. 2017. "The Sign of Deconslidation." *Journal of Democracy* 28(1): 5-15.

Gomstyn. 2009. "Finance: Americans Adapt to the New Normal." *ABC News* (June 15).

Hacker, Jacob, and Paul Pierson. 2010. *Winner-take-all Politics: How Washington Made the Rich Richer and Turned its Back on the Middle Class.* New York: Simon and Schuster.

Han, Kyung Joon. 2016. "Income Inequality and Voting for Radical Right-Wing Parties." *Electoral Studies* 42: 54-64.

Haveman, Robert, Gary Sandefeur, Barbara Wolfe, and Andrea Voyer. 2004. "Trends in Children's Attainments and Their Determinants as Family Income Inequality Has Increased," in Kathryn Neckerman ed., *Social Inequality.* New York: Russell Sage Foundation.

Haggard, Stephan, and Robert Kaufman, 2016. *Development, Democracy and Welfare States: Latin America, East Asia and Eastern Europe.* Princeton: Princeton University Press.

Haggard, Stephan. 2016. "Reflection on Inequality in Asia." *Global Asia* (June 27).

Houle, Christian. 2018. "Does Economic Inequality Breed Political Inequality?" *Democratization* 25(8): 1500-1518.

Jesuit, David K., Piotr R. Parasowski, and Vincent A. Mahjer. 2009. "Electoral Support for Extreme Right-wing Parties: A Sub-National Analysis of Western European Elections." *Electoral Studies* 28: 279-290.

Levin-Waldman, Oren M. 2013. "Income, Civic Participation and Achieving Greater Democracy." *Journal of Socio-Economics* 43: 83-92.

Levin-Waldman, Oren M. 2016. "How Inequality Undermines Democracy." *E-International Relations* (December 10).

McNamee, Roger. 2004. *The New Normal: Great Opportunities in a Times of Great Risk.* New York: Portfolio.

Meltzer, A. H., and S. F. Richard. 1981. "A Rational Theory of the Size of the Government." *Journal of Political Economy* 89(5): 914-927.

Mishler, William and Richard Rose. 1997. "Trust, Distrust, and Skepticism: Popular Evaluations of Civil and Political Institutions in Post-Communist Societies." *Journal of Politics* 59(2): 418-451.

Pan, Hsin-hsin, Wen-Chin Wu. 2017. "Quality of Governance and Political Legitimacy: Governance-Based Legitimacy in East Asia," Global Barometer *Working Paper* No. 121.

Pepinsky, Thomas. 2017. "Southeast Asia: Voting against Disorder." *Journal of Democracy* 28(2): 120-131.

Solt, Frederick. 2008. "Economic Inequality and Democratic Political Engagement." *American Journal of Political Science* 52(1): 48-60.

Stiglitz, Joseph. 2012. *The Price of Inequality.* New York: W. W. Norton & Company.

Summers, Lawrence. 2013. "Why Stagnation might proved to be the new normal?" *Financial Times* (December 15).

Uslaner, Eric. 2008. "The Foundations of Trust: Macro and Micro." *Cambridge Journal of Economics* 32: 289-294.

Uslaner, Eric, and Mitchell Brown. 2005. "Inequality, Trust, and Civic Engagement." *American Politics Research* 33(6): 868-894.

Weatherall, Mark, Min-hua Huang, and Taehee Whang. 2018. "The Malaise of Globalization in East Asia: Income Inequality, Perceived State Capacity, and Anti-Establishment Attitude." *Korean Journal of International Studies* 16(1): 1-27.

Wysong, Earl, and Robert Perrucci. 2018. *Deep Inequality: Understanding the New Normal and How to Challenge It.* New York: Rowman & Littlefield.

Zakaria, Fareed. 1994. "A Conversation with Lee Kuan Yew," *Foreign Affairs* 73(2): 109-126.

4장

민주주의의 기술적 대표성과 실질적 대표성: 여성의 정치대표성을 중심으로

김남규(고려대학교)

I. 머리말

정치영역에서 성비 불균형을 해소하기 위한 여성운동은 처음에는 여성의 참정권 확보를 목표로, 나중에는 중요한 정치적 의사결정과정에서 여성의 참여를 증대시키는 것을 목표로 한세기가 넘는 기간 동안 진행되었다. 각국의 여성운동단체들은 초국적 네트워크를 통해 국제적 연대를 형성하면서 성차별 철폐와 성평등을 중요한 세계적 이슈로 부각시켜왔다. 그 결과 여성들이 동등하게 정치에 참여할 수 있는 제도적 장치를 마련하고, 여성의 정치세력화를 증진시켜야 한다는 국제 규범이 자리 잡게 되었다. 특히 정치적 정책결정과정에서 여성의 적극적 참여가 여러 사회경제적 분야에서의 성차별을 없애고 성평등을 달성하기 위해 필수적이라는 인식이 확산되었다. 가령 2015년 국제연합 총회에서 의결된 지속가능한발전목표(Sustainable Development Goals)는 이전의 새천년개발목표(Millenium Development Goals)와 마찬가지로 성평등과 여성의 정치역량 강화를 중요한 개발 목표 중 하나로 설정하였고, 성평등을 그 외 다른 10개의 개발목표와도 연관 지었다. 성평등의 달성 없이는 민주주의와 지속가능한 발전이 어렵다는 인식이 반영된 것이다.

민주주의와 관련하여 중요한 점은 민주주의의 대표성의 개념에 관한 논의가 여성의 정치적 권리 증진과 정치세력화 확대 과정에서 아주 중요한 역할을 하였다는 점이다. 대의 민주주의에서 가장 중요한 문제 중 하나는 정치적 대표성(political representation)이다. 정부나 의회가 시민의 정치적 선호와 의견을 얼마나 잘 대변하는지를 의미하는 정치적 대표성은 민주주의의 핵심 개념이라고 볼 수 있다. 그러나 과연 대표한다는 것이 무엇을 의미하는지에 관해서는 여러 입장이 존재한다. 가령 Hanna Pitkin(1967)은 대표성을 총 네 가지의 개념으로 분류하였다. 대표를 고르기 위한 제도적 규칙과 절차를 강조하는 형식적 대표성(formalistic representation), 대표와 대표되는 주체들이 서로 유사한 특질을 공유하는가에 관한 기술적 대표성(descriptive representation), 대표의 행동이 대표되는 사람들의 이익을 증진시키는지에 관한 실질적 대표성(substantive representation), 마지막으로 대표되는 주체들이 공정하게 또는 효과적으로 대표되고 있다고 느끼는가에 대한 상징적 대표성(symbolic representation)이 제시되었다. 이들 개념은 서로 다르면서도 동시에 서로 밀접한 관계를 맺고 있다(Schwindt-Bayer and Mishler 2005, 407).

여성운동은 처음에는 형식적 대표성을 획득하기 위한 운동으로 시작하였고, 이후 중요한 정책결정과정에 참여하는 여성의 수를 강조하는 기술적 대표성의 증진을 강조하였다. 형식적 대표성의 확보만으로는 여성의 정치참여가 보장되지 않고, 결국 여성의 권리와 이익의 향상이 이루어지지 않는다고 판단했기 때문이다. 따라서 여성단체들은 적극적으로 중요한 의사결정과정에서 여성의 참여를 강조하고 증진하도록 노력하였다. 이러한 과정에서 과연 기술적 대표성 확대가 실제로 여성들의 이익 증진을 가져왔는지에 대한 열띤 논쟁이 이루어졌고, 학자들도 기술적 대표성과 실질적 대표성 간의 관계를 여러 각도로 살펴보았다(Pitkin 1967; Phillips 1995; Young 1990).[1] 아직 완전한 합의가 이루어진 것은 아니지만 많은 연구들은 의회나 정부 공직에서 여성의 비율을 올리는 것이 실제로 여성의 정책요구가 반영될 가능성을 높이고, 최종적으로 여성들의 복지가 개선되는 효과를 가져온다는 것을 보여주었다(Bolzendahl 2009; Chattopadhyay and Duflo 2004; Clayton and Zetterberg 2018; Franceschet et al. 2012; Swiss, Fallon and Burgos 2012).

그러나 대부분의 기존 연구는 소위 선진국인 서구민주주의 국가들을 대상으로 이루어졌다는 한계점을 지니고 있다. 많은 개발도상국은 서구민주주의 국가들과 상이한 정치, 사회, 경제적 특성을 지니고 있기 때문에 이들에게 기존 연구 결과가 적용 가능할지에 대해서는 의문이 남아있다. 특히 서구민주주의 국가들과 다른 역사적 경험과 문화적 신념을 지니고 있는 동아시아의 경우 이러한 의문점은 분명히 드러난다. 따라서 본 연구는 여성의 기술적 대표성이 증대됨에 따라 여성의 정책적 관심사가 정책으로 전환되는지를 선진국과 개발도상국을 모두 포함하는 샘플과 동아시아에 국한된 지역 샘플을 바탕으로 살펴본다. 구체적으로는 기술적 대표성을 위해서 여성 국회의원비율에 초점을 두고, 실질적 대표성을

---

[1] 동시에 기술적 대표성과 상징적 대표성 간의 관계에 대한 논의도 이루어졌다. 여성의원이나 공직자의 수가 증가할수록 여성 정치인데 대한 편견이 감소하고(Beaman et al. 2009), 여성의 정치 관여는 증가한다는 연구결과가 존재한다(Franceschet et al. 2012).

위해서는 여성이 남성에 비해 보건, 국민건강, 복지 등의 이슈를 더 중요하게 여긴다는 연구결과에 기반해 영아 사망률, 유아 사망률, 모성 사망률의 변수들을 살펴본다. 이를 통해 과연 의회 내 여성의 비율이 증가함에 따라 세 변수가 어떻게 변화되는지를 분석한다.

본 연구의 결과를 간단하게 요약하면 한 국가에서 여성의 의회 진출이 높아질수록 영아 사망률, 유아 사망률, 모성 사망률 모두 낮아지는 것으로 나타났다. 이는 서구민주주의와 다른 국가들을 모두 포함하는 글로벌 샘플(161개국)에서뿐만 아니라 동아시아의 14개국에 국한된 샘플을 이용할 때도 비슷한 결과가 나왔다. 마지막으로 여성의 의회 진출 정도가 아닌 여성의 시민사회 참여도가 여러 사망률에 어떤 관계를 맺는지를 살펴보았을 때는 유의미한 결과를 찾지 못하였다. 이는 기존의 주장처럼 여성의 이익을 제대로 대변하기 위해서는 정치영역에서의 성비 불균형을 해소하는 것이 중요하다는 것을 의미한다.

II. 양성평등의 국제규범 확산과 동아시아에서 여성의 정치 대표성

한 세기가 넘는 기간 동안 여성들은 여성의 정치적 권리 신장과 남녀평등의 제도화를 위해 투쟁하여 왔다. 여성운동은 남성들만이 정치에 참여할 수 있는 법적 권리를 향유하던 것에 저항하면서 여성도 동등한 정치적 권리를 확보하기 위한 투쟁으로 시작하였다. 즉 남녀 모두 동등한 정치적 기회를 가져야 한다는 형식적 대표성을 획득하기 위해 노력한 것이다. 여성운동은 자국의 시민사회 및 정치권에서 활동하면서 국내적 변화를 꾀하는 동시에, 초국적 네트워크를 형성하면서 양성평등을 세계적 이슈로 부각시켰다. 특히 여성운동단체는 국제기구와 상호작용하면서 성차별 철폐와 양성평등에 대한 국제적 관심을 확대시켜 나갔다. 특히 국제연합(UN: United Nations)은 세계 여성운동에서 중심적인 장소로 자리매김하게 되었다.

가령 유엔 총회는 1967년 여성차별철폐를 선언하면서 여성의 법적 권리를 실질적으로 보장할 것을 요구하였고, 유엔여성지위위원회 (United Nations Commission on the Status of Women)는 1975년을 세계 여성의 해로 정하였다. 그리고 세계 여성인권 향상에 중요한 기여를 한 여성차별철폐협약(CEDAW: Convention on the Elimination of Discrimination against Women)이 1979년에 채택되었다. 1981년에 협약이 발효된 이후로 세계 각국은 차례로 여성차별철폐협약을 비준하여, 현재 189개국이 비준하였다. 〈그림 1〉이 보여주듯이 1980년대와 1990년에 협약 비준국의 수는 폭발적으로 증가하여 2000년 중반에는 세계 대부분의 국가가 비준하기 이르렀다. 이런 과정을 통해서 여성의 정치적 권리는 인권의 문제

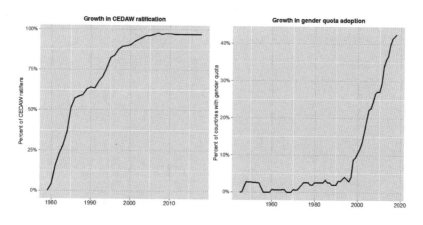

〈그림 1〉 성평등 국제규범의 확산:
여성차별철폐협약 비준 국가 비율(좌)과 여성할당제 도입 비율(우)

로 인식되었다(Paxton and Hughes 2017).

그러나 이후 정치 참여를 위한 법적 권리를 획득하는 것만으로는 여성의 정치 참여와 진출이 이루어지지 않는다는 인식이 확산되었다. 거의 모든 국가들이 여성의 참정권을 허락하였음에도 불구하고 의회와 정부 내각에 참여하는 여성의 비율은 여전히 낮은 수준에 머물렀기 때문이다. 법적인 권리를 보장받더라도 여성은 정치적 소수자로서 오랜 기간 차별을 받아왔고 여전히 사회경제적으로 열등한 지위에 있기 때문에 여성의 정치참여는 낮은 수준에 머무를 수밖에 없었던 것이다. 따라서 이후 여성의 권리와 이익을 보장받기 위한 정치적 운동은 중요한 정치적 의사결정과정에서 여성의 참여를 증대시키는 것을 목표로 하였다. 인구의 절반을 차지하는 여성을 대표하기 위해서는 형식적 대표성만으로는 부족하고 여성이 직접 여성의 이익과 권리를 대변하기 위해서 정치적 의사결정과정에 참여해야 한다는 기술적 대표성을 증대시키려 하였다. 여성이 인구의 절반을 차지한다면 입법부나 행정부에서도 여성의 비율은 절반이 되어야 한다는 것이다.

이러한 노력은 1995년 베이징에서 개최된 제4차 유엔 세계여성회의(the United Nations Fourth World Conference on Women)라는 기폭제를 맞게 되었다. 189개의 국가들은 민주주의의 실현을 위해 여성의 정치 대표성이 제대로 실현되어야 한다는 선언에 동의하였다. 이러한 인식을 바탕으로 제4차 세계여성회의는 정책결정자 지위에 여성의 참여를 확대할 것을 요구하는 행동 강령을 채택하였다. 이들은 이를 위한 제도적 수단으로서 여성 할당제를 강조하였다. 즉 할당제가 여성의 정치 대표성을 확대하는 가장 빠른 경로("quotas as a 'fast track'")라는 주장을 전 세계적으로 확산시킨 것이다.

이후 여성의 정치 대표성과 정치역량을 증진시키는 것이 민주주의가

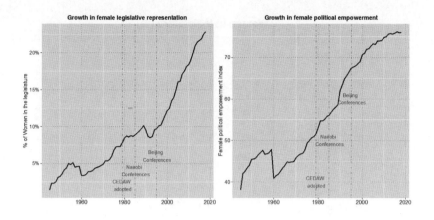

〈그림 2〉 여성정치참여와 정치역량 증대

제대로 작동하기 위해서 중요할 뿐만 아니라 윤리적으로 올바른 것이라는 규범이 세계적으로 형성되었다. 정치체제와 상관없이 대부분의 국가들이 의회와 행정부 내각에 여성을 포함해야 한다는 의무감을 갖게 된 것이다(Dahlerup and Leyenaar 2013). 이러한 국제규범의 확산은 세계여성운동에 큰 기여를 하였고, 이후 여성 할당제가 여성 대표성을 높이는 중요한 제도적 장치로 강조되면서 세계적으로 확산되어 나갔다. 〈그림 1〉의 우측 그래프가 보여주듯이 여성 할당제를 도입한 국가의 수는 1990년대 말부터 폭발적으로 증가하면서 현재 거의 절반에 가까운 국가들이 여성 할당제를 도입하기에 이르렀다. 많은 연구들이 여성 할당제가 지난 20년 동안 여성의 정치적 대표성을 제고하는데 결정적인 역할을 하였음을 보여주고 있다(Jones 1996; Tripp and Kang 2008).

정치적 정책결정과정에서 여성의 적극적 참여가 사회 여러 분야에서 성평등을 달성하기 위해 필수적이라는 인식이 확산되면서 여성 국회의원의 비율은 1960년 이후로 꾸준히 증가해왔다. 동시에 여성들의 전반적인

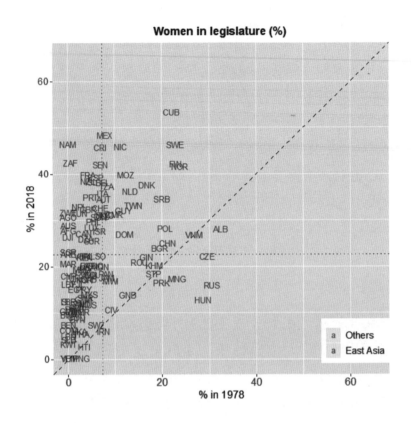

〈그림 3〉 여성 국회의원 비율의 변화(1978 vs. 2018)

정치적 권리 및 역량도 동반 성장하였다. 〈그림 2〉는 이를 잘 보여준다.

좀 더 자세히 살펴보기 위해 〈그림 3〉은 세계 각국에서 지난 30년 동안 여성의 의회 진출이 어떻게 변화하였는지 보여준다. 첫 번째로 주목할 내용은 대부분의 국가들이 45도 점선보다 위에 자리잡고 있다는 점이다. 이는 거의 모든 국가들이 지난 30년 동안 여성의 의회 대표성을 증대시켜 왔다는 것을 의미한다. 예외적으로 감소를 겪은 국가들은 주로 이전에 공산주의 체제를 가졌거나 현재 유지하고 있는 국가들로 알바니아,

러시아, 헝가리, 체코와 같은 국가들이다. 이는 이들 국가에서 과거 공산주의 체제를 유지하는 기간에 자신들의 정치이념인 공산주의 또는 사회주의에 맞추어 여성의원들의 등용을 적극 장려했기 때문이다.[2] 때문에 이들 국가는 과거 1960-70년대에 이미 높은 수준의 여성 의회 대표성을 달성한 반면, 민주화 이후에는 이러한 이념의 후퇴로 인해 도리어 여성 의회 대표성이 감소했다고 볼 수 있다. 이들 국가들을 제외하고는 전 세계의 거의 모든 국가들은 여성국회의원 수를 늘려왔다.

다음으로는 여성의 의회 대표성의 증가폭이 국가마다 큰 차이를 보인다는 점이 흥미롭다. 그래프의 좌측상단에 있는 국가들은 1978년에 비해 여성의 의회 대표성을 크게 신장시킨 국가들이다. 여기에는 사하라 이남 아프리카 국가들(가령 나미비아, 세네갈, 르완다)이나 라틴아메리카 국가들(가령 멕시코, 니카라과)이 자리잡고 있다. 이들 국가들은 내전의 종결 이후나 민주주의로의 체제 전환 이후 양성평등의 국제규범에 적극적으로 동참하여 여성의원 할당제를 도입하고 여성들의 의회진출을 장려하였다. 반면, 그래프 좌측 하단에 자리잡고 있는 국가들은 과거에 비해 소폭의 증가를 보인 국가들로 30년전이나 현재 모두 낮은 수준의 여성의원들을 보유하고 있다. 중동의 많은 국가들이 주로 여기에 위치하고 있다. 마지막으로 이들 국가와 정반대의 패턴을 보여주는 국가들은 그래프 중간 상단에 위치하고 있다. 이들은 과거에도 다른 국가들에 비해 높은 수준의 여성의원 비율을 지녔지만 동시에 지난 30년 동안 커다란 성장세를 겪었는데, 주로 높은 수준의 양성평등을 이룬 북유럽국가들이 여기에 속한다.

---

[2] 물론 여성의원들이 실질적 영향력을 갖고 있었는지는 별개의 문제로 봐야 한다. 많은 경우 여성은 상징적 지위에 머무르고 실질적 권력을 행사하지 못하였다(Paxton and Hughes 2017).

마지막으로 동아시아도 이러한 경향에서 예외는 아니었다. 빨간색으로 표시된 동아시아 국가들을 살펴보면 다른 지역의 국가들처럼 대부분의 동아시아 국가들이 여성 의원 수를 증가시켜 왔다. 〈표 1〉이 보여주듯이 동아시아 국가들은 다양한 정치체제와 선거제도를 갖고 있지만 많은 국가들이 여성 의회 대표성을 증대시켰다. 그러나 지역 내 의회 대표성의 편차도 매우 큰 편이다. 2018년 기준으로 동티모르가 가장 높은 비율인 33.8%, 2위인 대만은 33%인 반면, 가장 낮은 여성의원 비율을 지닌 태국의 비율은 5.3%로 상위권 국가들과 큰 차이를 보이고 있다. 동시에 여성의원 비율의 변화 패턴도 전 세계를 살펴볼 때와 마찬가지로 다양하다.

좀 더 자세히 살펴보기 위해 〈그림 4〉는 동아시아 국가들의 여성 의회 대표성이 1958년부터 2018년까지 어떻게 변화되어 왔는지를 십 년 단위의 시기별로 보여준다. 우선 신생 독립국인 동티모르를 제외하고 가장 높은 수준의 여성의원 비율을 보유하고 있는 대만과 필리핀은 세계적인 흐름에 발맞추어 커다란 성장을 겪은 것으로 나타난다. 두 국가 모두 1980년대와 1990년대에 커다란 증가세를 보였다. 특히 대만의 경우 헌법으로 각종 선거에서 일정 비율 이상의 여성의원을 선출하도록 규정하였고, 비례대표에서 여성의 비율을 50%로 공천하는 것을 의무화하였다. 이러한 제도적 장치를 바탕으로 대만의 여성의원 비율은 1998년에는 14%, 2008년 20.9%, 2018년에는 33%로 크게 증가하였다. 신생 독립국인 동티모르의 경우도 여성 후보의 공천 비율을 20%로 강제하는 할당제를 도입하여 동아시아에서 가장 높은 여성의원 비율을 갖고 있다. 인도네시아와 한국의 경우 앞의 국가들처럼 여성의 정치참여 측면에서 높은 수준을 달성하지는 못했지만 여성 할당제의 도입을 통해 최근에 빠른 성장을 이뤘다고 볼 수 있다. 그러나 필리핀의 경우는 흥미롭게도 여성 할당제를 도

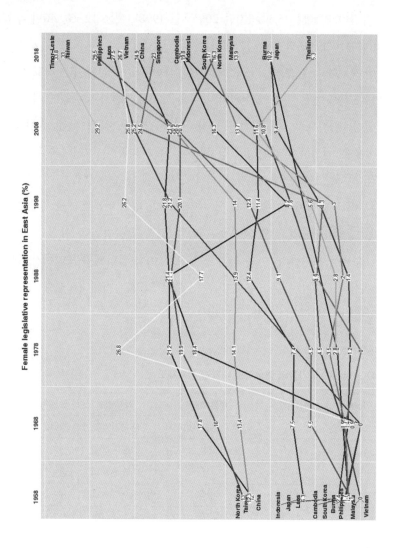

〈그림 4〉 동아시아 국가들의 여성의원 비율 추세

입하지 않았음에도 불구하고, 의회 내 여성의원 수를 성공적으로 높여왔다. 가령1978년에는 5.5%였지만 20년후인 1998년에는 12.4%, 40년 후인 2018년에는 29.5%까지로 증가하였다.

반면, 중국, 베트남, 라오스와 같이 사회주의 정권을 유지하고 있는 국가들도 꽤 높은 수준의 여성의원 비율을 보유하면서 상위권에 자리 잡고 있다. 법적으로 여성의석을 보장하거나 당헌·당규를 통해서 여성의원 비율을 권고하면서 여성의 정치참여를 독려해왔다. 그러나 이는 앞에서 본 것처럼 1990년대 성 평등 규범의 확산에 동참한 결과가 아니라 그 이전부터 국내정치이념에 따라 실시한 것이다. 마지막으로 태국, 일본, 미얀마, 말레이시아와 같은 국가들은 아주 소폭의 증가만을 하였고, 완만한 상승세를 보여왔다. 이들 국가들은 모두 여성 할당제를 도입하지 않았고, 여성의 정치참여에 도움이 되는 것으로 알려진 비례대표제를 채택하지 않았다는 공통점을 지니고 있다.

〈표 1〉 동아시아 국가들의 여성의원 비율과 정치제도

국가	여성의원 %	여성할당제	선거제도	정치체제
대만	33	여성당선할당보장제	혼합병렬제	자유민주주의
동티모르	33.8	할당제(강한 제재)	비례대표제	선거민주주의
라오스	27.5	없음	블록 투표제	닫힌권위주의
말레이시아	13.9	없음	단순다수제	선거권위주의
몽골	17.1	할당제(강한 제재)	단순다수제	선거민주주의
미얀마	10.2	없음	단순다수제	선거권위주의
베트남	26.7	할당제(제재 없음)		닫힌권위주의
북한	16.3	없음		닫힌권위주의
싱가포르	23	없음	결선투표제	선거권위주의
인도네시아	19.8	할당제(약한 제재)	비례대표제	선거민주주의

일본	10.1	없음	혼합병렬제	자유민주주의
중국	24.9	할당제(제재 없음)		닫힌권위주의
캄보디아	20	없음	비례대표제	선거권위주의
태국	5.3	없음	혼합병렬제	닫힌권위주의
필리핀	29.5	없음	혼합병렬제	선거민주주의
한국	17	할당제(강한 제재)	혼합병렬제	선거민주주의

Ⅲ. 여성의 기술적 대표성과 실질적 대표성

앞에서 살펴본 바와 같이 여성의 기술적 대표성은 꾸준히 증가해왔다. 그러나 Pitkin이 주장한 바와 같이 누군가를 대리(standing for)하는 것과 그 사람의 이익을 위해 실제로 행동(acting for)하는 것은 다르다(Pitkin 1967). 즉 실제로 여성의 이익과 권리를 보호하고 증진시키기 위해서는 실질적 대표성을 확보하는 것이 중요하다. 그리고 여성 정치인이 여성 유권자의 이익과 권리를 실제로 대표한다는 보장도 없다. 이러한 주장에 대해 여러 여성주의 학자들은 여성의 실질적 대표성을 위해서 여성의 기술적 대표성은 필수적이라고 주장하였다(Phillips 1995; Young 1990). 여성들이 스스로 조직화하고 세력화하여 자신들의 이익을 위한 정책을 제안하고 집행할 때 여성의 대표성은 확보된다고 주장하였다.

따라서 과연 여성의 기술적 대표성 증대가 실질적 대표성의 증대로 이어졌는가는 중요한 문제이다. 이 질문에 답하기 위해서는 두 가지 중요한 질문들에 답해야 한다(Gottlieb et al. 2018). 첫 번째 중요한 이슈는 과연 여성 정치인이 여성 유권자를 자신들의 중요한 지지 기반으로 생각하는가의 문제이다. 가령 여성정치인들이 실제로 여성 유권자를 중요시하지 않는다면 여성 의원 수의 증가가 여성의 실질적 대표성을 증진시킨다는 보장이 없기 때문이다. 그러나 기존 연구들은 여기에 긍정적인 답을 제시하고 있다. 즉 여성 정치인들은 남성 정치인들에 비해 여성을 중요한 유권자 집단으로 여길 확률이 더 높고, 선거과정에서도 여성 유권자들의 복지를 더 많이 거론한다는 것이다(Reingold 1992; SchwindtBayer 2010).

두 번째 질문은 여성과 남성이 정책 선호에서 서로 다른지의 여부이다. 만약 남녀 모두 비슷한 정책 이슈를 중요하게 여기며 정책 선호에서 큰 차이가 없다면 굳이 여성을 대표할 여성 정치인이 필요하지 않기 때문이다. 기술적 대표성이 실질적 대표성을 위해서 중요하다는 주장은 남자와 여자가 정책 선호에서 서로 다르다는 것을 전제하고 있다고 볼 수 있다. 기존 연구에 따르면 여성은 남자와 다른 정책 선호를 지니고 있는 것으로 나타난다. 예를 들어 여성들은 남성들에 비해 여성, 아동, 가족과 관련된 이슈를 더 중요시한다(Schwindt-Bayer 2006; Thomas and Welch 1991; Wängnerud 2000). 또한 다른 연구들에서 여성은 남성에 비해 성평등뿐만 아니라 소득의 재분배에 대해서도 더 적극적인 지지를 보이는 것으로 나타났다(Alesina and Giuliano 2011; Iversen and Rosenbluth 2006). 중요한 것은 개인의 정치적 이념을 통제하고 난 뒤에서 남녀간 차이가 유의미 하다는 것이다. 남녀간의 정책 선호도 차이는 유권자 수준에서뿐만 아니라 정치인에서도 나타났다. 여성 정치인들은 여성 이슈와 관련된 법안을 제정하거나 통과시키는 투표를 할 확률이 더 높다(Grey 2006; Reingold 2003; Schwindt-Bayer 2006; Swers 1998).

요약하면, 여성 정치인은 실제로 여성 유권자들을 자신의 중요한 지지기반으로 생각하고, 남성 유권자의 정책 선호와 차별화되는 여성 유권자들의 정책 선호를 대변하려고 노력한다는 것이 기존 연구에 따른 결론이다. 그러므로 여성 국회의원 수를 증가시켜서 여성의 기술적 정치대표성을 높이는 것은 결과적으로 여성의 실질적 대표성도 올릴 수 있다는 결론을 내릴 수 있다. 실제 경험적 연구들은 이를 뒷받침하는 증거들을 제시하고 있다. 가령 한 국가에서 여성 국회의원 수가 증가할수록 가족, 교육, 보건, 여성과 관련된 사회복지정책을 위한 지출도 증가하는 것을 보여주었다(Bolzendahl 2009; Chattopadhyay and Duflo 2004; Clayton and Zetterberg 2018; Franceschet et al. 2012; Swiss, Fallon and Burgos 2012).

그러나 기존 연구의 중요한 한계점은 대부분의 기존 연구가 소위 선진국인 서구민주주의 국가들을 대상으로 이루어졌다는 것이다. 따라서 과연 위에서 논의된 이슈들이 개발도상국에도 그대로 적용될 수 있는지는 아직 모르는 실정이다. 과연 개발도상국에서 여성들은 남성들과는 다른 정책 선호를 지니고 있는지, 여성 의원들 수 증가가 여성의 실질적 대표성에 긍정적인 영향을 미치는지 알지 못한다. 많은 개발도상국에서는 전통적 관습과 가치관이 여전히 중요한 영향력을 행사하고 있고, 전통적 가치관에서는 보통 전통적 여성상을 강조하기 때문에 선진 민주주의 국가를 바탕으로 한 기존 연구 결과를 개발도상국에 그대로 대입하기에는 무리가 있다. 게다가 여성의 의회 진출이 오랜 기간에 걸친 국내의 정치적 투쟁에서 비롯되기 보다는 정부가 국제적 평판을 고려하거나 시혜적인 입장에서 할당제를 도입하여 이루어진 측면도 크기 때문에 더더욱 그러하다(신기영×황아란 2017, 35).

특히 동아시아의 경우 양성평등에 대한 문화적 장애물이 중요한 역할을 하고 있다. 특히 각국에서 지배적인 종교의 가르침은 여성의원들의 진출에 부정적인 영향을 미칠 수 있다. 가령 유교(한국, 중국), 불교(라오스, 미얀마, 베트남, 싱가포르, 일본, 캄보디아, 태국), 이슬람(말레이시아, 인도네시아), 카톨릭(동티모르, 필리핀)등의 종교는 가부장제적 질서를 바탕으로 여성의 전통적 역할을 강조하는 경향이 크다(Paxton and Hughes 2017, 360). 게다가 동아시아의 많은 국가들은 개발도상국으로서 전통적 관습과 가치관이 여전히 중요한 영향력을 행사하고 있기 때문에 전통적 여성상을 강조하는 종교의 가르침은 여성의 정치참여를 더욱 방해한다고 볼 수 있다(김은경×박연선 2013). 동아시아의 맥락에서 여성의 국회의원 비율을 증가시키는 것이 여성의 실질적 대표성을 높이는 데 도움이 되는지는 따로 살펴볼 필요가 있다. 따라서 본 연구는 여성 국회의원 비율이 증가함에 따라 여성의 실질적 대표성이 증대되는지를 개발도상국을 포함하는 글로벌 샘플과 동아시아 국가들로만 구성된 지역 샘플을 이용하여 살펴볼 계획이다.

IV. 분석 데이터와 방법

본 연구는 실증분석을 위해 1961년부터 2015년까지의 국가간 시계열 자료를 활용하였다. 분석 단위는 첫 번째 분석대상이 되는 국가들은 해당기간 동안의 모든 국가이고, 두 번째 분석대상이 되는 국가들은 14개의 동아시아 국가이다. 여성의 의회 대표성의 증가가 실질적 대표성의 증가로 이어지는지를 글로벌 샘플과 동아시아 샘플을 중심으로 분석한다.

종속변수는 영아 사망률, 유아 사망률, 모성 사망률이다. 영아 사망률과 유아 사망률은 1,000명의 출산에서 각각 1세까지의 영아 혹은 5세 미만 유아 사망자의 비율로 측정하였다. 모성 사망률은 신생아 10만 명당 산모의 사망률을 측정한다. 세 변수 모두 한 국가의 보건 수준이나 국민건강 수준을 측정할 수 있을 뿐만 아니라 저소득층을 위한 사회복지의 전반적 수준도 측정하는 데 유용하다. 기존 연구에 따르면 여성이 남성에 비해 보건, 국민건강, 복지 등의 이슈를 더 중요하게 여기므로 해당 변수들은 여성들이 중요시하는 정책 결과를 반영한다고 볼 수 있다. 게다가 해당 변수들, 특히 영아 또는 유아 사망률은 국가의 정책에 의해 영향을 많이 받기 때문에 정치적 변화가 실제 정책의 변화로 이어지는가를 살펴보기에 유용하다(McGuire 2010). 세 변수에 대한 데이터는 모두 세계은행(World Bank)의 세계개발지표(WDI: World Development Indicators) 자료로부터 구하였다.

핵심 설명변수는 여성의 의회 대표성이다. 여성의 의회 대표성은 여성의원이 의회 내에서 차지하고 있는 의석의 비율을 일컫는다. 양원제의 국가 경우 하원 내 여성의원 비율을 측정하였다. 의회 내 여성의원의 의석 비율에 관한 자료는 민주주의 다양성(V-Dem: Varieties of Democracy) 데이터를 활용하였다.

다른 변수들도 여성의 의회 대표성과 해당 사망률 모두에 영향을 미칠 수 있기 때문에 여러 통제변수들을 포함시킨다. 통제변수로는 경제발전 수준, 경제성장률, 도시화 수준, 민주주의 수준, 그리고 내전 발발 여부를 포함한다. 경제발전 수준과 경제성장률이 높을수록 국민건강도 증진된다. 동시에 경제발전 수준이 올라갈수록 여성의 정치 대표성도 올라간다(Inglehart and Norris 2003). 따라서 경제발전 수준을 측정하기 위해 로그 변환된 1인당 실질 국민총생산(GDP)과 전체 인구 중 도시에 거주하는 인구의 비율인 도시화를 활용한다. 그리고 경제성장률은 1인당 실질 GDP의 연간 성장률로 측정한다. 세 변수는 세계은행의 WDI 데이터를 활용하였다. 민주주의 수준도 국민건강뿐만 아니라 여성의 의회 대표성과도 밀접한 관련이 있기 때문에 통제할 예정이다. 민주주의 수준을 측정하기 위해 V-Dem의 선거민주주의 지수를 활용하였다. 해당 지수는 가장 비민주적인 0부터 가장 민주적인 1까지의 척도로 측정되어 있다. 내전의 발발 여부도 국민건강과 여성의 의회 대표성과 관련이 있을 수 있기 때문에 포함시킨다. 내전 더미변수는 한 국가가 특정 연도에 내전을 겪고 있으면 1로, 그렇지 않으면 0으로 코딩하였다. 마지막으로 시차종속변수(lagged dependent variable)을 설명변수로 포함한다. 국민건강은 매해 크게 변동하기보다는 과거의 수준에 의해 크게 결정되는 관성적(inertia) 성격을 지니기 때문에 시차종속변수를 포함한다. 또한 시차종속변수를 포함시키면 패널데이터 분석에서 흔하게 나타나는 시계열 상관도 줄어드는 효과도 있다.

본 연구는 다음과 같은 고정효과모형(fixed effects model)을 추정한다.

$$y_{it} = a\, y_{it-1} + b\mathrm{Female}_{it-1} + X_{it-1}d + f_i + g_t + u_{it} \qquad (1)$$

y_{it}은 국민건강을 측정하는 세 가지 변수 중 하나이고, Female_{it-1}은 여성의 의회 대표성이다. 두 변수는 음의 상관관계를 지닐 것으로 기대되기 때문에 여성의 기술적 대표성의 증대가 실질적 대표성 증대로 이어진다면 $b < 0$의 결과를 가져야 한다. f_i은 국가별 고정효과, g_t은 연도별 고정효과이다. 국가별 고정효과는 시간에 따라 변치 않는 국가별 개별효과를 통제하는 반면, 연도별 고정효과는 개별 국가와 상관없이 특정 연도별 개별효과를 통제한다. 특히 국가별 고정효과를 포함함으로써 본 연구는 한 국가 내에서 여성의 의회 대표성이 증가될 때 국민건강이 어떻게 변화되는지를 분석하게 된다. 이처럼 국가간 추정치가 아니라 국가 내 추정치를 활용하는 것은 의회 대표성의 효과를 측정하는데 더 적절하다고 볼 수 있다. 마지막으로 y_{it-1}은 시차종속변수이다. 따라서 본 모형은 국가별 고정효과와 시차종속변수를 모두 포함함으로써 발생하는 내생성문제

(Nickell Bias)를 가지지만, 샘플의 기간(T)가 50에 가깝기 때문에 해당 문제의 심각성이 높지 않다고 볼 수 있다. 따라서 보통최소제곱법(ordinary least squares)으로 해당 모형을 추정할 수 있다.

V. 분석결과

본 연구의 분석 결과는 다음 〈표 2〉에 나타나 있다. 칼럼 1-3은 지역에 상관없이 모든 국가를 포함하고 있는 글로벌 샘플에 기반한 추정치이고, 칼럼 4-6은 동아시아국가만을 포함하고 있는 제한된 샘플에 기반한 추정치이다. 〈표 2〉의 모든 모델에서 여성의 의회 대표성은 음의 계수를 갖고 있고, 통계적으로 유의미한 것으로 나타났다. 이는 한 국가에서 여성의 의회 진출이 높아질수록 영아 사망률, 유아 사망률, 모성 사망률 모두 낮아진다는 것을 의미한다. 즉 분석 결과는 의회 내 여성의 숫자가 단순히 상징적인 의미를 지니는 것이 아니라 실질적인 정책적 효과를 가져온다는 것을 보여준다. 특히 글로벌 샘플에서뿐만 아니라 동아시아의 국가에 국한된 샘플을 이용할 때도 비슷한 결과가 나왔다는 것은 중요한 의미를 가진다. 동아시아는 다른 지역에 비해 여성의 의회 진출이 상대적으로 뒤처졌지만 여전히 여성의 의회 대표성 증대가 중요한 실질적 의미를 가지는 것으로 나타났기 때문이다.

그렇다면 여성 의회 진출의 실질적 영향력은 어떠한가? 좀 더 구체적으로 실질적 효과를 따져보기 위해서는 본 통계 모델이 앞에서 말한 바와 같이 시차종속변수를 설명변수로 포함하는 동태적 패널모형이라는 것에 주목할 필요가 있다. 왜냐하면 동태적 모형에서는 한 설명변수의 변화가 여러 기간에 걸쳐 종속변수에 영향을 미치기 때문이다. 동태적 모형에서 특정 계수의 추정치는 한 변수가 변화함에 따른 종속변수의 즉각적 변화만을 추정하는 것이고, 여러 기간에 걸친 장기적 효과를 분석하기 위해서는 해당 계수를 1에서 시차종속변수의 계수를 뺀 값으로 나눠야 한다. 가령 여성의 의회 대표성과 영아 사망률의 관계를 살펴보면 즉각적 영향은 −0.021로서, 이는 t−1시점에서 의회 대표성이 1% 포인트 증가할 때 영아 사망률은 t시점에서 단지 0.02% 포인트 정도 줄어듦을 의미한다. 그러나 장기적 영향을 계산하면 −1.75로서 의회 대표성의 1% 포인트 증가는 최종적으로 영아 사망률의 1.75% 포인트 감소로 이어진다. 아동 사망률의 변화를 계산하면 의회 대표성의 1% 증가는 최종적으로 3.07% 포인트 감소를 가져오면서 더 큰 영향을 미치는 것으로 나타났다.

〈표 2〉 여성의 의회 대표성과 국민건강

사망률	글로벌 샘플			동아시아 샘플		
	(1)	(2)	(3)	(4)	(5)	(6)
	영아	아동	모성	영아	아동	모성
여성의회 대표성	-0.021** (0.008)	-0.043** (0.014)	-0.022* (0.008)	-0.004 (0.003)	-0.014** (0.005)	-0.011+ (0.006)
민주주의	-0.148 (0.329)	-0.491 (0.604)	-0.361 (0.565)	-0.462** (0.120)	-1.393** (0.234)	-0.199 (0.164)
일인당 소득 (log)	0.548** (0.197)	0.997** (0.339)	0.809** (0.284)	-0.206** (0.067)	-0.462** (0.116)	0.537** (0.115)
경제성장률	-0.022** (0.005)	-0.031** (0.010)	-0.038** (0.012)	0.006** (0.002)	0.016** (0.003)	-0.023** (0.003)
도시화	0.022** (0.008)	0.031 (0.022)	0.011 (0.022)	0.009* (0.005)	-0.007 (0.008)	-0.032** (0.005)
내전	-0.028 (0.115)	0.050 (0.263)	0.123 (0.118)	-0.005 (0.024)	0.019 (0.050)	-0.049 (0.044)

Y_{t-1}	0.988** (0.004)	0.986** (0.006)	0.983** (0.011)	0.956** (0.002)	0.936** (0.002)	0.943** (0.004)
상수	-5.990** (1.533)	-10.119** (2.582)	-6.906* (3.198)	1.201** (0.448)	4.524** (0.670)	-2.346** (0.769)
사례수	6195	6195	3570	562	562	303
국가수	161	161	161	14	14	14

+ p ⟨ .1, * p ⟨ .05, ** p ⟨ .01. 괄호 안의 수치는 표준 오차. 모델 1-3은 클러스터-강건 표준오차 (cluster-robust standard error), 모델 4-6은 패널교정 표준오차(panel-corrected standard error) 를 이용함.

〈표 3〉에서는 변수들의 수준(level)이 아닌 변화량(difference) 간의 관계를 살펴보았다. 즉 모든 변수들의 1계차분(first difference)을 구한 뒤 회귀분석을 하였다. 여성의 의회 대표성의 증가 폭이 더 클 때, 국민건강의 감소 폭도 더 큰 지를 살펴보았다. 〈표 2〉에서와 마찬가지로 여성의회 대표성은 모든 모델에서 음의 계수를 갖는 것으로 나타났다. 다만 통계적 유의미성은 모델에 따라 달라진다. 이는 아무래도 수준을 분석할 때의 편차보다는 변동량의 편차는 더 적기 때문에 통계추정치의 정확도가 낮고, 통계적 유의성도 감소한 것으로 보인다. 그렇지만 중요한점은 여성의 의회 진출의 증가 폭이 더 높을수록 각종 사망률의 감소폭도 더 크다는 것이다.

〈표 3〉 여성의 의회 대표성과 국민건강(first difference estimator)

D사망률	글로벌 샘플			동아시아 샘플		
	(1)	(2)	(3)	(4)	(5)	(6)
	영아	아동	모성	영아	아동	모성
D여성의회 대표성	-0.015+ (0.008)	-0.039 (0.030)	-0.013 (0.014)	-0.005+ (0.003)	-0.017** (0.005)	-0.002 (0.004)

D민주주의	0.043 (0.392)	0.499 (0.822)	0.544 (0.630)	0.071 (0.076)	0.030 (0.199)	0.082 (0.175)
D일인당 GDP (log)	-1.841** (0.423)	-2.188** (0.796)	-4.247** (1.188)	-0.120+ (0.071)	-0.104 (0.133)	-0.467 (0.378)
D경제성장률	0.009** (0.002)	0.001 (0.018)	0.019** (0.005)	0.000 (0.001)	0.004** (0.001)	-0.003 (0.003)
D도시화	-0.169 (0.155)	-0.353 (0.266)	0.115 (0.195)	-0.301** (0.042)	-0.594** (0.033)	-0.231** (0.026)
D내전	0.080 (0.069)	0.280 (0.219)	0.156 (0.100)	-0.038** (0.011)	-0.056** (0.008)	0.096** (0.025)
Y_{t-1}	-0.019** (0.001)	-0.020** (0.001)	-0.027** (0.002)	-0.041** (0.001)	-0.051** (0.001)	-0.063** (0.001)
상수	-0.331** (0.069)	-0.478** (0.116)	0.018 (0.048)	0.310** (0.054)	0.872** (0.043)	0.286** (0.045)
사례수	5805	5805	3343	531	531	288
국가수	161	161	161	14	14	14

+ p < .1, * p < .05, ** p < .01. 괄호 안의 수치는 표준 오차. 모델 1-3은 클러스터-강건 표준오차 (cluster-robust standard error), 모델 4-6은 패널교정 표준오차(panel-corrected standard error) 를 이용함.

마지막으로 〈표 4〉에서는 여성의 의회 진출 정도가 아닌 여성의 시민사회 참여도를 이용하였다. 이는 국제연합이나 여성시민단체들의 주장처럼 여성의 정치참여 그리고 정치역량의 증대가 실제로 중요한지 알아보기 위한 것이다. 만약 여성의 시민사회 참여 증대만으로도 여성의 이익에 대한 실질적 대표성 증대로 이어진다면 이러한 주장은 아무래도 설득력이 줄어들기 때문이다. 그러나 〈표 4〉에서 보여주듯이 여성의 시민사회 참여도는 국민건강과 음의 상관관계를 지녔지만 모든 모델에서 통계적으로 유의미하지 않은 것으로 나타났다. 그리고 〈표2〉의 의회 대표성과 비교하면 계수의 절대적 값도 더 작다. 이는 기존의 주장처럼 여성의 이익을 제대로 대변하기 위해서는 여성이 정책적 영향력을 발휘할 수 있는 지위에 올라서면서 정치적 역량을 보유하는 것이 필요함을 보여준다.

〈표 4〉 여성의 시민사회참여도와 국민건강

사망률	글로벌 샘플			동아시아 샘플		
	(1)	(2)	(3)	(4)	(5)	(6)
	영아	아동	모성	영아	아동	모성
여성시민사회 참여도	-0.009 (0.007)	-0.019 (0.015)	-0.021 (0.013)	-0.003 (0.010)	-0.015 (0.042)	-0.001 (0.003)
민주주의	0.208 (0.462)	0.302 (0.971)	0.052 (0.468)	-0.511 (0.367)	-1.653 (1.581)	-0.230 (0.226)
일인당 소득 (log)	0.465** (0.178)	0.832** (0.307)	0.793** (0.263)	-0.181 (0.247)	-0.449 (1.088)	0.244** (0.079)
경제성장률	-0.024** (0.005)	-0.038** (0.011)	-0.035** (0.011)	0.005 (0.008)	0.014 (0.035)	-0.023** (0.004)
도시화	0.025** (0.009)	0.044+ (0.023)	0.014 (0.020)	0.008 (0.022)	-0.045 (0.087)	-0.021** (0.003)
내전	-0.078 (0.124)	0.079 (0.368)	0.104 (0.116)	-0.003 (0.191)	-0.038 (0.865)	-0.081 (0.050)
Y_{t-1}	0.987** (0.003)	0.987** (0.005)	0.989** (0.011)	0.957** (0.009)	0.922** (0.020)	0.944** (0.004)
상수	-5.176** (1.423)	-9.102** (2.583)	-6.166* (2.788)	1.179 (1.397)	7.108 (5.690)	-0.686 (0.496)
사례수	7018	7018	3757	625	625	325
국가수	161	161	161	14	14	14

+ $p < .1$, * $p < .05$, ** $p < .01$. 괄호 안의 수치는 표준 오차. 모델 1-3은 클러스터-강건 표준오차 (cluster-robust standard error), 모델 4-6은 패널교정 표준오차(panel-corrected standard error)를 이용함.

VI. 맺음말

전 세계 의회에서 여성의원의 비율은 아직 평균 20% 수준에 머무르고 있지만, 지난 반세기 동안의 변화를 살펴보면 여성의 정치참여와 정치 대표성은 꾸준히 증가하였다. 앞에서 강조한 바와 같이 양성평등을 추구하는 것은 올바른 방향으로 나아가는 것이고 여러 정치, 경제, 사회 부문에서 긍정적인 변화를 가져온다는 세계적 인식이 확산되어 왔다. 이러한 인식의 공유 아래 많은 국가들은 제도적 변화를 꾀하면서 여성의 의회 대표성을 확대하려는 노력을 해왔다.

본 연구는 이러한 배경을 바탕으로 여성의 의회 대표성이 실질적 변화를 가져오는지 살펴보았다. 주로 서구민주주의 국가를 분석한 기존 연구의 한계점을 극복하고자 개발도상국들을 연구대상에 포함시켰고, 또한 동아시아에 국한하여 분석하기도 하였다. 이를 통해 본 연구는 한 국가에서 여성의 의회 진출이 높아질수록 영아 사망률, 유아 사망률, 모성 사망률 모두 낮아지는 것을 발견하였다. 또한 여성의 시민사회 참여도는 여성의 의회 진출 정도와 같이 국민건강을 증진시키는데 유의미한 영향을 행사하지 않음을 보여줌으로써 여성의 의회 대표성이 중요하다는 것을 보여주었다.

본 연구는 민주주의의 질과 여성의 대표성 간의 관계에 대해서도 함의를 가진다. 기존 연구들은 여성의 기술적 대표성 수준을 민주주의의 질을 평가하는데 중요한 척도라고 여기고 있다(e.g. Lijphart, 1999; Merkel et al. 2006). 여성 기술적 대표성은 정치적 소수파가 얼마나 잘 대표되고 있는지를 보여주는 척도가 되고, 성평등한 의회는 건강한 민주주의임을 보여주는 중요한 지표로 판단하는 것이다.[3] 본 연구는 여성 기술적 대표성의 증대가 실질적 대표성 증대로 이어짐을 보여줌으로써 여성 기술적 대표성의 증대가 민주주의 질의 또 다른 척도인 사회경제적 평등에도 영향을 미칠 수 있음을 보여준다.

그러나 본 연구는 동아시아에서 여성의 기술적 대표성과 실질적 대표성 간의 관계를 살펴보는데 겨우 첫걸음 수준의 연구라고 볼 수 있다. 서구 민주주의에서와 같이 동아시아에서도 여성 정치인들이 과연 여성 유권자를 중요한 지지집단으로 여기고 그들의 이익을 위해서 실제로 노력하는지, 여성들이 남성들과 다른 정책적 선호를 갖고 있는지, 여성 국회의원 수의 증대가 여성 정치인을 바라보는 태도의 변화를 가져오는지, 의회뿐만 아니라 공공부문에서의 여성 비율 증가가 중요한 정책적 변화를 가져오는지 등 여러 중요한 질문이 여전히 남아있다. 앞으로의 연구를 통해 이들 질문에 답하려는 노력이 필요하다.

---

[3] 혹자는 여성의 정치적 대표성은 높았지만 여성의원들은 상징적 지위만을 지닌 채 실질적 권력을 행사하지 못했던 사회주의 정권의 사례를 반례로 언급할 수 있다. 그러나 민주주의의 질을 논의하는 것은 이미 해당 국가가 민주주의로 이행하였음을 전제하므로 중요한 반론이 될 수 없다.

참고문헌

김은경·박연선. 2013. "동남아시아 여성의 의회진출에 영향을 미친 선거제도 및 사회문화적 요인에 대한 분석." 『국제정치논총』 53집 2호, 177–214.

신기영·황아란. 2017. "'성균형의회'에 대한 제 20 대 국회의원의 인식 분석." 『한국과 국제정치』 33권 4호, 27–57.

이진옥. 2018. "여성 정치와 페미니즘 정치 사이: 촛불혁명 이후 젠더 민주주의 구축을 위한 모색." 『기억과 전망』 39호, 93–242.

정연식·황영주. 2004. "사회주의 혁명과 여성 지위 변화." 『21세기정치학회보』 14집 2호, 189–210.

Alesina, Alberto, Paola Giuliano, A Bisin, and J Benhabib. 2011. "Preferences for redistribution." In *Handbook of Social Economics*. 1: 93-131. Elsevier.

Alexander, Amy C. 2012. "Change in Women's Descriptive Representation and the Belief in Women's Ability to Govern: A Virtuous Cycle." *Politics & Gender* 8(4): 437-464.

Barnes, Tiffany D. and Stephanie M. Burchard. 2013. ""Engendering" Politics The Impact of Descriptive Representation on Women's Political Engagement in Sub-Saharan Africa." *Comparative Political Studies* 46(7): 767-790.

Beaman, Lori, Raghabendra Chattopadhyay, Esther Duflo, Ruhini Pande, and Petia Topalova. 2009. Powerful Women: Does Exposure Reduce Bias. *Quarterly Journal of Economics* 124(4):1497–540.

Bhalotra, Sonia and Irma Clots-Figueras. 2014. "Health and the political agency of women." *American Economic Journal: Economic Policy* 6(2):164–197

Bolzendahl, Catherine. 2009. "Making the Implicit Explicit: Gender Influences on Social Spending in Twelve Industrialized Democracies, 1980-1999." *Social Politics: International Studies in Gender, State & Society* 16(1): 40-81.

Bush, Sarah Sunn. 2011. "The Democracy Establishment." Ph. D. Diss., Princeton University.

Campbell, David E., and Christina Wolbrecht. 2006. "See Jane Run: Women Politicians as Role Models for Adolescents." *The Journal of Politics* 68(2): 233-247.

Cherif, Feryal M. 2015. *Myths about Women's Rights: How, Where, and why Rights Advance*. Oxford University Press.

Clayton, Amanda, and Pär Zetterberg. 2018. "Quota shocks: Electoral gender quotas and government spending priorities worldwide." *The Journal of Politics* 80(3): 916-932.

Cole, Wade M. 2013. "Government Respect for Gendered Rights: The Effect of the Convention on the Elimination of Discrimination against Women on Women's Rights Outcomes, 1981-2004." *International Studies Quarterly* 57(2): 233-249.

Coppedge, Michael, John Gerring, Carl Henrik Knutsen, Staan I. Lindberg, Svend-Erik Skaaning, Jan Teorell, David Altman, M. Michael Bernhard, Steven Fish, Agnes

Cornell, Sirianne Dahlum, Haakon Gjerløw, Adam Glynn, Allen Hicken, Joshua Krusell, Anna Lührmann, Kyle L. Marquardt, Kelly McMann, Valeriya Mechkova, Juraj Medzihorsky, Moa Olin, Pamela Paxton, Daniel Pemstein, Josene Pernes, Johannes von Römer, Brigitte Seim, Rachel Sigman, Jerey Staton, Natalia Stepanova, Aksel Sundström, Eitan Tzelgov, Yi ting Wang, Tore Wig, Steven Wilson, and Daniel Ziblatt. 2018. V-Dem [Country-Year/Country-Date] Dataset v9. https://www.v-dem.net/en/data/data-version-9/.

Dahlerup, Drude. 2006. *Women, Quotas and Politics*. Routledge.

Dahlerup, Drude, and Monique Leyenaar. 2013. *Breaking Male Dominance in Old Democracies*. Oxford, UK: Oxford University Press.

Fallon, Kathleen M., Liam Swiss, and Jocelyn Viterna. 2012. "Resolving the Democracy Paradox: Democratization and Women's Legislative Representation in Developing Nations, 1975 to 2009." *American Sociological Review* 77(3): 380-408.

Franceschet, Susan, Mona Lena Krook, and Jennifer M. Piscopo. 2012. *The Impact of Gender Quotas*. New York: Oxford University Press.

Gottlieb, Jessica, Guy Grossman, and Amanda Lea Robinson. 2018. "Do men and women have different policy preferences in Africa? Determinants and implications of gender gaps in policy prioritization." *British Journal of Political Science* 48(3): 611-636.

Graham, Benjamin A. T., and Jacob R. Tucker. 2019. "The international political economy data resource." *The Review of International Organizations* 14(1): 149-161.

Grey, Sandra. 2006. "Numbers and beyond: The relevance of critical mass in gender research." *Politics & Gender* 2(4): 492-502.

Hughes, Melanie M., and Aili Mari Tripp. 2015. "Civil War and Trajectories of Change in Women's Political Representation in Africa, 1985-2010." *Social Forces* 93(4): 1513-1540.

Hughes, Melanie M., Pamela Paxton, Amanda Clayton, and Pär Zetterberg. 2017. *Quota Adoption and Reform Over Time (QAROT), 1947-2015*. Ann Arbor, MI: Inter-university Consortium for Political and Social Research [distributor]. http://doi.org/10.3886/E100918V1.

Inglehart, Ronald, and Pippa Norris. 2003. *Rising Tide: Gender Equality and Cultural Change around the World*. Cambridge: Cambridge University Press.

Iversen, Torben, and Frances Rosenbluth. 2006. "The Political Economy of Gender: Explaining Cross-National Variation in the Gender Division of Labor and the Gender Voting Gap." *American Journal of Political Science* 50(1): 1-19.

Jacob, Suraj, John A. Scherperee,I and Melinda Adams. 2014. "Gender Norms and Women's Political Representation: A Global Analysis of Cabinets, 1979-2009." *Governance* 27(2): 321-345.

Jones, Mark P. 1996. "Increasing women's representation via gender quotas: The Argentine Ley de Cupos." *Women & Politics* 16(4): 75-98.

Kenworthy, Lane, and Melissa Malami. 1999. "Gender Inequality in Political Representation: A Worldwide Comparative Analysis." *Social Forces* 78(1): 235-268.

Kittilson, Miki Caul, and Leslie Schwindt-Bayer. 2010. "Engaging Citizens: The Role of Power-Sharing Institutions." *The Journal of Politics* 72(4): 990-1002.

Krook, Mona Lena. 2009. *Quotas for Women in Politics: Gender and Candidate Selection Reform Worldwide*. Oxford University Press.

Krook, Mona Lena, and Diana Z O'Brien. 2010. "The politics of group representation: Quotas for women and minorities worldwide." *Comparative Politics* 42(3): 253-272.

Krook, Mona Lena, and Diana Z O'Brien. 2012. "All the President's Men? The Appointment of Female Cabinet Ministers Worldwide." *The Journal of Politics* 74(3): 840-855.

Krook, Mona Lena, and Jacqui True. 2012. "Rethinking the life cycles of international norms: The United Nations and the global promotion of gender equality." *European Journal of International Relations* 18(1): 103-127.

Lijphart, Arend. 2012. *Patterns of democracy: Government forms and performance in thirty-six countries.* Yale University Press.

Matland, Richard E., and Donley T. Studlar. 1996. "The contagion of women candidates in single-member district and proportional representation electoral systems: Canada and Norway." *The Journal of Politics* 58(3): 707-733.

McGuire, James William. 2010. *Wealth, Health, and Democracy in East Asia and Latin America.* Cambridge University Press.

Merkel, Wolfgang and Bochsler, Daniel (project leaders); Bousbah, Karima; Bühlmann, Marc; Giebler, Heiko; Hänni, Miriam; Heyne, Lea; Müller, Lisa; Ruth, Saskia; Wessels, Bernhard. 2016. *Democracy Barometer. Methodology.* Version 5. Aarau: Zentrum für Demokratie.

Paxton, Pamela, and Melanie M. Hughes. 2017. *Women, Politics, and Power: A Global Perspective.* Thousand Oaks, CA: SAGE Publications, Inc.

Paxton, Pamela, Melanie M. Hughes, and Jennifer L. Green. 2006. "The international women's movement and women's political representation, 1893-2003." *American Sociological Review* 71(6): 898-920.

Paxton, Pamela, Melanie M. Hughes and Matthew A. Painter. 2010. "Growth in women's political representation: A longitudinal exploration of democracy, electoral system and gender quotas." *European Journal of Political Research* 49(1): 25-52.

Phillips, Anne. 1995, *The Politics of Presence: The Political Representation of Gender, Ethnicity, and Race.* New York, NY: Oxford University Press.

Ramirez, Francisco O., Yasemin Soysal, and Suzanne Shanahan. 1997. "The changing logic of political citizenship: Cross-national acquisition of women's suffrage rights, 1890 to 1990." *American Sociological Review* 62: 735-745.

Reingold, Beth. 2003. *Representing Women: Sex, Gender, and Legislative Behavior in Arizona and California.* University of North Carolina Press.

Rule, Wilma. 1987. "Electoral systems, contextual factors and women's opportunity for election to parliament in twenty-three democracies." *Western Political Quarterly* 40(3): 477-498.

Schwindt-Bayer, Leslie A. 2006. "Still supermadres? Gender and the policy priorities of Latin American legislators." *American Journal of Political Science* 50(3): 570-585.

Schwindt-Bayer, Leslie A. 2009. "Making quotas work: The effect of gender quota laws on the election of women." *Legislative Studies Quarterly* 34(1): 5-28.

Swers, Michele L. 1998. "Are women more likely to vote for women's issue bills than their male colleagues?" *Legislative Studies Quarterly* 23(3): 435-448.

Swiss, Liam, Kathleen M. Fallon, and Giovani Burgos. 2012. "Does Critical Mass Matter? Women's Political Representation and Child Health in Developing Countries." *Social Forces* 91(2): 531-558.

Thomas, Sue, and Susan Welch. 1991. "The impact of gender on activities and priorities of state legislators." *Western Political Quarterly* 44(2): 445-456.

Tripp, Aili Mari. 2015. *Women and Power in Post-Conflict Africa*. Cambridge University Press.

Tripp, Aili Mari, and Alice Kang. 2008. "The Global Impact of Quotas On the Fast Track to Increased Female Legislative Representation." *Comparative Political Studies* 41(3): 338- 361.

Wängnerud, Lena. 2000. "Testing the politics of presence: Women's representation in the Swedish Riksdag." *Scandinavian Political Studies* 23(1): 67-91.

Young, Iris M. 1990. *Justice and the Politics of Difference*. Princeton, NJ: Princeton University Press.

5장

선거제도 개혁과
민주주의의 질

김형철(성공회대학교)

I. 서론

이 연구의 목적은 아시아에서 모범적인 민주주의 국가로 평가받고 있는 대만, 일본 그리고 한국을 대상으로 혼합명부다수대표제(Mixed-Member Majoritarian system: MMM)가 민주주의의 질(quality of democracy)에 어떠한 영향을 미쳤는지를 분석하고자 한다. 이들 국가는 민주화의 과정과 경험이 서로 다르지만, 다양한 법적·제도적 개혁을 통해 절차적 민주주의(procedural democracy)[1]가 정착되었다는 평가를 받고 있다(Diamond 1999). 반면에 민주적 절차에 부합하는 실질적인 내용과 질이 충족되지

---

[1] 민주적 절차와 규칙 하에서 공정하고 경쟁적인 선거를 통한 정부의 구성과 교체, 평등한 투표에 기초한 정치참여의 확대, 그리고 시민적 자유의 보장 등 '절차적 최소요건'(procedural minimum) 이 제도화된 것으로 평가되고 있다.

못하고 있다는 부정적 평가도 존재한다(Noble 1999, 90).

이들 국가는 민주화 이후에도 여전히 권력의 집중화를 통한 효율성과 안정성을 보장하려는 동기가 강하게 작동하는 정치가 이루어지고 있다. 이 같은 동기에 기초한 정치는 권력독점과 배제의 정치를 일상화하고, 수혜-후원의 관계망에 의한 지대추구와 부패를 견제하지 못하는 문제를 발생시키고 있다. 민주주의를 다양한 사회세력이 이익을 둘러싼 경쟁체제로 그리고 독점화된 권력을 분산시키고 견제하는 정치체제로 이해할 때, 이들 국가에서의 민주주의 작동은 커다란 한계를 갖고 있다. 다시 말하면 이들 국가는 대의 민주주의의 핵심 가치인 정치적 대표성(political representation)과 민주적 책임성(democratic accountability)이 결핍되어 있다고 말할 수 있다.

그렇다면 이들 국가에서 왜 정치적 대표성과 민주적 책임성의 결핍 현상들이 발생하는가? 이 연구는 그 원인들 중 하나로 승자독식(winner take-all)의 정치를 가능케 하는 정치제도에 초점을 맞추고자 한다. 승자독식은 승자가 모든 것을 얻고 패자가 모든 것을 잃는 경쟁논리로서 빈번한 대립과 갈등의 정치를 불러일으키는 잠재력을 가지고 있다. 특히 권력이 집중된 체제에서 "승자독식은 권력에 부과된 프리미엄과 선거경쟁의 전리품이 크기 때문에 전쟁과 같은 대결의 정치를 초래하며, 정치적 타협과 협상의 여지를 축소하며, 기존의 사회적 균열을 심화시키고, 갈등구조를 극단화"(Linz 1994, 73)함으로써 민주주의 작동에 부정적 영향을 미친다.

일반적으로 승자독식의 특성을 갖는 정치제도로 대통령제가 제시되곤 한다. 그러나 양당제하에서 승자독식의 특성은 의회제에서도 강하게 나타나며, 연합정치가 이루어지는 대통령제에서는 승자독식의 특성이 약화되는 경향을 보이고 있다. 따라서 승자독식이 정부형태의 본질적 특성에 기인하는 것이라고 단정하기 어렵고, 오히려 정당 간 권력을 둘러싼 경쟁과 그 결과로서 권력분배에 영향을 주는 선거제도로부터 기인한다고 할 수 있다. 따라서 오래된 민주주의 국가(old democracies)뿐만 아니라 새로운 민주주의 국가(new democracies)에서도 권력의 분산과 견제라는 정치적 대표성과 책임성이 실현되는 질 높은 민주주의를 위해 일반적으로 선거제도의 개혁을 시도하고 있다.

이 연구는 동아시아 국가 중 선거제도를 개혁한 대만(2005), 일본(1993) 그리고 한국(2004)을 대상으로 선거제도 개혁이 민주주의 질에 어떠한 영향을 주었는지를 정치적 대표성과 책임성을 중심으로 분석하는데 목적이 있다. 이를 위해 Ⅱ장에서 민주주의 질이 무엇인지 그리고 어떻게 측정할지를 제시하고 선거제도와 민주주의 질 사이의 관계에 대한 기존 연구를 검토할 것이다. 그리고 Ⅲ장에서는 동아시아 3국인 대만, 일본, 그리고 한국의 선거제도 개혁의 특성과 그 정치적 결과를 비교하고자 한다. Ⅳ장에서는 3개국의 민주주의 성격을 평가하고, 민주주의의 질을 높이기 위해서는 합의의 정치를 가능하게 하는 정치제도가 요구됨을 주장하고자 한다.

Ⅱ. 이론적 논의: 선거제도와 민주주의 질

1. 민주주의 질의 정의와 측정지표

21세기에 들어서면서 민주주의 질의 중요성은 많은 민주주의 연구자들 사이에 합의가 이루어지고 있다. 민주주의 연구자들은 민주주의가 쇠퇴, 정체, 훼손 또는 변질되고 있는 현실에 근거해서 '민주주의 질'

에 대한 학문적 관심을 갖게 되었다(양동훈 2011, 80). 즉, 절차적 차원에서뿐만 아니라 실질적 차원에서 민주주의 원리와 가치의 실현 정도와 수준을 평가하기 위한 잣대로서 민주주의 질에 대한 관심이 높아지고 있는 것이다.

민주주의 질과 관련한 개념 정의는 민주주의 개념과 같이 다의적이다.[2] 이 연구에서는 정량적 비교전략의 차원에서 정의한 레이프하트(A. Lijphart 1999)의 민주주의 질 개념을 사용하고자 한다. 레이프하트는 민주주의 질을 '민주주의가 얼마나 잘 작동되는가'로 이해하고, 민주주의 수준을 민주주의 질의 수준으로서 해석할 수 있다고 지적하면서, 민주주의 질의 내용으로 여성의 정치참여, 정치적 평등, 높은 투표율, 정부와 유권자 간의 거리, 정치의 청렴성 등을 제시하고 있다(Lijphart 1999, 276).

비탐과 그의 동료들(Beetham, Carvalho, Landman and Weir 2008)은 International Institute for Democracy and Electoral Assistance(이하 IDEA)의 "Assessing the Quality of Democracy: A Practical Guide"에서 민주주의 질을 정치적 평등과 대중통제라는 민주주의의 원리가 제도적 배열과 작동에 있어 효과적으로 실현되는 것으로 정의하고 있다. 그리고 그들은 민주주의 질을 평가하기 위해 참여성, 권위, 대표성, 책임성, 투명성, 반응성, 그리고 연대성이라는 7가지의 중간적 가치(mediating values)를 제시하고 있고, 이를 중심으로 시민성, 법과 권리(citizenship, law and rights), 대표와 책임 정부(representative and accountable government), 시민사회와 대중참여(civil society and popular participation), 그리고 국가 외부의 민주주의(democracy beyond the state)라는 4개의 중심 범주로 분류하여 민주주

---

[2] 이에 대해서는 김형철(2012)의 논문을 참조.

의 질을 평가한다(Beetham, Carvalho, Landman and Weir 2008, 20-30).

이 연구는 민주주의 질을 민주주의의 기본적 가치가 제도를 통해 실현되는 것으로 정의하고, 민주주의 질의 구성요소로서 정치적 대표성, 경쟁성, 참여성을 제시하고자 한다. 우선 정치적 대표성은 유권자의 의사가 얼마만큼 왜곡되지 않고 정치적 대표되는가를 의미하는 것으로 선거제도와 관련해서는 선거불비례성의 정도로 평가할 수 있다. 따라서 갤러거(Gallagher 1991)의 선거불비례성[3]을 평가지표로 하여 혼합형 다수대표제의 효과를 분석하고자 한다. 다음으로 경쟁성은 의미있는 경쟁적 선거가 이루어지고 있는가로 정의할 수 있는데 이 연구에서는 경쟁하는 의회내 유효정당의 수를 통해 경쟁성을 평가하고자 한다. 이를 위해 락소와 타게페라(Laakso and Taagepera 1979)의 지표를 이용하고자 한다.[4] 마지막으로 참여성은 의사결정과정과 선거참여의 정도를 의미하는 것으로 이 연구에서는 투표율을 이용하고자 한다.

2. 선거제도와 민주주의의 관계

민주주의 또는 민주주의 질에 있어 강조되는 정치제도는 선거제도이다. 즉, 민주주의는 사회적 갈등을 조정하는 메커니즘이며, 선거제도는 사회에 존재하는 다양한 세력이 정치적으로 대표할 수 있는 기회를 제공하고 공정한 경쟁을 통해 갈등을 조정하는 중요한 수단이기 때문

---

[3] 갤러거의 불비례성 지수는 작은 편차를 많이 나타내기보다는 얼마 안되는 큰 편차를 두드러지게 나타낸다는 주요한 특징을 갖는다(Lijphart 1994). 공식은 다음과 같다. 선거불비례성(LSq) = $\sqrt{1/2\Sigma(V_i-S_i)^2}$

[4] 락소와 타게페라의 의회내 유효정당의 수(Ns)와 유효적 선거정당의 수(Nv)를 구하는 공식은 다음과 같다. 유효의회정당의 수(Ns) = $1/\Sigma S_i^2$ 유효선거정당의 수(Nv) = $1/\Sigma V_i^2$

이다. 따라서 민주주의와 선거제도 사이의 관계에 대한 논의는 많은 학자들에게 의해 이루어졌으며, 학자들 간 다수대표제를 선호하는 입장과 비례대표제를 선호하는 입장이 정치적 대표성, 정치적 안정성 그리고 책임성을 중심으로 팽팽히 맞서고 있다.

다수대표제가 민주주의에 더 효과적인가 아니면 비례대표제가 더 효과적인가? 다수대표제가 정치적 안정성과 책임정치의 실현에 더 효과적이라는 이론적 주장은 다음과 같다. 1위대표제 및 결선투표제를 포괄하는 다수대표제가 정당 간 이념적 분극성이 낮은 양당제 또는 온건한 다당제를 형성함으로써 정치적 안정성에 긍정적 영향을 주며, 반면에 비례대표제는 정당 간 이념적 분극성이 높은 분극적 다당제를 형성함으로써 정치적 안정성에 부정적 영향을 준다는 것이다(Duverger 1954; Sartori 1976). 사르토리는 이론적으로 다수대표제에 의해 형성된 양당제 또는 온건한 다당제가 구심성을 갖는 온건한 경쟁, 과반수의 지지를 받는 정당에 의한 단일정당정부의 구성에 따른 안정성과 효율성, 대안적인 공공정책에 대한 유권자의 선택이 용이성과 책임소재의 명확성 등을 결과한다고 주장한다(Sartori 1976, 119-216). 이와 같은 주장은 다수대표제의 높은 불비례성에 의해 의회에서 과반수 의석을 차지하는 단일정당정부의 구성과 깊은 관련을 맺고 있으며, 정부의 지속성과 책임성에 있어 비례대표제보다 다수대표제가 긍정적 영향을 미치고 있음을 보여준다.

다수대표제 옹호론자들은 비례대표제가 다수대표제보다 더 공평하고 더욱 높은 대표성을 갖는 의회를 구성하고 있음을 인정하지만, 그 결과로서 구성되는 연합정부는 덜 안정적이며, 덜 효율적임을 주장한다. 반면에 1위대표제는 불비례성에 의해 선거과정을 왜곡하지만 강력하고 더욱 결정적인 단일정당정부를 구성하기 때문에 민주주의 안정성과 효율성의 측면에서 더 효과적이라고 주장한다(Anderson 2001, 429). 즉, 다수대표제는 제조된 과반수에 의해 형성된 단일정당정부를 통해 책임정치의 실현과 민주주의를 위협하는 환경하에서도 안정성, 생존성 그리고 문제해결 능력이 뛰어난 선거제도임을 증명하고 있다(박기덕 1998).

　반면에 비례대표제를 옹호하는 입장은 다수대표제의 장점으로 지적되는 정부의 수명, 안정성, 책임성 등이 비례성이 높은 선거제도에서도 보장되고 있다는 점을 지적하면서 높은 불비례성을 갖는 다수대표제가 민주주의를 침해할 경향성이 높다고 주장한다. 즉, 다수대표제는 승자독식의 선거결과가 일반적이기 때문에 군소정당의 정치적 배제를 가져오며, 정치적 대립과 갈등이 심화될 뿐만 아니라 권력교체에 따른 급격한 정책변화의 부작용이 크다고 지적한다. 또한 다수선거제는 좌파와 우파 또는 인종-언어에 따른 사회적 갈등이 심한 사회에서 양극화의 위험성을 가져오며, 투표의 변화가 정부정책의 큰 변화를 야기할 수 있으며, 영구적인 소수가 발생됨으로써 심한 갈등을 초래할 수 있다는 한계를 갖고 있다는 것이다(Kaiser et al. 2002). 반면에 비례대표제 옹호론자들은 비례대표제가 정치적 타협을 촉진하고, 노동자 그리고 사회주의 운동뿐만 아니라 소수집단을 통합하는 정치제도로서 민주주의에 대한 가치와 신념을 확대시키고, 소수자들의 참여성과 대표성을 보장함으로써 민주주의 안정성을 가져온다고 주장한다(Anderson 1998; Anderson and Guillory 1997; Armingeon 2002; Tavits 2004).

　최근에 비례대표제가 소수집단의 정치적 대표성, 선거경쟁에 있어 공평성, 그리고 다수의 정치참여를 보장함으로써 민주주의 안정성과 민주주의 질에 있어 다수대표제보다 더 효과적이라는 주장이 설득력을 얻고 있다(Powell 2000; Tavits 2004). 비례대표제는 정치적 대표성, 공평성 그리고 참여성을 보장함으로써 사회 내에 존재하는 소수세력과 반대세력의 이탈(exit)을 방지하고 그 결과로 민주주의 안정성을 보장한다는 것이다. 뿐만 아니라 비례대표제는 다수대표제에서 나타나는 승자독식의 논리에 따른 두 정당 사이의 적대적인 갈등의 정치와 정부교체 시 국가정책의 급격한 변화에 따른 불안정성 그리고 정당들 사이의 차별성 부재에 따른 정당정치의 약화 등의 문제를 극복함으로써 민주주의 안정성에 더 효과적이라는 것이다(Lijphart 1984).

레이프하트는 비례성이 높은 정치제도에 의해 유형화된 합의제 민주주의(consensus democracy)가 타협과 합의의 정치를 촉진하고, 소수집단의 정치적 대표성을 보장하며, 선거참여의 확대와 다양한 이해와 요구에 대한 반응성을 높임으로써 민주주의 안정성과 질에 있어 다수제 민주주의(majoritarian democracy)보다 "더 좋으며(better), 친절하고(kinder), 신사적(gentler)이다"라고 주장한다(Lijphart 1999). 또한 다수제 민주주의와 합의제 민주주의 중심으로 정부 규모와의 상관성을 분석한 타비츠(M. Tavits)도 합의제적 정치제도로서 비례대표제의 특징을 공평한 제도, 유권자 선택의 다양성과 정당의 수 증가 그리고 다수제보다 더 높은 경쟁성을 지적하고, 비례대표제가 국민의 투표 참여율과 국민의 요구에 대한 반응성을 향상시킨다고 주장한다(Tavits 2004, 346).

III. 선거제도 개혁의 내용과 특성: 대만, 일본, 한국을 중심으로

선거제도 개혁의 가장 중요한 목표는 보다 질 높은 민주주의 그리고 보다 좋은 거버넌스를 위한 것이다. 즉, 선거제도 개혁은 다수대표제의 책임성과 비례대표제의 비례성의 균형을 목표로 한다(Norris 2004, 5). 선거공학자들은 정책집행에 대한 책임 소재를 명확히 하며 그 성과에 대한 책임을 물을 수 있으면서 투표-의석 간 높은 비례성에 기초하여 정치적 대표성을 보장할 수 있는 선거제도로의 개혁을 지향한다.

먼저 대만은 2005년에 입법의원의 임기를 4년으로 하는 혼합형 다수대표제로 선거제도를 개혁하였다. 그 이전까지의 선거제도는 3년마다 단기비이양식(single non-transferable vote: SNTV)과 비례대표제가 혼합된 선거제도였다.[5] 이 선거제도는 중·대선거구 위주의 제도로서 소수세력의 지지를 받는 소수정당의 정치적 대표성을 보장할 수도 있지만, 기본적으로 조직과 자금동원이 있는 거대정당에 유리한 제도였다. 즉, 다수대표제에서 발생하는 제조된 과반수(manufactured majority)와 거대정당의 과대대표 현상에 따른 정치적 대표성의 왜곡현상이 나타났다.[6] 또한 총통제인 대만에서 2000년 총선에서 민진당의 천수이볜(陳水扁)이 총통으로 당선되면서 분점정부(divided government)가 형성되었다. 2008년 국민당의 마잉주(馬英九)가 총통이 되기까지 분점정부는 지속되었으며, 입법-행정 사이의 정책마비(policy stalemate)가 초래되었다(김형철 2008; 정상화 2001). 이 같은 국정운영의 어려움은 입법원 선거제도의 개혁을 요구하였다.

2005년에 새롭게 개정된 선거제도는 입법의원의 임기를 4년으로 늘리고, 입법의원의 수를 225명에서 113명으로 축소하는 내용과 더불어

---

[5] 입법의원 225명 중 168명은 2~17명까지 선출하는 중·대선거구제에 기초한 단기비이양식(single non transferable voting) 방식에 의해 선출되며, 나머지 57석은 비례대표제를 통해 선출하였다. 비례대표 57석 중 내성인 할당의석(8석)이며, 해외거주자 할당의석(8석), 그리고 나머지 41석은 비례대표의석이다. 비례대표의 의석할당은 5%의 봉쇄조항(threshold)을 통과한 정당들을 중심으로 투표율에 따라 이루어진다.

[6] 1995년과 1998년 입법원 선거에서 46%의 득표율을 기록한 국민당(Kuomintang)은 51.8%와 54.7%의 의석을 차지하여 의회 과반수 정당이 되었다. 2001년과 2004년에는 입법원 선거에서 민진당(Democratic progress Party: DPP)이 승리하였는데 각 선거에서 36.6%와 37.8%의 득표율을 기록하였으며, 의석율은 38.7%와 39.6%의 의석을 차지하였다.

혼합형 다수대표제를 채택하였다. 개정된 선거제도는 73석을 1위대표제에 의해 선출하며, 내성인 할당의석 6석과 나머지 34석을 정당투표에 의해 선출한다.[7] 2005년 선거제도 개혁의 또 다른 특징은 총통선거와 동시선거를 실시하기로 한 점이다. 이는 2000년 이후 행정-입법 사이의 분점정부를 극복하기 위한 방안으로 제시되었다고 할 수 있다. 이와 같은 새로운 선거제도는 2008년 1월의 입법의원 선거와 같은 해 3월의 총통선거에 적용되어 실시되었다.

다음으로 일본은 1994년에 단기비이양식에서 혼합형 다수대표제로 선거제도를 개혁하였다. 1947년부터 1993년까지 단기비이양식 선거제도는 2~5석을 선출하는 중선거구제에서 상대다수에 의해 의석을 배정하는 선거제도로서 후보중심 또는 지역중심의 선거경쟁, 과도한 정치자금의 형성과 지출, 이에 따른 정치부패의 만연, 정당불신과 정치무관심 증대 그리고 정당 중심의 정책대결 부재 등이라는 문제점이 나타났다. 따라서 파벌정치와 금권정치를 해소하고 정책과 정당 중심의 선거를 실현하며, 정권교체가 가능한 양당제로의 변화를 목표로 혼합형 다수대표제를 선택하였다.

일본의 선거제도 개혁의 특징은 먼저 개혁의 목적에 있어 부패근절과 양당제에 있다고 할 수 있다. 즉, 파벌정치와 금권정치에 의한 국민들의 불신을 해소하고 안정적인 정권교체를 위한 노력으로서 선거제도 개혁을 수행한 것이다. 여기서 중요한 점은 양당제를 구축하기 위해서 혼합형 선거제도를 선택하였다는 점이다. 일반적으로 혼합형 선거제도는 비례성을 높이고 다당제에 의한 합의의 정치를 수행하기 위한

---

[7] 비례대표의 경우는 전국을 단위로 5%이상의 득표를 한 정당들 사이에 의석이 할당되며, 비례대표 의석의 50%는 여성에게 할당된다.

목적으로 선택되어지는데 일본의 경우는 오히려 양당제를 위해 선택하였다. 이는 앞서 살펴본 혼합형 다수대표제의 제도적 특징에 의해 설명될 수 있을 것이다. 다른 특징은 정당들의 정략적 타협과 더불어 현직의원들의 재선 가능성이 높은 선거제도로의 변화 동기를 들 수 있다(Lin 2006). 즉, 자민당과 같은 거대 정당은 단순다수제가 더 유리하다고 판단하는 반면 소수정당은 비례대표제의 도입이 유리할 것이라는 판단 하에서 타협적 대안으로 수용된 것이다. 그리고 정치인들은 승리를 위해 개인의 이미지와 대중성을 적극적으로 동원하려는 동기가 강하였다. 일본은 개혁 당시 300명의 의원은 1위대표제로 나머지 200명의 의원을 비례대표제로 선출하였으나, 2000년 선거법 개정을 통해 비례대표의석을 20석 줄여 총의석 500석에서 480석으로 감소하였다.

마지막으로 한국은 2004년에 수정된 다수대표제(modified plurality)에서 1인 2표의 혼합형 다수대표제로 선거제도가 개혁되었다. 1위대표제의 성격이 강한 1인 1표의 혼합형 선거제도는 분단국가라는 구조적 상황에서 기인하는 보수독점의 이념적 협애성과 지역정당의 지역 독점성이 결합되어 정치적 대표성을 심각하게 왜곡시켰다. 그리고 정당들 사이의 선거경쟁이 이념과 정책을 통한 경쟁보다는 지역적 지지에 기초한 인물중심의 경쟁양상을 심화시킴으로써 정당에 의한 책임정치를 어렵게 하였다.

이러한 문제를 해결하기 위한 노력은 학계와 시민사회단체를 중심으로 선거제도의 개혁에 대한 요구가 끊임없이 제기되었으나, 정치권에서는 당리당략과 의원 개인들의 손익계산에 의해 소극적인 반응만을 보였다. 이러한 과정에서 1인 2표를 갖는 혼합형 다수선거제로의 개혁을 가져온 계기는 2001년에 유권자 1인이 행사한 투표를 통해 전국구 의석을 배분하는 것이 위헌이라는 헌법재판소의 판결에 의한 것이었다. 이러한 헌법재판소의 판결 이후 3년 동안 선거제도개혁에 대한 논의가 이루어지다가 2004년 17대 국회의원 선거를 두 달여 앞둔 상황에서 1인 2표제의 혼합형 다수대표제로 선거제도가 개혁되었다.

혼합형 다수대표제로의 선거제도 개혁의 목적은 비례성의 확대, 지역정당체계의 극복, 그리고 정당정치의 제도화에 있었다. 즉, 혼합형 다수대표제의 선택은 1위대표제의 기계적 효과와 심리적 효과에 의한 득표율과 의석율의 높은 불비례성, 거대정당의 과다대표와 소수정당의 과소대표, 그리고 지역의 배타적 지지에 기초한 지역정당정치 등을 극복하고 정당의 이념과 정책을 중심으로 한 정당정치를 제도화하기 위한 것이었다. 한국의 혼합형 다수대표제의 의석배분은 총의석수 299석 중 1위대표제로 선출하는 지역대표 의석수가 243석이며, 비례대표제에 의해 할당되는 의석수는 56석이었다. 그러나 2008년 선거를 앞두고 선거법이 개정되면서 비례대표제에 의한 의석수가 54석으로 줄었다.

이들 3개국에서 공통적인 선거제도 개혁의 방향은 정치적 대표성보다는 통치의 효율성에 초점이 맞추어져 있다는 점이다. 일반적으로 정치제도의 선택, 특히 선거제도의 선택에 있어 정치적 대표성과 효율성 사이에 딜레마가 존재하는데, 이들 국가에서 민주주의 수준에 있어 차이가 존재하지만 공통적으로 정치적 대표성보다는 효율성을 중시하고 있음을 알 수 있다. 즉, 이들 국가는 혼합형 비례대표제(mixed member proportional system: MMP)보다 선거불비례성이 높은 혼합형 다수대표제를 채택함으로써 양당제와 중도지향적 정치경쟁을 추구하고 있다는 점을 지적할 수 있다(Reilly 2007a, 1353). 또한 비례대표의석 수에 비해 지역대표의석 수과 압도적으로 많다는 점이다. 즉, 대만은 지역의석 비율이 64.6%(73석/113석)이며, 일본은 62.5%(300석/480석), 그리고 한국은 82%(246석/300석)이다. 이렇듯 효율성을 강조하는 선거제도로의 개혁은 선거결과에 있어서도 권력의 분산보다는 집중이라는 다수제 (majoritarian)적 특성을 강하게 보이고 있다(Reilly 2007b, 61; 김형철 2007).

Ⅳ. 선거제도 개혁과 민주주의 질

1. 대만

2008년과 2012년 입법원 선거는 혼합형 다수대표제라는 새로운 선거제도로 실시되었다. 그 결과, 2008년과 2012년 선거에서 국민당은 113석 중 81석과 64석을 획득하여 절대 과반을 넘는 다수당이 되었다. 반면 민진당은 두 번의 선거에서 27석과 40석이라는 저조한 결과를 보임으로서 민진당의 쇠락과 국민당 주도의 의회정치가 이루어지게 되었다.

혼합형 다수대표제로 선거제도 개혁은 우선 정치적 대표성에 있어 부정적 효과를 가져왔음을 알 수 있다. 즉, 단기비이양식과 비례대표제가 혼합된 기존의 선거제도에서는 선거불비례성이 1995년부터 2004년까지 2.53에서 3.94로 낮게 나타났으나, 새로운 선거제도하에서 2008년은 16.9 그리고 2012년에는 9.1로 크게 높아졌다. 이 같은 선거불비례성의 증가는 1위대표제에 의한 결과라고 할 수 있다. 즉, 2008년 선거에서 국민당은 지역선거구에서 53.5의 득표율을 획득하였으나 의석율은 77.2%(61석)를 차지하였고, 정당득표율은 51.2%로 20석(58.8%)을 차지하였다. 또한 2012년 선거에서 국민당은 44.6%의 득표율로 60.7%(48석)의 의석율을 획득하였다. 이는 1위대표제의 선거불비례성이 전체 의석의 불비례성에 영향을 주고 있음을 의미하는 것이다.

<표 1> 대만에서의 선거제도 개혁의 정치적 결과

년도	선거불비례성	유효정당의 수	투표율
1995	2.68	2.54	67.6
1998	3.94	2.51	68.1
2001	3.07	3.49	66.2
2004	2.53	3.27	59.2
2008	16.9	1.75	58.5
2012	9.1	2.23	74.5

출처: Reilly 2007a, 1360; Reilly 2007b, 68. http://www.tcd.ie/Political_Science/staff/michael_gallagher/ElSystems/Docts/ElectionIndices.pdfauther's; http://engweb.cec.gov.tw/files/11-1030-4430.php

다음으로 유효정당수도 혼합형 다수대표제에서 적어졌다. 즉 선거제도 개혁 이전에 평균 2.4개 정당이 경쟁하였으나 2008년 선거에서는 1.75로 1당우위제의 정당체계를 보였으며, 2012년 선거에서는 2.23으로 2개의 정당이 경쟁하는 양당제로 나타났다. 이는 새로운 선거제도가 조직과 자금력을 갖는 거대정당에게 유리하게 작용하고 있음을 의미하는 것이다. 이 같은 양당제의 정당체계는 안정성을 갖고 지속될 것으로 보인다. 그 이유는 대만의 경우, 국민당을 중심으로 하는 선거연합(pan-blue coalition)과 민진당을 중심으로 하는 선거연합(pan-green coalition)간 선거경쟁이 이루어지고 있기 때문이다. 즉, 군소정당의 경우 연합한 거대정당과의 연합하기 위해 비례대표명부를 독자적으로 제시하지 않거나, 또는 지역선거구에 후보를 내지 않기 때문이다.

참여성을 평가하는 지표인 투표율의 변화를 보면, 2008년 선거에서는 이전 투표율보다 낮아졌지만 2012년 선거에서는 74.4%로 높아졌다. 일반적으로 혼합형 다수대표제는 유권자들에게 선호하는 정당 또는 후보자에 대해 투표할 수 있는 기회를 제공함으로써 투표율을 높일 것으로 예상했으나 2008년 선거에서는 오히려 투표율이 낮아졌다. 이 같은 투표율의 하락은 새로운 선거제도에 대한 적응과 정보의 부족에 의한 것이라 할 수 있다.

2. 일본

일본의 선거제도 개혁은 정치에 대한 국민의 신뢰 회복, 파벌정치 및 금권정치 해결, 정책 중심의 정당정치, 그리고 정권교체가 가능한 양당제라는 목적을 갖고 추진되었다. 개혁 이후 선거제도의 정치적 결과를 정리하면 다음과 같다.

먼저 선거불비례성이 지속적으로 높아지고 있음을 〈표 2〉는 보여주고 있다. 선거제도 개혁 이전의 선거에서는 8.0 미만의 선거불비례성을 보이고 있으나, 개혁 이후에는 2003년 선거를 제외하고 모두 10.0이상이며, 2012년 선거에서는 20.0으로 선거불비례성이 매우 높게 나왔다. 이러한 선거불비례성의 상승은 첫째, 1위대표제에 의한 지역대표의 선출과 블록별 비례대표의 선출에 의한 결과라고 할 수 있다(김형철 2007, 228). 즉, 양당제를 목적으로 도입한 1위대표제는 단기비이양식 하에서 낮았던 선거불비례성을 상승시키는 결과를 가져온 것이다. 그리고 비례대표의 경우도 전국이 아닌 지역적 블록을 중심으로 비례대표를 선출함으로써 투표와 의석 사이의 불비례성을 높이게 되었다(양기호 2000, 101-102). 둘째, 거대정당의 경우에 모든 선거구에서 후보를 내어 비례선거에서 많은 득표를 얻을 수 있었지만, 소수정당의 경우는 전국적으로 후보를 내지 못함으로써 비례선거에서 낮은 득표율을 획득하였다는 점을 지적할 수 있다.[8] 이러한 거대정당과 소수정당의 지역구 후보자의 수적 차이는 결과적으로 거대정당의 사표비율을 낮추고 소수정당의 사표비율을 높이는 결과를 가져옴으로써 선거불비례성을 증가시켰다. 이러한 변화는 새로운 선거제도가 거대정당의 과다대표와 소수정당의 과소대표라는 정치적 결과를 산출하고 있음을 보여주는 것이다(고선규 2006, 33). 즉, 혼합형 다수대표제는 소수 의사의 정치적 대표성을 약화시키는 정치적 효과를 갖는다는 점을 보여주고 있는 것이다.

〈표 2〉 일본에서의 선거제도 개혁의 정치적 결과

년도	선거불비례성	유효정당의 수	투표율
1983	4.4	3.2	67.9
1986	7.8	2.6	64.0
1990	7.0	2.7	73.3
1993	6.4	4.1	67.0
1996	10.7	2.9	59
2000	11.5	3.2	60.6
2003	8.5	2.6	59.9
2005	15.6	2.3	67.5
2009	15.1	2.1	69.3
2012	20.0	2.5	59.3

출처: 김형철 2007, 227. http://www.tcd.ie/Political_Science/staff/michael_gallagher/ElSystems/Docts/ElectionIndices.pdf

---

[8] 예를 들면, 1996년 선거에서 전국적으로 소선거구 후보를 내지 않았던 신진당은 소선거구 후보가 있는 지역에서 28.6%, 후보가 없는 지역에서 18.9%의 비례대표의 득표율을 보이고 있다(양기호 2000, 103).

다음으로 일본의 선거제도 개혁의 주요한 목적은 다당제적 경쟁구도를 정권교체가 가능한 양당제적 경쟁구도로 변화시키는데 있었다. 이러한 목적에 있어서 새로운 선거제도인 혼합형 다수대표제는 긍정적 효과를 가져왔다고 할 수 있다. 〈표 2〉를 보면, 의회정당의 수는 선거제도 개혁 이후 서서히 줄어들어 2009년 선거에서는 2.1개 정당이 그리고 2012년 선거에서는 2.5개 정당이 의회내에서 경쟁하는 양상을 보이고 있다. 이렇듯 의회내 정당의 효과적 수가 감소한 요인은 거대정당인 자민당과 민주당의 의석 증가와 소수정당의 의석비율의 감소한 결과라고 할 수 있다(고선규 2006, 30-31). 즉, 새로운 선거제도의 불비례성이 높아지면서 정당경쟁구도는 소수정당의 의회진입이 어려워지고, 거대정당 사이의 경쟁구도가 형성된 것이다.

마지막으로 투표율은 선거제도 개혁이전과 이후에 있어 8%p 정도 하락한 것으로 나타나고 있다. 즉, 단기비이양식 선거제도에서의 투표율은 1980년 이후 평균 69.4%였으나, 혼합형 다수대표제하에서 실시된 6번의 선거에서는 약 62.6%를 보이고 있다. 그리고 선거제도 개혁 이후 세 차례의 선거에서 50%대의 투표율을 보이고 있다.

3. 한국

2004년 혼합형 다수대표제로 선거제도가 개혁된 이후 세 차례의 선거가 실시되었다. 이들 선거의 정치적 결과를 보면 〈표 3〉과 같다. 우선 선거불비례성의 경우, 지속적으로 낮아지고 있지만 여전히 정치적 대표성을 왜곡하는 수준을 보이고 있음을 확인할 수 있다. 즉, 1988년에서 2000년 선거까지 선거불비례성 지수는 평균 9.5였으나, 선거제도 개혁 이후 세 차례의 선거에서 9.6, 7.6, 그리고 7.3으로 낮아지고 있다. 이 같은 선거불비례성 감소는 두 가지 측면에서 설명될 수 있을 것이다. 하나는 제18대 국회의원 선거에서처럼 군소정당, 특히 지역을 기반으로 하는 자유선진당 그리고 친박연대와 같은 정당의 등장과 그 효과이며, 다른 하나는 제19대 국회의원 선거에서처럼 야권연대에 따른 양축을 중심으로 한 경쟁의 효과이다. 전자는 전국적 득표율이 낮지만 지역화 경향에 의해 다수의 의석을 차지함으로써 군소정당의 이득률을 높이는 결과를 초래했기 때문이다.

〈표 3〉 한국에서의 선거제도 개혁의 정치적 결과

년도	선거불비례성	의회정당의 수	투표율
1988	7.6	3.5	75.7
1992	10.3	2.7	71.9
1996	10.6	3.1	63.9
2000	10.5	2.4	57.2
2004	9.6	2.4	60.6
2008	8.7	2.9	46.1
2012	9.0	2.3	54.3

출처: 김형철 2012, 73.

　　그러나 여전히 유권자의 선호를 왜곡하는 정도가 높다고 할 수 있다. 이 같은 이유는 지역투표와 정당투표가 결합된 전체적인 정당들 사이의 득표율과 의석율의 차이는 크게 나타남으로써 선거불비례성의 완화 효과가 거의 없는 것으로 보인다(강원택 2005, 70). 1위대표제의 불비례성에 대한 비례대표제의 보정효과가 크지 않기 때문에 투표−의석 간 불비례성이 높게 나타났다고 할 수 있다.

　　다음으로 정당간 경쟁구도를 보면 2008년 선거를 제외하면 양당화의 경향이 보이고 있다. 민주화 이후 한국의 정당체계는 지역정당의 효과에 의해 다당제적 성격이 강하였으나, 2000년 선거부터는 지역정당체계가 지속되었음에도 불구하고 의회정당의 수가 2.4로 낮아졌다. 그리고 새로운 선거제도하에서 실시된 이후 2008년 선거를 제외하고 양당간 경쟁구도가 보이고 있다. 이렇듯 양당화 경향이 나타나고 있는 주요한 이유 중 하나는 정당간 선거연합이 이루어지면서 군소정당을 지지하는 유권자 선택이 지역선거구에서 거대정당에게 전략투표(strategic vote)를 하게 됨으로써 거대정당간 경쟁구도로 나타나게 된 것이다.

마지막으로 투표율을 보면, 혼합형 다수대표제에서 투표율이 하락하는 것으로 나타나고 있다. 즉, 혼합형 다수대표제에서 유권자의 선택의 폭을 넓힘으로써 투표율이 상승할 것이라는 기대가 잘못된 것임을 보여주는 것이다. 이는 한국 민주주의의 심각한 위기 현상이라고 할 수 있다.

V. 결론

지금까지 대만, 일본, 그리고 한국에서 민주주의 질을 높이고자 개혁한 혼합형 다수대표제의 정치적 결과를 살펴보았다. 이들 국가에 있어 공통적으로 발견되는 점은 선거불비례성이 높고 정당경쟁이 양당화로 나아가고 있다는 점이다. 그리고 투표율 또한 낮아지고 있다는 점이다. 이는 앞서 제시한 정치적 대표성, 경쟁성 그리고 참여성의 위기를 의미하는 것이다. 또한 이 같은 경향은 특정 정당 및 세력에게 권력을 집중시켜 권력분산에 의한 민주적 책임성을 약화시키는 원인이 된다.

따라서 이들 국가에서 민주주의의 질을 높이기 위해서는 선거제도의 개혁이 요구된다. 노리스(Norris 1995, 7)는 선거제도의 중요성을 강조하면서 새로운 민주주의 국가에 있어 선거제도의 선택과 개혁이 민주화의 완결과정이라고 지적한다. 이 같은 지적은 오래된 민주주의 국가에서도 타당한 주장이라고 할 수 있다. 즉, 선거제도가 민주주의의 질을 저해하는 주요한 원인으로 지적하는 정당체계의 분절화에 강한 영향을 주기 때문에 설득력이 높다 하겠다.

선거제도는 민주정치를 규정하는 가장 강력한 조정수단이다(Sartori 1994). 이는 선거제도가 형식적이고 절차적 수준에서 민주주의를 규정할 뿐만 아니라 실질적 또는 내용적 수준에서 민주주의를 규정함을 의미하는 것이다. 즉, 선거제도는 민주주의의 내용으로서 대표성과 책임성의 실현을 위한 중요한 정치제도이며, 또한 선거제도는 사회적 갈등과 균열이 왜곡 없이 정치적으로 대표될 때보다 많은 사회구성원의 요구에 대한 반응성과 정치행위자들 사이에 타협과 합의의 필요성과 동기를 부여함으로써 민주주의에 대한 지지와 신뢰에 깊은 영향을 주는 정치제도이다. 따라서 다수의 지배라는 민주주의를 실현하기 위해서는 다수의 요구가 정치적으로 대표되고 반영될 수 있는 선거제도의 선택과 제도화가 이들 국가에서 요구된다.

참고 문헌

강원택. 2005. 『한국의 정치개혁과 민주주의』. 서울: 인간사랑.
김형철. 2007. "혼합식 선거제도의 변화와 정치적 효과." 『시민사회와 NGO』 5권 1호, 205–240.
김형철. 2012. "혼합형 다수대표제의 정치적 결과에 대한 분석." 『선거연구』 2집 2호, 51–86.
김형철. 2008. "대만 총통제와 민주주의 공고화의 지체: 통치구조의 운영의 비조응성을 중심으로."
　　『비교민주주의연구』 4집 1호, 31–66.
박기덕 편. 1998. 『민주주의와 정치제도』. 서울: 세종연구소.
양기호. 2000. "일본." 박찬욱 편. 『비례대표선거제도』. 93–112, 서울: 박영사.
양동훈. 2011. "민주주의 질(質)의 개념화와 평가: 다차원적 접근." 『사회과학연구』 27집 1호, 79–100.
임혁백. 2001. 『세계화시대의 민주주의』. 서울: 나남.
정상화. 2001. "중화민국(대만) 민주주의의 발전과 전망." 『동서연구』 13권 2호, 117–140.
최장집. 2007. 『어떤 민주주의인가』. 서울: 후마니타스.

Anderson, Christopher. 1998. "Parties, Party Systems, and Satisfaction with Democratic
　　Performance in The New Europe." *Political Studies* XLVI: 572-588.
Anderson, Christopher. and Christine A. Guillory. 1997. "Political Institutions and Satisfaction
　　with Democracy: A Cross-National Analysis of Consensus and Majoritarian Systems."
　　American Political Science Review 91(1): 66-81.
Anderson, Liam. 2001. "The Implications of Institutional Design for Macroeconomic
　　Performance." *Comparative Political Studies* 34(4): 429-452.
Armingeon, Klaus. 2002. "The Effects of Negotiation Democracy: A Comparative Analysis."
　　European Journal of Political Research 41(1): 81-105.
Beetham, David., Carvalho, Fdzia., Landman, Todd., and Stuart Weir. 2008. *Assessing the
　　Quality of Democracy: A Practical Guide.* Stockholm: International IDEA.
Beetham, David and Kevin Boyle. 1995. *Democracy: 80 Questions and Answers.* UNESCO.
Diamond, L. 1999. *Developing Democracy: Toward Consolidation.* Baltimore and London:
　　Johns Hopkins University Press.
Duverger, Maurice. 1954. *Political Parties: Their Organization and Activity in Modern State.*
　　New York: Wiley.
Gallagher, Michael. 1991. "Proportionality, Disproportionality and Electoral Systems."
　　Electoral Studies 10(1): 33-51.
Held, David 저·이정식 역. 1993. 『민주주의의 모델』. 서울: 인간사랑.
Lijphart, Arend. 1984. *Democracies: Patterns of Majoritarian and Consensus Government in
　　Twenty-One Countries.* New Haven: Yale University Press.
Lijphart, Arend. 1999. *Patterns of Democracy: Government Forms and Performance in
　　Thirty-Six Countries.* New Haven: Yale University Press.
Lin, Jih-Wen. 2006. "The Politics of Reform in Japan and Taiwan." Journal of Democracy

17(2): 118-131.

Linz, J. 1994. "Presidential of Parliamentary Democracy: Does It Make a Difference?" In *The Failure of Presidential Democracy: The Case of Latin America,* edited by J. Linz and A. Valenzuela, 3-90. Baltimore, MD: Johns Hopkins University Press.

Noble, G. 1999. "Opportunity Lost: Partisan Incentives and the 1997 Constitutional Revisions in Taiwan." *The China Journal* 41: 89-114.

Norris, Pippa. 2004. *Electoral Engineering: Voting Rules and Political Behavior.* Cambridge: Cambridge University Press.

Powell, G. Bingham Jr. 2000. *Elections as Instruments of Democracy.* New Haven and London: Yale University Press.

Reilly. B. 2007a. "Democratization and Electoral Reform in the Asia-pacific Region" *Comparative Political Studies* 40(11): 1350-1371.

Reilly. B. 2007b. "Political Engineering in the Asia-pacific." *Journal of Democracy* 18(1): 58-72.

Sartori, Giovanni. 1976. Parties and Party Systems: A Framework for Analysis. Cambridge: Cambridge University Press.

Sartori, Giovanni. 1994. *Comparative Constitutional Engineering.* London, UK: Macmillan Press Ltd.

Taagepera, Rein. and Matthew. S. Shugart. 1989. *Seats and Votes: The Effects and Determinants of Electoral Systems.* New Haven & London: Yale University.

Tavits, Magrit. 2004. "The Size of Government in Majoritarian and Consensus Democracies." *Comparative Political Studies* 37(3): 340-359.

6장

민주주의의
질과 불평등[1]

남윤민(연세대학교)·마인섭(성균관대학교)

I. 서론

동아시아의 한국, 일본, 그리고 대만은 성공적인 경제 발전과 민주주의 전환을 경험하였다. 하지만 경제적 풍요와 민주화는 동아시아 국가들에게 기대한 만큼의 긍정적인 사회·경제적 변화를 가져다주지는 못했다. 우선 동아시아 국가들은 민주화 이전에 급속한 경제성장을 이뤘지만, 민주화 이후 경제성장이 둔화하고 있으며 몇 차례의 경제위기와 장기적인 불황을 경험하고 있다. 일반적으로 민주주의는 완전한 사회적 평등을 가져다주지는 않지만 다른 체제에 비해 불평등을 완화하고 시민들에게 적

---

[1] 이 글은 「한국동북아논총」 (2019) 24권 3호에 실린 논문을 수정 보완한 것이다.

절한 복지 혜택과 사회서비스를 제공하는 효과가 있다고 평가된다. 하지만 민주화 이후 저성장과 복지축소라는 뉴노멀(New Normal) 시대를 맞이하면서 동아시아 국가들에서 불평등은 오히려 증가하고 있다. 때문에 민주화 이후 동아시아 국가들의 민주주의 질에 대한 재평가와 함께 뉴노멀 시대의 민주주의에 대한 기대와 효과가 어떻게 변화하고 있는지에 대한 논의가 필요하다. 이 장에서는 민주주의의 경제적 불평등 완화 효과에 초점을 맞추어 동아시아 민주주의의 질을 평가하고, 뉴노멀 시대에서 나타나고 있는 동아시아 민주주의의 특징을 논의하고자 한다.

민주주의와 경제적 불평등에 관한 전통적인 이론들은 정치적으로 힘이 약하고 소득이 낮은 시민들에게 자유와 권리가 확대되면 불평등한 상황이 개선될 것이라고 보았다. 역사적으로도 19세기 자유주의 정치개혁 이후 거의 모든 유럽과 북미의 국가들에서 경제적 불평등이 완화되었다(Lindert 1994; Acemoglu and Robinson 2000). 하지만 민주주의의 재분배에 대한 낙관적인 기대가 항상 충족되는 것은 아니다. 최근 미국 등 선진 산업민주주의 국가에서 경제적 불평등은 꾸준히 증가하고 있으며(Piketty 2014), 이는 민주주의의 재분배 효과에 대한 새로운 해석을 요구하고 있다. 관련 연구들은 민주주의의 재분배 효과가 항상 나타나는 것이 아니라 그 국가의 정부 형태, 선거제도, 그리고 복지정책의 성격에 따라 달라질 수 있으며(Huber and Stephens 2001; Iversen and Soskice 2006), 심지어 민주주의가 불평등의 개선에 특별히 효율적인 체제가 아니라고 주장하고 있다(Mulligan, Gil, and Sala-i-Martin 2004).

제3의 물결 이후 남미와 동유럽의 신생 민주주의 국가들은 서구 민주주의 국가들과 다른 민주화의 경로를 경험하고 있고 민주화 이후 오히려 불평등이 악화되고 있다(Kaufman 2009; Perotti 1996). 애쓰모글루와 그의 동료들(Acemoglu et al. 2014)도 신생 민주주의 국가들에서 민주화 이후 오히려 불평등이 증가하는 현상을 발견하고 민주주의와 불평등의 상관관계가 모호하다고 주장하였다. 종합적으로 민주주의가 불평등에 미치는 영향은 국가의 정부 형태와 제도 혹은 지역의 역사적 맥락에 따라 달라질 수 있기 때문에 항상 긍정적이거나 부정적이라고 단정할 수 없다. 그렇다면 동아시아의 민주주의가 경제적 불평등을 개선하고 있는가? 라는 질문에 답하기 위해 본 연구는 동아시아의 민주화와 불평등의 상관관계에 관한 비교연구를 시도하였으며 다음과 같은 네 가지 학문적 기여를 하고 있다.

첫째, 본 연구는 한국, 일본, 그리고 대만 등 동아시아의 민주주의와 경제적 불평등에 관한 체계적 지역연구이다. 동아시아는 1980년대와 1990년대에 경제발전과 민주화에 관한 연구로 크게 주목받았다. 하지만 동아시아의 민주주의와 불평등의 관계에 관한 연구는 아직 부족하다. 동아시아의 한국, 일본, 그리고 대만은 비록 그 시차는 다르지만, 민주화와 산업화의 과정이 매우 유사하다. 근대화 과정에서 미국의 원조와 미국 시장의 특혜적 개방, 국가 주도적이고 수출 지향적인 발전, 권위주의의 억압적 노동 통제와 시장관리 등을 공통적으로 경험하였다. 따라서 민주주의와 경제적 불평등에 관한 연구에서 동아시아의 맥락을 살펴보는 것은 학문적으로 중요하다.

둘째, 본 연구는 민주주의의 포괄적인 개념보다는 민주주의로의 전환과 그 이후의 과정에 주목하였다. 동아시아의 민주주의 전환은 보통 선거권이 확대되는 서구의 민주화와는 달리 권위주의 체제에서 시민적 자유와 정치적 권리가 확대되는 과정이었다. 동아시아의 민주화 과정은 전환과 전환 이후에 나타나는 정착과 성숙의 단계를 거친다. 전환은 권위주의 체제의 개방과 민주주의 제도의 도입이 이루어지는 과정이며 정착과 성숙은 권위주의 체제로의 역행 가능성이 현저히 줄어들고 정당정치와 선거를 통한 책임성과 반응성이 높아지는 단계라고 할 수 있다. 이 연구는 동아시아에서 민주주의로의 전환이 이루어지는 단계와 그 이후 정착과 성숙의 단계에서 민주주의의 불평등 완화 효과가 어떻게 달라지고 있는지 탐구하였다. 통계분석에서는 민주화 전환과 신자유주의 경제개혁을 고려하여 2000년 전후로 단계를 구분하였지만, 비교사 연구에서는 구체적으로 국가별 민주주의 전환과 그 이후 단계에 주목하여 서술하였다.

셋째, 본 연구는 "정치체제의 분배에 대한 영향은 그 체제에 의해 제정된 제도와 정책에 달려있고, 그 체제가 제정하는 제도와 정책은 사회에서 권력의 분배(distribution of power in the society)를 통해 어떻게 선호를 결집하는가에 달려있다"라는 애쓰모글루와 그 동료들의 이론을 바탕으로 하였다(Acemoglu et al. 2014, 1886). 사회에서 권력의 분배는 산업화 과정과 긴밀히 연결되어 있고, 국가와 사회에 존재하는 특정한 힘의 관계와 이익은 다시 다양한 형태의 민주주의와 연결되어 있다. 이러한 민주주의의 다양성으로 인해 민주주의가 불평등에 미치는 영향도 다양할 것이라고 추론할 수 있다(Stigler 1970; Perotti 1996). 본 연구의 비교역사 분석에서는 사회경제적 자원 분배의 중요한 집단인 노동계급의 힘의 변화를 민주화 단계별로 살펴보았다(Korpi 2006).

넷째, 본 연구는 연구 방법으로 양적 통계분석과 질적 비교사 연구를 병행하였다. 불평등에 관한 많은 연구는 경제학자들이 통계분석으로 주도하였지만, 정치학과 사회학의 학자들은 통계분석과 비교사 분석을 모두 사용하여왔다. 정치경제학에서 방법론적으로 통계분석과 비교사 분석을 병행하는 대표적 비교분석설계로는 페이지(Paige 1975)와 스티븐스(Stephens 1979)의 연구를 꼽을 수 있다. 이 연구에서도 먼저 한국, 일본과 대만의 사례에 대하여 1976년부터 2015년까지를 범위로 하는 40년간의 자료를 통계 분석하였다. 그러나 이 분석 결과는 단순히 자료의 통계학적 추론이므로 역사적인 서술과 토론으로 보완하면 더 나은 설명이 될 수 있다. 특히 노동계급의 역할과 변화 등 사회 내의 권력분배는 통계분석만으로 설명하기 힘든 부분이며 이에 대한 논의를 비교사 연구를 통해 보완하여 동아시아 특성에 대해 깊이 있는 논의를 모색하였다.

II. 이론적 배경

1. 선행연구검토

쿠즈네츠(Kuznets)의 성장과 불평등에 관한 역 U자형 가설은 비록 경제발전 초기 단계에서 불평등이 증가하더라도 경제발전의 성숙이 전체 사회의 부를 증가시키고 불평등을 완화할 것이라고 기대하였다(Kuznets 1955). 비교정치학의 근대화이론과 같은 거시이론은 경제성장과 민주주의의 상관관계에서 경제발전으로 인한 빈곤의 감소와 사회적 부의 증가가 계층이동의 가능성과 중산층의 확대를 가져온다고 가정하고 있다(Lipset 1960). 이는 경제발전과 민주화로의 경로에 빈부격차의 완화는 필연이며 쿠즈네츠의 역 U자의 정점에서 불평등이 완화되는 시점이 민주화 단계라는 추론을 가능하게 한다. 하지만 민주주의가 소득 불평등을 완화할 것이라는 이론적 가정은 단순히 민주주의가 천성적으로 재분배에 친화적일 것이라는 낙관적 기대에서 나오지 않는다. 민주주의는 다수의 정당이 경쟁하며 유권자들은 선거에서 그들의 이익을 가장 잘 실현할 수 있는 후보와 정책을 선택한다. 그리고 정부와 정당은 정치적 지지를 얻고 정권을 유지하기 위해 다수 유권자의 정치적 선호에 반응한다(Dahl 1971). 멜처(Meltzer)와 리처드(Richard)는 민주주의가 가지고 있는 이러한 정치과정의 특징이 정부가 소득 불평등을 완화하는 정책을 시행할 강력한 정치적 동기를 제공한다고 보았다. 만약 중위투표자의 소득이 평균 소득보다 낮고 정부로부터 복지의 혜택을 받지 못하고 있다면 이들은 복지 확대와 재분배정책을 요구할 것이다. 결국, 민주주의의 자유로운 정당 간 경쟁은 선거의 승리나 정권을 유지하기 위해 중위 투표자들의 혜택을 위한 재분배정책을 추진할 가능성이 크며 정부는 불평등을 줄이기 위해 노력할 것이다(Meltzer and Richard 1981). 로드릭(Rodrik)은 사회집단 간 권력관계로 민주주의의 불평등 완화 효과를 설명하였다. 민주주의는 결사의 자유와 단체교섭(collective bargaining)의 자유 등 정치참여를 보장하고 있다. 이는 노동계급에 비교적 많은 힘을 부여해주고 그들의 정치참여 비용을 낮추기 때문에 정책 결정 과정에서 임금상승과 재분배를 선호하는 노동계급의 요구가 반영될 가능성을 높여준다(Rodrik 1999; Rasmussen and Pontusson 2018).

경험적 연구에서도 정치적 권리가 소수의 부유한 엘리트에서 중하위 소득층을 포함하는 다수의 유권자까지 확장될 때, 민주주의의 불평등 완화 효과가 더욱 뚜렷하게 나타나고 있음을 발견하였다. 애쓰모글루와 로빈슨은 19세기 영국, 프랑스, 독일, 그리고 스웨덴 등의 서유럽 국가들이 불평등의 결과로 나타나는 사회불안과 혁명을 예방하기 위해 모든 계층에게 선거권을 선제적으로 확대하였고 이것이 계층 간 정치적 균형(political equilibrium)과 재분배를 가능하게 만들었다고 주장하였다(Acemoglu and Robinson 2000). 린더트(Lindert)는 비교의 범위를 서유럽뿐만 아니라 북미, 남미, 동유럽의 산업 국가들까지 확장하였다. 린더트는 산업국가에서 재분배를 위한 사회지출의 증가에 경제성장뿐만 아니라 선거권의 확대, 투표율의 증가, 저소득층의 재분배 요구 등을 포함하는 민주주의의 발전이 중요한 영향력을 행사한다는 사실을 발견하였다(Lindert 1994). 통계분석을 활용한 양적연구에서도 재분배를 위한 높은 복지지출과 노동계급의 높은 임금상승 등은 주로 민주주의 국가에서 발견되었으며 민주주의와 불평등 완화 사이의 긍정적인 상관관계를 확인하였다(Kaufman and Segura-Ubiergo 2001).

하지만 모든 실증적 연구가 민주주의의 소득 불평등 완화에 관한 긍정적 효과를 발견하지는 못했다. 다수사례 연구에서도 민주주의와 불평등의 상관관계는 분석의 대상과 시기 그리고 측정 변수의 선택과 통계의 방법에 따라 다양한 해석이 가능하였다(Timmons 2010). 특히 몇몇 다수사례 연구에서는 민주주의와 불평등의 유의미한 상관관계를 발견하지 못하였으며 심지어 민주화가 오히려 불평등을 심화시킨다거나 안정된 민주주의에서도 불평등은 높아질 수 있음을 발견하였다(Perotti 1996; Bassett, Burkett, and Louis Putterman 1999; Milanovic 2013). 지역 내 소수 사례 비교연구와 단일 사례연구들도 낙관적인 민주주의와 불평등의 관계에 관한 예외 사례들을 설명하고 있다. 동유럽의 민주화 전환은 오히려 불평등의 심화를 가져왔으며(Gradstein and Branko Milanovic 2004) 남아시아에서도 민주주의 발전은 불평등을 완화하기보다 증가시키고 있음을 발견하였다(Wagle 2009).

민주주의의 재분배 효과가 이론적 기대처럼 나타나지 않는 현상은 민주주의가 실제로 작동하는가에 대한 의문으로 설명할 수 있다. 에이컨과 바르텔즈(Achen and Bartels 2016)는 미국의 사례를 바탕으로 대부분 유권자가 자신의 이익을 대변해 줄 수 있는 정당과 후보를 지지하는 합리적 투표를 하기보다는 당파성에 의존하거나 파편적 정보에만 의존하는 비합리적 투표를 하는 경향이 높음을 발견하였다. 결국, 재분배를 지지해야 하는 하위소득계층이나 노동 계층의 정치적 자원이 민주주의 정치과정에서 힘을 잃고 미국의 불평등을 증가시키고 있다고 해석할 수 있다. 아울러 정부가 유권자들의 재분배 요구에 반응하고 있는지에 대한 의문도 증가하고 있다. 역시 미국의 사례에 관한 연구에서는 민주주의에서 선출된 정부나 의회는 모든 유권자의 선호가 아닌 상위 소득계층 유권자의 선호에만 반응하며 중간 혹은 하위 소득계층 유권자의 요구에는 반응하지 않고 있음을 발견하였다. 이러한 불평등한 반응성은 소득 불평등이 증가할수록 더욱 심화되고 있었다(Gilens 2005; Bartels 2008; Hayes 2012). 이러한 맥락에서 민주주의가 소득 불평등을 완화할 것이라는 이론적 기대는 민주주의의 정치적 과정에서 당연히 구현되는 것이 아니라 유권자들의 재분배 요구와 민주주의의 책임성이나 반응성과 같은 질적 측면이 실제로 구현되고 있는지에 달려있다고 할 수 있다. 실증적 연구에서도 민주주의의 불평등 완화 효과는 민주주의 자체로만 기대할 수 있는 것이 아니라 민주주의가 어느 정도 질적으로 성숙하였을 때 더욱 강하게 나타나고 있음을 발견하였다(Gladstein and Milanovic 2004).

민주주의의 불평등 완화 효과는 불평등 구조나 사회집단 간의 권력 관계로 이해할 수 있는데 중위 투표자가 재분배를 요구하거나 노동계급의 힘이 강할 때 민주주의의 불평등 완화 효과는 더욱 두드러진다 (Haggard and Kaufman 2008). 하지만 중위 투표자가 항상 재분배를 선호하는 것은 아니다. 중위 투표자의 재분배 선호는 불평등 구조에 영향을 받으며 이들이 어떠한 선택을 하느냐에 따라 민주주의의 불평등 완화 효과가 달라질 수 있다. 불평등 구조에서 상위층과 중위 투표자의 불평등보다 하위층과 중위 투표자의 불평등이 더 크다면 민주주의의 재분배 효과가 약화될 수 있다. 이는 중위 투표자의 소득이 평균 소득에 근접하거나 평균 소득을 상회할 때 중위 투표자들이 재분배를 지지할 동기가 약해지고 오히려 재분배를 반대할 가능성이 크기 때문이다. 또한 노동계급에 소속된 모든 구성원들이 계급적 이익에 따라 재분배를 요구한다고 보기도 어렵다. 때문에 노동계급의 이질성이 크고 응집력이 약하거나 분열되어 있으면 민주주의의 불평등 완화 효과 또한 약화될 수 있다(Bonica et al. 2013).

2. 왜 동아시아인가?

민주주의와 불평등에 관한 긍정적 가설은 중위 투표자 이론을 통해 민주주의에서 나타나는 경쟁과 같은 정치적 과정이 필연적으로 재분배를 선호하는 정책을 가져올 것이라고 기대하거나 사회집단 간 권력 관계에서 노동계급에 우호적인 정치 환경을 가져올 것이라고 기대하였다(Meltzer and Richard 1981; Rodrik 1999). 하지만 경험적 연구를 통해 살펴보았을 때 민주주의의 재분배 효과는 여전히 모호하며 이 두 변수의 관계는 아직 실증적 결론에 이르지 못했다. 민주주의와 불평등의 관계는 지역적 맥락이나 개별 국가의 특수성에 따라 다양한 해석과 적용이 가능하다(Timmons 2010). 민주화의 단계나 민주주의의 질적 성숙에 따라 혹은 민주주의 내부의 계급 균형에 따라 민주주의의 불평등 완화 효과는 달라질 수 있기 때문이다.

신생 민주주의 국가들에서 나타나는 민주주의와 불평등의 관계는 서구 민주주의와 같을 수 없다. 신생 민주주의는 서구 민주주의와 민주화의 경로가 다르며 민주화 이전의 역사적 배경과 구조도 다르다. 또한 신생 민주주의 국가들이 민주주의의 문턱을 넘었다고 해도 이들 국가에서 정치적 자유와 시민권이 확대되고 민주주의의 질적 발전이 충분히 이루어지고 있는지는 여전히 회의적이다(Ashworth 2012). 따라서 서구 민주주의에 기반하여 가정되고 있는 민주주의 불평등 완화 효과가 동아시아와 같은 신생 민주주의에서 고스란히 나타날지는 의문이다. 동아시아 국가들은 경제발전과 민주화의 시기에 있어서는 어느 정도의 차이가 존재하지만 후발 산업국가로서 경제발전과 민주화를 성공적으로 이뤄냈고 그 발전 경로도 매우 유사하다. 이들은 급속한 근대화로 인해 민주주의 발전이 미뤄졌으며 국가 주도적인 산업화의 영향으로 노동계급에 대한 억압이 높았다. 산업화 시기의 동아시아 국가들에서는 높은 경제성장과 비교적 평등한 소득 분배를 동시에 달성하고 있었고 고용의 안정성 또한 높았기 때문에 재분배와 복지 확대에 대한 요구가 상쇄되고 있었다. 그러나 동아시아에서 민주주의의 수준이 높아질수록 정당 간의 경쟁이 활발해지고 성장주도정책에 가려져 있던 복지와 재분배의 문제가 중요하게 제기되었고 사회보장제도 또한 민주주의의 발전과 함께 급격히 발전하였다. 이 때문에 동아시아 국가들은 민주주의로의 전환기에 불평등이 일시적으로 완화되었다. 하지만 민주주의 전환 이후 민주주의가 정착 및 성숙되는 단계에서는 오히려 불평등이 증가하는 추세에 있다. 동아시아의 국가들 내에서는 민주화와 불평등에 관한 유사한 특성이 발견되지만, 그동안 관련 연구들은 동아시아 국가들에 대한 국가 간 비교연구보다는 개별 국가들에 대한 단일사례연구를 중심으로 진행되었다. 비교의 시각에서 접근한 연구들 또한 동아시아 국가의 민주주의와 복지정책의 발전에 관한 연구에 머무르고 그 재분배 효과는 다루지 않거나 불평등의 경향 자체에 주목하여 이를 설명하는 탐색적 연구에 머물러 있다(Chi and Kwon 2012).

동아시아 국가들은 서구 민주주의 국가에 비교하면 민주주의의 전환이 늦었고 일본과 같이 민주주의 전환이 이른 시기에 이루어졌다고 하더라도 정당 간의 경쟁과 재분배의 요구가 비교적 낮았다. 그리고 민주주의의 질적 성숙은 여전히 진행 중이다. 동아시아 국가의 노동계급은 서구 민주주의 국가와 비교하면 정치참여의 기회가 제한되어 있고 정치 세력으로 발전하지 못했다. 동아시아 국가의 민주주의에서 나타나는 이러한 특성이 불평등 완화에 어떠한 효과가 있는지 살펴보는 것은 매우 중요하다. 본 연구에서는 민주주의의 이론적 가정과 같이 동아시아에서도 민주주의 전환이나 민주주의 발전이 불평등을 완화할 것이라고 기대하였지만 이러한 동아시아의 특성이 서구 민주주의와 다른 어떠한 모델을 제시해 줄 수 있는지 탐색하였다. 이를 위해 한국, 일본, 대만에서 나타난 민주주의와 불평등의 변화를 추론적 통계 방법으로 분석하고 비교사 연구를 추가하여 서구 민주주의와 구별되는 동아시아에서의 민주주의와 불평등 관계의 특성에 대해 논의하였다.

Ⅲ. 통계 분석

1. 분석방법과 변수

1) 불균형 패널데이터와 고정효과모델

이 연구의 경험적 분석에서는 한국, 일본, 대만 등 3개 국가에서 1976년에서 2015년까지 40년 동안 이루어진 민주화가 소득 불평등에 미치는 영향을 살펴보았다. 다만 3개 국가의 시계열 관측값에는 각 국가의 데이터 가용 여부에 따라 사례의 수가 동일하지 않으며 동일 시점에서 일부 국가에는 결측값이 발생하기도 하였다. 따라서 분석의 대상은 3개 국가의 횡단적 차이와 40년간의 시계열 변화로 구성된 패널데이터이지만 국가들마다 시계열 사례 수 차이가 있는 불균형 패널데이터이다.

국가 간의 불균등한 관찰값을 통제하기 위해 본 논문의 분석에는 고정효과모델을 사용하였다. 고정효과모델은 결측값이 국가 간 혹은 국가 내 변화에 영향을 주지 않기 때문에 불균형 패널데이터에서 비교적 안정된 표준오차와 회귀 계수의 산출이 가능하다(Cheng 2003). 또한, 이 연구의 분석대상은 횡단면적 국가의 수(3)보다 시계열 수(40)가 크고, 분석의 목표가 국가 간의 횡단면적 차이보다 시계열적 변화에 따른 국가 내 민주주의 변화가 소득 불평등에 미치는 영향을 살펴보는 것이므로 고정효과모델이 보다 효과적인 통계방법이다.

2) 변수와 자료

종속변수: 본 연구에서는 한국, 일본, 대만의 소득 불평등을 비교하기 위해 솔트(Solt)의 SWIID(Standardized World Income Inequality Database) 가처분소득 지니계수와 시장소득 지니계수를 사용하였다. SWIID는 나이, 지역, 고용 상태 등과 상관없이 국가 전체인구의 소득을 사용하여 가구의 크기를 동일 기준으로 지니계수를 추정하였다(Solt 2019). SWIID의 지니계수는 모든 인구가 동일한 소득을 가진 완전한 평등을 의미하는 0부터 1인이 모든 소득을 독점하고 있는 가장 불평등한 100까지의 범위를 가지고 있다. 가처분소득은 시장소득에서 정부가 제공하는 현금이나 현물 등의 공적 이전소득과 소득세와 재산세 등의 세금이 반영된 소득이다. 반면 시장소득은 시장에서 벌어들인 근로소득, 사업소득, 그리고 재산소득 등으로 정부의 조세와 복지 혜택이 반영되지 않은 소득이다. 본 분석에서 가처분소득 지니계수와 시장소득 지니계수 모두를 종속변수로 사용하였다. 이를 통해 민주화가 시장에서 발생한 시장소득 불평등과 정부의 재분배가 반영된 가처분소득 불평등에

각각 어떠한 영향을 주고 있는지 구분 지어 살펴볼 수 있다.

독립변수: 본 연구의 독립변수는 민주주의로 이를 측정하기 위해 프리덤 하우스(Freedom House)의 정치적 권리와 시민의 자유 점수의 합계를 사용하였다. 프리덤 하우스의 점수는 점수가 낮을수록 민주주의 수준이 높은 것으로 측정되어 있다. 분석의 편의를 위해 1부터 14까지 민주주의 수준이 높을수록 점수가 높은 것으로 재코딩하였다.

통제변수: 본 연구의 통제변수는 노조 조직률, 제조업 종사 비율, 실업률, 1인당 국민소득, 경제성장률 등이다. 노조 조직률은 전체 노동자에서 노조에 가입한 노동자들의 비율(%)로 얼마나 노동자들이 잘 조직되어 있는지 나타내주고 있다. 높은 노조 조직률은 노동계급의 임금 상승과 재분배 친화적인 정책에 영향을 주므로 소득 불평등을 완화할 것이라 기대할 수 있다(Korpi 1983).

제조업 종사 비율은 전체 노동자의 제조업 종사 비율로 측정하였다. 제조업은 서비스업에 비해 많은 노동력이 필요하며 많은 노동자에게 비교적 안정적 고용과 높은 임금을 제공한다. 따라서 높은 제조업 종사 비율은 전체적인 노동자의 소득을 높이고 소득 불평등을 낮출 수 있을 것으로 기대할 수 있다.

실업의 위험은 고숙련 정규직 노동자들에보다 저숙련 비정규직 노동자들에게 높다. 따라서 높은 실업률은 저소득층의 소득 수준을 떨어뜨리며 소득 불평등을 높일 것으로 기대할 수 있다(Pontusson et al. 2002). 실업률은 전체 노동인구 중 실업자의 비율로 측정하였다.

경제발전 수준도 불평등과 높은 상관관계가 있다. 자본주의 경제발전의 일반적인 경향으로는 발전 초기 단계에서는 소수가 발전의 혜택을 누리게 되어 불평등이 증가하지만, 어느 정도 경제발전이 성숙하게 되면 더 많은 계층이 경제성장의 혜택을 누리게 되어 불평등이 낮아진다는 '역 U자' 가설이 제시되었다(Kuznets 1955). 경제발전 수준을 측정하기 위해 1인당 국민소득(GDP per capita)을 사용하였다.

경제성장률 또한 소득 불평등에 영향을 줄 수 있다. 보통 높은 경제성장률은 고용의 기회를 높이므로 불평등을 낮출 것이라고 기대할 수 있다. 하지만 높은 경제성장률은 노동 소득보다는 자본 소득을 더욱 증가시키며 노동 소득 안에서도 고소득 노동자들의 소득을 증가시켜 오히려 소득 불평등을 심화시킨다는 주장도 있다(Piketty 2014).

한국과 일본의 통제변수인 노조 조직률과 제조업 종사 비율 데이터는 OECD의 연간노동력통계(Labour Force Statistics) 자료를 사용하였고 실업률, 1인당 국민소득, 경제성장률 등의 데이터는 세계은행(World Bank)의 세계개발지수(World Development Index)를 활용하였다. 대만의 통제변수 데이터는 대만통계백서 자료를 활용하였다. [2]

이 연구의 가정과는 반대로 소득 불평등이 민주주의에 영향을 줄 수 있다. 이를 통제하고 민주주의가 소득 불평등에 영향을 주기 위한 시차를 고려하기 위해 모든 독립변수와 통제변수는 1년의 시간차(t-1)를 두고 분석하였다.

2. 분석결과

〈표 1〉의 한국, 일본, 대만의 1976년부터 2015년까지 민주화의 재분배 효과를 보면 프리덤하우스 점수로 측정한 민주주의 수준은 가처분소득 불평등과 시장소득 불평등 모두와 통계적으로 유의미한 음의

---

[2] https://eng.stat.gov.tw/lp.asp?ctNode=2815&CtUnit=1072&BaseDSD=36&mp=5 (검색일: 2019. 04. 30).

상관관계가 있는 것으로 나타났다. 이론적으로 기대한 바와 같이 민주주의는 세금과 복지 혜택이 반영된 소득의 불평등뿐만 아니라 시장에서 발생하는 소득의 불평등도 낮추고 있었다. 이는 민주화와 민주주의의 정치적 과정에서 정당 간 경쟁을 통해 유권자들의 재분배 요구가 한국, 일본, 대만 등 동아시아 민주주의에서도 반영되고 있다고 설명할 수 있다. 하지만 민주주의와 불평등에 대한 최근의 논의들은 반응성과 같은 민주주의의 질적 수준이 높아질수록 민주주의의 불평등 완화 효과가 높아진다고 주장하며 민주주의의 성숙을 측정하기 위해 민주주의의 지속적 누적 기간 등에 주목하고 있다(Gladstein and Milanovic 2004). 이러한 맥락에서 동아시아의 한국과 대만과 같이 비교적 민주주의의 역사가 짧은 신생 민주주의의 특성을 살펴볼 필요가 있다. 또한, 1990년대 중후반부터 본격적으로 시작된 한국, 일본, 대만 등의 신자유주의 경제개혁 효과를 통제할 필요가 있다. 이를 위해 본 연구에서는 민주주의로 전환이 시작되고 민주주의로의 발전에 큰 변동이 있었던 2000년 이전 시기와 민주주의의 제도가 안정적으로 운영되고 정착되었던 2001년 이후의 두 시기로 나누어 각 시기에서 민주주의의 재분배 효과를 분석하였다. 특히 후자의 시기는 1990년대 중후반부터 시작된 신자유주의 개혁의 효과가 나타나기 시작한 시기이다. 실제 동아시아 불평등의 추세를 보면 한국, 일본, 대만 모두 2000년대 초반 이후에는 민주주의 수준 변화와 상관없이 소득 불평등이 지속적으로 증가하고 있다.

이를 통제하기 위해 2000년 이전과 이후로 분리하여 분석한 결과 민주주의의 불평등 완화 효과는 2000년 이전의 시기에는 여전히 유효하지만 2001년 이후에는 그 효과가 통계적으로 유의미하지 않았다. 즉 1976년부터 2015년까지의 기간 동안 동아시아에서 나타난 민주주의의 발전은 불평등을 완화하고 있지만, 그 효과는 2000년 이전에 더욱 명확하게 나타나며 신자유주의 개혁이 완성된 2000년 이후에는 사라지고 있었다. 다시 말해 동아시아에서 2000년 이전 민주화 전환기에 나타난 새로운 정당의 출현과 정당 간의 경쟁은 민주주의의 재분배 효과를 가져왔다고 할 수 있다. 하지만 2001년 이후 동아시아 국가에서 진행된 신자유주의 개혁으로 자본과 노동의 격차가 더욱 커졌고 노동시장의 이중화로 노동계급의 재분배 요구 채널이 약화되었다고 추론할 수 있다.

〈표 1〉 시기별 소득 불평등에 미치는 민주주의와 노조 조직률의 영향

	1976 ~ 2015년		2000년 이전		2001년 이후	
	가처분	시장	가처분	시장	가처분	시장
민주주의	-0.203* (0.0458)	-0.552** (0.0494)	-0.306* (0.0545)	-0.569* (0.0943)	0.617 (0.229)	-0.0600 (0.267)
노조 조직률	-0.0190 (0.0428)	-0.206 (0.0560)	-0.0423 (0.0312)	-0.0270 (0.0155)	0.142 (0.094)	-0.141 (0.0359)
제조업 종사비율	-0.0588 (0.0924)	-0.185 (0.0818)	0.0100 (0.0666)	-0.187 (0.0719)	-0.219** (0.0189)	-0.303* (0.037)
실업률	0.270 (0.159)	0.218 (0.123)	0.336 (0.226)	0.219 (0.231)	0.200* (0.0366)	-0.128 (0.186)
1인당 국민소득	0.226 (0.0636)	0.0537 (0.0240)	0.270** (0.0138)	0.147** (0.0075)	0.0415 (0.0167)	-0.0475 (0.0202)
경제성장률	-0.0132 (0.0214)	0.0120 (0.0207)	0.0260 (0.0178)	0.0109 (0.0223)	-0.0349 (0.0173)	-0.0220 (0.0208)
상수	27.62* (5.384)	50.72** (4.627)	25.32* (2.982)	44.43** (2.887)	24.10* (3.753)	50.61* (6.297)
N	97	97	52	52	45	45
R-sq within	0.905	0.910	0.958	0.885	0.516	0.699
R-sq between	0.430	0.214	0.510	0.931	0.652	0.0862
R-sq overall	0.224	0.308	0.155	0.794	0.338	0.0954

* p < .05, ** p < .01, *** p< .001 (two-tailed tests).

통제변수로서의 노조 조직률은 이론적 기대와 달리 가처분소득 불

평등과 시장소득 불평등을 완화하는 영향이 나타나지 않았다. 그렇다고 노동계급의 힘이 동아시아 국가에서 재분배 효과로 나타내지 않는다고 단정할 수는 없다. 동아시아 국가에서는 노조 조직률이 노동계급의 힘을 나타내는 적절한 측정 변수가 아닐 수 있다는 점을 고려해야한다. 동아시아의 노동조합은 서구 노동조합처럼 노조의 전국적인 협상력이 중앙집권화되어 있지 않고 기업별 노조의 성격이 강하다. 대만의 경우 1980년대 중반까지 노동조합은 국민당 정부의 국가조합주의 구조에서 통제를 받고 있었으며 조직장려정책으로 노동자들은 노조 가입을 권유받고 있었다. 그래서 대만의 노조 조직률은 한국과 일본에 비교하여 상대적으로 높지만 그것이 강한 노동계급의 힘을 의미하지 않는다. 또한, 동아시아 국가의 노조는 노동계급의 이익을 대변할 수 있는 제도적 장치를 가지고 있지 않으며 서구 민주주의처럼 노조의 요구를 반영할 수 있는 강한 좌파 정당도 존재하지 않는다.

2000년 이전의 기간에 한정하였을 때 소득 불평등에 영향을 주고 있는 통제변수는 1인당 국민소득으로 1인당 국민소득이 증가할 때 오히려 소득 불평등도 높아지고 있는 것으로 나타났다. 경제가 발전하여 소득 수준이 높아지는 현상이 저소득층의 소득을 상승시키고 국가의 재분배를 위한 복지 지출 능력도 높일 것으로 기대했지만 분석 결과에 따르면 2000년까지 동아시아에서 경제성장은 소득 불평등을 낮추고 있지 않았다. 2000년 이후 소득 불평등에 영향을 주고 있는 통제변수는 제조업 종사비율로 제조업 종사비율이 높을수록 소득 불평등은 낮은 것으로 나타났다. 최근 동아시아 국가들의 탈산업화 경향을 고려했을 때 2000년 이후에 나타난 동아시아 국가의 소득 불평등 증가는 제조업의 노동자 비율이 감소하는 것에 기인한다고 해석할 수 있다.

Ⅳ. 비교역사 개관

고정효과모델을 사용한 통계적 추론으로 불평등에 영향을 미칠 수 있는 외부효과들을 통제했을 때 동아시아 국가에서 민주주의와 소득 불평등은 유의미한 상관관계가 있으며 민주주의의 발전이 불평등을 완화하고 있음을 발견하였다. 하지만 이를 통해 민주주의의 불평등 완화 효과가 동아시아 국가들에서도 나타나고 있다고 섣부르게 단정할 수 없다. 우선 이 논문은 한국, 일본, 대만의 1976년부터 2015년까지 40년이라는 비교적 장기간의 패널데이터를 사용하였지만, 동아시아의 3개 국가만을 대상으로 하였기 때문에 횡단면의 변화가 제한적이고 체계적인 통계분석이 불가능하였다. 또한 통계분석에 활용할 수 있는 데이터의 가용 여부와 비교가능성에 대한 한계로 다양한 변수 활용이 쉽지 않았다. 무엇보다 동아시아 국가들에서 민주주의와 불평등의 유의미한 상관관계는 2000년 이전에서만 발견되며 신자유주의 개혁 시기인 2001년 이후에는 사라지고 있었다. 시기를 나누어 분석하였을 때 사례수가 줄어드는 제한이 있으므로 조심스럽게 해석할 필요가 있지만, 동아시아 국가에서는 민주주의가 발전하면서 오히려 민주주의의 불평등 완화 효과가 약화되고 있다. 이에 대한 구체적인 해석을 위해 한국, 일본, 대만의 소득 불평등 변화를 민주주의의 역사적 발전과 연관 지어 살펴볼 필요가 있다. 이를 위해 세 국가의 비교역사 분석을 통해 통계분석만으로는 드러나지 않는 민주주의 발전에 따른 재분배 및 복지정책 변화 그리고 노동계급의 권력 자원 변화가 불평등의 감소 혹은 증가에 어떠한 영향을 미치고 있는지에 대해 논의하고자 한다.

1. 한국

한국의 소득 불평등은 〈그림 1〉에 나타나듯이 1980년대 중반까지 비교적 높은 수준을 유지하였으나 1980년대 민주화 전환기에는 하락하고 있다. 1980년대 중반까지 전두환 권위주의 정부는 경제 안정화 정책을 추진하면서 구조조정과 긴축정책을 실시하였다. 이 정책들은 중하위계층의 임금상승을 억제했고 경제성장에 따른 일자리 창출이 대중소득의 증가로 이어지기 힘든 구조를 형성했다. 이 때문에 1980년대 권위주의 시기에는 높은 경제성장에도 불구하고 불평등이 개선되지 않았다. 1987년부터 1992년까지 집권한 노태우 정부는 민주주의 전환이 시작되는 시기였으며 경제적으로 하위계층의 소득이 증가하고 중산층이 본격적으로 성장하던 시기였다. 민주 전환기에 나타난 한국의 불평등 완화는 첫 번째로 저소득층의 소득상승에 기인했으며 두 번째로 복지 확대 등의 재분배 정책에 기인했다고 할 수 있다. 1980년대 민주화 이전 권위주의 정부의 긴축정책으로 인해 임금상승이 장기간 억제되어 있었다. 하지만, 민주화 이후 이에 대한 노동 계층의 불만이 폭발하였다. 1987년 7월부터 9월까지 발생한 노동자 대투쟁 기간에 약 3천 건 이상의 노동쟁의가 발생하였고 노조 조직률도 급격하게 증가하였다. 민주화 이후 민주주의 구현에 대한 압박을 받고 있던 노태우 정부는 급격히 증가한 노동운동에 대해 권위주의 정부와 같은 억압과 통제를 할 수 없었다. 또한 1980년 중반 이후 시작된 경기 호황 국면은 국가와 자본계급이 노동계급의 요구를 수용할 경제적 여건을 창출하였다. 민주화 이후 1988년부터 1992년까지 연평균 명목임금 상승률은 18%에 육박하였고 이 시기 시행된 최저임금제와 더불어 저임금 노동자들의 소득은 급격히 상승하였다(마인섭 2018, 224-225). 이는 〈그림 1〉에서 나타나는 민주화 이후 시장소득 불평등의 급격한 완화에 기여한 중요한 요인이었다.

민주화 이후 불평등을 완화시킨 두 번째 요인은 조세개혁과 복지 확대 등의 재분배정책이었다. 노태우 정부는 최저임금제, 전국민의료보험, 국민연금을 시행하는 등 제도적으로 복지정책을 발전시켰다. 이 시기에 소득 불평등이 낮아지는 추세를 보이지만, 시장소득과 가처분소득을 비교해보면 단기적 재분배 효과는 기대만큼 크지는 않았다(강신욱 2012, 379-403). 최저임금제의 경우 대상이 10인 이상 근로자를 고용하는 일부 제조업과 건설업에만 한정적으로 적용되었으며 혜택의 대상은 전체 경제활동인구의 50% 정도에 머물러 있었다(김도균 2018, 137). 또한 다양한 소득공제를 통해 근로소득세를 낮추거나 면세대상자를 늘리는 등의 조세정책이 시행됨에 따라 조세의 재분배 기능은 오히려 약화되었고 복지 확대를 위한 국가재정 증대를 어렵게 하였다. 이 시기에 복지지출은 꾸준히 증가하고 있었지만, 국가의 부담을 최소화하려는 사회보험방식을 고수하였다는 점에서 발전주의 복지국가 특성에 큰 변화가 없었다(양재진 외 2008, 339-340).

민주화 이후 하락하던 소득 불평등은 1997년 금융위기로 다시 증가 추세로 전환되었다. 이 시기에 경제성장률은 정체되었으며 장기적인 불황이 지속되어 사회구성원의 객관적, 주관적 가계 상황이 더욱 악화되었다. 불평등 완화를 위한 재분배정책을 지속하기 위해서는 민주주의의 불평등 완화 효과가 기대하는 중위투표자의 복지확대요구와 정부의 책임성과 반응성이 필요하다. 하지만 한국에서는 민주 전환기의 짧은 불평등 완화를 경험한 이후로 불평등이 지속적으로 심화되고 있다. 저소득층과 비정규직 등으로 대표되는 주변화된 집단들은 민주주의에 대한 회의와 정치의 효능감 저하로 인해 투표에 적극적으로 참여하

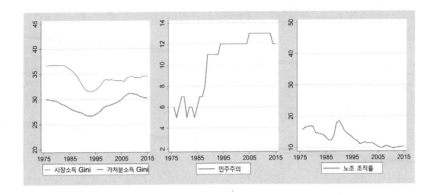

〈그림 1〉 한국의 소득불평등, 민주화, 노조 조직률 변화, 1976-2015

지 않았기 때문에 재분배 요구가 투표율 증가로 구현되지 않았다(신광영 2016, 73-95). 정부 또한 증가하는 복지 확대와 재분배 요구에 제대로 반응하지 않았다. 2008년 금융위기 이후 무상급식 등 보편적 복지로의 전환이 선거의 주요 의제로 등장하였고 박근혜 정부에서 "경제 민주화"를 제안하기는 했으나, 이는 선거용 구호에 그치고 말았으며 재분배에 대한 계층 간 갈등은 세대 갈등으로 문제가 왜곡되었다(마인섭 2018; 전상진 2018). 〈그림 1〉을 보면 2000년대 후반 이후 시장소득 불평등이 소폭 증가함에도 불구하고 가처분소득 불평등은 오히려 하락하여 2000년대 후반부터 한국의 소득 재분배 구조가 개선되고 있음을 알 수 있다. 이는 민주화 이후 꾸준히 진행된 복지국가의 발전 결과라고 할 수 있다(이정우 2017, 46).

2. 일본

한국과 대만과 달리 일본의 불평등 추세의 분석 시기는 〈그림 2〉에서와 같이 1960년부터 2015년까지 확장하였다. 일본의 산업화와 민주화가 한국과 대만과 비교하여 이른 시기에 달성되었기 때문에 시차를 달리하여 분석할 필요가 있다. 일본의 소득 불평등은 민주화 전환 초기인 1960년대 초부터 비교적 낮은 상태에서 안정적으로 유지되고 있었지만 1970년대 중후반 이후로는 40년간 꾸준히 증가하고 있다. 한국과 대만에 비해 일본은 전후 민주주의로의 전환을 일찍 이룩하였다. 하지만 자유당과 민주당의 통합으로 탄생한 자민당 정권은 1955년 이후 1993년까지 장기집권을 유지해왔다. 이 때문에 민주주의의 오랜 역사에 비해 정당 간의 경쟁이 매우 낮은 수준이었고 재분배를 위한 복지 확대의 정치적 동기가 부족했다(Shinkawa 2005). 1960년대 말에 동경도 등 지방자치단체에서 사회당과 공산당 그리고 일본노동조합총평의회 등을 중심으로 사회보장제도 확대의 요구가 등장하였다. 새롭게 등장하는 복지 확대 요구와 도시의 유권자 및 중도층의 표를 확보하기 위해 1973년 자민당 다나카(田中) 정부는 '복지 원년'을 선언하고 자민당의 정책 기조를 성장에서 복지로 전환하였다. 이를 위해 이 시기에는 후생 연금의 최소 혜택을 확대하거나 노령층 무상의료서비스, 가족수당 제공 등의 새로운 복지 제도가 도입되었다(Park 2011, 142-143; Aspalter 2001, 12). 하지만 이러한 복지 확대의 기조는 1970년대 오일쇼크와 총평의 전국 노동자 파업 운동이 실패하면서 오래 지속되지 못했고 〈그림 2〉에서 나타나듯이 1970년대 중후반 이후에 나타나는 불평등의 증가를 막지 못했다.

1980년대에는 자민당이 안정적인 과반 의석을 유지하면서 자민당

정부는 1980년대가 경제가 급성장하는 기간임에도 불구하고 정부의 복지부담을 줄이기 위해 복지혜택을 축소하였다(Kasza 2006, 196).[3] 이러한 자민당의 복지혜택 축소는 노동계급의 미약한 힘, 낮은 시민사회의 저항, 그리고 부족한 정당 간 경쟁 등으로 인해 큰 반대 없이 이루어졌다. 1994년 일본은 단기비이양식 중선거구제와 소선거구 비례대표제를 혼합하는 선거제도 개혁을 시행하였다. 〈그림 2〉에서 보듯이 선거제도개혁은 일본의 일당우위 정당체제의 변화 가능성을 시사하며 일본의 민주주의 지수를 상승시키고 있다. 새로운 선거제도는 중의원 선거에서 정당 간 경쟁을 활성화하고 정부 여당의 책임성과 반응성을 높일 것이라고 기대되었지만 이러한 선거제도개혁도 보편적인 복지국가로의 변화를 가져오지는 않았다. 현재까지 일본은 급격한 노령화와 정부의 재정 악화로 소비세를 도입하였고, 1990년대에는 연금 수급 연령을 높이고 연금 부담률을 높이는 등의 복지 축소를 지속하고 있다(Estevez-Abe 2008). 2009년에 오랜 자민당의 장기집권이 끝나고 민주당으로의 첫 정권교체가 이루어졌으나, 아동복지수당과 무상고교지원 등의 새로운 복지정책의 도입도 성공하지 못했다. 이러한 사실을 통해 일본이 비교적 빠른 민주화의 전환 이후 정착과 성숙 단계에서도 민주주의가 불평등을 완화시키지 못하고 1970년대 중후반 이후로도 불평등의 상승이 지속되는 현상을 설명할 수 있다.

일본의 노동계급의 힘은 한국과 대만과 비교하면 우호적인 환경이었다. 2차 세계대전 이후 전범 기업의 문제로 자본계급이 위축된 상황에서 상대적으로 노동계급의 우위가 확보되어 이를 배경으로 1946년

---

[3]] 1982년에는 노령층 무상의료서비스를 폐지되었고 1985년에는 연금 부담률을 높이고 혜택을 줄이는 연금개혁을 단행하였다.

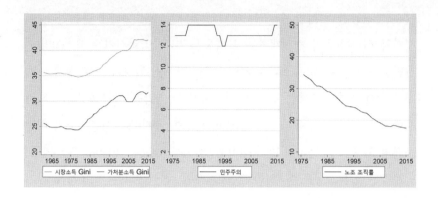

〈그림 2〉 일본의 소득 불평등, 민주화, 노조 조직률 변화, 1976-2015

일본노동조합총동맹이 설립되기도 하였다. 하지만 초기의 우호적 환경에도 불구하고 냉전과 경제발전으로 인해 일본의 노동 계층은 잘 조직된 집단으로 발전하지 못했다. 일본의 노조 조직률은 〈그림 2〉처럼 꾸준히 하락하고 있으며 1970년대 이후에는 노동분쟁의 횟수도 급격히 감소하였다. 비록 노동계급의 힘은 약화되고 있었지만 1970년대 일본은 체제 내에서 어느 정도 불평등을 완화할 수 있는 조건을 가지고 있었다. 1970년대 일본은 지속적인 경제성장으로 완전 고용에 가까운 노동시장을 가지고 있었으며 실업률도 매우 낮았다. 일본에서 대다수 노동자는 노동시장에서 소득을 획득할 수 있었고 정규직 중심의 인력 편성은 임금 압축을 가져와 노동자 간의 소득 격차를 줄이고 주변부 계층이 저소득층으로 몰락하는 것을 방지하였다(조영훈 2006, 61-62).

하지만 경제성장과 높은 고용률에 의존한 소득 불평등 억제 기제는 일본이 1980년대 장기 불황으로 들어서며 제대로 작동하지 못하였고 〈그림 2〉에서 보듯이 급격한 소득 불평등으로 이어졌다. 1980년대 장기 불황으로 일본 정부는 막대한 공적 자금을 지원하였고 정부의 재정수지 악화는 불평등을 완화할 수 있는 복지의 확대를 불가능하게 만들었다. 이 시기의 신자유주의 경제개혁은 불평등을 더욱 악화시키는 요인이었다. 자민당 정부는 복지 축소와 더불어 농업이나 자영업자의 보호 정책을 폐지하고 대기업의 유통업 진출을 허용하였다. 기업들은 효율성과 경쟁력 강화를 위해 종신 고용과 연공 임금의 관행을 폐지하고 대량해고와 비정규직의 고용을 가능하게 만들었다(조영훈 2006, 68-69). 1989년 일본의 노동계급은 일본노동조합총연합회(렌고連合)를 결성했지만, 노동계급의 기반은 이미 무너진 상태였다. 1990년대에는 노동시장 규제완화정책이 추진되면서 일본노동조합총연합회의 정치참여가 어려워졌고 노동 계층에게 불리한 외부노동시장의 확대 및 탈규제 정책이 급속히 추진되었다. 결국, 일본의 낮은 노동계급의 힘은 민주주의 제도를 갖추고 있음에도 불구하고 복지 확대와 재분배를 추진할 수 있는 권력 자원의 동원을 불가능하게 만들었다.

3. 대만

대만의 소득 불평등은 지난 40년 동안 서서히 증가하고 있지만, 한국과 일본에 비교하면 민주화 이전에도 비교적 낮은 불평등 수준을 유지하고 있었다. 대만의 민주주의 전환은 동아시아 3개국 중에 가장 늦게 이루어졌다. 대만은 1986년까지 국민당 1당 체제를 유지하였고 정당 간 경쟁이 전무하였다. 정당 간 경쟁이 없는 일당 체제 하에서 대만의 복지제도는 정권과 사회의 안정을 위해 군인과 공무원 등의 일부 계층에게만 우선적으로 복지혜택을 제공하였다. 〈그림 3〉의 민주주의 변화에서 나타나듯이 대만에서는 1987년 계엄령이 해제되고 정당의 경쟁이 자유화되며 민주화가 진행되었다. 민주화는 대만의 국가 중심 사회보장제도의 성격에 변화를 가져왔다. 이 시기 야당으로 등장한 민주진보당(민진당)은 친복지정책을 제시하며 성장 우선 정책을 추진하던 국민당과 경쟁하였다. 시민단체 또한 그동안 소외되었던 사회적 약자와 노동 계층을 위한 복지 확대를 요구하기 시작했다(지은주 2013). 1990년대 말까지 국민당은 다수 정당의 우위를 유지했지만 민진당의 입법원 의석 점유율은 점차 증가하여 1989년 16%에서 1998년에는 31%까지 높아졌다. 정당 간 경쟁과 야당의 성장 그리고 시민사회의 복지 확대에 대한 요구는 대만의 복지제도를 발전시키는 정치적 요인이 되었다. 친복지정책을 요구하는 민진당에 대응하기 위해 국민당 정부는 1995년 전국민의료보험제도와 1999년 실업급여제도 등을 차례로 도입하였다(Wong 2004). 하지만 대만의 발전주의 복지제도의 성격이 근본적으로 변화하지는 않았다. 새로운 복지정책은 선심성 성격이 강하여 그 파급효과가 제한적이었고 지속되기 어려웠다(강병익 외 2018, 63-66).

1990년대 말 아시아 금융위기 이후에 치러진 2000년 총통 선거에서 민진당의 천수이벤 총통이 당선되며 50년의 국민당 장기집권은 막을 내렸다. 하지만 민진당으로의 정권교체는 국민당의 경제적 실패 때문에 발생한 것은 아니었다. 대만은 1990년대 말 아시아금융위기에서 비교적 자유로웠다. 2000년 대만 총통선거의 주요 이슈는 복지 확대를 둘러싼 쟁점이었다. 2000년 이후 민진당 천수이벤 정부는 기초노령수당, 3살 이하 어린이에게 무료의료서비스 등의 내용을 가진 새로운 사회보장제도를 도입하였고 국민연금보험제도의 도입을 추진하였다(Ku 2003, 187). 하지만 이러한 복지개혁도 대만을 보편적 복지국가로 발전시키기에는 한계가 있었다. 민진당 정부가 추진한 복지정책도 여전히 전체 국민이 아닌 특수한 상황의 노동자, 농민, 여성과 같은 특정 인구에게로 혜택이 제한되었다. 정권교체 이후 비록 점진적 복지 확대의 움

직임이 있었지만, 사회보장제도에 의한 소득 재분배 기능은 미약하였다. 〈그림 3〉에서 보듯이 2010년 이후 대만에서 시장소득 불평등의 상승은 완화되고 가처분 소득의 불평등은 개선되고 있다. 하지만 이러한 불평등의 완화가 지속될지는 의문이다. 2008년 총통선거에서 보수당인 국민당의 마잉주가 당선되며 정권이 교체되었고 현재 대만의 탈산업화로 인한 고용구조 변화와 저출산·고령화 등으로 인한 인구구조의 변화로 인해 재분배를 위한 복지 확대에 어려움이 예상된다(강병익 외 2018, 65).

대만의 노조 조직률은 한국과 일본과 비교하면 높은 수준이다. 국민당의 노동계급의 노동조합 가입을 적극적으로 권유하는 조직장려정책으로 대만의 노조 조직률은 1960-70년대에 꾸준히 증가하였다. 하지만 이러한 노조 조직률의 증가는 대만의 국가조합주의 성격을 반영한다. 대만의 높은 노조 조직률은 국가의 필요에 의한 동원된 것으로 높은 노동계급의 힘을 의미하기보다 국가의 노동 통제와 노동계급 지배를 보여주는 결과물에 불과하였다. 국민당 정부는 노동조합을 국가의 이익대표체계로 흡수하여 노사분규에서 노조가 정부에 의한 중재와 조정에 따르도록 법제화하였으며 복수노조와 파업을 금지하였다. 〈그림 3〉에서 보이는 1980년대 중반 이후의 노조 조직률 증가는 1987년 계엄령 해제와 민진당 등장 등의 사건이 일어난 민주화 전환기와 맞물려 있다. 1987년 계엄령 해제 이후 노동계급은 파업 등의 노동법상 기본 권리를 보장받게 되었고 오랫동안 통제되었던 자신들의 권익을 주장하기 시작했다(김상순 1994). 하지만 이러한 노조 조직률의 증가가 노동 계층의 협상력을 높이고 임금을 상승시켜 소득 불평등을 완화하는 결과를 가져오지는 못했다. 대만의 노조는 기업별 노조의 특성을 가지고 있었기 때문에 개별적인 노사관계에 대한 법적 분쟁에 집중하는 등의 제

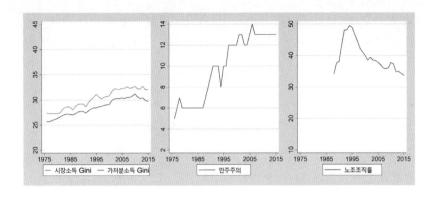

〈그림 3〉 대만의 소득불평등, 민주화, 노조 조직률 변화, 1976-2015

한적인 역할만을 수행할 수 있었고 전체 노동 계층의 임금상승을 위한 중앙집권화된 협상력을 가지고 있지 않았다. 또한 대만의 노조 조직률은 경제 세계화 노선으로 1990년대 중반 이후 급격히 하락하고 있다. 이 시기에 대만 정부는 노동시장 유연성을 높이기 위한 다양한 조치를 도입하였다. 또한, 외국인 직접투자의 확대와 대만의 해외직접투자 증가로 국내 일자리가 감소하였고 임금상승이 억제되었다(지은주·이신화 2014, 153-154). 결국, 대만의 신자유주의 개혁은 소득 불평등을 더욱 악화시키는 결과를 가져왔다.

V. 결론

서구 민주주의 연구에서 발전한 민주주의와 불평등 완화에 대한 긍정적 가설은 민주화의 결과로 평균 소득 이하의 계층으로 투표권이 확대되고 그들의 재분배 요구가 증가하면 정당 간의 경쟁이 필연적으로 불평등을 완화시킬 것이라고 기대하였다(Meltzer and Richard 1981). 또한 이들은 민주주의가 노동계급의 정치참여를 보장하여 노동자들의 임금을 상승시킨다고 가정하였다(Rodrik 1999). 하지만 많은 경험적 연구들은 민주주의가 항상 불평등 완화 효과를 가져오는 것은 아니며 지역이나 국가의 특수성에 따라 그 효과가 달라지고 있음을 발견하였다(Timmons 2010). 본 연구에서는 후발 산업국가로 경제발전과 민주화를 성공적으로 이뤄낸 동아시아에서 나타나는 민주주의와 불평등의 관계를 살펴보았다. 이를 위해 이 연구에서는 통계분석과 통계분석 결과를 구체적으로 설명할 수 있는 비교사 연구를 병행하였다. 고정효과모델을 사용한 통계분석을 통해 동아시아에서 민주주의가 불평등을 완화한다는 사실을 발견하였으나 민주주의의 불평등 완화 효과가 동아시아에서도 발견된다고 일반화할 수는 없었다. 시기를 구분 지어 분석한 결과 동아시아에서 나타난 민주주의의 불평등 완화 효과는 2000년 이전으로 한정되며 2001년 이후에는 민주주의가 불평등의 완화에 유의미한 영향을 미치고 있지 않았기 때문이다.

한국, 일본, 그리고 대만에 관한 비교사 연구는 민주주의의 불평등 완화 효과가 민주주의 전환기에 나타나지만, 전환기 이후로는 왜 사라지고 있는지에 대해 설명한다. 한국의 경우, 소득 불평등의 하락 시기는 민주주의 전환의 시기와 일치한다. 하지만 민주주의 전환기 이후에 나타난 민주주의 수준의 꾸준한 상승은 불평등의 완화로 이어지지 않았다. 일본의 경우 한국과 대만에 비교하여 민주화로의 전환이 빠르고 민주주의의 수준이 높았지만, 1960년대 이후 안정적으로 낮게 유지되던 불평등이 민주화가 정착되기 시작한 1970년대 중후반 이후 증가하는 추세로 전환되었다. 비록 일본은 한국과 대만에 비해 민주화와 산업화의 시기가 빠르게 이루어졌다는 시간적 차이를 가지고 있으나, 민주화와 불평등의 상관관계에 대한 역사적 경로는 매우 유사하다. 대만은 1980년대 후반에 이루어진 민주주의로의 전환과 노조 조직률의 폭발적인 상승이 발견되었지만, 안정적으로 낮게 유지되던 소득 불평등이 1990년대 중후반 상승하고 있다. 동아시아의 한국, 일본, 대만은 모두 민주주의로의 전환 시기에 새로운 정당이 등장하고 정당 간 경쟁이 높아졌으며 성장 위주의 사회에서 기존에 소외되었던 노동계급의 복지와 불평등 해결을 요구하였다. 이는 한국과 대만의 1980년대 후반 혹은 1990년대 초반 소득 불평등이 하락하거나 상승추세가 약화되는 경향으로 나타났다. 일본의 1970년대 중후반까지 큰 변화 없이 안정적으로 유지되던 소득 불평등도 이와 같은 맥락으로 이해할 수 있다.

민주화로의 전환이 불평등을 완화시키는 것은 민주화가 권위주의 정권에서 억압되어 있던 노동계급의 임금인상과 재분배 요구를 정책에 반영할 가능성을 높이기 때문이다. 이것은 민주화의 초기 단계에서도 경제가 위기에 빠지지 않고 비교적 안정적으로 유지되었기 때문에 가능하기도 하였다. 이 단계에서 한국, 일본, 그리고 대만에서는 모두 중간계급과 노동계급의 임금상승으로 인한 소득 증가가 있었고 복지정책의 발전이 시작되어 재분배의 성과도 나타났다. 노동의 힘과 같은 계급 구조의 변화 측면에서 한국과 대만은 유사한 경향을 보인다. 후발 산업화 국가인 한국과 대만에서는 권위주의 체제하에서 노동 계층이 상당히 오랜 시간 동안 억압되어 있었고 민주화 시기에 노동 계층의 요구가 폭발적으로 증가하였다. 하지만 이러한 노동계급의 성장은 1990년대에 이루어진 신자유주의 개혁으로 하락하게 된다. 일본은 전후 노동계급에게 유리한 조건으로 한국과 대만에 비교하면 노조 조직률이 높았지만, 경제성장과 완전 고용 등의 환경 속에서 노동계급의 조직력이 발달하지 못했기 때문에 1980년대의 경기 불황기에 시행된 신자유주의 개혁으로 노조 조직률이 꾸준히 하락하였다. 즉 동아시아에서 민주주의의 불평등 완화에 대한 긍정적 효과를 민주주의 전환기에 관찰할 수 있지만, 이들 국가에서 이루어진 민주화는 노동계급의 성장이 약한 민주화였기 때문에 민주주의로의 전환 이후에도 재분배정책을 지속시켜 줄 노동계급의 조직적 힘이 미약하였다.

한국, 일본, 대만 모두 민주화에서 노동 계층을 포함한 다양한 사회운동 세력이 배제되었고 1990년대 신자유주의 개혁으로 기업별 혹은 고용형태별(정규직과 비정규직) 노동 계층 내의 불평등이 증가하였다. 실제로 2000년대 한국에서 나타나는 전체적인 불평등의 증가는 계급 간 소득 격차보다 노동계급 내 대기업과 중소기업 노동자 간의 소득 불평등에 더 큰 영향을 받고 있다(김영미·한준 2007). 동아시아의 민주주의가 불평등을 완화시키지 못하는 이유는 노동 계층의 내부자들이 민주화 이후 급격히 보수화되어 복지 확대와 재분배정책에 소극적으로 변했기 때문이라고 해석할 수 있다. 민주화 이후에도 경제성장은 지속되었지만, 노동계급의 상층은 급속한 임금소득과 자산소득의 상승을 누렸다. 또한, 노조의 결속이 강한 대기업과 공기업의 노동자들은 임금과 복지에서 편파적으로 큰 혜택을 받으면서 노동계급은 중심부와 주변부로 급속히 양극화되었고 전체 노동자의 임금 향상이나 재분배의 문제에 소극적으로 반응하는 경향을 보인다. 실제 동아시아의 노조 조직률은 민주화 이후로 꾸준히 하락하고 있다. 최근 동아시아의 소득 불평등이 계속 증가하고 있고 민주주의의 재분배 효과가 나타나지 않고 있는 현상은 동아시아에서 계층 간의 갈등이 더욱 심화될 수 있음을 경고하고 있다. 실제로 불평등은 사회 계층 간의 재분배에 대한 갈등을 심화시키고 사회적 신뢰를 낮추며 정치적 부패를 증가시킨다(Rothstein and Uslaner 2005). 이는 라틴아메리카의 신생 민주주의 국가들에서 나타난 민주주의의 위기로 이어질 수 있다(Tilly 2003). 불평등을 관리하는 민주주의가 오래 생존할 확률이 높다는 점을 고려했을 때(Przeworski 2005) 동아시아 국가들에게는 복지 확대와 재분배를 위한 민주주의의 효과성과 질적 향상에 대한 고민이 필요하다.

참고문헌

강병익·권혁용·지은주·동사제. 2018. "민주화 이후 한국과 대만의 사회보장제도의 특징과 기원." 『한국정치학회보』 52집 1호, 51–74.

강신욱. 2012. "노태우 정부 복지정책의 성취와 한계." 강원택 편. 『노태우 시대의 재인식』, 379–403. 파주: 나남.

김도균. 2018. 『한국 복지자본주의의 역사』. 서울: 서울대학교출판문화원.

김상순. 1994. "1987년 이후 대만의 노동정치 변화." 『동향과 전망』 24호, 190–224.

김영미·한준. 2007. "금융위기 이후 한국 소득불평등구조의 변화." 『한국사회학』 41권 5호, 35–63.

마인섭. 2018. "민주화 이후 한국의 불평등과 민주주의의 질." 박종민·마인섭 편. 『한국 민주주의의 질: 민주화 이후 30년』, 305–350. 서울: 박영사.

신광영. 2016. "한국사회 불평등과 민주주의." 『한국사회학회 심포지엄 논문집』, 73–95.

양재진·김영순·조영재·권순미·우명숙·정흥모. 2008. 『한국의 복지정책 결정 과정』. 파주: 나남.

이정우. 2017. "한국은 왜 살기 어려운 나라인가?" 이창곤 편. 『불평등 한국, 복지국가를 꿈꾸다』, 39–54. 서울: 후마니타스.

전상진. 2018. 『세대 게임』. 서울: 문학과 지성사.

조영훈. 2006. "사회 불평등과 일본 복지국가." 『현상과 인식』 30권 1·2호, 57–76.

지은주. 2013. "동아시아 계급정당의 성공과 실패: 정당경쟁이론을 통해서 본 한국과 대만의 노동정당." 『한국정치학회보』 47집 2호, 138–148.

지은주·이신화. 2014. "세계화, 자유화와 대만의 소득 불평등." 『평화연구』 22집 1호, 131–165.

Acemoglu, Daron and James A. Robinson. 2000. "Why Did the West Extend the Franchise?" *The Quarterly Journal of Economics* 115(4): 1167-1199.

Acemoglu, Daron, Suresh Naidu, Pascual Restrepo, and James Robinson. 2014. "Democracy, Redistribution, and Inequality." In *Handbook of Income Distribution* (Vol. 2), edited by Anthony B. Atkinson and François Bourguignon, 1886-1966. London: Elsvier.

Achen, Christopher, and Larry Bartels. 2016. *Democracy for Realists: WhyElections Do Not Produce Responsive Government.* Princeton, NJ: Princeton University Press.

American Political Science Association Task Force. 2004. "American Democracy in an Age of Rising Inequality." *Perspectives on Politics* 2(4): 651-666.

Ashworth, Scott. 2012. "Electoral Accountability: Recent Theoretical and Empirical Work." *Annual Review of Political Science* 15: 183-201.

Aspalter, Christian. 2001. *Conservative Welfare State Systems in East Asia,* Westport: Praeger.

Bassett, William, John Burkett, and Louis Putterman. 1999. "Income distribution, government transfers, and the problem of unequal influence." *European Journal of Political Economy* 15(2): 207-228.

Bartels, Larry. 2008. *Unequal Democracy: The Political Economy of the New Gilded Age.* Princeton NJ: Princeton University Press.

Bonica, Adam, Nolan McCarty, Keith T. Poole, and Howard Rosenthal. 2013. "Why Hasn't Democracy Slowed Rising Inequality?" *Journal of Economic Perspectives* 27(3): 103-124.

Cheng, Hsiao. 2003. *Analysis of Panel Data.* Cambridge, MA: CUP.

Chi, Eunju and Hyeok Yong Kwon. 2012. "Unequal New Democracies in East Asia: Rising Inequality and Government Responses in South Korea and Taiwan." *Asian Survey* 52(5): 900-923.

Dahl, Robert. 1971. *Polyarchy: Participation and Opposition.* New Haven, CT: Yale University Press.

Estevez-Abe, Margarita. 2008. *Welfare and Capitalism in Postwar Japan.* Cambridge: Cambridge University Press.

Gilens, Martin. 2005. "Inequality and Democratic Responsiveness." *Public Opinion Quarterly* 69(5): 778-796.

Gradstein, Mark, and Branko Milanovic. 2004. "Does Liberté=Egalité? A Survey of the Empirical Links between Democracy and Inequality with some Evidence on the Transition Economies." *Journal of Economic Surveys* 14(8): 515-537.

Haggard, Stephen and Rober Kaufman. 2008. *Development, Democracy, and Welfare States: Latin America, East Asia, and Eastern Europe.* Princeton: Princeton University Press.

Hayes, Thomas. 2012. "Responsiveness in an Era of Inequality: The Case of the U.S. Senate." *Political Research Quarterly* 66(3): 585-599.

Huber, Evelyne and John D. Stephens. 2001. *Development and Crisis of the Welfare State: Parties and Policies in Global Markets.* Chicago, IL: The University of Chicago Press.

Iversen, Torben and David Soskice. 2006. "Electoral System and the Politics of Coalition: Why Some Democracies Redistribute More than Others." *American Political Science Review* 100(2): 165-181.

Kaufman, Robert R. 2009. "The Political Effects of Inequality in Latin America: Some Inconvenient Facts." *Comparative Politics* 41(3): 359-379.

Kaufman, Robert and Alex Segura-Ubiergo. 2001. "Globalization, Domestic Politics, and Social Spending in Latin America: A Time-Series Cross-Section Analysis, 1973-97." *World Politics* 53(4): 553-587.

Kasza, Gregory. 2006. *One World of Welfare: Japan in Comparative Perspective.* Ithaca, NY: Cornell University Press.

Korpi, Walter. 1983. *The Democratic Class Struggle.* Boston, MA: Routledge Kegan & Paul.

Korpi, Walter. 2006. "Power Resources and Employer-Centered Approaches in Explanations of Welfare States and Varieties of Capitalism: Protagonists, Consenters, and Antagonists." *World Politics* 58(2): 167-206.

Ku, Yeun-wen. 2003. "Welfare Reform in Taiwan: the Asian Financial Turbulence and its Political Implication." In *The Welfare State in Emerging-Market Economies,* edited by Christian Aspalter, 171-191. Hong Kong: Casa Verde.

Kuznets, Simon. 1955. "Economic Growth and Income Inequality." *American Economic Review* 45(1): 1-28.

Lindert, Peter H. 1994. "The Rise of Social Spending, 1880–1930." *Explorations in*

Economic History 31(1): 1-37.

Lindert, Peter H. 2004. *Growing Public: Social Spending and Economic Growth since the Eighteenth Century.* New York; Cambridge University Press.

Lipset, Seymour M. 1960. *Political Man: The Social Bases of Politics.* Garden City, NJ: Anchor Books.

Mechkova, Valeriya, Anna Lührmann, and Staffan I. Lindberg. 2017. "How Much Democratic Backsliding?" *Journal of Democracy* 28(4): 162-169.

Meltzer, Allan, and Scott Richard. 1981. "A Rational Theory of the Size of Government." *Journal of Political Economy* 89(5): 914-927.

Milanovic, Branko. 2013. "Global Income Inequality in Numbers: In History and Now." *Global Policy* 4(2): 198-208.

Mulligan, Casey B., Ricard Gil and Xavier Sala-i-Martin. 2004. "Do Democracies have different Public Policies than Nondemocracies?" *Journal of Economic Perspectives* 18(1): 51-74.

Paige, Jeffery M. 1975. *Agrarian Revolution.* New York, NY: The Free Press.

Park, Gene. 2011. *Spending without Taxation: Flip and the Politics of Public Finance in Japan.* Stanford, CA: Stanford University Press.

Perotti, Roberto. 1996. "Growth, Income Distribution, and Democracy: What the Data Say." *Journal of Economic Growth* 1(2): 149-187.

Piketty, Thomas. 2014. *Capital in the Twenty-First Century.* Cambridge: Belknap Press of Harvard University Press.

Pontusson, Jonas, David Rueda, and Christopher Way. 2002. "Comparative Political Economy of Wage Distribution: The Role of Partisanship and Labour Market Institutions." *British Journal of Political Science* 32(2): 281-308.

Przeworski, Adam. 2005. "Democracy as an Equilibrium." *Public Choice* 123(3-4): 253-273.

Rasmussen, Magnus B. and Jonas Pontusson. 2018. "Working-class Strength by Institutional Design? Unionization, Partisan Politics, and Unemployment Insurance System, 1870 to 2010." *Comparative Political Studies* 51(6): 793-828.

Rodrik, Dani. 1999. "Democracies Pay Higher Wages." *The Quarterly Journal of Economics* 114(3): 707-738.

Rothstein, Bo, and Eric Uslaner. 2005. "All for All: Equality, Corruption, and Social Trust." *World Politics* 58(1): 41-72.

Shinkawa, Toshimitsu. 2005. "The Politics of Pension Reform in Japan: Institutional Legacies, Credit-Claiming and Blame Avoidance" In *Ageing and Pension Reform Around the World*, edited by Giuliano Bonoli and Toshimitsu Shinkawa, 157-181. Northampton: Edward Elgar.

Solt, Frederick. 2019. "Measuring Income Inequality Across Countries and Over Time: The Standardized World Income Inequality Database." *SWIID* Ver 8.1.

Stephens, John D. 1979. *The Transition from Capitalism to Socialism.* Chicago IL: University of Illinois Press.

Stigler, George. 1970. "Director's Law of Public Income Redistribution," *Journal of Law and Economics* 13(1): 1-10.

Tilly, Charles. 2003. "Inequality, Democratization, and De–Democratization." *Sociological Theory* 21(1): 37-43.

Timmons, Jeffrey. 2010. "Does Democracy Reduce Economic Inequality?" *British Journal of*

Political Science 40(4): 741-757.

Wagle, Udaya. 2009. "Inclusive Democracy and Economic Inequality in South Asia: Any Discernible Link?" *Review of Social Economy* 67(3): 329-357.

Wong, Joseph. 2004. *Healthy Democracies: Welfare Politics in Taiwan and South Korea.* Ithaca: Cornell University Press.

제2편

정치체제의 다양성:

민주주의,
신생민주주의,
권위주의

7장

한국:
민주적 절차와
효능감

강명세(세종연구소)

I. 탄핵국면 이후의 제19대 대선

2017년 3월 12일 헌법재판소는 대통령 탄핵을 인용했다. 사상 처음으로 대통령이 파면된 것이다. 2016년 12월 9일 국회에 탄핵안 가결되기 전까지 전국은 촛불 시위를 포함하여 박근혜에 대한 비판이 들끓었다. 〈그림 1〉은 2015년 1월부터 2016년 12월까지의 대통령 직무수행평가이다. 〈그림 1〉에서 보듯 "최순실 사건"이 밝혀지면서 대통령 직무수행평가는 곤두박질쳤으며 회복하지 못한 채 촛불시위와 탄핵으로 이어졌다.

헌법재판소가 박근혜 대통령에 대한 탄핵 인용을 판결한 후 2017년 5월에 조기 실시된 대통령 선거에서 더불어민주당의 문재인 후보가 당선되었다. 박근혜 정부의 부패와 무능에 실망하고 분노한 대중은 19

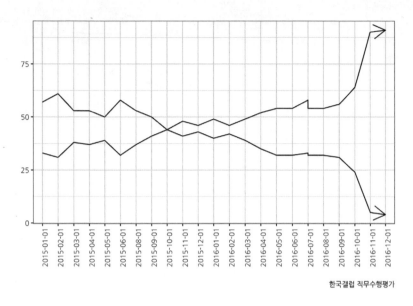

한국갤럽 직무수행평가

〈그림 1〉 박근혜 대통령 직무수행평가 %, 2015. 5-2016. 8

대 대선에 적극적으로 참여했으며 이는 높은 투표율로 나타났다. 17대 63.%, 18대 대선에서 75.8%였던 투표율은 19대 대선에서 77.2%로 상 승했다. 19대 대선의 적극적 투표 참여는 여론조사의 응답에서는 과장 되지만 보다 생생하게 나타난다. 〈그림 2〉에서 보듯 2007년, 2012년 대선조사에서의 응답에 비해 2017년 응답자는 거의 모두가 투표에 참 여했다고 말했다. 〈그림 2〉의 수직축은 응답자의 투표 참여율을 그리 고 연령은 수평축을 뜻한다. 노무현 정부 이후에 치러진 대선에서 이명 박 후보가 대승을 거둔 후 9년간 집권했던 보수정부가 스스로 붕괴했 다. 5명의 후보 가운데 문재인 후보는 경상도를 제외한 전 지역에서 1 위를 기록했다. 이것이 제19대 대선의 가장 큰 특징이다. 또한 60대를 제외한 모든 세대에서 1위 득표를 기록했다.

그토록 강고하던 지역주의·투표는 제19대 대선을 기점으로 그 힘을

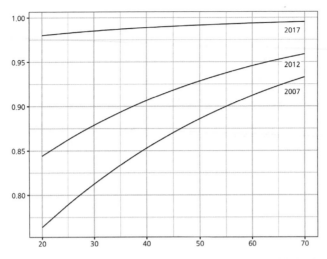

자료: 한국사회과학데이터센터(14대-17대), 서울대 정치연구소(18대), 동아시연구원(19대)

〈그림 2〉 17, 18 및 19대 투표참여확률

상실한 듯하다. 출신 지역, 이념 및 세대 등 과거 대통령 선거를 지배해
오던 세 가지 핵심적 균열 전선에서 보수당 후보는 참패했다. 5명 후보
가 경쟁하는 탓에 문재인 후보의 득표력은 41.1%에 불과했으나 보수당
의 지지는 경상도 지역에서만 1위를 차지했으며 전체득표는 31%에도
미달했다.

II. 정치적 선호의 두 가지 관점[1]

정당 정체성에 대해서는 두 가지 시각이 있다. 첫째는 미시간 학파가 제시한 사회 심리적 접근법을 기반으로 보는 정당 정체성의 관점이다. 사회 심리적 이론은 정당 정체성을 계급, 종교 및 인종과 마찬가지로 집단적 성격으로 이해한다. 성인 초기에 형성된 정체성은 성인 이후 지속된다. 정당 정체성은 선거 때 찾아왔다 사라지는 일시적인 현상이 아니다. 정체성 이론은 정체성의 미시적 기반을 심리적 차원에서 찾는다(Tajfel 1982).[2] 사회적 정체성의 관점에서 보면, 내집단-외집단의 구분은 정치적 일체감을 형성하는데 기여한다. 이 글에서는 정당 정체성은 안정적이며 지구적이며, 구조적 요인에 의해 영향을 받았을 것으로 가정한다(Converse 1964).[3] 지역주의에 대한 논의는 정체성 이론의 가장 적절한 사례이다. 정체성의 시각에서는 지역주의가 정당 정체성에 영향을 주었을 것으로 가정한다(김영태 2009; 김용철·조영호 2017; 이갑윤 2002; 윤광일 2017; 지병근 2013). 최근 세대적 정체성도 정치적 정체성에 영향을 미쳤을 것으로 가정하는 연구도 제시되었다(유승진·손병권·정한울·박경미 2018).

오늘날 전 세계 민주주의에서 후보나 정당에 대한 유권자의 선택을 이해하기 위해 의존하는 모형은 1950년대 미국에서 개발되었다.[4] 처음에는 국지적 선거를 기반으로 사회적 요인에 주목하는 '콜롬비아 학파'가

---

[1] 정치적 선호의 정체성에 대한 보다 상세한 논의는 강명세(2020).

[2] 사회심리학자 Henri Tajfel은 정체성 문헌에서 가장 빈번히 인용되는 연구이다.

[3] 박원호·신화용(2014)은 실험연구와 설문연구를 기반으로 정당 정체성과 정당호감도의 차이를 제시했다. 정체성은 "안정적 구조"를 보이는 반면 호감도는 "일시적이고 가변적"인 것이다(2014, 130).

[4] 립셋(Seymour Martin Liptset)의 Political Man 역시 비슷한 시기에 나왔다.

등장했다.[5] 이들은 나이, 직업, 교육, 성 및 소득이 정치적 선택에 미치는 영향을 강조했다. 곧 이어 '미시간 학파'는 전국적 자료에 기반하여 사회인구학적 요인을 통제한 후 정당 정체성이 선택을 결정한다는 가설을 제시했다.[6] 이후 미시간 학파의 가설은 지배적 모델로 부상했다. 2002년 정당 정체성 문헌은 새로운 증거를 기반으로 정당 정체성의 중요성을 재확립하려 노력했다(Green, Palmquist, and Schickler, 2002).

두 번째 관점은 합리적 선택이론에서 보는 정체성이다. 다운즈가 민주주의 선거에서의 결정을 경제적 관점에서 보고자 했던 합리적 선택 이론을 제시한 것도 1957년이었다(Downs 1957). 이는 이후 공간이론으로 발전했다(Enelow and Hinich 1984; 조성대 2008). 이 이론은 초기에 주목했던 개인의 이념 성향에서 벗어나 개인과 정당이나 후보자와의 이념적 거리와 방향을 강조하는 연구로 발전했다. 나아가, 합리적 선택의 시각에서 정당 정체성을 포괄하려는 시도가 등장했다(Fiorina 1977; 1981). 이에 의하면 지역주의 투표는 합리적 선택의 결과이다. 정체성의 구조적 요인 외에 단기적 정책평가 등이 투표자의 선택에 중대한 영향을 준다는 가설이 제시되었다. 회고적 투표이론은 한국정치에 대해서도 일반적으로 적용되어왔다. 이들은 정부평가, 나라경제나 가정경제 등에 대한 평가가 투표선택에 미치는 영향을 고려했다(강원택 2004, 김성연 2015; 이갑윤 2002; 이갑윤·이현우 2008; 장승진 2012; 지병근 2013). 최근 지역주의 연구의 성과를 관점의 시야에서 분류하면 문우진은 지역주의 투표가 합리적 선택이라고 주장하며 나머지는 넓은 의미에서 정체성의 관점에 동의하는 듯하다. 합리적 선택이론에 따르면 호남 투표자는 지

---

[5] 뉴욕의 콜롬비아 대학 동료들이 주축이 되었다.
[6] 미시간 주립대 동료들이 공동연구(The American Voter)를 통해 정당 정체성 이론을 제시했다.

역발전이나 개인의 복지향상에 더 많은 효용을 줄 것으로 예상되는 민주당을 지지한다.

합리적 선택을 제시한 다운즈에 의하면, 정당 정체성은 정당의 정책에 대한 평가에 달려있다. 따라서 투표자에게 정당 정체성은 고정불변의 것이 아니며 정치 지도자나 후보의 인기에 따라 가변적인 것이라고 주장한다. 합리적 선택의 가정을 수용한 회고적 투표 이론은 정부나 대통령에 대한 정책평가에 따라 정당 정체성은 달라진다고 주장한다. 당파성은 개인이 정당의 집권능력에 대한 정보를 축적함에 따라 만들어지는 국정평가서(running tally)이다(Fiorina 1981). 투표자는 소비자처럼 집권당이 보여준 정책능력을 기반으로 하여 충성도를 형성한다는 것이다.

한국의 경험 연구자들도 공간이론을 활용해 투표 선택을 설명해왔다. 투표자와 정당 간의 거리와 이념의 방향성 모두가 후보선택에 영향을 미친다는 연구 결과가 제시되었다(문우진 2009; 이갑윤·이현우 2008; 이내영 2009; 장승진 2012, 2013; 조성대 2008; 지병근 2006). 그러나 합리적 선택은 처음부터 투표자의 제한적 인식을 강조한 미시간 학파의 고민에 직면해야 했다. 소수의 극렬 지지층이나 이데올로그를 제외하면 일반 투표자는 투표 외에 처리해야 할 너무 많은 중요한 일을 떠안고 있다. 이후 일부 학자들은 컨버스가 제기한 일반인의 이념제약에 대해 쟁점의 분리를 제시한다. 정보와 관심이 많은 사람은 "복잡한 이슈(hard issue)"를 처리할 수 있는 반면 "간단한 이슈(easy issue)"는 모두의 주목을 끌며 이는 중대한 변화를 만든다는 것이다(Carmines and Stimson 1980).[7]

최근 미국의 일부 학자는 정당 정체성을 강조하는 미시간 학파의 가

---

[7] 이들은 미시간학파는 인종갈등이 없었던 1950년대 선거를 관찰했기 때문에 이슈투표를 고려할 수 없었다고 주장한다(1980, 88).

설을 재강조한다(Achen and Bartels 2016). 이들이 주창하는 현실주의적 관점에서 보면 투표자의 선택에는 정체성의 역할이 가장 중요하고 이념이나 정책 등 단기적 요인의 역할은 부수적 혹은 보완적인 것이다. 다운즈 전통이 가정하는 투표자의 효용에 대한 계산은 이상주의적이며 따라서 이념 중심의 공간이론은 정치적 결정을 설명하는데 적합하지 않다고 주장한다. 극소수에게나 가능하다는 것이다. 최근 들어 한국에서도 정체성 관점에서 한국 정치를 이해하려는 시도가 활발하게 진행되고 있다(박원호·신화용 2014; 유성진·손병권·정한울·박경미 2018; 장승진·서정규 2019).

Ⅲ. 19대 대선에서는 누가 투표했나?

투표 참여는 후보 선택에 필요한 1차 과정이다. 투표자 연구를 개척한 '미시간 학파'는 유권자가 가진 사회경제적 지위 외에 정당 정체성을 투표 참여 여부의 중심에 놓았다(Campbell, Converse, Miller, and Stokes, 1960). 청년기 동안 사회심리적으로 형성되는 정당 정체성이 정치적 선택을 결정한다는 것이다. 정당 정체성은 투표 참여의 주요 요인으로 인식되어왔다. 이글은 정당 정체성이 한국의 대선에서도 작동한다고 가정한다.

19대 대선의 투표율은 77.2%로 15대 대선 이후 가장 높은 참여율을 기록했다. 박근혜와 문재인 후보가 경쟁했던 18대 대선의 투표율은 75.8%였다. 이 글이 의존한 사회과학데이터센터의 여론조사 응답율은 80.0%로 실제 투표율과 비교적 근사하다. 누가 참여하는가에 주목하는 투표 참여 연구는 유권자의 다양한 사회경제적 특성과 정치적 선호 및 정책적 선호가 영향을 미친다고 가정한다. 투표 참여 연구는 크게 두 가지 흐름으로 전개되었다. 첫째, 초기 연구는 투표자의 인구사회학적 속성과 선거제도 등 투표참여를 가로막는 환경적 요인이 미치는 효과를 파악하려고 노력했다(Verba and Nie 1972; Wolfinger and Rosenstone 1980). 이들은 나이, 교육과 소득의 차이가 투표참여에 영향을 준다는 점을 제시했다. 즉, 나이가 많고 교육수준이 높고, 소득이 높은 유권자가 투표에 적극적이라는 것이다. 직업과 계급의 측면에서는 전문직이 생산노동자보다 투표장으로 많이 간다. 둘째, 투표의 편향성을 강조하는 흐름이 있다(Leighley and Nagler 2014; Schlozman, Verba, and Brady 2012; Verba and Nie 1972). 최근 투표의 편향성에 대한 연구는 불평등이 사회적 과제로 부각되면서 더 활발해지고 있다.[8] 투표의 편향성은 민주주의의 대표성 논쟁으로 확대되어 전개되었다. 투표의 편향성은 결과적으로 정책의 편향으로 이어지고 결국에는 정치적 불평등이 경제적 불평등의 악순환을 낳는다는 우려가 제기된다(Bartels 2008; Enns and Wlezien 2011; Gilens 2012; Leighley and Oser 2017).

최근 연구는 정책적 선호의 요인에 주목하고 있다. 유권자는 대통령 선거에 나선 후보들이 제시한 정책적 대안이 분명히 차별적일 경우 투표에 참여할 유인을 갖는다(김성연 2015; 이갑윤·이현우 2008; Leighley and Nagler 2014). 주요 쟁점에 대한 후보자의 정책 대안을 비교 및 평가하는 작업은 유권자가 판단을 내리는 근거가 된다. 예를 들어 특정 후보가 공약한 노후연금정책 정책이 다른 경쟁후보의 정책 대안에 비해 분명히 자신의 선호에 가깝다고 판단하면 유권자는 투표에 참여하여 선호를 표시한다. 유권자가 중요하다고 믿는 정책에 대해 두 후보의 대안이

---

[8] 불평등과 투표의 계급편향성에 대한 논의는 Franko, Kelly, and Witko(2016) 참고.

차별성이 없다면 투표장으로 갈 인센티브는 약해진다. 후보들의 이념에 대한 평가도 비슷한 역할을 한다(강원택 2008; 김진하 2008). 자신이 좋아하는 후보에 대한 이념 평가와 타 후보의 이념에 대한 평가가 다를수록 투표에 참여할 가능성은 높아진다.

이 글에서는 문헌에서 제시한 요인들을 기반으로 19대 대선에서 누가 투표했는가를 살펴보고자 한다. 이용한 자료는 중앙선관위와 정치학회가 주관한 한국사회과학데이터센터의 19대 대선 조사와 동아시아연구원의 19대 대선 조사이다. 세대, 교육수준, 소득, 노조원 여부, 주거지역, 국정 평가, 국가경제 평가, 지지 정당, 후보 이념 평가 등의 요인이 투표 참여에 미치는 효과를 측정하고자 했다. 그 결과는 〈표 1〉에 제시되었다. 나이는 20대부터 60대 이상 등 구간으로 구성된 설문뿐이어서 구체적인 세대분류가 불가능하여 단순히 설문 분류를 따랐고 20대를 준거범주로 했다. 교육은 중학교 졸 이하를 저학력, 전문대 이하 졸을 중학력, 그리고 대졸 이상을 고학력으로 분리한 후 고학력을 준거범주로 설정했다. 소득은 저, 중 및 고소득 등 가변수로 분류한 후 고소득을 준거범주로 했다. 지역은 주거지역을 기준으로 분리한 후 서울·경기 지역을 준거로 설정했다.

〈표 1〉 19대 대선에서의 **투표참여** 투표참여=1, 불참=0

	(1)	(2)
20대 준거		
30대	0.327(0.347)	0.417(0.333)
40대	0.663*(0.351)	0.673**(0.338)
50대	0.837**(0.390)	1.076***(0.378)
60대이상	0.463(0.469)	0.679(0.448)

여성	-0.138(0.234)	-0.243(0.225)
고학력 준거		
저학력	-1.274*(0.695)	-1.306**(0.655)
중학력	-0.292(0.265)	-0.377(0.253)
저소득 준거		
중간소득	0.234(0.289)	0.145(0.280)
고소득	0.800***(0.308)	0.721**(0.298)
국정평가	-0.490(0.604)	-0.558(0.573)
노조원	0.453(0.475)	0.491(0.463)
후보이념비교	0.024(0.053)	0.085*(0.050)
지지 정당	1.525***(0.267)	
경제평가	-0.177(0.531)	-0.015(0.513)
복지선호	0.356**(0.172)	0.377**(0.163)
수도권 준거		
경상	0.012(0.276)	0.016(0.264)
전라	-0.251(0.432)	-0.005(0.412)
충청	0.383(0.504)	0.304(0.482)
상수	-0.620(0.619)	-0.258(0.591)
Observations	573	573
Log Likelihood	-243.139	-262.008
Akaike Inf. Crit.	524.277	560.017

Note: *p〈0.1; **p〈0.05; ***p〈0.01

정부 평가는 "박근혜 정부 기간 중 우리나라 경제상황"에 대한 설문을 기반으로 한다.[9] 좌우 이념이 넓은 의미에서 정책을 대변한다는 가

---

[9] 다섯 응답은 다음과 같다: 1.매우 좋아졌다 2. 좋아졌다 3. 이전과 비슷하다. 4. 나빠졌다. 5. 매우 나빠졌다. 국가경제 평가는 역으로 변환시켜 "매우 좋아졌다"가 5의 값을 갖는다.

정 하에 후보 간의 이념 차이는 정책적 차이를 의미하는 대리변수이다. 이념 설문은 매우 진보(0)부터 매우 보수(10)의 11 구간으로 구성되었고 응답자 자신과 각 후보에 대한 응답자의 평가를 대상으로 한다. 후보 이념 평가는 상위 두 후보 즉 문재인과 홍준표 후보에 대한 이념 평가에 대한 비교를 기초로 한다. 마지막으로 "세금을 더 내더라도 복지를 높여야한다"는 설문[10]을 기반으로 복지 선호가 투표 참여에 주는 효과를 보고자 했다. 복지 선호는 대북정책보다 구체적 정책에 대한 선호로서 정부 지출과 더불어 진보와 보수를 가르는 기준이다(Page and Simmons 2000).

　〈표 1〉에서 보듯, 투표 참여에 영향을 주는 사회경제적 자원에 해당하는 세대, 교육 및 소득 등은 나름의 영향력을 보여주었다. 〈표 1〉의 1열과 2열은 정당지지 요인을 제외하면 동일한 독립변수를 갖는다. 1열은 지지 정당을 포함한 로짓이고 2열은 정당지지를 제외한다. 세대별로 보면 20대에 비해 40대는 통계적 유의성 5~10% 수준에서 투표 참여의 가능성이 약 16.5% 더 높다. 그리고 50대는 5%와 1% 수준에서 투표참여 가능성이 약 27% 더 높다. 교육수준의 효과는 고학력자를 준거로 할 때 중간 학력은 차이가 없으나 저학력자의 투표 참여 가능성이 5% 수준에서 약 26% 낮다. 소득으로는 저소득과 고소득 간의 차이가 중요한 것으로 나타났다. 고소득자가 투표에 참여할 가능성은 저소득자에 비해 1% 수준에서 최대 20% 더 높다. 후보 이념의 비교는 통계적 유의성 10% 수준에서 약 2% 효과를 보인다(표 2의 2열). 한편, 지역주의, 노조원 여부, 국정 평가나 국가경제 평가 등의 변수는 통계적으

---

[10] 설문(Q50-17)에 대해 네 가지 응답은 1. 매우 공감한다 2. 대체로 공감한다. 3. 별로 공감하지 않는다. 4. 전혀 공감하지 않는다. 평가는 역으로 변환시켜 "매우 공감한다"가 4이다.

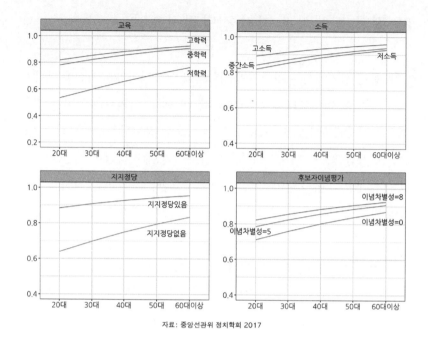

자료: 중앙선관위 정치학회 2017

〈그림 3〉 19대 대선 투표참여의 4대 요인

로 유의미하지 않다고 나타났다.

〈그림 3〉은 나이별로 교육, 소득, 지지 정당 및 후보자이념의 비교 평가 등 네 가지 요인이 투표 참여에 주는 효과를 분명히 보여준다. 가장 큰 효과는 지지 정당의 영향이다. 지지 정당이 있다고 응답한 유권자의 투표참여 가능성은 평균 87.7%이며 지지 정당이 없는 응답자의 투표참여 가능성은 61.6%로 그 차이는 26.1%이다.

IV. 정당 정체성과 지지 정당결정요인

대통령 선거에서 지역주의의 영향력이 압도적이라는 사실에 대해서는 반박의 여지가 없다(손호철 1993; 최장집 1993). 지역주의 경향은 정치적으로 정당 정체성을 매개로 표출된다. 정당 정체성은 "선생님은 어느 정당에 가깝다고 느끼시나요?"라는 설문 문항에서 응답한 정당으로 가정한다. 관련 연구문헌이 한국의 가장 주요한 정치 균열로 보는 지역, 이념 및 세대와 민주당 정체성 간의 상관관계를 보면 〈그림 4〉와 같다. 〈표 1〉에서 보듯, 연령은 투표여부에 중대한 영향을 주는 점에서 〈그림 4〉의 수평축으로 삼았다. 수직축은 예상 참여율이다. 〈그림 4〉는 순 민주당 정체성을 출신지역, 주관적 이념 및 세대별로 보여준다. 민주당을 가깝게 느끼는 응답자에서 한국당을 가깝게 느끼는 응답자를 뺀 값이 순 민주당 정체성이다. 따라서 순 민주당 정체성은 −100−100 사이에 있다. 민주당을 친근하게 느끼는 층은 여전히 호남에 압도적으로 분포하고 있고 영남에서는 역으로 한국당을 가깝게 느끼는 응답자가 많다. 〈그림 4〉에서 보듯, 수도권은 호남 다음으로 민주당에 대한 지지가 높으며 문재인 후보가 당선될 수 있는 잠재력을 보여준다.

19대 대선의 의미를 사회적 균열의 측면에서 이해하기 위해 지지층을 지역, 세대 및 이념별로 나누고 이것이 각각 정당 정체성과 어떤 관련을 맺는지를 논의하고자 한다. 〈그림 4〉에서 다음과 같은 점에 주목한다. 첫째, 예상대로 영호남 균열은 여전하다. 경상도만 예외이고 나머지 지역에서는 민주당을 가깝게 느끼는 층이 많다. 둘째, 주관적 이념을 진보, 중도 및 보수로 분류하면 보수를 제외하면 진보층과 중도층에서 한국당보다 민주당을 가깝게 느끼는 이가 더 많다.[11] 이념적 균열도 아주 명징하게 나타난다. 셋째, 연령집단은 단순히 20대부터 60대 이상까지의 분류로 대신했다.[12] 가장 고령층인 60대 이상을 제외하면 모든 연령집단에서 민주당을 가깝게 느끼는 비중이 높다. 이처럼 가장 핵심적 변수들이 민주당 정체성에 미치는 영향을 보아도 순 민주당 정체성이 크게 늘었음을 알 수 있다. 〈표 2〉는 후보선택에 영향을 주는 요인을 로짓분석한 결과이다. 이 연구는 정당 정체성이 대통령 후보 선택에 중요한 영향을 주었다고 가정한다. 즉 "가깝게 느끼는 정당"을 종속변수로, 출신지, 이념 및 세대 각각을 독립변수로 한 결과를 바탕으로 한다. 보다 복합적 관계를 분석하려면 하나의 독립변수 외에 인구학적 요인과 함께 구조적 요인 그리고 선거에 내재한 국면적 요인을 동시에 포함시켜 그 효과를 보아야 한다.

〈표 2〉는 구조적 요인, 즉 출신 지역과 이념 등이 정당 정체성을 형성하는데 얼마나 영향을 주는가를 보여주는 로짓분석이다. 〈표 2〉는 몇 가지 특징을 드러낸다. 첫째, 여전히 지역주의가 중대하다는 점이다. 양당의 정체성을 형성하는 공통의 요인은 출신 지역이다. 서울경기 출신을 준거범주로 하여 호남출신 투표자가 더불어민주당을 가깝다고 느낄 예상 가능성은 약 12% 높아진다. 한편, 서울경기출신에 비해 영남출신 투표자가 자유한국당을 가깝게 느낄 가능성은 약 21% 상승한다. 한편 충청도 출신 투표자는 서울경기지역 출신에 비해 민주당을 가깝게 느낄 가능성은 15% 줄어든다.

---

[11] 주관적 이념의 설문은 가장 진보적인 0부터 가장 보수적인 10까지 11단위로 구성되어 가장 많은 응답이 모인 5를 중도로 0–4까지 진보, 그리고 6–10까지를 보수로 분류했다.

[12] 2017년 KSDC 조사는 생년월일로 조사하지 않고 연령대별로 설문을 진행했기 때문에 본래적 의미의 세대 개념을 적용할 수 없었다.

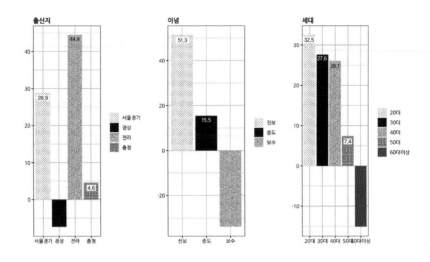

〈그림 4〉 출신지역, 이념, 세대 및 순 민주당 정체성

둘째, 연령 효과는 정당별로 다르다. 투표자는 나이가 많을수록 자유한국당을 지지하는데 기여하지만 더불어민주당 지지와는 관계없다. 나이가 많을수록 보수정당을 지지한다. 반대로 젊은 층은 더불어민주당 지지층이다. 셋째, 노동조합원은 민주당을 지지하는 반면 한국당 지지와는 관련이 없다. 넷째, 학력은 민주당 지지에 중요한 역할을 한다. 고학력자는 중간 학력자에 비해 민주당을 지지한다. 중간 학력자에 비해 고학력 투표자가 민주당을 지지할 가능성은 약 11% 상승한다. 다섯째, 개인의 주관적 이념은 한국당은 아니지만 민주당 지지에 영향을 준다.[13] 0-11 단계의 이념 척도에서 투표자가 한 단계 보수적일 경우 민

---

[13] 응답자의 주관적 이념성향은 다음의 설문 54에 의존한다. "0부터 10까지 눈금 중에서 선생님께서는 자신은 어디에 속하며, 대통령후보들은 어디에 속한다고 생각하십니까? 여기서 0은 진보를 나타내며, 10은 보수를 나타냅니다."

주당 정체성을 가질 가능성은 11% 감소한다.

〈표 2〉 선생님께서는 가깝게 느끼는 특정 정당이 있습니까?

	더불어민주당	자유한국당
	(1)	(2)
나이	0.085(0.086)	0.549***(0.171)
남성준거		
여성	-0.205(0.199)	-0.311(0.363)
고학력 준거		
저학력	-1.313(0.884)	0.019(0.845)
중학력	-0.444**(0.209)	0.203(0.401)
저소득 준거		
중간소득	-0.102(0.262)	0.350(0.434)
고소득	0.388(0.237)	-0.286(0.452)
노조원	0.611*(0.327)	-0.591(0.713)
이념성향	-0.449***(0.061)	0.890***(0.114)
수도권 준거		
경상	-0.282(0.244)	0.837*(0.451)
전라	0.490*(0.280)	-0.554(0.797)
충청	-0.608*(0.321)	0.261(0.576)
상수	1.408***(0.385)	-9.368***(1.069)
Observations	582	582
Log Likelihood	-316.768	-117.468
Akaike Inf. Crit.	657.537	258.936

자료: KSDC 2017 (중앙선거관리위원회와 정치학회)
*p〈0.1; **p〈0.05; ***p〈0.01

V. 정당 정체성과 대통령 후보선택

1장에서의 가정을 기반으로 여기서는 정당 정체성이 후보 선택에 미치는 효과를 분석할 것이다. 후보 지지에 대한 영향을 보다 정확히 포착하려면 다른 요인들을 통제한 후에도 위의 핵심 변수의 영향력이 여전한지를 논의해야 한다. 그 외에 후보 지지에는 단기적 요인들 즉, 대통령 국정수행 평가, 국가경제 평가, 그리고 개인경제 평가 등이 영향을 줄 것으로 예상된다.

〈표 3〉은 문재인 후보 지지여부를 종속변수로 하고 나이, 성, 교육, 소득 등의 인구학적 요인 외에 출신지역, 거주 지역, 국정 평가, 그리고 정당 정체성을 독립변수로 한 로짓분석이다. 〈표 3〉의 네 개의 열 가운데 처음 두 열은 정당 정체성을 포함시키지 않았고 (3)과 (4)에는 정당 정체성이 들어있다. 정당 정체성은 설문에서 넓은 의미의 지지하는 정당이 있는 응답을 의미하는 가변수이다. 민주당 정체성은 조금이라도 더 가깝게 느껴지는 정당을 묻는 설문에 더불어민주당으로 응답한 경우이고 한국당 정체성은 마찬가지로 한국당을 가깝게 느낀다고 대답한 응답이다. (1)열 및 (2)열과 지지 정당 요인을 포함한 (3)열 및 (4)열을 비교하면 정당 정체성의 중요성이 드러난다. 정체성이 들어가면 거주지든 또는 출신지역으로 하든 문재인 후보 지지에 작동하던 지역주의 요인의 중요성이 사라지고 대신 정당 정체성의 계수값이 가장 크게 나타난다. 이 점은 지역주의 요인이 선거를 매개로 정치적으로는 정당 정체성으로 전환되었음을 추론케 한다. 둘째, 주관적 이념은 정당 정체성 다음으로 중요한 영향을 미쳤다. 주관적 이념이 한 단계 보수적으로 될수록 문재인 후보를 지지할 가능성은 최대 약 11% 감소한다.

〈표 3〉 문재인 후보 지지요인 문재인후보=1, 다른 후보=0

	(1)	(2)	(3)	(4)
나이	0.087(0.087)	0.092(0.085)	-0.018(0.097)	-0.010(0.096)
여성	-0.226(0.200)	-0.284(0.200)	-0.160(0.223)	-0.172(0.225)
고학력준거				
저학력	-1.117(0.902)	-1.034(0.901)	-1.135(1.001)	-0.911(0.994)
중학력	-0.429**(0.210)	-0.360*(0.210)	-0.340(0.235)	-0.260(0.236)
저소득 준거				
중간소득	-0.118(0.263)	-0.035(0.264)	0.040(0.296)	0.124(0.298)
고소득	0.402*(0.240)	0.459*(0.240)	0.497*(0.267)	0.585**(0.270)
국정평가	-1.180**(0.587)	-0.958*(0.573)	-0.940(0.633)	-0.852(0.625)
노조원	0.564*(0.329)	0.632**(0.320)	0.617*(0.353)	0.650*(0.347)
주관적 이념	-0.426***(0.063)	-0.471***(0.063)	-0.468***(0.069)	-0.506***(0.069)
지지 정당			2.139***(0.230)	2.230***(0.232)
국가경제평가	0.378(0.470)	0.579(0.470)	0.265(0.518)	0.501(0.520)
수도권출신준거				
경상	-0.309(0.245)		-0.232(0.274)	
전라	0.455(0.284)		0.348(0.324)	
충청	-0.645**(0.323)		-0.371(0.371)	
수도권거주지준거				
대구경북		-0.421(0.390)		-0.499(0.421)
부산경남		0.239(0.277)		0.316(0.311)
전라		0.446(0.337)		0.140(0.389)
충청		-0.089(0.399)		-0.193(0.455)
상수	1.476***(0.393)	1.445***(0.393)	0.579(0.439)	0.511(0.440)
Observations	582	587	582	587
Log Likelihood	-314.649	-318.000	-263.793	-262.737
Akaike Inf. Crit.	657.298	666.000	557.585	557.475

자료: KSDC 2017 (중앙선거관리위원회와 정치학회) *p⟨0.1; **p⟨0.05; ***p⟨0.01

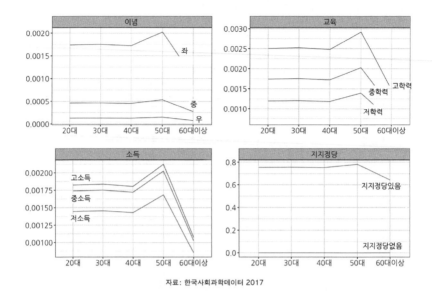

자료: 한국사회과학데이터 2017

〈그림 4〉 문재인후보 선택의 4대 요인

지역주의 문헌은 지역주의에 대한 영향에 대해서 출신 지역 또는 거주 지역이 중요한가를 두고 논쟁을 한다. 문우진(2005, 2009)은 거주 지역이 합리적 선택을 반영하는데 더 적합하다고 주장한다. 반면 김성모·이현우(2015), 김영태(2009) 및 지병근(2015) 등은 출신 지역이 지역주의를 더 잘 반영한다고 주장한다. 따라서 〈표 2〉의 로짓분석에서는 이 두 가지 차원의 지역에 대한 지역주의를 모두 분석하려고 시도했다. 정당 정체성을 제외할 경우, 열 (1)과 (2)를 보면 주거 지역보다는 출신 지역(충청)이 통계적으로 유의미한 수준(5%)에서 수도권 출신 투표자에 비해 문재인 후보를 지지할 가능성이 약 16% 더 떨어진다.[14]

---

[14] 최근 지역주의 투표에 영향을 주는 변인과 관련, 주거지역 또는 출신지역 간의 상대적 중요성에 대해 논쟁이 있었다. 문우진(2009)은 주거지역이 지역발전의 편익을 가져다주는 점에서 후보선

통계적으로 유의미한 수준에서 문재인 후보를 지지한 요인을 살펴보면 다음과 같다. 첫째, 설명변수로서 지지 정당 여부를 제외한 (1)열과 (2)열의 경우, 고학력자에 비해 전문대졸 이하의 중간 학력자가 다른 후보에 비해 문재인 후보를 선택할 가능성이 통계적 유의성 5% 수준에서 약 10.7% 낮다. 둘째, 저소득자가 문재인 후보를 선택할 가능성에 비해 고소득자가 문재인 후보를 지지할 가능성은 통계적 유의성 5% 수준에서 10.7% 높다. 통계적으로 1% 수준에서 가장 큰 영향력은 주관적 이념에서 나온다. 주관적 이념이 한 단계 보수적인 유권자가 문재인 후보를 선택할 가능성은 11.7% 떨어진다.

〈표 3〉에서 보듯, 이념은 정당 정체성과 함께 대통령 후보선택에 가장 많은 영향을 준 요인이다. 진보적인 20대와 보수적 20대의 문재인 지지확률은 각각 72%와 30%로 크게 차이가 난다. 한편 〈그림 4〉에서 나타나듯이 중도층은 진보보다는 보수에 밀착한다. 20대의 이념분포별 문재인 후보 지지를 보면, 좌파성향이 47%, 중도는 19.4%, 그리고 우파는 7.6%이다. (1)열의 로짓모형에 근거하여 계산한 예상 투표율에 따르면 20대의 문재인 지지는 평균 34.5%, 20대 좌파는 47.0%, 20대 우파는 단 7.8%에 불과하다. 반면 60대 이상 연령층에서 나타나는 문재인에 대한 지지는 평균 20.3%이지만 그중에서 좌파의 문재인 지지가 37.9%인데 비해 우파는 5.5%로서 약 32% 차이가 난다. 〈표 3〉에서 보듯, 주관적 이념성향은 모든 모형에서 통계적 유의성 1% 수준에서 문재인 후보 지지에 중요한 역할을 한다. 이념별로 볼 때, 좌파, 중도, 우

택에서 더 중요하다고 보았다. 한편 김영태(2009)는 출신지역이 정체성을 의미하는 점에서 더 유의미한 기준이라고 보고 수도권을 대상으로 출신지가 미치는 효과에 대해 논의했다. 이현우(2017)도 출신지에 무게 중심을 더 두었다. 김용철·조영호(2015, 2017) 역시 심리적 정체성으로 이해한다.

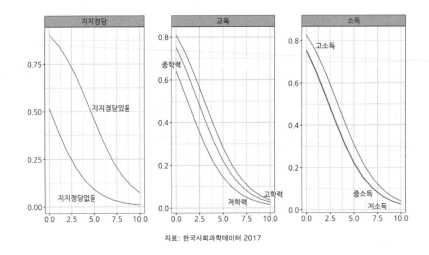

자료: 한국사회과학데이터 2017

〈그림 5〉 이념과 문재인후보 지지의 3대 요인

파의 문재인 후보 지지는 각각 45.6%, 18.7% 및 7.5%이다. 학력 면에서는 고학력자가 저학력이나 중간 학력에 비해 문재인에 대한 높은 지지를 보이고 있다. 고학력층의 문재인 후보에 대한 평균 지지는 53.6%인 반면, 저학력층의 평균 지지는 34.8%로 약 18%의 차이가 있다. 따라서 문재인 후보 지지에 중요한 영향을 끼친 교육, 소득 및 지지 정당의 3대 요인은 이념 성향에 따라 효과가 달라진다. 〈그림 5〉에서 보듯, 이념적 차이에 따라 문재인 후보 지지에 가장 큰 편향을 보이는 것은 지지 정당의 유무이다. 이념적으로 매우 진보적이라도 지지 정당이 있는 유권자와 없는 유권자의 문재인 후보 지지 가능성은 크게 다르다. 학력 측면에서도 고학력과 저학력의 차이는 이념적 성향에 따라 다르다. 보수적일수록 학력과 관계없이 문재인에 대한 지지 가능성은 낮아진다. 소득 역시 비슷한 패턴을 보인다.

Ⅵ. 결론: 2017년 선거는 한국정치의 재배열 선거일까?

'코로나 국면'에서 실시된 국회의원 선거는 집권당의 압승으로 끝났다. '코로나 국면'은 '조국 국면'을 맞아 집권 이후 최대 위기에 처했던 집권당과 대통령에게 그리고 에피데믹의 공포에 떠는 시민에게 정부가 왜 필요한지를 잘 보여주었다.[15] 미증유의 세계적 위기와 결합한 선거 국면은 쓰나미와 같이 모든 균열과 쟁점을 압도해버렸다. 중도가 집권당을 지지하고 비호남 투표자도 정부를 신임했다. 그러나 집권당의 총선 승리 역시 비상한 상황의 산물이었다. 이는 또 한 번 2017년 대선의 의미를 묻게 만든다. 즉, 국면적 조건이 새로운 재배열을 만들 수 있을 것인가의 문제를 다시 떠올린다. 2017년 선거는 역대 대통령 선거와는 전혀 다른 조건에서 실시되었다. 비상의 조건에서 실시된 선거에서 '망국적' 지역주의는 크게 약화된 것처럼 보인다. '최순실 사태'로 드러난 박근혜 대통령의 실정과 역사상 유례없는 현직 대통령의 파면은 이념적인 중도층의 이반은 물론이고 보수적이거나 영남 출신 투표자조차도 자유한국당에 대한 지지를 철회하는 현상을 가져왔다. 이는 역대 선거에서 각각의 특수한 국면적 효과를 반영하는 기간효과(시기효과)에서 잘 드러난다. 14대부터 19대까지의 대선을 결합하여 투표율이나 민주당 지지에 영향을 주는 요인을 살펴보면 2017년은 아주 유의미한 수준에서 역대 선거와 차별적인 기간효과를 보여준다. 이 글에서는 탄핵의

---

[15] 에피데믹이 민주주의 선거에 어떤 영향을 줄 것인가의 문제에 대해서는 연구가 지극히 부족하다. 정부의 국정수행능력과 같은 일반적 설문으로는 대형 전염병이 투표자의 선택에 미치는 영향을 포착할 수 없을 것이다. 미국의 9/11 테러는 부시 대통령의 지지를 갑자기 70% 이상까지 상승시키는데 기여한 바 있다. 국난 극복을 위해 지도자를 중심으로 뭉쳐야한다는 심정이 발현된 것이다. 이에 대한 연구가 시급하다.

기간효과를 파악하기 위해 2012년과 2017년 대선 설문조사를 결합하여 나이별로 민주당을 지지한다고 대답한 응답자에 영향을 준 요인을 파악했다. 19대 대선의 특징을 파악하고자 나이, 교육, 소득, 지역세대 등을 통제한 후 19대 대선에서 나타난 민주당에 대한 지지가 18대 대선과 얼마나 다른지를 평가했다. 앞에서 본 바처럼, 더불어민주당을 가깝게 느끼는 응답자는 2012년에 비해 2017년에 크게 증가했다.

그 결과로 〈그림 6〉에서 보는 것처럼 모든 연령대에서 민주당을 가깝게 느끼는 층이 크게 늘었다. 민주당 정체성을 가진 유권자는 2012년 대선에서 평균 14%에 불과했으나 2017년 대선에서 민주당을 지지하는 응답자는 35%로 약 20% 이상 증가했다. 기간효과는 실정과 탄핵으로 보수정치가 붕괴한 특수한 국면에서 일어났다. 그것이 다음 대통령 선거로 이어져 비슷한 규모의 정당 정체성 변화가 유지된다면 정치 재배열의 서막일 것이다. 그러나 정책의 변화 없이 재배열은 일어나지 않는다. 뉴딜의 대전환은 민주당과 루즈벨트 대통령의 대대적인 사회경제정책의 혁신 위에서 가능했다(Kitschelt and Rehm 2019).

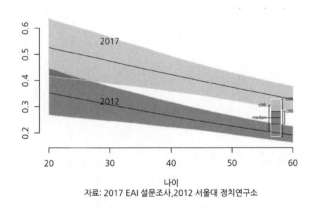

자료: 2017 EAI 설문조사, 2012 서울대 정치연구소

〈그림 6〉 2012 대선과 2017 대선 민주당 지지상승, 탄핵(기간)효과

참고문헌

강명세. 2020. "정체성의 관점에서 본 대통령 후보선택요인: 제14-19대를 중심으로."『의정논총』 15권 1호.

강원택. 2004. "제17대 총선에서 민주노동당 지지에 대한 분석."『한국정치연구』 13권 2호, 143-165.

강원택. 2008. "투표 참여, 민주주의와 정당 정치: 2007년 대선과 2008년 총선에서의 기권자 분석."『현대정치연구』 1권 2호, 75-102.

강원택. 2017. "2017년 대통령선거에서의 보수 정치: 몰락 혹은 분화."『한국정당학회보』 16권 2호, 5-33.

강원택·성예진. 2018. "2017년 대통령 선거에서 이념과 세대: 보수 성향 유권자를 중심으로."『한국정치연구』 27권 1호, 205-240.

김성모·이현우. 2015. "출신지 거주자와 비거주자의 지역주의 행태 비교분석."『한국정치학회보』 49권 5호, 243-266.

김성연. 2015. "정책선호, 정책인식, 그리고 정책투표의 영향: 18대 대통령 선거를 중심으로."『의정연구』 21권 3호, 69-100.

김영태. 2009. "한국의 선거와 출신지역: 15-17대 대통령선거 수도권지역 결과를 중심으로."『현대정치연구』 2권 2호, 61-85.

김용철·조영호. 2015. "지역주의적 정치구도의 사회심리적 토대: '상징적 지역주의'로의 진화."『한국정당학회보』 14권 1호, 93-128.

김용철·조영호. 2017. "지역주의 정당구도의 지속과 변화: 경쟁적 가설의 경험적 검증을 위한 전망."『한국과 국제정치』 33권 2호, 65-99.

김진하. 2008. "17대 대선 투표 참여율과 기권."『현대정치연구』 1권 1호, 5-31.

노환희·송정민·강원택. 2013. "한국 선거에서의 세대효과: 1997-2012년까지의 대선을 중심으로"『한국정당학회보』 12권 1호, 113-140.

문우진. 2005. "지역본위투표와 합리적 선택이론: 공간모형분석."『한국과 국제정치』 21권 3호, 151-186.

문우진. 2009. "지역주의와 이념성향."『한국정당학회보』 8권 1호, 87-113.

문우진. 2017. "지역주의 투표의 특성과 변화: 이론적 쟁점과 경험분석."『의정연구』 23권 1호, 82-111.

박원호. 2012. "세대균열의 진화: '386세대'의 소멸과 30대 유권자의 부상." 박찬욱 편.『한국유권자의 선택』 1. 아산정책연구원.

박원호·신화용. 2015. "정당선호의 감정적 기반."『한국정치학회보』 48권 5호, 119-142.

박재흥. 2003. "세대 개념에 관한 연구: 코호트적 시각에서."『한국사회학』 37권 3호: 1-23.

손호철. 1993.『전환기의 한국정치』 파주: 창작과 비평사.

유성진·손병권·정한울·박경미. 2018. "집단정체성으로서의 세대와 그 정치적 효과."『한국정당학회보』 17권 2호, 93-119.

윤광일. 2017. "지역주의의 변화: 1988년, 2003년 및 2016년 조사결과 비교."『의정연구』 23권 1호, 113-149.

윤광일. 2019. "지역균열의 유지와 변화: 제19대 대선의 경험적 분석."『한국과 국제정치』 35권 2호, 37-73.

이갑윤. 2002. "지역주의의 정치적 정향과 태도."『한국과 국제정치』 18권 2호, 155-178.

이갑윤·이현우. 2008. "이념투표의 영향력분석: 이념의 구성, 측정, 그리고 의미."『현대정치연구』1권 1호, 137–166.

이내영. 2009. "한국 유권자의 이념성향의 변화와 이념투표."『평화연구』17권 2호, 42–72.

장기영·박지영. 2018. "한국 정당지지자는 대통령선거 후보자와의 '이념거리'를 어떻게 인식하는가? 한국 정당지지자의 '투사효과' 비교분석."『한국정당학회보』17권 1호, 77–102.

장승진. 2012. "제19대 총선에서의 투표 선택: 정권심판론, 이념 투표, 정서적 태도."『한국정치학회보』46권 3호, 99–120.

장승진. 2013. "민주통합당은 좌클릭 때문에 패배하였는가? 제18대 대선에서의 이념투표."『의정연구』19권 2호, 73–98.

장승진·서정규. 2019. "당파적 양극화의 이원적 구조"『한국정당학회보』18권 3호, 5–29.

전상진. 2004. "세대개념의 과잉, 세대연구의 빈곤: 세대연구 방법에 대한 고찰."『한국사회학』38권 5호, 31–52.

조성대. 2008. "균열구조와 정당체제: 지역주의, 이념 그리고 2007년 한국 대통령선거"『현대정치연구』1권 1호, 169–198.

지병근. 2006. "Ideology and Voter Choice in Korea: An Empirical Test of the Viability of Three Ideological Voting Models."『한국정치학회보』40권 4호, 61–83.

지병근. 2013. "호남지역에서 나타난 정당후보득표율의 지역편향: 제18대 대선 사례분석."『한국정당학회보』12권 1호, 141–173.

지병근. 2015. "민주화 이후 지역감정의 변화와 원인."『한국정당학회보』14권 1호, 63–91.

최장집. 1993.『한국정치연구』. 서울: 한길사.

최준영·조진만. 2005. "지역균열의 변화 가능성에 대한 경험적 고찰: 제17대 국회의원선거에서 나타난 이념과 세대균열의 효과를 중심으로."『한국정치학회보』39권 3호, 375–394.

한정훈. 2019. "정당의 명칭변경에 대한 한국 유권자의 인식과 정당일체감."『한국과 국제정치』35권 2호, 1–35.

한정훈. 2012. "한국 유권자의 정당호감도 결정요인과 그 효과." 박찬욱 편.『한국유권자의 선택』, 1. 아산정책연구원.

허석재. 2017. "세대와 생애주기에 따른 이념 변화: 세계가치관 한국자료분석(1990–2010)."『한국정치학회보』51권 1호, 181–205.

허석재. 2014. "한국에서 정당일체감의 변화: 세대교체인가, 생애주기인가."『한국정당학회보』13권 1호, 65–93.

Achen, Christopher H., and Larry M. Bartels. 2016. *Democracy for Realists: Why Elections Do Not Produce Responsive Governments.* Princeton: Princeton University Press.

Akerlof, George A., and Rachel E. Kranton. 2010. *Identity Economics: How Our Identities Shape Our Work, Wages, and Well-Being.* Princeton: Princeton University Press.

Ansolabehere, Stephen, Rodden, Jonathan, and James M. Snyder. 2008. "The Strength of Issues: Using Multiple Measures to Gauge Preference Stability, Ideological Constraint, and Issue Voting." *American Political Science Review* 102(2): 215-232.

Bartels, Larry. M. 2002. "Beyond the Running Tally: Partisan Bias in Political Perceptions." *Political Behavior* 24(2): 117-150.

Bartels, Larry. M. 2008. *Unequal Democracy: The Political Economy of the New Gilded Age.* Princeton: Princeton University Press.

Black, Earl, and Merle Black. 2002. *The Rise of Southern Republicans.* Cambridge: Harvard University Press.

Brewer, Marilynn B. 1999. "The Psychology of Prejudice: Ingroup Love and Outgroup Hate?" *Journal of Social Issues* 55(3): 429-444.

Brody, Richard A., and Benjamin I. Page. 1972. "Comment: The Assessment of Policy Voting." *American Journal of Political Science* 66(2): 450-458.

Campbell, Angus, Philip E. Converse, Warren E. Miller, and Donald E. Stokes. 1960. *The American Voter.* Chicago: University of Chicago Press.

Carmines, Edward G., and James A. Stimson. 1980. "Two Faces of Issue Voting." *American Political Science Review* 74(1): 78-91.

Converse, Philip E. 1964. "The Nature of Belief Systems in Mass Publics." *Critical Review* 18(1-3): 1-74.

Downs, Anthony. 1957. *An Economic Theory of Democracy.* New York: Harper & Row.

Ellis, Christopher, and James A. Stimpson. 2012. *Ideology in America.* Cambridge: Cambridge University Press.

Duch, Raymond M., and Randolph T. Stevenson. 2008. *The Economic Vote: How Political and Economic Institutions Condition Election Results.* Cambridge: Cambridge University Press.

Enelow, James M., and Melvin J. Hinich. 1984. *The Spatial Theory of Voting: An Introduction.* Cambridge: Cambridge University Press.

Enns, Peter K., and Christopher Wlezien. 2011. *Who Gets Represented?* Russell Sage Foundation.

Fiorina, Morris P. 1977. "An Outline for a Model of Party Choice." *American Journal of Political Science* 21(3): 601-625.

Fiorina, Morris P. 1981. *Retrospective Voting in American National Elections.* New Haven: Yale University Press.

Franko, William W., Nathan J. Kelly, and Christopher Witko. 2016. "Class Bias in Voter Turnout, Representation, and Income Inequality." *Perspective on Politics* 14(2): 351-368.

Gilens, Martin. 2012. *Affluence and Influence: Economic Inequality and Political Power in America.* Princeton: Princeton University Press.

Green, Donald, Bradley Palmquist, and Eric Schickler. 2002. *Partisan Hearts & Minds. Political Parties' and The Social Identities of Voters.* New Haven: Yale University Press.

Huddy, Leonie, Mason, Lilliana, and Lene Aaroe. 2015. "Expressive Partisanship: Campaign Involvement, Political Emotion, and Political Identity. *American Political Science Review* 109(1): 1-17.

Iyengar, Shanto, Lelkes, Yphtach, Levendusky, Matthew, Malhorta, and Sean J. Westwood. 2018. "The Origins and Consequences of Affective Polarization in the United States." *Annual Review of Political Science* 22: 129-146.

Key, V. O. Jr. 1949. *Southern Politics in State and Nation.* New York: Knopf.

Kitschelt, and Rehm. 2019. "Secular Partisan Realignment in the United States: The Socioeconomic Reconfiguration of White Partisan Support since the New Deal Era." *Politics & Society* 47(3): 425–479.

Leighley, Jan E., and Jonathan Nagler. 2014. *Who Votes Now?: Demographics, Issues, Inequality, and Turnout in the United States.* Princeton: Princeton University Press.

Leighley, Jan E., and Jennifer Oser. 2017. *Representation in an Era of Political and Economic*

Inequality: How and When Citizen Engagement Matters. Cambridge: Cambridge University Press.

Lipset, Seymour Martin. 1960. *Political Man: The Social Bases of Politics.* John Hopkins University Press.

Norris, Pippa, and Ronald Inglehart. 2019. *Cultural Backlash: Trump, Brexit, Authoritarian Populism.* Cambridge: Cambridge University Press.

Page, Benjamin I., and James R. Simmons. 2000. *What Government Can Do. Dealing with Poverty and Inequality.* University of Chicago Press.

Schlozman, Kay Lehman., Sidney Verba, and Henry E. Brady. 2012. *The Unheavenly Chorus: Unequal Political Voice and the Broken Promise of American Democracy.* Princeton: Princeton University Press.

Stimson, James A. 2015. *Tides of Consent: How Public Opinion Shapes American Politics,* 2nd edition. Cambridge: Cambridge University Press.

Tajfel, Henri. ed. 1982. *Social Identity and Intergroup Relations.* Cambridge: Cambridge University Press.

Verba, Sidney, and Norman H. Nie. 1972. *Participation in America: Political Democracy and Social Equality.* Chicago: University of Chicago Press.

Wolfinger, Raymond E., and Steven J. Rosentone. 1980. *Who Votes?* New Haven: Yale University Press.

8장

일본: 권력 분립과 지방자치

최희식(국민대학교)

I. 들어가며

　　일본의 민주주의는 정치 권력으로부터 자주성을 유지하려는 다양한 집단의 상호작용으로 전개되었다. 정치 권력으로부터 독립적인 관료제, 자주성이 강한 언론, 국가와 시장에 거리를 두고 발전해온 풀뿌리 시민운동 등 각 조직이 하나의 성(城)이 되어 자율적이고 자립적인 완결체로 기능하며 다원화된 사회를 구성했다. 이는 때로는 다테와리(縦割り) 조직문화로 명명되며, 횡적 연결 없이 종적으로만 분할되어 조직 상호 간의 네트워크와 소통이 부족한 일본 사회를 상징하곤 했다.

　　그래서인지 영국의 웨스트민스터 모델처럼 '제도 효과'로써 강한 리더십이 기대되었던 의원내각제는 일본에서는 반대의 현상을 노출했다. 파벌정치로 인해 자민당이 분권화되었고 수상 관저(한국의 청와대와 미국의 백악관 같이 수상을 보좌하는 조직) 기능이 정비되지 못하였으며, 관료정치와 족의원(族議員, 특정 분야에 전문성을 갖추고 이익집단과의 연계 속에 정책적 영향력을 소유한 국회의원) 및 자민당 법률 사전심사제가 수상의 리더십을 제약했기 때문이다(이토 2007; 다테바야시 2007).

하지만 2012년 재집권에 성공한 아베 신죠(安倍晋三) 수상이 현재까지 장기집권하면서 수상과 이를 지탱하는 관저의 권한이 강화되었고, 지금까지 일본 민주주의가 가지고 있던 특징이 많이 약화되고 있다. 2001년 당시 다나카 마키코(田中眞紀子) 외상이 사무차관에 자신과 결을 같이 하는 측근 관료를 임명하려는 것에 집단적 반기를 들고 결국 외상 경질을 이끌어낼 정도로 관료제의 독립성을 추구하던 일본의 관료는 손타쿠(忖度), 즉 윗사람 눈치를 보며 알아서 충성하는 집단으로 변질되었다. 2014년 아베가 일본 공영방송 NHK의 회장으로 자신의 심복, 모미이 가쓰토(籾井勝人)를 임명하면서 NHK는 '아베 채널'이라는 비난을 받았다. 실제로 그는 "일본 정부의 입장과 동떨어진 것을 방송해서는 안 된다"며 제작 자율성과 독립성을 후퇴시켰다. 〈국경 없는 기자회〉가 발표하는 일본의 언론 자유지수가 10년 전의 10위권에서 2019년 들어 60위권까지 후퇴한 것은 이러한 아베 정부의 언론 길들이기 때문이었다. 2015년 아베 정부가 집단적 자위권 등을 포함한 안보법제를 통과시키려 하자, 전국적인 시위가 벌어지기도 했다. 최근에 아베 정부는 검찰개혁을 추구하고 있지만, 국민들은 정치권력에 입각해 검찰 인사가 가능해졌다며 반발하고 있다.

그렇다면 아베 정부 시기의 일본 민주주의는 후퇴했다고 단정할 수 있을까? 만약 후퇴가 있었다면 어떤 면에서 그런 것일까? 그러한 후퇴로 인해, 일본 민주주의가 스스로의 문제의식 하에 민주주의의 질을 제고하고자 했던 흐름에 변화가 생긴 것일까? 본고는 90년대 이후 일본 정치의 핵심 이슈로 지속되었던 지방분권 문제를 통해 이러한 문제의 식을 검증하고자 한다.

지방분권 문제는 자민당 일당우위체제 하의 일본 민주주의에 대한 자기반성과 탈냉전 이후 급격히 전개되는 세계화의 흐름 속에서 본격적으로 대두되었다. 지방분권은 중앙정치의 개혁, 민주주의의 다양성 확보 및 행정의 효율성 제고를 위해 90년대 이후 지속된 일본 정치의 핵심 개혁 과제 중 하나였다. 중앙정치의 민주주의를 심화시키고, 지방의 참여과 자치를 증대시켜 일본 민주주의의 질을 높이고자 했던 중요한 사례인 것이다. 90년대에 이루어진 초보적 지방분권 개혁은 국가 기관위임사무를 폐지하는 등 지자체의 사무적 독립성을 높이는 방향으로 개혁이 이루어졌다. 이른바 1단계 지방분권의 시기였다. 사무적 독립성을 넘어 재정적 독립성을 추구했던 고이즈미 시기의 〈삼위일체개혁〉은 2단계 지방분권으로 볼 수 있다. 2000년대 들어서는 저출산·고령화로 인한 인구감소, 즉 '축소사회' 하에서 지방의 지속가능성을 제고하려는 노력이 전개되었다. 이 시기 이후로 지방분권 문제에 대한 논의는 3단계에 접어들었다고 볼 수 있다. 특히 2000년대 들어 중앙-지방 관계를 둘러싸고 중앙정치와 지방정치 양쪽에서 분열된 담론이 대두되면서 지방분권을 둘러싼 논쟁과 구체적인 정책이 전개되었다. 본 장은 각 주장의 담론과 구체적인 정책 분석을 통해 지방분권의 측면에서 일본 민주주의를 평가하고자 한다.

II. 90년대 이후 중앙
-지방관계의 변천: 위로부터의 개혁

1. 지방분권 1단계: 권한의 이양

일본에서 중앙-지방 관계를 재편하려는 노력은 1990년대 본격적으로 시작되었다. 이는 자민당 일당우위체제의 붕괴, 즉 1993년 자민당 정권의 붕괴 및 비자민 연립내각의 수립과 더불어 중앙정치 개혁 작업의 일환으로 시작되었다. 새롭게 수립된 호소가와 모리히로(細川護熙) 내각은 제 3차 임시행정조사회의 최종답신에 기반해 기관위임사무의 개혁, 중앙정부 관여의 축소폐지에 중점을 두고 중앙-지방관계를 재편하려 했다. 정치개혁의 일환으로 위치 설정된 이러한 노력은 세계적 분권화의 흐름과 맞물리며 일종의 '시대정신'이 되었다. 동시에 재계를 중심으로 행정개혁의 요구도 거세졌다. 국가의 재정부담 경감, 효율성 향상, 규제완화라는 관점에서 지방분권을 요구하였던 것이다(이정환 2012, 161).

지방분권이 시대정신이 되었기에 중앙정치 차원에서의 정치적 균열은 존재하지 않았고 정권의 변화에도 불구하고 지속되었다. 이 과정에서 행정부에 설치된 〈내각행정개혁본부〉, 〈지방제도조사회〉는 각각 논의를 진행하여 제안을 했다. 두 기관은 공통적으로 도쿄 일극주의의 해소, 주민자치의 실현, 행정의 유연성 확보 등을 지방분권의 목표로 제시하며, 기관위임사무의 폐지를 주장하였다. 다만 지방의 공간적 배치에 대해서는 침묵하며, 기존의 도도부현(광역 지자체)과 시정촌(기초 지자체)의 이원화된 체제를 그대로 유지할 것을 제안했다(石見豊 2004, 136-137).

지방정부 또한 중앙정부의 사무적 개입을 축소하려는 이러한 개혁에 광역 지자체와 기초 지자체 간의 이해 대립이 존재하지 않아 단일한 목소리를 낼 수 있었다. 가령 지자체 협의체인 〈지방 6단체〉는 1993년 지방분권추진위원회를 설치하여, 1994년 9월에 〈신시대의 지방자치〉라는 보고서를 발표하였다. 거기에서는 지방분권의 이념으로 "지역의 특성에 맞는 개성 있는 지역 만들기 및 주민복지의 질적인 증진을 추구하기 위해 주민자치를 강화하고 지자체의 자주성 및 독립성을 최대한 존중하고, 실로 민주적이며 공정하고 투명한 효율적인 행재정시스템"의 구축을 거론했다. 하지만 실제 이 보고서는 기관위임사무의 폐지에 주안점을 두었다. 다만, 정부의 보고서와는 달리, 기관위임사무 중 지자체가 집행하는 것이 행정 효율과 국민 복지에 바람직한 경우, 재원을 이양한 상황에서 지자체에 위임할 것을 제안한 것이 특징이다(石見豊 2004, 135-136). 후술할 2단계 지방분권의 주요 내용이 중앙 재원의 지방 이양인 점을 고려하면, 행정과 재정 양면에 걸친 자립성 확보가 목표였던 지자체의 지방분권론은 시대를 앞서갔던 것이다.

이렇게 자기결속을 강화한 중앙과 지방의 협조와 연대는 1995년 지방분권일괄법의 수립과 〈지방분권추진위원회의〉 발족, 1997년 기관위임사무 제도의 폐지 결정이라는 커다란 성과를 이루어냈다. 지방분권일괄법은 기관위임사무 폐지와 중앙정부와 지자체 간 분쟁처리를 담당하는 기관의 설치를 주문했다. 이는 중앙정부의 포괄적 지휘·감독권을 전제로 수직적 관계에 머물렀던 중앙-지방관계를 일정한 규칙에 근거한 협력관계로의 변화를 추동했다는 점에서 중요한 의미가 있다. 그런 의미에서 윤석상은 이를 '민주주의적 분권' 이념에 근거한 개혁이라고 칭하고 있다(윤석상 2011, 208).

다만 1단계 지방분권은 앞에서 살펴본 〈지방 6단체〉의 제안에 중점을 두고 논의가 진척되었다. 하지만 그 제안은 주민자치를 목표로 내걸고 있었음에도 실제 제안 내용은 지자체의 관장사무를 확대하려는 것들이 대부분을 이루었고, 주민 실생활 및 주민자치와 연관된 제안은 없었기 때문에 광역 지자체의 자율성과 관장업무를 확장하는데 머물렀다는 비판에 직면했다(岩崎忠. 2013, 3).

2. 지방분권 2단계: 재원의 이양

이렇듯 1단계 지방분권이 상당한 성과를 보였음에도 이는 중앙정부의 지방정부에 대한 사무적 간섭을 축소하는 형태의 지방분권에 불과했다. 이에 2000년대 들어, 일본 정부는 중앙정부의 지방정부에 대한 재정적 관여를 축소하고 지방정부의 재정자립도를 높이는 2단계 지방분권에 착수하게 되었다. 고이즈미 준이치로(小泉純一郎) 내각은 지방정부의 예속을 강화하는 중요한 수단이었던 중앙정부의 보조금 삭감, 국세의 지방세로의 이양, 지방정부 간의 격차시정을 목표로 하는 지방교부세 기능의 강화정책을 핵심으로 하는 이른바 '삼위일체 개혁'을 실시하였다(岩崎忠. 2013, 6-7).

삼위일체 개혁을 두고, 지방정부 차원에서는 도쿄도(東京都)와 같이 재정자립도가 높은 광역 지자체와 그렇지 않은 지자체 간의 의견 차이가 존재하였다. 재정자립도가 높은 지자체의 경우 재정 분권화를 의미하는 삼위일체 개혁은 지자체의 독립성과 완결성을 제고하는 것으로 환영 되었다. 반면 자립도가 낮은 지역은 보조금과 지방교부세가 지역 간 격차를 시정하는 중요한 수단이었기에 이를 삭감하는 것에 대한 우려의 목소리가 높았다. 하지만 광역 지자체 협의체인 〈전국지사회〉를 중심으로 이에 대한 조정이 이루어져 단일한 목소리를 낼 수 있었다. 삼위일체 개혁이 기초 지자체보다는 광역 지자체의 관심 사항이었기 때문에 기초 지자체의 목소리가 배제될 수 있었으며, 광역 지자체는 삼위일체 개혁이 재정분권 개혁이라는 측면에서 그에 대한 일정의 기대가 존재했기 때문이었다(이정환 2012, 167).

국가재정이 악화된 상황에서 재정개혁이 2000년대의 '시대정신'이 되어있었기에, 2단계 지방분권 개혁에 대한 여론의 지지가 컸다. 국세를 지방세로 전환하는 것은 지자체의 재정 독립성을 제고시킬 뿐만 아니라, 보조금과 지방교부세를 사실상 대량 삭감하기 때문에 이를 통해 국가재정 문제를 해결할 수 있다고 평가되었기 때문이다. 하지만 보조금과 지방교부세 삭감은 농어촌 등 지방에 지역구를 둔 국회의원에게 치명적이었기에 자민당 내 반발이 컸던 것이 사실이다. 동시에 보조금과 지방교부세를 통해 지자체에 대한 영향력을 확보했던 중앙 성청의 반발 또한 문제였다. 결국 삼위일체 개혁은 수상관저 중심의 '위로부터의 개혁'의 모습을 띨 수밖에 없었고, 그 과정에서 중앙 성청과 국회의원 및 지자체의 요구를 조율해 나갔다. 실제 삼위일체 개혁은 수상이 위원장이며 주요 대신(大臣)이 참여하는 〈경제재정자문회의〉에서 매년 발표하는 〈뼈대 방침(骨太の方針)〉에서 주요 결정이 이루어졌다.

반면, 1단계 지방분권 개혁으로 설치된 〈지방분권개혁추진회의〉는 중앙 관청 및 지자체 사이의 의견을 조율할 수 있는 별도의 심의회를 조직하지 않아, 삼위일체 개혁에서 중요한 조직으로 기능하지 못했다. 고이즈미 정부는 법적 근거가 명확한 〈지방분권개혁추진회의〉가 아니라, 국가와 지자체 간 별도의 협의기구를 만들어 14차례의 회의를 개최했다. 하지만 그 협의체의 법적 근거 및 결정에 대한 권위를 규정하지 않아 유명무실한 협의에 머물렀고, 모든 의사결정은 중앙 정부 내 이해관계가 다른 각 성청의 조정에 따라 결정되었다. 가령 보조금에 대해 〈전국지사회〉가 중심이 되어 〈지방 6단체〉는 구체안을 제시했으나, 중앙 성청, 문교족, 후생족, 농정족, 건설족 등 국가의 보조금에 사활적 이해관계를 지니는 족의원의 맹반발에 직면하여 많은 부분이 후퇴되었다(岩﨑忠 2013, 7).

국세의 지방세로의 전환 등 세원 이양에 대한 기대가 크지만, 지방정부를 논의의 핵심주체로 참여시키지 않고 정부 주도로 개혁을 실시하는 것에는 반발할 수밖에 없는 지방정부는 모순적이며 이중적 태도를 보였던 것이 사실이다. 실제 2005년 12월 〈지방 6단체〉는 3조 엔의 세원 이양에 대해 "지금까지 없었던 획기적인 개혁으로 금후 지방분권을 추진하는데 거대한 전진"이라고 평가한 후, "세원 이양률에 문제가 있지만 시설정비비를 대상으로 포함한 것은 지방의 의견이 반영된 것이지만, 아동부양수당 및 아동수당, 의무교육비 국고부담금 부담률 인하 등 우리가 요구해왔던 진실한 지방분권개혁 이념에 근거하지 않는 내용도 포함되었다"며 이중적 태도를 표명했다[1].

2단계 지방분권 결과, 4조 7천억 엔의 보조금을 삭감하고 그 상당 부분인 3조 엔을 지방으로 세원 이양하였으며, 5조 1천억 엔의 지방교부세 삭감이 이루어졌다. 지방정부 차원에서 보면 보조금 개혁으로 인해 지방정부의 자율성이 제고되었다는 효과가 나타났다. 반면 세원 이양과 지방교부세 삭감을 차감하면 중앙정부 재정 차원에서 보면 2조억 엔에 이르는 재정절감이 이루어졌다. 이렇듯 삼위일체 개혁은 지자체의 재정 독립성과 완결성을 추구하기 보다는 중앙정부의 재정 재건을 우선했다는 점, 이를 위한 세원 이양 목표가 불명확한 상황에서 보조금 및 지방교부세가 삭감되었다는 측면에서 '시장주의적 분권'에 머물렀다고 평가된다(윤석상 2011, 209).

---

[1] http://www.mayors.or.jp/p_action/a_mainaction/2005/12/171201-2index.php

Ⅲ. 2010년대 이후 중앙-지방 관계의 재정립: 자립과 자치의 모순

1. 지방분권 3단계: 주민자치와 지역공간의 재배치

삼위일체 개혁으로 명명되는 2단계 지방분권은 어느 의미에서 지방 정부가 중앙정부로부터 '재정적자마저 이양' 받은 셈이며, 이 때문에 이후 유바리시(夕張市)의 경우처럼 파산에 이르는 지자체가 속출하였다. 따라서 제 3단계 지방분권은 지방정부의 자립도와 자율성을 높이는 '높은 차원의 지방분권'을 목표로 하였다. 이에 따라 제 3단계 지방분권은 '규모의 경제'에 입각해 시정촌(기초 지자체) 통합 등의 방식으로 지방 정부의 통폐합을 유도하고 최종적으로 도주제(道州制)로 표방되는 초광역 지자체를 만드는 것에 집중되었다(岡田知弘 2010; PHP総合研究所編集 2010). 이에 따라 〈지방분권개혁추진위원회〉뿐만 아니라, 삼위일체 개혁에서 중요한 역할을 하였던 〈경제재정자문회의〉에 더해서 〈도주제 비전 간담회〉가 설치되어 3단계 지방분권 과정에 중요한 역할을 하게 되었다. 실제 시정촌 병합은 매우 진척되어, 1999년 3233개였던 시정촌이 2014년에는 1718개로 대폭 축소되었다(小滝敏之 2006, 154).

또한 삼위일체 개혁에서 보였던 '위로부터의 개혁'을 강화하는 제도설계가 이루어졌다. 가령 2006년 지방분권개혁추진법이 제정되어, 기존의 지방분권추진법과 같이 지방분권개혁추진위원회를 지방분권 논의 기구로 규정하여 조사심의 및 권고와 의견 제출을 할 수 있게 하였다. 하지만 기존의 법안이 수상이 그 권고를 존중할 의무규정을 두었던 반면에, 지방분권개혁추진법은 이를 삭제하여 수상이 그 권고와 의견에 속박받지 않도록 만들었다. 이로써 지방분권개혁추진위원회 활동에 구속받지 않고 수상 주도의 정책실행이 가능해진 것이다(岩崎忠 2013, 8-9).

이렇듯, 1단계 지방분권이 지자체 권한 확대, 2단계 지방분권이 재정권한 확대였다면, 3단계 지방분권은 공간의 재배치를 통한 지자체 통폐합이 중요한 과제가 되었다. 하지만 3단계 지방분권은 2009년 민주당 정권의 등장으로 중단되고, 민주당이 제시한 '지역 주권' 개혁으로 대체되었다. 민주당 정부는 국가의 권한을 지방으로 이양하는 지방분권으로는 한계가 있다고 판단하고 지역에 주권이 존재한다는 발상에 기초한 개혁을 추진하려 했다. 2010년 6월 각의결정된 〈지역주권전략 대강〉에는 "지역주민이 스스로의 판단과 책임으로 지역의 문제를 해결하는 것이 가능하도록 하는 개혁"이라고 지역주권 개혁을 정의했다(岩崎忠 2013, 12-13).

먼저 민주당 정부는 합의적 정책결정과정으로의 전환을 추구하였다. 자민당의 지방분권개혁추진위원회를 갈음하여 만든 〈지방주권전략회의〉는 수상이 의장이며, 각 성청 및 지자체 대표자가 참여하는 조직이었다. 그동안 지자체 대표는 지방분권에 대해 논의하고 제안하며 의견을 개진하는 논의기구에 참여하지 못하고, 자신의 이익을 대변하는 학자와 전문가를 파견하는 데 그쳤지만, 민주당 하에서는 지자체 대표가 직접 참여하여 지방분권 논의의 민주성을 확대한 것이다.

민주당 정부는 특히 고이즈미 내각의 2단계 지방분권이 시장의 효율성을 강조하는 시장주의적 분권이었으며 이로 인해 지자체의 파산이 속출했다고 비판하였다. 이 때문에 민주당의 지역주권은 기초 지자체의 역량과 자치성 강화를 중시하는 모습을 보였다. 민주당은 지역주권 10대 사업을 발표하여, 기초 지자체로의 권한 이양 및 조례지정권 확대, 중앙정부와 지방정부 협의체의 상설화, 국교보조금을 지자체가 자유롭게 사용할 수 있는 일괄교부금으로 전환하는 등의 내용을 포함하는 구체적 정책안을 제시하였다(윤석상 2011; 北村亘 2013; 島田恵司 2013;

地方自治制度研究会 2015). 여기에서 주목할 것은 자민당 3단계 지방분권의 핵심목표였던 지방 공간의 재배치(시정촌 통폐합, 도주제 등)를 통해 지방정부의 자립성과 자율성을 확대하는 것에 민주당도 기본적으로 찬성을 표하여, 지역주권 10대 과제에 지자체 연계 및 도주제를 포함시켰다는 점이다. 이후 관서 광역연합의 설립, 큐슈 광역행정기구설립을 위한 논의를 전개하였다. 민주당의 지역주권 또한 지방 공간의 재배치라는 시대정신에서 크게 벗어나지 못한 것이다.

이렇듯 3단계 지방분권에서는 지자체 통폐합을 통해 지방정부의 자립도를 증대하려는 지향과 기초 지자체를 강화하여 주민자치를 강화하려는 정책 지향이 동시에 나타나며 그 모순성이 증대되었다. 실제 과소지역의 기초 지자체 경우, 관공소의 역할이 지역경제에 미치는 효과가 크기 때문에 지자체 통폐합이 지역 쇠퇴를 가속화시킬 수 있다. 동시에 기초 지자체의 관할 범위가 커지면 공공서비스의 수준이 저하되는 부작용도 나타난다(윤석상 2011, 211). 주민자치의 증대와 지방의 통폐합은 자치와 효율성의 모순을 불가피하게 내면화하고 있는 것이다.

한편, 비슷한 시점에 지방정부로부터도 중요한 변화가 대두되었다. 2008년 하시모토 토오루(橋下徹)가 오사카부(大阪府) 지사로 당선된 이후, '오사카 유신'을 표방하며 오사카시 등 주변 지자체를 통합하여 오사카도(大阪都)를 만들려는 구상이 현실화되었다(박명희 2012; 橋下徹 2011; 読売新聞大阪本社社会部 2009). 이 구상은 핵심은 오사카시와 사카이시 등 두 개의 정령지정도시와 기초 지자체를 해체하고 인구 50만 정도의 특별구로 재편하여 오사카도를 설립하는 것이다. 이 구상은 교통망 정비나 상하수도 정비와 같은 기간설비를 초광역적 맥락에서 실시하고 중복되는 공공서비스를 통합하고 효율화할 수 있는 것으로 지역 주민의 기대가 컸다(하세헌 2012, 70-71).

이는 3단계 지방분권에서 제시된 도주제를 지방정부의 이니셔티브 하에 추진하는 것으로, 지금까지 '중앙정부의 중앙정부를 위한' 지방분권 정책에 대한 도전으로 인식되었다. 특히 하시모토는 '오사카 유신회'라는 지역정당을 '일본 유신회'라는 중앙정당으로 개편하여 제3의 정치세력으로 발전시켜 중앙정치에 큰 변화를 가져오기도 하였다.

이러한 지역을 기반으로 하는 지역정당은 민주당의 지역주권 정책과 맞물리며 증가하였다. 나고야시(名古屋市)를 무대로 설립된 '감세일본'은 2010년 나고야 시장인 가와무라 다카시(河村隆之)가 주도하여 만든 정당으로 중앙에서 지방으로의 세원 및 과세권 이양, 시민이 예산 사용처의 일부를 의결하는 지역위원회 설치, 의원 정수 및 보수삭감을 핵심과제로 제시했다. 2011년 아이치현(愛知県) 지사 선거에서 감세일본이 옹립한 후보가 압도적 표 차로 당선되었고, 시장선거에서도 가와무라가 재선되었을 정도로 지역에서의 지지도가 높았다(오세현 2012, 75-75). 이와 더불어 오사카도와 비슷하게 초광역 자치체인 추쿄도(中京都) 창설을 주요 정책으로 설립된 '일본 제일 아이치회' 또한 같은 구상을 내세웠던 '감세일본'과 경쟁 관계에 있었던 지역정당이었다(한의석 2012, 251).

그런 의미에서 하시모토의 '오사카 유신'과 감세일본은 기존 지방분권 정책에 대한 지방의 정치적 반발을 넘어, 지방에서 중앙정치를 개혁하고자 하는 새로운 시도로 이해되어야 할 것이다. 오사카시와 나고야시는 산업중심지로 공장이 밀집한 지역이었지만, 일본 경제의 불황으로 경제적 어려움에 직면해 있었다. 하지만, 중앙정부 주도의 지방분권 개혁은 교부세와 보조금을 바탕으로 하는 미온적인 것이었고, 그러한 불만이 지역 정당의 출현으로 이어진 것이다. 중앙정치 중심으로 전개된 지방분권은 지역 입장에서 매우 편파적이고 실망스러웠기에, 지방의 정치적 결집을 통해 중앙정치를 개혁하고자 하는 모습으로 나타난 것이다.

하지만 이러한 초광역 지자체의 설립에 대한 기초 지자체의 반응은 부정적이었다. 특히 규모가 작은 기초 지자체의 반응은 더욱 부정적이었다. 가령 가타노시(交野市)의 나카타 진코(中田仁公) 시장은 50만 정도의 특별구로 기초 지자체를 통합한다는 구상은 행정 서비스 차원에서 주민의 이익에 반하며, "주민의 얼굴이 보이는" 10만 정도의 특별구가 바람직하다며 오사카도 구상에 반대하였다. 더 나아가 그는 오사카도 구상이 지자체를 내부에서 파괴하고 있다며 비판하였다. 물론 그가 일본 공산당의 시장이었다는 당파성도 이러한 반대에 주요한 원인이 있겠지만, 본질적으로는 광역 지자체 중심의 지방분권론에 대한 기초 지자체의 반발이라는 측면이 더욱 컸다[2]. 그 외에도 특수한 역사와 문화를 가진 기초 지자체를 해체하는 것에 대한 반감, 주민 밀착형 행정서비스가 불가능해질 것이라는 우려 등도 기초 지자체가 오사카도 구상에 선뜻 동의할 수 없는 이유였다. 실제, 오사카도 구상은 2013년 사카이시(堺市) 선거에서 오사카도 구상에 반대하는 시장이 당선됨으로써, 광역 지자체와 기초 지자체 간의 이해대립 및 정치적 균열 현상이 표면화되었다(青山彰久·国分高史 2012, 15). 지방에서도 광역 지자체를 통해 효율성을 증대하려는 입장과 주민자치의 강화를 통해 민주·참여성을 확대하려는 입장이 극명하게 대립하게 된 것이다.

민주당 정부의 '지역주권' 정책, 그리고 하시모토의 '오사카 유신'을 통해 알 수 있는 것은 1~2단계에서 자기결속을 강화하던 중앙정부와 지방정부가 다양한 이해관계로 인해 정치적으로 분열하는 현상이 3단계에서 나타났다는 것이다. 이로써 중앙-지방 관계의 복잡성이 증대되어 정책

---

[2] http://www.jcp-osaka.jp/osaka_now/459

실행력에 약점을 드러내기 시작했다. 민주당의 지역주권론에 기초한 주민 자치의 실현이라는 과제는 오사카 유신회 등 지역 정당의 초광역 지자체 론에 휩쓸려 정책실행력이 급격히 저하되었다. 이는 자민당과 협력관계를 구축해왔던 관료를 배제하며, 정치 주도를 내세운 민주당에 대한 관료집 단의 집단적 반발도 한몫을 했다. 급기야 2012년에 자민당 정부가 재집권 하면서 이들의 개혁은 일정의 성과만을 달성한 채 그 동력을 상실하였다.

결국, 자민당의 신자유주의적 개혁의 실패로 대두된 중앙–지방 관계 의 재편을 향한 담론의 '잔치'는 끝났다. 아베 정부에서는 지방분권 담론 이 중앙정치에서 사라졌으며, 효율성 담론에 기반한 오사카도 구상만이 중앙 정당정치에 남아 명맥을 유지할 뿐이었다. '지방발 중앙정치 유신' 은 기초 지자체의 동의를 이끌어 내는 비전 제시에 실패하면서 중앙정치 의 일부분으로 흡수되고 말았다. 신자유주의적 효율성을 바탕으로 지자 체의 독립성을 강화하려는 비전은 신자유주의의 부산물인 지역 격차로 인한 피로감에 직면하여 추진력을 상실하였다. 민주성과 참여성을 기반 으로 주민자치의 이상을 실현하고자 제시된 중앙정부의 지역주권론 또한 차별적 비전 제시에 실패하고 좌절하고 말았다. 지역 불균형의 시정은 중 앙정부의 또 다른 핵심역할이 되었고 효율성 담론과 보완성 원칙이라는 블랙홀로의 흡입을 불가피하게 만들었다.

2. 아베 정부의 지방분권: 지역창생

민주당의 지역주권론은 자민당의 정권 복귀와 함께 역사의 뒤안길로 사라졌다. 디플레이션으로부터의 탈각과 '강한 일본'을 표방하는 아베 정 부에서는 지방분권 담론이 중앙정치에서 사라졌으며, 경제 재건의 관점에 서 지역 개발을 독려하는 '지방창생' 전략으로 변질되었다. 효율성 담론에 기반한 오사카도 구상만이 중앙 정당정치에 남아 명맥을 유지할 뿐이었다.

아베 수상은 2014년 6월 지역 활성화와 지역 재생을 중요과제로 하는 〈지방창생본부〉를 설치하고, 지방창생의 사령탑 역할인 지방창생 담당대신 직위를 새롭게 만들고 내각에 〈마을·사람·일 창생본부(まち·ひと·しごと 創生本部)〉를 설치하였다. 지방창생 관련 법안들은 2014년 가을 국회에서 성립되었고, '마을·사람·일 창생 장기비전'과 '마을·사람·일 창생 종합전략'이 결정되어 지방창생 정책의 내용이 구체화되었다(이정환 2018, 14).

아베 정부의 지방창생전략은 〈표-1〉과 같이 지역 특성에 입각한 과제 해결의 기본적 관점 아래에서 도쿄 일극 집중의 시정, 젊은 세대의 취업·노동·결혼·양육 희망실현, 빅데이터 수집·분석 등 "지역경제 분석시스템"에 의한 정보지원 체계, 지방창생 인재지원제도, 공공기관 전문상담제도, 관민협력 인재육성 시스템으로서의 지방창생칼리지 등의 인재육성 및 지원체계, 기업의 지역정착을 위한 세제지원 및 지자체 재정지원(신형 교부금 신설, 지방창생가속화교부금 등) 등의 구체적 정책을 제시하였다(전대옥 2017, 74).

〈표-1〉 아베 정부의 지방창생 종합전략의 분야별 정책추진 현황[3]

분야	주요 정책과제
지역일자리 창생	• 지방과 세계를 잇는 로컬 브랜딩 • 로컬 이노베이션에 의한 지방 양질의 일자리 창출 • 로컬 서비스 생산성 향상 • 기방의 선구적 주체적 대응을 선도하는 지역인재 육성 • 혁신을 담당할 조직형성 지원
지역내 인구유입	• 기업의 지방거점 강화 • 정부관계기관의 지방이전 • 생애활약마을 추진

---

[3] 전대옥(2017, 75)을 참조로 구성

젊은 세대 결혼·출산· 육아 희망달성	• 지역 어프로치에 의한 저출산 대책 • 지역실정에 따른 근로방식 개혁 및 지방창생 인턴십
마을만들기, 지역연대 및 집락생활권 유지	• 자립형(수익창출) 마을만들기 • compact+network • 연대중추도시권 • 정주자립권 • 마을 생활권 유지를 위한 작은 거점 및 지역 자치운영조직의 형성

하지만 이는 정부 주도의 지방개발 전략이라는 근본적 한계를 벗어나지 못했다. 가령, 지방창생전략에 따른 신형 교부금의 규모를 보면, 2016년도에는 1,000억 엔이 책정되었으며, 2015년에는 지방창생가속화 교부금 1,000억 엔이 추경예산 형태로 마련되었다. 2017년에는 1,000억 엔 규모의 지방창생추진 교부금은 유지되었으며, 2016년 보정예산으로 지방창생거점정비 교부금으로 900억 엔이 추가되었다. 문제는 이 교부금을 받기 위해서는 정부에서 제시한 각종 성장지표와 평가지표를 충족해야 한다는 것이다(고선규·이병호 2019, 157; 이정환 2018, 22). 이는 중앙정부의 전략적 목표에 지방정부가 순응하도록 하는 구도를 만든 것이다. 아베 정부의 지방분권이 과거 자민당의 지방분권론에서 보였던 '위로부터의 개혁' 모습에서 벗어나지 못했다는 방증이기도 하다.

특히 아베 정부는 지방 거점에 '국가전략특구(이후 지방창생특구)'를 지정하여 대담한 규제개혁을 통해 지역별 성장산업을 육성하는 프로젝트를 실시하였다. 예를 들어 대표적인 농업중심 지역인 아키타현(秋田縣) 센보쿠시(仙北市)는 농업의료관광 활성화를 목표로 지방창생특구로 지정되어, 외국인 의사를 활용한 의료관광 추진, 국유림의 민간개방 및 방목, 경작 포기지 등의 생산 농지 전환 및 재생이 원활히 이루어지도록 과감한 규제개혁이 실시되었다. 12개 지역에 설정된 지방창생특구는 수도권 2곳, 관서권 2곳 이외에 니가타현, 후쿠오카현 2곳, 오키나

와현, 아키타현, 미야기현, 아이치현, 히로시마현 등 전국 거점지역에 설치되었다(전대옥 2017, 70-73). 특구의 분포를 통해 효율성에 바탕을 두고 지방 거점을 중심으로 경제를 블록화하려는 경향을 읽을 수 있다.

이러한 효율성 관점에서 지역 공간의 재배치를 추구하는 것은 앞에서 살펴본 3단계 지방분권의 주요 특징 중 하나였는데, 아베 정부의 지방창생 전략에서도 유지되고 있다. 지방창생 전략은 대도시권-지방 도시-중산간 지역에 따라 각기 다른 지역 재배치를 추구하고 있다. 지방도시의 경우, 인구 30만 정도의 연계 중추도시권 혹은 정주자립권 형성을 추진하며, 다핵 네트워크형 콤팩트시티를 구축하는 계획을 표방했다. 중산간 지역의 경우, 도보이동이 원활할 정도의 거주지 집약을 통해 '작은 거점' 및 '고향 취락생활권'을 형성하는 것을 목표로 하였다(전대옥 2017, 76-77). 이러한 정책은 규모의 경제를 달성하기 위한 시정촌 통폐합을 추진하던 기존 정책과는 달리 세분화되어 있고, 저출산·고령화에 따른 인구감소와 '축소 사회'를 전제로 하는 현실성이 강한 정책이라고 평가할 수 있다.

콤팩트시티는 상업, 보건의료, 교육, 행정 등 다양한 편의시설과 행정력, 상하수도, 전력 등과 같은 기반시설을 밀집시키는 것이다. 콤팩트시티는 도시 기능과 거주 기능을 동시에 수행하는 생활거점 지역을 포괄한다. 또한 지자체의 지원으로 이곳으로의 이주가 장려된다. 그 주변지역은 콤팩트시티를 중심으로 네트워킹된다. 공공 교통망을 통해 주변 지역은 콤팩트시티와 연결되어, 이곳의 도시기능을 이용할 수 있게 된다. 대중교통망을 통해 네트워크화된 콤팩트시티는 지방창생 전략의 지역 재배치 핵심인 것이다(고선규·이병호 2019, 159). 하지만 축소되는 도시와 촌락의 기능을 중앙 지점에 집약하고, 거기로의 이동을 촉진하는 콤팩트시티 및 '작은 거점' 구상은 주민의 생활 보다는 행정 편의에 기반해 추진되는 경향이 강해서 네트워크로 연결되는 지역에 사는 주민의 피해는 더욱 커질 것으로 보인다.

이렇듯 아베 정부의 지방창생전략은 국가부흥 전략의 일부로 전락했고, 주민자치를 추구하며 민주적 지방분권을 꿈꾸던 민주당의 전략에서 이탈해 규모의 경제에 바탕을 둔 효율적 지방을 구축하기 위한 공간 재배치 전략으로 회귀하였다.

물론 지방창생 전략은 지자체와 지역 시민사회의 유기적 연대 속에서 자체적으로 문제 해결을 도모하는 민관협동 원리, 이른바 협력적 거버넌스를 표방하고 있다. 지방창생 정책은 방법론적으로 지역 내의 협력적 거버넌스를 강조하며 민관협동의 구축을 요구하고 있다. 특히 지역 내 산·관·학·금·노·언·사(産官学金勞言士, 산업계, 관, 대학, 금융기관, 노동단체, 언론계, 전문직)와의 협력을 명시하면서 이들의 정책참여가 중요함을 강조하고 있다(이정환 2018, 22). 하지만 일본의 지역 시민사회는 아베 정부의 지방창생보다는 오랜 역사를 지닌 자발적 운동으로써의 '마을 만들기(まちづくり)' 운동을 통해 지역사회의 문제의식을 실행해왔기 때문에 중앙정부의 지방정책과 궤를 달리하고 있는 것도 사실이다(고선규·이병호 2019).

실제, 이러한 협력적 거버넌스에서 사회적 기업은 중요한 역할을 하고 있다. 1995년 한신·아와지 대지진 이후 시민의 자발적 지역 활동을 장려하기 위해 1998년 '특정비영리활동촉진법'을 제정하였다. 이는 시민단체에 법인격을 부여해 행정의 수평적 파트너로 인정하는 것을 핵심 내용으로 한다. 이에 따라 법인격을 취득한 시민단체는 민법상의 계약 주체로서 정부와 일반기업을 대상으로 수익사업을 추진할 수 있게 되었다(이자성 2018, 40). 특히 고령화의 진전에 따라 노인과 아동 돌봄을 사회화하기 위해 추진된 지역포괄케어는 국가와 지자체의 책무로 규정되었고, 2017년에는 개호보험법과 노인복지법, 의료법, 아동복지법 등이 통합되어 지역을 기반으로 전개되는 사회적 돌봄이 본격화되었다. 이 과정에서 지역 사정에 밝은 풀뿌리 시민운동 단체들이 사회적 기업으로 활동하며 지자체와 함께 협력적 거버넌스를 구축하고 있다(이진아·한정원 2019).

IV. 지방분권과 민주주의: 참여와 효율의 이율배반

위에서 설명한 것처럼, 일본의 중앙-지방관계는 3단계로 구분이 가능하다. 1~2단계에서는 지방분권과 중앙통합이 결코 이율배반적인 현상이 아니었음을 알 수 있다. 즉 중앙정부의 개혁과 지방분권이 병행하면서 추진되었고 상호 균형을 유지하며 양자 간의 이익을 공유하는 형태로 진행되었음을 알 수 있다. 동시에 중앙정부는 지방분권이라는 대의명분에 정치적 균열을 보이지 않았고, 지방정부 또한 사무적 이양 및 재정적 이양이라는 초보적 지방분권 과정에서 광역 지자체와 기초 지자체 간의 정치적 분열이 존재하지 않았다. 이러한 이유로 1~2단계 지방분권은 자신의 결속을 강화한 중앙정부와 지방정부의 간의 긴밀한 연대를 바탕으로 큰 정치적 마찰 없이 그 성과를 달성할 수 있었다.

하지만 3단계에 접어들면서 중앙정부와 지방정부의 긴밀한 연대를 바탕으로 진행되어 오던 지방분권 개혁은 변화를 겪게 되었다. 우선 중앙정부 차원에서 지방분권을 둘러싼 핵심 목표가 지방정부의 자립성과 주민 자치라는 모순성을 띄게 되었다. 지방정부의 자립성 증대를 위해 지자체의 통폐합이 추구되지만, 동시에 주민 자치라는 목표 하에 기초 지자체의 사무 증대 및 재정자립이 강조되는 것이다. 결국 이러한 모순성이 양대 정당인 자민당(지자체 통폐합의 강조)과 민주당(주민자치의 강조)의 양 정치세력에 의해 대변됨으로써 지방분권 정책을 둘러싼 중앙정치의 분열이 나타나게 되었다.

동시에 지방정부 또한 분열을 경험하게 되었다. 지방분권의 목표가 자립성 증대와 주민 자치에 방점이 찍힌 이상, 광역 지자체와 기초 지자체 간의 균열은 불가피하게 되었다. 하시모토의 '오사카 유신'이 기초 지자체의 권한을 강화하려는 민주당의 '지역주권' 정책에 대한 반기의 성격이 강했지만, 결국 기초 지자체인 사카이시(堺市)의 반대로 좌초 직전에 내몰리게 된 것은 이러한 이유 때문이다.

기실, 지방분권은 민주주의에 중요한 요소 중 하나이다. 하지만 이를 추구하는 과정에서 이데올로기적 분화는 불가피하다. 가령 중앙정부와 지방정부의 권한 관계를 둘러싸고, 보완성과 자치성이라는 다른 정책지향이 나타난다. 보완성은 중앙정부와 지방정부의 적절한 역할분담, 특히 중앙정부의 지방정부 지원이 강조된다. 대체적으로 지역 균형 발전론의 형태로 나타난다. 지방정부가 재정적으로 중앙정부에 대한 의존도가 높은 경우, 내재적 지방분권은 사실상 불가능하여, 중앙정부와의 적절한 역할분담, 즉 중앙정부의 지원을 강조하게 된다. 특히 지방 간 재정자립도나 자립성에 큰 차이가 존재하는 경우, 중앙정부에 지방 격차를 시정하는 역할을 요구하게 된다.

반면 독립·자치성을 강조하는 경향이 존재한다. 이는 지방정부가 중앙정부의 예속에서 벗어나 지역 실정에 맞는 정책을 추구하고자 하는 열망이 발현된 것이다. 재정자립도가 높은 대도시 지자체의 경우, 자치성에 대한 의지가 강하다. 실제 이시하라 신타로(石原愼太郎)는 중앙정치와 대항하며 도쿄도의 자율성을 높이고자 했고, 오사카도 지사였던 하시모토 또한 중앙정부와 대립각을 세우며 지방의 자치성을 구가했다. 일본유신회와 감세일본 정당 등 지역정당 현상 또한 중앙정치에 대한 반감에 기초하여 지방의 자치성을 높이고자 하는 운동이었다.

지방분권을 둘러싼 정책지향의 차이는 지방정부의 규모성 및 성격을 둘러싼 논쟁에서도 나타난다. 먼저, 자립적인 지자체의 운영, 즉 효율성을 강조하는 흐름이 존재한다. 지방자치의 효율성과 자립성 및 경제성장이 강조되면서 광역 지자체로 통합이 강조된다(이정환 2018, 155). 도주제, 시정촌 병합, 오사카도 구상 등은 이러한 효율성이 강조된 사례이다.

반면에 시민사회의 적극적인 참여 하에 스스로 지역의 문제를 해결하려는 참여·민주성을 강조하는 흐름이 존재한다. 중앙집권적 정책결정과정에서 시민이 소외되어 있다는 반성에 기초해, 일반 시민의 정책과정에의 참여를 추구한다. 이러한 분권론은 민주적 책임성을 담보하는 행정제도를 이상적으로 바라보며, 중앙집권적 정책결정과정이 민주적 책임성을 저해하고 있기에 분권화를 추구해야 한다고 바라본다(이정환 2018, 156). 특히 이러한 참여 민주성에 대한 강조는 민주당의 지방주권론처럼, 기초 지자체의 자주성과 자립성, 주민의 참여성을 강조하는 주민자치론, 행정과 시민사회의 협력적 거버넌스를 강조하는 민관협동론의 형태로 나타났다.

〈표-2〉 일본의 중앙–지방관계 개념도

90년대 이후 지방분권론은 보완성, 즉 중앙정부와 지방정부의 역할

분담론이 주류적 담론을 형성하였다. 그러나 보완성에 기초한 지방분권론이 위로부터의 지방분권, 신자유주의적 지방분권으로 변질되면서 지역 격차를 해소하는데 실패하였고 오히려 이를 강화하였다. 신자유주의 그 끝에서 다시금 중앙−지방 관계의 재편이 전국적 의제로 대두되었던 것이다.

당연하겠지만, 이러한 지역 격차로 인한 경제적 타격 혹은 침체를 경험한 지역을 중심으로 자치성을 요구하는 목소리가 커지게 되었고 오사카도 구상, 지역정당의 대두 등 지자체의 자치성을 강화하려는 담론이 대두되었다. 동시에 도쿄도와 같이 재정자립도가 높은 지자체에서는 중앙정부로부터의 간섭을 배제하고자 하는 목소리가 높아져 갔다.

이러한 효율성 담론은 효율성을 우선하며 지속가능성을 탐색하는 광역 지자체 선호그룹의 중앙정치 세력화로 귀결되었다. 오사카의 하시모토와 도쿄의 이시하라 신타로가 연대하여 일본유신회를 형성한 것은 이를 상징적으로 보여준다. 그러나 이러한 담론은 민주성과 참여성에 기반을 두고 기초 지자체 중심의 주민 자치를 호소하는 그룹의 장벽에 부딪혔다. 오사카도 구상에 대한 사카이시의 반대는 이를 여실히 보여주고 있다.

동시에 이 효율성 담론은 구체적 비전 제시에 실패하며 행정개혁, 시민참여, 균형 발전 사이의 모순, 즉 '로컬 거버넌스의 삼중고'(이옥연 2012) 혹은 효율성과 참여증대 사이의 모순(이정환 2012)을 인식시키며 그 추진력이 약화되고 있다. 즉 이 담론은 중앙−지방 관계의 재편보다는 지역경제의 악화에 따라 발생한 중앙정부에 대한 불만을 흡수하는 이데올로기 장치에 불과한 측면이 강해진 것이다. 오사카 유신회가 전국 정당으로의 발전을 통해 '지역발 중앙정치 유신'을 꿈꾸었으나, 그 확장에 애로를 보이면서 오히려 오사카 지역의 지지를 바탕으로 하는 지역 정당적 성격이 강하게 남아 있는 것은 그 예일 것이다.

반면, 중앙정부 차원에서 이러한 효율성 담론을 수용하고 중앙–지방 관계의 재편을 추구하였던 것이 민주당의 지역주권론이었다. 지자체의 자치성을 강화한다는 측면에서 지역주권론은 오사카도 구상 및 주민자치론과 맥을 같이 하였다. 그러나 주민자치론적 성격이 강했던 민주당의 지역주권론은 오사카도 구상의 정치적 소용돌이에 휘말려 이와 연대하려는 모습을 보이면서 그 정책적 목표가 흔들리게 되었고, 결국 자민당의 지방분권론과 다른 새로운 모습을 보여주는데 실패하였다. 효율성에 기반을 둔 도주제 구상에 반대하였던 민주당이 이를 용인한 것, 자민당의 지방분권론이 가지고 있는 보완성 원칙을 그대로 계승한 것이 대표적인 예였다. 이는 중앙정부로써 '로컬 거버넌스의 삼중고' 혹은 효율성과 참여 증대 사이의 모순을 해결하기 위한 불가피한 측면이 강했다.

급기야 재집권한 아베 정부의 지방창생 전략은 국가부흥 전략의 일부로 전락했고, 주민자치를 추구하며 민주적 지방분권을 꿈꾸던 민주당의 전략에서 이탈해 규모의 경제에 바탕을 둔 효율적 지방을 구축하기 위한 공간 재배치 전략으로 회귀하였다. 그 과정에서 아베 정부는 과거 중앙정부가 지방정부를 예속시키기 위해 사용했던 수단인 신형교부금을 재활용하면서, 중앙정부 주도의 지방정책으로 회귀했다. 또한 정책결정과정에서, 지자체 대표자의 참가를 통해 중앙과 지방의 수평적 협의 구조마저도 다시금 중앙정부 주도의 정책결정과정으로 회귀시켰다. 여러 면에서, 아베의 지방분권 정책은 참여와 자치성 증대를 위한 주민자치적 구상이 전개되었던 2000년대의 흐름과 비교하면 정책적 후퇴가 존재하는 것이 사실이다. 하지만 이는 저출산·고령화에 따른 인구감소와 저성장, 즉 '축소사회'의 진전이라는 구조적 변동에 따라 지방 경제를 활성화하고 적정 수준의 완결성을 가지는 지역사회의 재

구축이라는 새로운 과제에 대응하는 과정에서 도출된 정책 결과물로도 해석할 수 있다. 지방분권을 위한 재정적 독립이 불가능했던 일본의 지자체의 상황을 고려하면, 국토의 균형 발전을 주장하며 지자체 스스로가 중앙정부의 지원을 바랐던 것도 사실이다.

　이러한 제도적, 이념적 후퇴는 지방분권의 제도적 기반이 성숙하지 못한 상황에서, 저출산·고령화·저성장이라는 구조적 변동에 직면한 중앙과 지방의 관계 설정이 다시금 효율성 측면으로 회귀할 수밖에 없는 구조가 정착되었다고도 볼 수 있다. 그럼에도 아베 정부는 그간의 지방분권의 성과에 기반하여 지방창생 전략을 추구하지 않을 수 없었다. 그것은 지역 시민사회의 역량과 자발적 참여를 활용하고 그 기반 위에 지방의 정책적 수요에 맞는 거버넌스 시스템을 구축하는 것이었다. 실제 지방창생 전략은 지자체와 지역 시민사회의 유기적 연대 속에서 자체적으로 문제 해결을 도모하는 민관협동 원리, 이른바 협력적 거버넌스를 표방하고 있다. 동시에, 일본의 지역 시민사회는 아베 정부의 지방창생보다는 오랜 역사를 지닌 자발적 운동으로써의 '마을 만들기(まちづくり)' 운동을 통해 지역사회의 문제의식을 실행하며 협력적 거버넌스를 실현하고 있다(고선규·이병호 2019).

참고문헌

고선규·이병호. 2019. "지역공동체 주도의 자원순환형 지역재생 모델 연구: 일본 다카마츠시(高松市)의 사례." 『지방행정연구』 117호.

다테바야시 마사히코. 2007. "정권 정당의 조직적 특징." 장달중 등 편 『한일정치사회의 비교분석』 서울: 아연출판부.

박명희. 2012. "21세기의 사카모토 료마? 하시모토 토루의 정치기업가적 리더십." 『담론』 15권 4호.

윤석상. 2011. "일본의 지방분권, 민주당 정권의 '지역주권론'과 지자체 재편." 『국제지역연구』 15권 3호.

이옥연. 2012. "일본의 중앙-지방 관계 변화에 대한 일고: 로컬 거버넌스의 삼중고(trilemma)." 『21세기 정치학회보』 22권 3호.

이자성. 2018. "사회적 기업의 협력적 거버넌스 형성에 관한 연구: 일본 고베시 사례를 중심으로." 『사회적기업연구』 11-3호.

이정환. 2012. "분권화 개혁론의 일본적 변용: 균형발전을 위한 국가주도(國家主導)와 탈(脫)국가주도를 위한 민관협동의 충돌." 『세계정치』 17호.

이정환. 2018. "일본 지방창생(地方創生) 정책의 탈지방적 성격." 『국제지역연구』 27-1호.

이진아·한정원. 2019. "일본 지역포괄지원센터를 중심으로 한 커뮤니티 케어 고찰." 『세계지역연구논총』 37-3호.

이토 미쓰토시. 2007. "일본의 정치적 리더십." 장달중 등 편 『한일정치사회의 비교분석』 서울: 아연출판부.

전대욱. 2017. "저출산·고령화에 따른 지역발전의 영향과 향후 대책: 일본 로컬아베노믹스와 지방창생전략의 시사점." 『지방행정연구』 108호.

하세헌. 2012. "지방정당 대두와 일본 지방정치 활성화: 새로운 지방정당 대두의 배경과 그 영향." 『일본연구논총』 35호.

한의석. 2012. "오사카유신회와 하시모토 토오루: 변화의 열망과 일본의 지역정당." 『21세기정치학회보』 22-2호.

PHP総合研究所編集. 2010. 『地域主権型道州制-国民への報告書』 PHP研究所.

岡田知弘. 2010. 『道州制で日本の未来はひらけるか—民主党政権下の地域再生·地方自治』 自治体研究社.

橋下徹. 2011. 『体制維新大阪都』 文春新書.

吉冨有治. 2011. 『橋本徹は改革者か壊し屋か大阪都構想のゆくえ』 中央公論新社.

島田恵司. 2013. 「民主党「地域主権改革」と政治主導」 『市政研究』 179호.

読売新聞大阪本社社会部. 2009. 『橋下主義: 自治体の道』 梧桐書院.

北村亘. 2013. 「民主党内閣の「地域主権」改革」 『阪大法学』 63권 3·4호.

産経新聞大阪社会部. 2009. 『橋下徹研究』 産経新聞社.

上山信. 2010. 『大阪維新橋下改革が日本をかえる』 角川新書.

岩﨑忠. 2013. 「民主党政権「地域主権」改革の評価と検証」 『自治総研』 39권 8호.

原口一博. 2010. 『民主党が日本を変える! 地域主権改革宣言』ぎょうせい
小滝敏之. 2006. 『住民自治の視点と道程』公人社
地方自治制度研究会. 2015. 『地方分権20年の歩み』ぎょうせい
青山彰久・国分高史. 2012. 『地方自治制度再編論議の真相』公人の友社
石見豊. 2004. 『戦後日本の地方分権』北樹出版

9장

대만: 민주적 절차와 효능감, 정치적 지지[1]

강수정(성균관대학교)

I. 서론

대만은 전 세계적으로 확산된 제3의 민주화 물결 속에서 권위주의 정권의 퇴장과 민주주의로의 이행을 경험하였고, 이후 짧은 기간에 정기적인 선거의 실시, 제도개혁, 평화적인 정권교체 등을 비교적 성공적으로 이루면서 민주국가로의 내실을 다져왔다(지은주 2016). 1980년대 이전까지 대만은 국민당의 일당독재를 특징으로 하는 권위주의 국가였으나, 1980년대 후반부터 1990년대 중반까지 민주주의 체제로의 전환을 경험하면서, 1992년 전국 단위의 입법원 선거를 처음 실시했고,

[1] 이 글은 『국제지역연구』 제24권, 제2호(2020년 4월)에 게재된 "민주주의의 질(quality)에 대한 대만인들의 인식과 정치적 지지"에 관한 논문을 수정·보완한 것이다.

1996년에는 민주적인 총통 직접선거가 처음 실시되었다. 이후, 2000
년 총통선거에서 민진당의 천수이벤(陣水扁)이 당선되고 2001년 입법원
선거에서도 민진당이 다수의 의석을 차지하면서 처음으로 민진당으로
의 정권교체가 이루어졌다. 2008년에는 국민당의 마잉주(馬英九)가 총
통으로 당선되고 입법원 선거에서도 국민당이 의회의 다수를 차지하
면서 두 번째 정권교체가 이루어졌다. 2008년 국민당의 재집권을 통한
두 번째 정권교체는 헌팅턴이 민주주의 공고화를 평가하는 지표로 제
시했던 '두 번의 수평적 정권교체'를 공정한 경쟁 선거를 통해 민주적이
고 평화적인 방식으로 달성했다는 점에서 대만 민주주의가 안정적으로
정착하여 공고화의 단계로 진입하였음을 보여주는 중요한 성과로 평가
되었다(Huntington 1991, 266-267).

2008년 집권한 국민당은 대만 독립을 주장하며 양안 관계의 긴장
을 조성해온 민진당과 달리 중국과의 경제적 교류 및 협력을 확대하는
친(親) 중국 정책을 통해 경제 성장을 촉진하는 정책을 추진하였다(문흥
호 2008, 106-107). 하지만 그 결과, 양안 교역에서 대만의 대중국 의존도
가 급격하게 심화하면서 중국에 대한 경제적 종속의 불안감이 커졌고,
중국의 경제 성장 둔화와 함께 대만 경제도 동반 침체로 이어졌다(박광
득 2010). 또한, 대만 유수의 기업들이 중국으로 이주하면서, 대만의 산업
공동화가 심화되었을 뿐만 아니라, 대만의 경제 개방으로 인해 소득 불
평등이 빠르게 심화되면서 소득 불평등 문제가 심각한 사회적 문제로 부
각되기 시작했다(지은주 2012). 이처럼, 대만 경제의 대중국 의존도 심화
에 따른 경기 침체와 소득 불평등의 심화는 대만의 사회적 불만을 고조
시켰다. 이러한 사회적 분위기 속에서, 2014년 국민당 정권의 양안 서비
스 협정의 날치기 통과, 지나친 친중 정책과 경제 예속화 등에 반대하는
학생들이 입법원을 점거하고 시위를 벌였고, 이러한 학생운동이 대중들

의 지지를 받아 수십만 명의 대중들이 참여하는 대규모 시위로 이어지면서 이른바 해바라기(太陽花) 운동이 발생하였다(정유선 2016). 결국, 같은 해 12월 있었던 지방선거에서 국민당은 참패했고, 2016년 치러진 총통선거에서 민진당의 차이잉원(蔡英文)이 최초의 여성 총통으로 당선되고, 같은 해 있었던 입법원 선거에서도 민진당이 압승을 거두면서, 국민당에서 민진당으로 또 한 번의 수평적 정권교체가 이루어졌다(국민호 2016; 이광수 2016). 이로써, 대만은 민주화 이후 세 번째 평화적 정권교체를 달성하였으며, 선거운동과 선출과정 역시 민주적 절차와 경쟁을 통해 진행되었다는 점에서 의미 있게 평가되었다(지은주 2016).

이처럼 대만은 민주주의의 전복 없이 민주적인 절차에 따른 정권교체가 안정적으로 지속되면서 유사한 시기에 민주주의 체제로의 전환을 경험한 국가들 중에서 절차적 민주주의가 비교적 안정적으로 작동하고 있으며, 다양한 민주주의 지표에서 비교적 높은 민주주의의 수준을 보여주고 있는 것으로 나타난다. 예를 들어, 국가들의 민주주의 수준을 평가하기 위해 보편적으로 많이 활용되는 지수들 중 하나인 폴리티(Polity) Ⅳ에 따르면, 행정수반 선출의 제도화(regulation), 경쟁성(competitiveness)과 개방성(openness), 행정부에 대한 견제(행정권의 제한), 정치적 경쟁(정치참여의 제도화와 경쟁성)이라는 세부 항목들에 대한 점수를 매겨 민주주의 수준을 평가할 때, 대만의 정치체제는 2004년 이후 '공고화된 민주주의(consolidated democracy)'의 수준에 도달했다고 평가받는다.[2] (〈그림 1〉 참조)

---

[2] 폴리티(Polity) Ⅳ는 1800년부터 현재까지 170여 개국의 정치체제가 얼마나 민주적인지를 판단할 수 있는 지수를 제공하고 있다. 행정수반 선출의 제도화(regulation), 경쟁성(competitiveness)과 개방성(openness), 행정부에 대한 견제(행정권의 제한), 정치적 경쟁(정치참여의 제도화와 경쟁성) 이라는 세부 항목들에 대한 점수를 매겨 각 국가의 정치체제의 성격(민주주의 수준)을 파악할 수 있는 지수 값을 산출한다. 이렇게 산출된 지수 값에 따라 −10과 10의 범위 내에서, −10은 세습 군

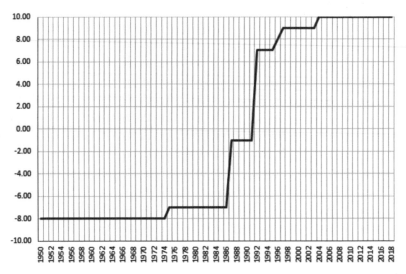

주: 폴리티(Polity)Ⅳ 지수 값(범위:-10~10): -10=세습 군주제(hereditary monarchy), -10에서
-6까지=전제정(autocracies), -5에서 0까지=폐쇄적인 혼합정(anocracies), 1에서 5까지=
개방된 혼합정, 6에서 9까지=민주주의(democracies), 10=공고화된 민주주의(consolidated
democracy).
자료 출처: Polity Ⅳ Project Dataset, 1950-2018.

〈그림 1〉 연도별 대만의 폴리티(Polity)Ⅳ 지수 값의 변동 추이

하지만 이와 같은 민주주의의 객관적 지표에 따른 민주주의의 질
(quality of democracy)에 대한 평가는 민주적 제도와 절차에 대한 평가
에 초점이 맞춰지는 경우가 많아서, 민주주의의 실질적 효능과 결과
적 측면이 소홀하게 다루어지거나 민주주의 체제에 대한 사회 구성원

주정(hereditary monarchy), -10에서 -6까지는 전제정(autocracies), -5에서 0까지는 폐쇄적인
혼합정(anocracies), 1에서 5까지는 개방된 혼합정, 6에서 9까지는 민주주의(democracies), 그리
고 10은 공고화된 민주주의(consolidated democracy)로 구분한다. 폴리티(Polity) Ⅳ 프로젝트에
대한 자세한 내용은 다음 링크를 참조: http://www.systemicpeace.org/polityproject.html (검색일:
2020년 4월 22일)

들의 인식과 평가가 반영되지 못하는 경우가 많다(조원빈 2014; 조원빈 외 2015). 민주주의의 질에 대한 연구가 결국 보다 '좋은 민주주의(good democracy)'를 모색하기 위한 것이라면, 민주주의의 질에 대한 평가를 위해서는 민주주의의 절차와 제도뿐만 아니라 그 실질적 효능과 결과에 대한 평가도 함께 이루어질 필요가 있다(마인섭 외 2014; 김비환 2014; 조원빈 2014; 조원빈 외 2015; Roberts 2010; Morlino 2004a; 2004b; Diamond et al. 2005).[3] 민주주의의 절차와 제도, 효능, 결과가 모두 민주적 가치에 부합하고 시민들의 필요와 요구에 부응할 때 민주주의의 질적 심화가 이루어지고 보다 나은 민주주의가 실현될 수 있다. 또한, 민주주의 질(절차·제도, 효능, 결과)에 대한 사회구성원들의 인식과 평가에도 관심을 기울일 필요가 있다(Logan et al. 2012).

모든 정치체제는 그에 대한 대중적 지지를 기반으로 지속 가능하다. 민주주의의 공고화 수준과 지속가능성을 평가하는 데 있어서 정치적 지지는 체제 정당성과 안정성을 보여주는 중요한 지표가 될 수 있다. 민주주의 체제에 대한 지지와 만족도가 높을수록 체제 정당성과 안정성은 높아지고, 궁극적으로 민주주의의 공고화 수준과 지속가능성이 높아질 수 있다. 그렇다면, 민주주의의 질은 정치적 지지에 어떠한 영향을 미칠까? 민주주의의 질에 관한 평가, 특히 결과적 측면에서 정부의 정책적 성과에 대한 평가가 정치적 지지에 미치는 영향은 민주주의 연구에 있어서

---

[3] 모리노(Morlino 2004a)와 다이아몬드 · 모리노(Diamond and Morlino 2015)의 연구에 따르면, 민주주의의 질적 성숙에 필요한 '좋은 민주주의'의 조건으로 결과(result), 내용(content), 절차 (procedure)의 관점에서 민주주의의 질을 구분하고, '결과'의 관점에서는 시민들을 만족시키는 정당화된 체제, '내용'의 관점에서는 시민, 결사체, 공동체들이 자유와 평등을 실질적으로 누리는 것, '절차'의 관점에서는 시민과 정부가 법의 지배에 따라 자유와 평등을 실현하고 있는지를 평가하고 견제할 권력을 갖는 것을 제시하였다.

논쟁적인 주제이다. 과거에는 대체로 정치체제 자체에 대한 지지는 그 체제의 구성 원리와 원칙들에 대한 일반화된 포괄적 지지를 보내기 때문에 정부의 수행력(performance)에 민감하게 반응하지 않으며, 특정 정부나 정치지도자들에 대한 지지보다 보통 더 지속적이라고 보았다(Easton 1965). 반면에, 구체적 지지는 정부의 업적에 대한 만족도에 따라 변화하며, 단기적 사건과 변동은 정치체제 전반에 대한 지지에 영향을 주기보다는 주로 특정 정권이나 정치행위자들에 대한 지지에 영향을 미치는 것으로 보았다(Citrin et al. 2001).

하지만 최근 연구에서 제시되듯이, 전 세계적으로 확산되고 있는 민주주의의 후퇴(democratic backsliding)와 탈공고화(deconsolidation)의 문제는 민주주의의 질과 안정성 저하 현상이 신생 민주주의 국가들에만 국한되는 것이 아니라, 공고화된 민주주의 국가들에서도 나타나고 있음을 보여주었다(Diamond 2015; Foa et al. 2016; 2017). 이러한 최근의 현상들은 민주주의 공고화가 높은 수준의 민주주의의 질을 획득하였음을 의미하는 것이 아니며, 체제 안정성을 영원히 담보하는 것도 아니며, 공고화된 민주주의라 할지라도 민주주의의 질적 향상과 유지를 통해 체제 정당성(regime legitimacy)을 지속적으로 확보할 수 없다면 탈공고화의 위험성을 안고 있음을 보여준다. 이는 민주주의의 지속가능성의 문제가 이제 더 이상 신생 민주주의 국가들만의 고유한 관심사가 아닌, 모든 민주주의 국가들의 보편적인 관심사임을 말해준다. 비록 대만 민주주의가 제도적인 수준에서 공고화되었다고 평가할 수 있으나, 민주주의의 실재에 대한 불만이 고조된다면 대만 민주주의의 질적 심화에 중요한 장애 요인이 될 수 있으며, 이러한 불만은 궁극적으로 민주주의 체제의 정당성에 대한 회의로까지 발전할 수 있을 것이다. 좋은 민주주의의 정의와 요건에 대해서는 학자들마다 이견이 있지만, 일정한 객관적 조건들을 갖춘 민주주의 체제라 하더라도 그 체제가 사회구성원들을 만족시킴으로써 대중적 지지를 얻지 못한다면 지속 가능하지 않다는 데에는 대부분의 학자들이 동의한다(Morlino 2004b; 마인섭 외 2014; 김비환 2014). 따라서 대중적 지지는 지속가능한 좋은 민주주의의 충분조건은 아니지만, 필요조건이라고 할 수 있다. 한 사회에서 좋은 민주주의가 지속가능하기 위해서는 그 사회구성원들의 민주주의에 대한 지지가 지속적으로 확보되어야 하며, 민주주의의 질에 대한 사회구성원들의 인식과 평가는 그들의 정치적 지지에 중요한 영향을 미칠 수 있다.

따라서 본 연구는 지속가능한 좋은 민주주의의 모색이라는 관점에서, 아시아 민주주의의 성공적 사례들 중 하나로 꼽히는 대만 민주주의의 질(절차·제도, 효능, 결과)을 대만인들이 어떻게 평가하고 있는지를 확인하고, 그 평가가 그들의 정치적 지지에 미치는 영향을 살펴보고자 한다. 본 연구에서는 정치적 지지를 민주주의 체제 자체에 대한 지지와 민주주의의 실재에 대한 지지(민주주의 구현방식에 대한 만족도), 구체적인 정치적 행위자에 대한 지지(정부 만족도와 신뢰도)로 세분화하여 분석을 진행한다. 이러한 분석을 위해, 본 연구는 제4차 아시아 바로미터 여론조사(Asian Barometer Survey)[4]의 대만 데이터를 활용한다.

---

[4] 아시아 바로미터 여론조사(Asian Barometer Survey)는 Fu Hu와 Yun-han Chu가 공동 책임자로, 대만 교육부, 대만중앙연구원, 국립대만대학교의 지원을 받아 진행되었다. 동 여론조사는 제4차 조사까지 완료되었다. 아시아 바로미터 대만 여론조사의 경우, 제1차 조사는 2001년 6-7월, 제2차는 2006년 1-2월, 제3차는 2010년 1-2월, 제4차는 2014년 6-11월에 이루어졌다. 본 연구에서 활용하고 있는 제4차 아시아 바로미터 여론조사는 14개 아시아 국가들(중국, 홍콩, 대만, 일본, 한국, 싱가폴, 필리핀, 태국, 베트남, 인도네시아, 몽골 등)에서 진행되었다. 대만의 경우, 국립대만대학교 동아시아 민주주의 연구 센터가 2014년 6월부터 11월까지 대면면접조사(face-to-face interview) 방식으로 설문조사를 진행하였으며, 응답자수는 18세 이상 1,657명이다. 표본추출은 확률적 표본추출 방법 중 하나인 다중층화지역표본추출방법(stratified multistage area sampling)을 사용하였다.

Ⅱ. 민주주의의 질에 대한 대만인들의 인식

대만은 전 세계적으로 확산된 제3의 민주화 물결 속에서 권위주의 정권의 퇴장과 민주주의로의 이행을 경험하였고, 이후 짧은 기간에 정기적인 선거의 시행, 제도 개혁, 민주적인 절차에 따른 정권교체가 안정적으로 지속되면서 절차적 민주주의가 비교적 안정적으로 작동하고 있으며, 다양한 민주주의 지표에서 비교적 높은 민주주의의 수준을 보여주고 있는 것으로 나타난다. 그렇다면, 대만인들은 이러한 대만 민주주의의 질을 어떻게 인식하고 있을까?

본 장은 '좋은 민주주의'의 관점에서 민주주의의 질을 크게 절차·제도적인 측면과 효능적 측면, 결과·성과적 측면으로 나누어, 대만 민주주의 질에 대한 대만인들의 인식(주관적 평가)을 종합적으로 살펴본다.[5] 먼저, 민주적 절차와 제도에 대한 인식은 민주주의의 최소 정의에 입각해서, 언론·집회·결사·표현의 자유와 같은 정치적 자유의 보장과 자유롭고 공정한 경쟁 선거를 통한 정치엘리트 선출, 법치(rule of law)의 실현에 초점을 맞추어 살펴본다. 좋은 민주주의가 되기 위한 최소한의 절차적 요건은 시민들이 자신의 의사나 정치적 선택을 표현할 수 있는 자유가 보장되어야 할 뿐만 아니라, 정기적이고 제도화된 과정을 통해 정치엘리트가 선출되고 의사 결정이 이루어지는 제도 및 절차가 마련되고 법치가 실현되어야 한다는 것이다(Chang et al. 2011; 김비환 2014, 50). 또한 좋은 민주주의를 위한 '법치'의 실현을 위해서는 사법권의 독립이 이루어져야 하며, 국가 공무원을 포함한 모든 사회구성원이 법을 준수하고 동등한 법의 적

---

[5] 이러한 카테고리 구분은 다음의 연구들을 참조하였다(조원빈 2014; 조원빈 외 2015; Morlino 2004a; 2004b; Diamond et al. 2005).

용을 받으며, 모든 정부의 활동이 법의 테두리 안에서 법적으로 명시된 절차에 따라 이루어져야 하고, 법을 만들고 집행하는 국가기관들의 부패가 근절되어야 한다.

둘째, 민주주의의 정치적 효능에 대한 인식은 '민주주의가 얼마나 효과적으로 구현되는가'라는 문제와 관련하여, 대표성, 반응성, 수직적·수평적 책임성으로 나누어 살펴본다. 대표성(representation)은 한 사회에 포함된 다양한 구성원들이 동등한 정치참여의 기회를 가지고 그들의 이해관계가 정치과정에 잘 대변되는지를 의미한다. 반응성(responsiveness)은 민주적 제도를 통해 선출된 정치 엘리트들이 정책 결정 및 집행 과정에서 시민들의 요구와 선호에 얼마나 부응하는지를 보여준다. 책임성(accountability)은 정부의 정책 결과가 시민들에게 평가 및 심판을 받는 '수직적 책임성(vertical accountability)'과 국가기관들 간의 권력 분산을 통해 상호 감시와 견제를 수행하는 '수평적 책임성(horizontal accountability)'으로 나눠진다. 좋은 민주주의는 정부의 정책 결정과 집행 과정에서 일반 시민들의 의사를 대변하고 그들의 요구와 선호에 효과적으로 반응하고 행동할 뿐만 아니라 정책 결과에 책임을 지는 높은 수준의 민주적 대표성과 반응성, 책임성을 보유할 것을 요구한다(Bühlmann et al 2013; 김용철 2016).

셋째, 결과·성과적 측면에서 민주주의의 질은 정부의 수행력(performance)과 관련이 있다. 정부의 수행력은 정부가 민주적 절차를 통해 산출한 정책적 결과물(outcomes)이 시민들을 만족시킬 수 있는 능력을 의미한다. 이러한 정부의 수행력은 주로 대중들이 관심을 가지고 있는 정책들과 공공기관을 통해 사회구성원들에게 제공되는 재화 및 서비스 등으로 구현된다(Eulau et al. 1977). 좋은 민주주의의 무엇보다 중요한 요건은 사회구성원들을 만족시킴으로써 광범위하게 정당성(legitimacy)을 인정받는 것이며, 광범위한 정치적 정당성을 획득하기 위해 시민들의 필요를 만족시키는 정책적 산물을 생산해 낼 수 있어야 한다. 따라서 결과적 측면에서 민주주의의 질은 좋은 민주주의의 성립뿐만 아니라 '지속가능성(sustainability)'에 있어서 매우 중요한 요소이다. 본 연구는 결과적 측면에서 민주주의 질에 대한 인식을 민주적 제도를 통해 구성된 정부의 정책적 수행력에 초점을 맞춰서, 시민들이 가장 중요시하는 정책적 의제인 성장과 분배, 복지의 문제를 중심으로 정책적 결과(outcomes)에 대한 평가를 살펴본다.

이러한 세 가지 카테고리별로, 주요한 요소들에 대한 대만인들의 인식(주관적 평가)을 측정하기 위해, 〈표 1〉에서 제시된 아시아 바로미터 여론조사(Asian Barometer Survey)의 설문 문항들을 활용하였고, 각 요소에 대한 평가를 긍정적 평가와 부정적 평가로 나누어 −2에서 2까지를 범위로, 2를 매우 긍정, 1을 긍정, 0은 선택 안 함(혹은 동일), −1을 부정, −2를 매우 부정으로 코딩하였다.

그 분석 결과를 바탕으로 대만 민주주의의 질에 대한 대만인들의 인식(주관적 평가)을 전반적으로 살펴보면, 절차·제도적인 측면과 정치적 효능의 측면에서는 긍정적인 평가와 부정적인 평가가 혼재되어 나타났으며, 결과·성과적 측면에서는 부정적인 평가가 전반적으로 우세하게 나타났다. 구체적으로 살펴보면, 첫째, 절차·제도적인 측면에서는 표현·결사의 자유와 같은 정치적 자유의 보장, 자유롭고 공정한 경쟁 선거를 통한 지도자 선출의 측면에서 긍정적인 평가가 우세하게 나타났지만, 법치의 실현과 관련해서는 국가공무원이나 정치엘리트들의 법 준수와 동등한 법의 적용 문제와 부패 수준에 대해 전반적으로 부정적 인식을 가지고 있는 것으로 나타났다.

둘째, 효능의 측면에서는 '대표성'과 '수평적 책임성'에 있어서 대만의 민주주의가 효과적으로 작동하지 못하고 있다는 부정적인 평가가 우세한 것으로 나타났다. 대표성과 관련해서는 정치적 평등이 제대로 실현되지 못하고 있다는 부정적인 인식이 우세할 뿐만 아니라, 대중들의 정치참여에 대한 정치적 효능감도 대체로 낮게 나타났다. 국가권력의 분산을 통한 견제와 균형의 측면에서 수평적 책임성이 나타나고 있는가에 대해서는 입법부와 사법부의 감독 기능이 제대로 수행되지 못한다는 부정적인 의견이 보다 우세했다. 그 외에, 반응성과 수직적 책임성에 대한 평가에서는 긍정적인 평가와 부정적인 평가가 혼재되어 나타났다. 예를 들어, 반응성에 대한 평가의 경우, 선거를 통해 여론 수렴이 가능하다는 측면은 긍정적으로 평가하면서도, 그러한 여론에 대한 정부의 반응성은 낮게 평가하는 경향이 나타났다. 수직적 책임성에 대한 평가에서는 민주적 절차를 통한 정권교체가 가능하기 때문에 책임성을 확보할 수 있다는 점에 대해서는 긍정적인 평가가 우세한 반면에, 임기 중에는 책임성을 확보할 수 있는 방법이 없다는 부정적인 의견이 우세하게 나타났다.

셋째, 결과·성과적 측면에서는 성장과 분배의 문제에 있어서의 정책적 결과에 대한 부정적인 평가가 주를 이루는 것으로 나타났다. 현재의 경제 상황, 과거와 비교한 경제 상황의 변화(경제 성장), 공정한 소득분배에 있어서 모두 부정적인 평가가 압도적으로 우위를 차지하는 것으로 나타났다. 이에 반해, 기초생활보장, 공교육 접근성, 의료접근성과 같은 기본적인 복지 시스템에 대해서는 긍정적으로 평가하는 것으로 나타났다.

〈표 1〉 대만 민주주의의 질에 대한 대만인들의 인식(주관적 평가)

구분	민주주의 질: 구성 요소		설문 질문	평가	
				긍정	부정
절차· 제도	정치적 자유 보장	표현의 자유	사람들이 공포 없이 자신의 생각을 자유롭게 표현할 수 있는가?	73.3	23.7
		결사의 자유	사람들이 공포 없이 자신이 원하는 조직에 가입할 수 있는가?	77	19.1
	자유 롭고 공정한 경쟁 선거	자유선거	전반적으로, 지난 전국단위 선거가 자유롭고 공정하게 치러졌다고 생각하는가?	67.9	24.4
		공정선거	선거기간 정당이나 후보들이 대중매체에 동등한 접근 기회를 가지는가?	68.4	25.5
		경쟁선거	선거가 유권자들에게 서로 다른 정당들/후보들 사이에서 얼마나 실질적인 선택의 기회를 제공하는가?	48.1	47
	법치	위법 처벌	범죄를 저지른 공무원들은 처벌받는가?	37.0	60.4
		법 준수	정부 지도자들이 법을 어기거나 권력을 남용하는지 않는가?	35.7	61.6
		부패	부패와 뇌물수수가 정부에서 얼마나 만연하다고 생각하는가?	24.1	72.4
효능	대표성	정치적 평등 (민족)	모든 시민들은 민족 출신에 상관없이 정부로부터 동등한 대우를 받는다고 생각하는가?	44.5	52.1
		정치적 평등 (빈부)	모든 시민들은 빈부에 상관없이 정부로부터 동등한 대우를 받는다고 생각하는가?	22.7	74.9
		정치적 효능감	일반 대중들이 정부가 하는 일에 영향을 미칠 수 있다고 생각하는가?	34.2	63
	반응성	선거를 통한 여론수렴	선거가 정부로 하여금 얼마나 국민들의 생각에 관심을 기울이게 한다고 생각하는가?	65	32.2
		여론 응답 수준	정부가 국민들이 원하는 바에 얼마나 잘 반응한다고 생각하는가?	28.1	69

효능	책임성	수직적 책임성	선거를 통한 정권교체	국민들은 그들이 원하는 경우 정권 교체를 할 수 있는 권한을 가지고 있는가?	55.3	40.8
			임기 중 책임성	선거들 사이에 국민들은 정부가 행동에 책임을 지게 할 수 있는 방법이 있는가?	36.8	59.7
		수평적 책임성	사법부의 행정부에 대한 견제	정부 지도자들이 법을 위반한 경우, 사법부가 할 수 있는 일이 있는가?	45.1	50.4
			입법부의 행정부에 대한 견제	입법부가 정부 지도자들을 어느 정도 감독할 수 있는가?	39.3	55.5
결과·성과	성장		현재 경제상황	현재 국가의 전반적인 경제상황을 어떠한가?	18.2 (20.4)	60.4
			(과거와 비교한) 경제성장	지난 몇 년 동안 국가의 경제상황이 나아졌다고 보는가, 나빠졌다고 보는가?	18.2 (14.4)	66.3
	분배		공정한 소득분배	소득분배가 얼마나 공정하게 이루어지고 있다고 생각하는가?	21	79.6
	복지		기초생활 보장	사람들은 의식주와 같은 기본적인 생필품들을 가지고 있는가?	59.7	37.8
			공교육 접근성	아이를 위한 공립초등학교에 입학 기회를 얻는 것이 용이한가?	66.1	6.7
			의료 접근성	주변 병원에서 의료해택을 받는 것이 용이한가?	93.2	5.8

자료 출처: Asian Barometer Survey Wave 4, Taiwana data, 2014
주: 괄호( )안의 수치는 좋지도 나쁘지도 않다고 응답한 응답자의 비율임.

Ⅲ. 민주주의 질에 대한 대만인들의 인식이 정치적 지지에 미치는 영향

'정치적 지지(political support)' 개념은 이스턴(Easton)에 의해서 확립되었는데, 그는 정치적 지지를 국민국가나 정치체제에 대한 일반적 지지를 나타내는 '포괄적 지지(diffuse support)'와 '구체적 지지(specific support)'로 구분한다(Easton 1975). 여기서 포괄적 지지의 대상이 되는 '정치체제(political regime)'라는 것은 정치조직체의 시스템적인 요소인 핵심 원칙과 가치, 운영 규칙을 의미하며, 구체적 지지는 지지의 대상에 따라 세분화될 수 있다. 즉, 포괄적 지지는 구체적 지지와 대비되는 개념으로서, 제도적 구조, 근본적 가치, 운영 규칙과 같은 정치조직체의 시스템적인 측면에 대한 일반화된 지지를 나타내는 데 반해, 구체적 지지는 특정 정권이나 정치지도자, 정책에 대한 평가를 내포한다. 기존 연구들은 서구 민주주의 국가들과 신생민주주의 국가들에서 포괄적 지지(민주주의 체제에 대한 지지)는 높지만, 구체적 지지(특정 정권 및 정치지도자들, 정책에 대한 지지)는 감소해왔음을 보여 준다(Dalton 1999; Norris 1999; 2011; Shyu 2010).

이러한 이스턴(Easton)의 논의를 기반으로, 노리스(Norris 1999; 2011)는 정치적 지지 개념의 수준을 보다 구체적으로 다섯 가지로 구분하였다. 첫째, 가장 광범위한 정치적 지지는 국민국가에 대한 애국심, 자부심, 소속감을 포함하는 지지이다. 둘째, 민주적 가치(values)와 이상(ideals)을 포함하는 정치체제의 원칙과 규범에 대한 지지이다. 셋째, 정치체제의 수행력(performance)에 대한 지지로서, 일반적으로 민주주의 작동방식과 민주적 정치과정 및 실제에 대한 지지를 포함한다. 넷째, 행정부, 입법부, 사법부, 지방 정부와 같은 정치제도에 대한 지지이다. 다섯째, 정치 지도자, 행정수반, 국회의원, 공무원과 같은 구체적인 정치적 행위자에 대한 지지이다.

따라서 정치적 지지를 분석하는 데에 있어서, 분석의 목적에 따라서 정치적 지지의 수준을 구분하는 것이 중요하다(강우진 2013). 본 연구는 지속가능한 좋은 민주주의의 모색이라는 관점에서 아시아 민주주의의 성공적 사례들 중 하나로 꼽히는 대만 민주주의의 질(절차·제도, 효능,

결과)을 대만인들이 어떻게 평가하고 있는지를 확인하고, 그 평가가 그들의 정치적 지지에 미치는 영향을 살펴보고자 한다. 이러한 분석 목적에 따라, 본 연구는 정치적 지지를 민주주의 체제 자체에 대한 지지와 민주주의의 실재(reality)에 대한 지지(민주주의 구현방식에 대한 만족도), 구체적인 정치적 행위자에 대한 지지(정부 만족도와 신뢰도)로 세분화하여 분석한다. 여기에서, 민주주의 체제 자체에 대한 지지는 민주주의 이념(idea)과 원칙에 대한 지지를 의미하며, 이는 "'설사 어떤 문제가 있더라도, 민주주의는 여전히 최선의 정부 형태이다'라는 데 동의하는가?"를 묻는 문항을 통해서 측정된다. 민주주의의 실재에 대한 지지는 민주주의의 실재 구현방식에 대한 만족도와 연관이 있으며, 이는 일반적으로 "전반적으로, 민주주의가 구현되는 방식에 대해 얼마나 만족하십니까?"라는 질문을 통해서 측정된다(Klingemann 1999). 구체적 정치적 행위자에 대한 지지는 그 대상에 따라 세분화될 수 있지만, 여기에서는 현 정부에 대한 만족도[6]와 신뢰도[7]를 묻는 문항들을 통해 측정된다.

이러한 방식으로 측정된 대만인들의 정치적 지지를 살펴보면, 서구 민주주의 국가들에서와 마찬가지로 대만에서도 높은 포괄적 지지와 낮은 구체적 지지의 대비가 나타나는 것을 확인할 수 있다. 민주주의 체제에 대한 지지와 만족도는 '포괄적 지지'라고 볼 수 있으며, 최근 제4차 아시아 바로미터 여론조사(Asian Barometer Survey) 결과에서 보면, 대만의 민주주의 체제에 대한 지지와 만족도는 비교적 높게 나타나고 있음을 확인할 수 있다. 〈표 2〉를 보면, 응답자의 85%가량이 설사 어떤 문제가 있더라도 민주주의는 여전히 최선의 정부 형태라는 데 동의를

---

[6] 현 정부에 얼마나 만족하십니까?
[7] 현 정부를 얼마나 신뢰하십니까?

표했다. 이는 민주주의 체제에 대한 높은 지지도를 보여준다. 또한, 대만에서의 민주주의 구현방식에 대한 만족도에 있어서도, 응답자의 63%가량이 만족한다고 응답했다(〈표 3〉 참조). 이는 민주주의 지지도에 비해서는 다소 낮기는 하지만, 과반수 이상이 민주주의 구현방식에 만족을 표시하고 있다는 점에서 대만 민주주의의 만족도가 비교적 높게 나타나고 있음을 확인 할 수 있다. 이와 대조적으로, '구체적 지지'라고 볼 수 있는 현 정부에 대한 만족도와 신뢰도는 전반적으로 상당히 낮게 나타났다. 전체 응답자의 73%가 현 정부가 불만족스럽다고 응답했으며, 71%는 현 정부를 그다지 신뢰하지 않는다고 응답했다(〈표 4〉, 〈표 5〉 참조). 제4차 아시아 바로미터 여론조사가 대만에서 2014년에 시행되었다는 점을 고려할 때, 당시 집권하고 있었던 국민당 정부에 대한 불만과 불신이 팽배했음을 알 수 있다.

아래에서는 대만 민주주의의 질(절차·제도, 효능, 결과)에 대한 대만인들의 평가가 그들의 정치적 지지에 미치는 영향을 민주주의 체제 자체에 대한 지지와 민주주의의 실재(reality)에 대한 지지(민주주의 구현방식에 대한 만족도) 그리고 구체적인 정치적 행위자에 대한 지지(정부 만족도와 신뢰도)로 세분화하여 분석하였다.

〈표 2〉 민주주의 체제에 대한 지지

	빈도	퍼센트	누적 퍼센트
상당히 동의 (Strongly agree)	172	10.4	10.4
동의 (Fairly satisfied)	1234	74.5	84.9
동의하지 않음 (Not very satisfied)	171	10.3	95.2
전혀 동의하지 않음 (Not at all satisfied)	13	0.8	96
선택 안함 (Can't choose)	36	2.2	98.2

문제를 이해 못함	21	1.3	99.5
답변 거절 (Decline to answer)	8	0.5	100.0
총계	1657	100.0	

설문 문항: "설사 어떤 문제가 있더라도, 민주주의는 여전히 최선의 정부 형태이다."라는 데 동의
하는가? (Do you agree or disagree with the following statement: "Democracy may
have its problems, but it still the best form of government")

자료 출처: Asian Barometer Survey Wave 4, Taiwan data, 2014

〈표 3〉 민주주의 구현방식에 대한 만족도

	빈도	퍼센트	누적 퍼센트
매우 만족 (Very satisfied)	94	5.7	5.7
상당히 만족 (Fairly satisfied)	947	57.2	62.9
별로 만족스럽지 않음 (Not very satisfied)	507	30.6	93.4
전혀 만족스럽지 않음 (Not at all satisfied)	72	4.4	97.8
선택 안함 (Can't choose)	28	1.7	99.5
답변 거절 (Decline to answer)	9	0.5	100.0
총계	1657	100.0	

설문 문항: 전반적으로, 민주주의가 구현되는 방식에 대해 얼마나 만족하십니까? (On the whole,
how satisfied or dissatisfied are you with the way democracy works in the country?)

자료 출처: Asian Barometer Survey Wave 4, Taiwan data, 2014

〈표 4〉 현 정부에 대한 만족도

	빈도	퍼센트	누적 퍼센트
매우 만족 (Very satisfied)	17	1.0	1.0
상당히 만족 (Fairly satisfied)	375	22.7	23.7
별로 만족스럽지 않음 (Not very satisfied)	710	42.9	66.5
전혀 만족스럽지 않음 (Not at all satisfied)	495	29.9	96.4
선택 안함 (Can't choose)	33	2.0	98.4

	빈도	퍼센트	누적 퍼센트
답변 거절 (Decline to answer)	27	1.6	100.0
총계	1657	100.0	

설문 문항: 현 정부에 얼마나 만족하십니까? (How satisfied or dissatisfied are you with the current government?)

자료 출처: Asian Barometer Survey Wave 4, Taiwan data, 2014

〈표 5〉 현 정부에 대한 신뢰도

	빈도	퍼센트	누적 퍼센트
매우 신뢰 (A great deal of trust)	45	2.7	2.7
상당히 신뢰 (Quite a lot of trust)	356	21.5	24.2
별로 신뢰 안함 (Not very much trust)	846	51.1	75.3
전혀 신뢰 안함 (None at all)	333	20.1	95.4
선택 안함 (Can't choose)	69	4.2	99.5
답변 거절 (Decline to answer)	8	0.5	100.0
총계	1657	100.0	

설문 문항: 현 정부를 얼마나 신뢰하십니까? (Trust in the executive office)

자료 출처: Asian Barometer Survey Wave 4, Taiwan data, 2014

1. 민주주의의 질에 대한 주관적 평가가 민주주의 체제 지지도에 미치는 영향

이 장에서는 먼저 대만 민주주의의 질에 대한 대만인들의 평가가 민주주의 정치체제 자체에 대한 지지에 어떠한 영향을 미치는지 살펴본다. 〈표 6〉에 제시된 [모형 A]는 민주주의 질을 구성하는 여러 요소에 대한 평가를 독립변수로 하고, 민주주의 체제에 대한 지지를 종속변수로 하여 회귀분석을 통해, 민주주의 질에 대한 주관적 평가가 민주주의 체제 지지도에 미치는 영향을 살펴본 것이다.

〈표 6〉[모형 A] 민주주의 질에 대한 주관적 평가가 민주주의 체제 지지에 미치는 영향

종속변수	독립변수		B	S.E	β	t	p	VIF
민주주의 체제에 대한 지지	(상수)		.704	.172		4.105	.000	
	성별(남성=1)		.010	.038	.007	.264	.792	1.033
	연령		-.001	.002	-.019	-.587	.557	1.776
	교육수준***		.041	.011	.121	3.681	.000	1.738
	경제수준**		-.059	.024	-.064	-2.438	.015	1.118
	정치적 자유**		.049	.024	.057	2.051	.040	1.267
	자유·공정·경쟁선거		-.010	.027	-.010	-.351	.725	1.270
	법치		.040	.038	.032	1.060	.289	1.508
	대표성		-.047	.029	-.047	-1.623	.105	1.339
	반응성	선거를 통한 여론수렴***	.119	.019	.174	6.311	.000	1.235
		여론 응답 수준	.006	.021	.009	.298	.766	1.444
	수직적 책임성	선거를 통한 정권교체**	.037	.017	.056	2.132	.033	1.118
		임기 중 책임성	-.016	.020	-.024	-.772	.440	1.549
	수평적 책임성	사법부의 행정부 견제	-.021	.020	-.034	-1.053	.293	1.639
		입법부의 행정부 견제	.024	.020	.035	1.179	.239	1.420
	결과·성과	현재 경제상황	-.026	.023	-.033	-1.172	.242	1.320
		(과거와 비교한) 경제성장	.010	.019	.014	.529	.597	1.207
		분배	-.021	.022	-.026	-.951	.342	1.238
		복지***	.094	.034	.076	2.718	.007	1.250
F			6.707(p<0.001)					
R²			0.075					
adjR²			0.064					

*p<0.1, **p<0.05, ***p<0.01

〈표 6〉의 분석 결과를 보면, 민주주의 질에 대한 주관적 평가들 중에서 정치적 자유 보장(표현·결사의 자유 보장)이라는 절차·제도적 요소와 선거를 통한 반응성(선거를 통한 여론수렴 가능)과 수직적 책임성(선거를 통한 정권교체 가능) 확보라는 민주주의의 효능, 기본적인 복지 제공이라는 정책적 결과에 대한 평가가 대만인들의 민주주의 체제에 대한 지지에 통계적으로 유의미한 (+)영향을 미치는 것으로 나타났다. 이는 표현·결사·집회·언론의 자유와 같은 정치적 자유를 보장하고, 선거를 통한 여론 수렴과 정권교체를 가능하게 함으로써, 궁극적으로 정부의 반응성과 수직적 책임성을 높이는 것이 민주주의 체제에 대한 지지를 유지·강화하는데 긍정적인 기여를 할 수 있음을 보여준다. 이는 정치적 자유가 보장되지 않아 사실상 정치 참여가 제한되거나, 민주적 절차와 제도를 통한 여론 수렴과 정권교체가 불가능해지는 등의 이유로 정부의 반응성과 수직적 책임성이 낮아질 경우에는, 민주주의 체제에 대한 지지가 약화될 수 있음을 의미한다.

또한, 흥미로운 부분은 이러한 민주적 절차·제도와 효능 외에도, 기본적인 복지 제공이라는 정책적 성과가 민주주의 체제에 대한 지지에 긍정적인 기여를 한다는 점이다. 이는 기초생활 보장, 의료 접근성, 공교육 접근성과 같은 기본적인 복지 수준을 유지·향상시키는 것이 민주주의 체제에 대한 지지를 유지·강화하는 데 일정 정도 기여를 하고 있으며, 이러한 최소한의 복지가 제대로 제공되지 않아서 불만을 가지게 되는 경우 민주주의에 대한 지지가 약화될 수 있음을 의미한다. 정책적 성과에 대한 평가에 있어서 중요하게 인식되어온 성장과 분배의 문제에서의 정책적 성과는 체제 지지도에 영향을 미치지 않지만, 이러한 최소 정의의 복지 정책이 체제 지지도에 영향을 미친다는 점에 주목할 필요가 있다. 대만의 경우, 2014년 여론조사를 기준으로 볼 때, 기본적인 복지 수준에 대한 긍정적인 평가가 우세한 것으로 나타났지만, 이러한 최소한의 복지에 대한 기대조차도 충족되지 않을 경우, 민주주의 체제에 대한 지지가 약해질 수 있음을 보여준다.

이러한 분석 결과를 종합해보면, 대만에서 성장과 분배의 문제에 있어서 정책적 결과에 대한 부정적인 평가가 우세함에도 불구하고, 민주주의 체제에 대한 지지도가 높게 나타나는 이유를 어느 정도 설명할 수 있다. 대만의 경우, 성장과 분배의 문제에 있어서 정책적 결과물에 대한 불만이 고조되었음에도 불구하고, 기본적으로 정치적 자유가 보장되고, 선거라는 민주적 제도와 절차를 통해 여론수렴과 정권교체가 가능하여 정부의 반응성과 수직적 책임성이 어느 정도 확보될 수 있다는 점, 그리고 기초생활보장과 공교육 및 의료 접근성과 같은 최소한의 복지가 보장된다는 것에 대한 긍정적인 인식이 높은 체제 지지도에 일정 정도 기여를 하고 있음을 알 수 있다.

〈표 7〉은 [모형 B]에 대한 회귀분석 결과를 보여준다. 〈모형 B〉는 민주주의 질에 대한 주관적 평가 이외에, 민주주의 구현방식에 대한 만족도와 현 정부에 대한 만족도를 독립변수로 추가하여 이러한 변수들이 민주주의 체제에 대한 지지도에 미치는 영향을 확인하기 위한 모형이다. [모형 A]에서 유의미한 독립변수로 판별된 변수들은[8] [모형 B]에서도 그대로 종속변수(민주주의 체제에 대한 지지)에 유의미한 영향력(설명력)을 가지는 것으로 나타났다. 또한, 민주주의 구현방식에 대한 만족도는 체제 지지도에 유의미한 (+)영향을 미치지만, 현 정부에 대한 만족

---

[8] 정치적 자유 보장(표현 · 결사의 자유 보장)이라는 절차·제도적 요소와 선거를 통한 반응성(선거를 통한 여론수렴 가능)과 수직적 책임성(선거를 통한 정권교체 가능) 확보라는 민주주의의 효능, 기본적인 복지 제공이라는 정책적 성과에 대한 평가

도는 체제 지지도에 통계적으로 유의미한 영향을 미치지 않는 것으로 나타났다.

뿐만 아니라, 민주주의 질에 대한 주관적 평가만을 독립변수로 한 [모형 A](R²=0.075, adjR²=0.064)보다, 민주주의 질에 대한 주관적 평가와 함께 민주주의 만족도를 독립변수로 추가한 [모형 B](R²=0.101, adjR²=0.089)가 민주주의 체제에 대한 지지를 설명하는 데 더 큰 설명력을 가지는 것으로 나타났다. 민주주의의 질에 대한 주관적 평가만을 독립변수로 하여 민주주의 체제에 대한 지지를 설명하는 것보다는, 민주주의의 질에 대한 평가와 함께 민주주의에 대한 만족도를 독립변수로 하는 경우 민주주의 체제 지지도(종속변수)에 대한 설명력이 증가하는 것을 확인할 수 있었다.

종합해보면, 성장과 분배의 문제에 있어서 정책적 성과에 대한 불만이 팽배함에도 불구하고, 대만에서 민주주의 체제에 대한 지지가 높게 나타나는 것은 대만에서 민주주의 구현방식에 대한 만족도가 비교적 높고, 정치적 자유가 보장되고 선거를 통한 여론 수렴과 정권교체가 가능함으로써 반응성과 수직적 책임성이 확보될 수 있는 최소한의 조건을 갖추었다는 점에 대한 긍정적인 평가와 함께 최소한의 기본적인 복지 보장이라는 정책적 성과에 대한 긍정적인 평가가 체제 지지도를 높이는 데 일정 정도 기여를 하고 있는 것으로 보인다. 따라서 대만에서 민주주의 체제 정당성을 유지·강화하기 위해서는 정치적 자유를 지속적으로 보장하고, 선거와 같은 민주적 제도를 통한 여론 수렴과 평화적인 정권교체를 지속적으로 가능하게 함으로써 정부의 반응성과 수직적 책임성을 강화하고, 최소한의 복지를 보장함으로써 복지에 대한 만족도를 높이는 동시에 민주주의 구현방식에 대한 전반적인 만족도를 높이는 것이 중요하다고 볼 수 있다.

〈표 7〉 [모형 B] 민주주의 질에 대한 주관적 평가와 민주주의 만족도,
정부 만족도가 민주주의 체제 지지에 미치는 영향

종속변수	독립변수		B	S.E	β	t	p	VIF
민주주의 체제에 대한 지지	(상수)		.625	.171		3.646	.000	
	성별(남성=1)		.017	.038	.011	.436	.663	1.039
	연령		.000	.002	.003	.078	.938	1.808
	교육수준***		.039	.011	.116	3.559	.000	1.751
	경제수준***		-.065	.024	-.071	-2.699	.007	1.122
	정치적 자유*		.039	.024	.046	1.661	.097	1.280
	자유·공정·경쟁선거		-.031	.027	-.032	-1.119	.263	1.310
	법치		.032	.038	.026	.846	.398	1.567
	대표성		-.032	.029	-.032	-1.095	.274	1.364
	반응성	선거를 통한 여론수렴***	.107	.019	.157	5.667	.000	1.256
		여론 응답 수준	.000	.022	.000	-.009	.993	1.562
	수직적 책임성	선거를 통한 정권교체**	.037	.017	.055	2.109	.035	1.123
		임기 중 책임성	-.019	.020	-.029	-.931	.352	1.548
	수평적 책임성	사법부의 행정부 견제	-.019	.020	-.029	-.922	.356	1.647
		입법부의 행정부 견제	.020	.020	.029	.997	.319	1.426
	결과·성과	현재 경제상황	-.033	.023	-.042	-1.455	.146	1.360
		(과거와 비교한) 경제성장	.006	.019	.008	.301	.763	1.223
		분배	-.034	.022	-.042	-1.531	.126	1.267
		복지**	.081	.034	.065	2.367	.018	1.251
	민주주의 만족도***		.120	.019	.173	6.264	.000	1.257
	정부 만족도		-.016	.021	-.025	-.768	.442	1.692
F			8.278(p<0.001)					

R^2	0.101
$adjR^2$	0.089

*p<0.1, **p<0.05, ***p<0.01

2. 민주주의 질에 대한 주관적 평가가 민주주의 구현방식에 대한 만족도에 미치는 영향

그렇다면, 민주주의에 대한 만족도는 어떻게 높일 수 있을까? 이에 대한 단서를 얻기 위해, 민주주의 만족도에 영향을 미치는 요인들이 무엇인가를 확인할 필요가 있다. 따라서 여기에서는 대만 민주주의의 질에 대한 대만인들의 인식이 민주주의 구현방식에 대한 만족도에 미치는 영향을 분석한다.

〈표 8〉은 민주주의의 질을 구성하는 절차, 효능, 결과적 요소들에 대한 평가를 독립변수로 하고, 민주주의의 구현방식에 대한 만족도를 종속변수로 한 회귀분석 결과를 보여준다. 민주주의 질에 대한 평가들 중에서 정치적 자유 보장, 자유롭고 공정한 경쟁 선거, 법치와 같은 민주적 제도와 절차에 대한 평가가 민주주의 구현방식에 대한 만족도에 통계적으로 유의미한 (+)영향을 미치는 것으로 나타났다. 또한, 민주주의 효능에 있어서 반응성(선거를 통한 여론수렴과 정부의 여론에 대한 응답)에 대한 평가가 민주주의 만족도에 유의미한 (+)영향을 미치는 것으로 확인되었다. 민주주의의 결과적 측면과 관련해서는 성장(국가의 현재 경제상황과 경제성장)과 분배(공정한 소득분배)의 문제에 있어서 정책적 결과에 대한 평가가 민주주의 구현방식에 대한 만족도에 유의미한 (+)영향을 미치는 것으로 확인되었다.

이러한 분석 결과를 통해, 법치의 실현, 여론에 대한 정부의 실질적인 반응 수준과 성장과 분배의 문제에 있어서 정책적 결과에 대한 대만인들의 불만이 전반적으로 높게 나타났음에도 불구하고, 대만인들의 민주주의에 대한 만족도가 높게 나타났던 것은 정치적 자유가 보장되고 자유롭고 공정한 경쟁선거가 이루어짐으로써 선거라는 민주적 제도를 통해 여론 수렴이 가능하다는 인식이 긍정적으로 작용한 것이라고 볼 수 있다. 즉, 정치적 자유와 공정한 경쟁 선거의 보장이라는 민주적 절차와 제도에 대한 긍정적인 인식과 선거를 통한 여론수렴이 가능하다는 민주주의 체제의 반응성에 대한 긍정적인 평가가 민주주의 구현방식에 대한 만족도를 높이는 데 긍정적인 기여를 하고 있음을 알 수 있다.

앞서 〈표 7〉에서 살펴보았듯이, 이러한 민주주의 구현방식에 대한 만족도가 민주주의 체제에 대한 지지에 긍정적인 영향을 미치고 있음을 고려하면, 민주주의 구현방식에 대한 만족도의 매개효과를 통해 정치적 자유 보장, 자유롭고 공정한 경쟁 선거, 법치와 같은 민주적 제도와 절차, 민주주의의 효능에 있어서 반응성과 민주주의의 결과적 측면에서 성장과 분배 정책의 결과가 민주주의 구현방식에 대한 만족도뿐만 아니라 체제 지지도에도 유의미한 영향을 미칠 수 있으며, 이러한 요소들에 대한 평가가 긍정적일수록 민주주의에 대한 만족도와 체제에 대한 지지도가 높게 나타날 수 있다. 하지만 여론조사가 이루어졌던 2014년 당시 대만인들이 성장과 분배의 문제에 있어서 당시 국민당 정부의 정책적 결과에 대한 불만이 고조되었음을 고려하면, 민주적 제도와 절차의 작동에 대한 비교적 긍정적인 평가가 비교적 높은 민주주의 만족도와 체제 지지도를 설명할 수 있는 중요한 변수임을 알 수 있다. 즉, 정치적 자유가 보장되고 자유롭고 공정한 경쟁 선거가 가능함으로써 선거를 통한 여론에 대한 반응성이 일정 정도 확보될 수 있다는 긍정적인 인식이 대만 민주주의의 구현방식에 대한 만족도와 민주주의 체제에 대한 지지도를 높이는 데 기여했다고 볼 수 있다.

〈표 8〉 민주주의 질에 대한 주관적 평가가 민주주의 만족도에 미치는 영향

종속변수	독립변수		B	S.E	β	t	p	VIF
민주주의 만족도	(상수)		.817	.231		3.545	.000	
	성별(남성=1)		-.089	.051	-.041	-1.734	.083	1.034
	연령***		-.010	.002	-.144	-4.634	.000	1.785
	교육수준		.005	.015	.009	.307	.759	1.744
	경제수준*		.055	.032	.042	1.699	.090	1.117
	정치적 자유***		.109	.032	.090	3.425	.001	1.266
	자유·공정·경쟁선거***		.188	.037	.135	5.142	.000	1.271
	법치**		.111	.051	.063	2.187	.029	1.516
	대표성		-.051	.039	-.035	-1.292	.197	1.342
	반응성	선거를 통한 여론수렴***	.116	.025	.118	4.583	.000	1.237
		여론 응답 수준***	.076	.028	.075	2.703	.007	1.444
	수직적 책임성	선거를 통한 정권교체	.025	.023	.026	1.050	.294	1.118
		임기 중 책임성	-.003	.027	-.004	-.123	.902	1.555
	수평적 책임성	사법부의 행정부 견제	-.006	.027	-.006	-.214	.831	1.646
		입법부의 행정부 견제	.041	.027	.042	1.531	.126	1.419
	결과·성과	현재 경제상황***	.093	.030	.082	3.065	.002	1.319
		(과거와 비교한) 경제성장**	.052	.025	.053	2.062	.039	1.206
		분배***	.096	.030	.083	3.196	.001	1.239
		복지	.025	.046	.014	.540	.589	1.250

F	19.607(p<0.001)
R²	0.190
adjR²	0.181

*p〈0.1, **p〈0.05, ***p〈0.01

3. 민주주의 질에 대한 주관적 평가가 정부에 대한 만족도와 신뢰도에 미치는 영향

앞서 살펴보았듯이, 2014년 당시 대만인들의 민주주의 체제 자체에 대한 지지도와 민주주의 구현방식에 대한 만족도는 비교적 높게 나타났지만 정부에 대한 만족도와 신뢰도는 상당히 낮게 나타났다. 정치적 지지를 크게 포괄적 지지와 구체적 지지로 구분할 때, 민주주의 체제에 대한 지지도와 민주주의 구현방식에 대한 만족도가 포괄적 지지를 나타낸다면, 정부에 대한 만족도와 신뢰도는 구체적 지지를 나타낸다. 그렇다면, 2014년 당시 대만인들의 낮은 구체적 지지(정부 만족도와 신뢰도)를 설명할 수 있는 변수들은 무엇일까? 본 장에서는 대만 민주주의의 질에 대한 대만인들의 인식이 구체적 지지에 미치는 영향을 확인하기 위해, 민주주의의 질에 대한 평가가 정부에 대한 만족도와 신뢰도에 미치는 영향을 살펴본다.

〈표 9〉는 민주주의의 질을 구성하는 요소들에 대한 평가를 독립변수로 하고, 정부에 대한 만족도를 종속변수로 한 회귀분석 결과를 보여준다. 민주주의 질을 구성하는 여러 요소들 중에서, 자유롭고 공정한 경쟁 선거의 실시와 법치의 실현과 같은 민주적 절차·제도에 대한 평가와 민주주의의 효능에 있어서 정부의 대표성과 반응성, 수평적 책임성에 대한 평가, 성장과 분배의 문제에 있어서 정책적 성과(현재의 경제

상황과 경제성장, 공정한 소득분배)에 대한 평가가 모두 정부 만족도에 유의미한 영향을 미치는 것으로 나타났다.

〈표 9〉 민주주의 질에 대한 주관적 평가가 정부 만족도에 미치는 영향

종속변수	독립변수		B	S.E	β	t	p	VIF
정부 만족도	(상수)		.399	.208		1.917	.055	
	성별(남성=1)***		-.129	.046	-.057	-2.775	.006	1.034
	연령		.001	.002	.009	.327	.744	1.783
	교육수준		-.018	.013	-.036	-1.345	.179	1.748
	경제수준		-.019	.029	-.014	-.657	.511	1.117
	정치적 자유		.027	.029	.021	.936	.349	1.267
	자유·공정·경쟁선거***		.164	.033	.113	4.997	.000	1.271
	법치***		.306	.046	.165	6.652	.000	1.520
	대표성***		.132	.035	.087	3.732	.000	1.348
	반응성	선거를 통한 여론수렴	-.030	.023	-.030	-1.326	.185	1.236
		여론 응답 수준***	.273	.025	.261	10.806	.000	1.442
	수직적 책임성	선거를 통한 정권교체	-.036	.021	-.036	-1.695	.100	1.121
		임기 중 책임성	.021	.025	.021	.859	.391	1.549
	수평적 책임성	사법부의 행정부 견제***	.074	.025	.077	3.009	.003	1.642
		입법부의 행정부 견제	-.012	.024	-.011	-.474	.635	1.423
	결과· 성과	현재 경제상황***	.171	.027	.145	6.265	.000	1.321
		(과거와 비교한) 경제성장***	.084	.023	.082	3.729	.000	1.209
		분배***	.138	.027	.114	5.087	.000	1.240

정부 만족도	결과· 성과	복지	-.009	.042	-.005	-.220	.826	1.249
F			54.713(p<0.001)					
R²			0.398					
adjR²			0.391					

*p〈0.1, **p〈0.05, ***p〈0.01

〈표 10〉은 절차·제도, 효능, 결과적 측면에서 민주주의의 질에 대한 평가와 정부 만족도를 독립변수로 하고, 정부에 대한 신뢰도를 종속변수로 한 회귀분석 결과를 보여준다. 정치적 자유의 보장, 자유롭고 공정한 경쟁선거, 법치와 같은 민주적 제도와 절차에 대한 평가가 정부에 대한 신뢰도에 유의미한 영향을 미치는 것으로 나타났다. 민주주의의 효능에 있어서는 정부의 여론에 대한 실질적 반응성과 임기 중 수직적 책임성에 대한 평가가 정부에 대한 신뢰도에 유의미한 영향을 미치는 것으로 나타났다. 민주주의의 결과적 측면과 관련해서는 현재의 경제 상황에 대한 평가가 유의미한 영향을 미치는 것으로 나타났다. 특히 주목할 필요가 있는 것은 정부 만족도가 정부에 대한 신뢰도에 유의미한 영향을 미치며, 정부에 대한 신뢰도를 설명하는 데 가장 큰 설명력을 갖는 변수로 확인되었다는 점이다.

종합해보면, 정치적 자유의 보장과 자유롭고 공정한 경쟁 선거의 실시라는 민주적 절차·제도와 그러한 선거를 통해 여론 수렴이 가능하다는 점에 대한 긍정적인 평가가 우세함에도 불구하고, 법치가 제대로 실현되지 않으며, 국가기관들 간의 견제와 균형을 통한 수평적 책임성이 제대로 확보되지 못하고, 정치적 대표성과 정부의 여론에 대한 실질적 반응성이 떨어진다는 부정적인 인식과 함께 성장과 분배의 문제에서 나타나는 정책적 결과에 대한 불만이 당시 국민당 정부에 대한 불만을 고조시키는

데 큰 영향을 미쳤던 것으로 보인다. 그 중에서도, 당시 정부에 대한 불만을 고조시키는 데 가장 큰 역할을 했던 것은 법치라는 민주주의 시스템이 제대로 작동하지 않고 있다는 불만과 정부의 여론에 대한 낮은 반응성, 성장과 분배의 문제에서의 정책적 실패에 대한 불만이었다고 볼 수 있다. 이러한 분석 결과는 2014년 당시 해바라기 운동과 같은 대규모의 대중 시위가 발생했던 이유를 설명하는 데에도 유용하다. 즉, 그러한 대규모의 대중 시위는 양안 서비스 협정의 날치기 통과, 친중 정책을 통한 경기 침체와 소득 불평등의 심화로 인해 당시 국민당 정부의 낮은 여론 응답성과 성장과 분배의 문제에 있어서 정책적 실패에 대한 불만이 폭발한 사건이었다고 볼 수 있다. 따라서 이러한 낮은 정부 만족도가 당시 국민당 정부에 대한 신뢰도 하락에 큰 영향을 미쳤다고 볼 수 있다.(〈표 10〉 참조) 즉, 정부 만족도의 하락이 신뢰도의 하락으로 이어졌고, 결국 이후 선거에서 국민당이 참패하면서 야당으로 전락할 수밖에 없었다. 이러한 배경 속에서 대만에서는 국민당에서 민진당으로 세 번째 민주적 정권교체가 이루어졌다고 볼 수 있다.

〈표 10〉 민주주의 질에 대한 주관적 평가와 정부 만족도가 정부 신뢰도에 미치는 영향

종속변수	독립변수	B	S.E	β	t	p	VIF
	(상수)	-.442	.197		-2.249	.025	
	성별	.064	.044	.029	1.467	.143	1.040
정부 신뢰도	연령***	.006	.002	.084	3.246	.001	1.777
	교육수준***	.037	.013	.076	2.937	.003	1.742
	경제수준	.004	.028	.003	.139	.890	1.117
	정치적 자유**	.062	.027	.050	2.277	.023	1.267
	자유·공정·경쟁선거**	.067	.031	.048	2.150	.032	1.292

정부 신뢰도	법치***		.202	.044	.112	4.598	.000	1.565
	대표성		-.017	.034	-.012	-.519	.604	1.361
	반응성	선거를 통한 여론수렴	-.002	.022	-.002	-.092	.926	1.236
		여론 응답 수준***	.083	.025	.081	3.349	.001	1.556
	수직적 책임성	선거를 통한 정권교체	-.002	.020	-.002	-.102	.918	1.124
		임기 중 책임성**	.047	.023	.049	1.999	.046	1.549
	수평적 책임성	사법부의 행정부 견제	.004	.023	.004	.167	.867	1.650
		입법부의 행정부 견제	.026	.023	.026	1.128	.259	1.421
	결과·성과	현재 경제상황***	.177	.026	.154	6.798	.000	1.355
		(과거와 비교한) 경제성장	-.017	.021	-.017	-.790	.430	1.221
		분배	.020	.026	.017	.760	.447	1.264
		복지	.001	.039	.000	.018	.985	1.249
	정부 만족도***		.397	.024	.408	16.255	.000	1.660
F			60.258(p<0.001)					
R^2			0.435					
adjR^2			0.428					

*p〈0.1, **p〈0.05, ***p〈0.01

Ⅳ. 결론

본 논문은 대만 민주주의의 질에 대한 대만인들의 인식을 살펴보기 위해, 민주주의의 질을 크게 절차·제도, 효능, 결과의 측면에서 세 개의 카테고리로 나누어 살펴보았다. 먼저, 민주적 절차와 제도의 측면에 대한 평가는 절차적 민주주의의 최소 정의에 입각해서, 집회·결사·표현의 자유와 같은 정치적 자유의 보장, 자유롭고 공정한 경쟁선거, 법치에 초점을 맞추어 살펴보았다. 둘째, 민주주의의 효능에 대한 평가는 대표성, 반응성, 수직적·수평적 책임성으로 나누어 살펴보았다. 셋째, 결과적 측면에서 민주주의 질에 대한 평가는 시민들이 가장 관심을 가지고 있는 성장과 분배, 복지의 문제에 있어서 정책적 결과에 대한 평가를 중심으로 살펴보았다. 그 결과, 대만 민주주의의 질에 대한 대만인들의 평가는 전반적으로 볼 때, 절차·제도적인 측면과 효능의 측면에서는 긍정적인 평가와 부정적인 평가가 혼재되어 나타났으며, 결과적 측면에서는 부정적인 평가가 우세하게 나타났다.

이러한 대만 민주주의의 질에 대한 주관적 평가를 기반으로, 이러한 평가가 대만인들의 정치적 지지에 미치는 영향을 살펴보기 위해 정치적 지지를 크게 민주주의 체제 자체에 대한 지지와 민주주의 구현방식에 대한 만족도, 현 정부에 대한 만족도와 신뢰도로 나누어 분석을 진행하였다. 서구 민주주의 국가들과 유사하게, 대만에서도 '포괄적 지지'라고 볼 수 있는 민주주의 체제 자체에 대한 지지와 민주주의 구현방식에 대한 만족도는 비교적 높게 나타났으나, 이와 대조적으로 '구체적 지지'라고 볼 수 있는 현 정부에 대한 만족도와 신뢰도는 전반적으로 상당히 낮게 나타나고 있음을 확인할 수 있었다.

분석 결과를 종합해보면, 먼저, 민주주의의 질에 대한 주관적 평가가 민주주의 체제에 대한 지지에 미치는 영향을 살펴본 결과, 성장과 분배의 문제에 있어서 정책적 결과에 대한 사회적 불만이 상당히 고조되었음에도 불구하고, 대만에서 민주주의 체제에 대한 지지가 높게 나타나는 것은 대만에서 민주주의 구현방식에 대한 만족도가 비교적 높고, 정치적 자유가 보장되고 선거를 통한 여론수렴과 정권교체가 가능함으로써 반응성과 수직적 책임성이 확보될 수 있는 최소한의 조건을 갖추었다는 점, 그리고 기초생활보장과 공교육 및 의료 접근성과 같은 최소한의 복지가 보장된다는 정책적 성과에 대한 긍정적인 평가가 대만의 높은 체제 지지도를 설명하는 데 일정 정도 기여를 하고 있음을 확인할 수 있었다. 따라서 대만에서 민주주의 체제 정당성을 유지·강화하기 위해서는 정치적 자유를 지속적으로 보장하고, 선거라는 민주적 제도를 통한 여론수렴과 평화적인 정권교체가 지속적으로 가능하게 함으로써 반응성과 수직적 책임성을 확보하고, 최소한의 복지를 보장함으로써 복지에 대한 만족도를 높이는 동시에 민주주의 구현방식에 대한 전반적인 만족도를 높이는 것이 중요하다고 볼 수 있다.

둘째, 민주주의 질에 대한 주관적인 평가가 민주주의의 구현방식에 대한 만족도에 미치는 영향을 분석해본 결과, 여론에 대한 정부의 실질적인 반응성과 성장과 분배의 문제에 있어서의 정책적 성과에 대한 불만이 높았음에도 불구하고, 민주주의 구현방식에 대한 만족도가 높게 나타났던 것은 정치적 자유가 보장되고 자유롭고 공정한 경쟁선거가 이루어짐으로써 선거를 통한 여론수렴이 가능하다는 인식이 긍정적으로 작용한 것이라고 볼 수 있었다. 즉, 정치적 자유와 자유롭고 공정한 경쟁 선거의 보장이라는 민주적 제도에 대한 긍정적인 인식과 선거라는 민주적 제도를 통한 여론수렴이라는 민주주의 체제의 반응성에 대한 긍정적인 평가가 민주주의 구현방식에 대한 만족도를 높이는 데 긍정적인 기여를 하고 있음을 알 수 있었다.

끝으로, 민주주의 질에 대한 주관적인 평가가 정부 만족도와 신뢰도에 미치는 영향을 분석해본 결과, 정치적 자유의 보장과 자유롭고 공정한 경쟁 선거의 실시라는 민주적 절차·제도와 그러한 선거를 통해 여론

수렴이 가능하다는 점에 대한 긍정적인 평가가 우세함에도 불구하고, 법치가 제대로 실현되지 않으며 국가기관들 간의 견제와 균형을 통한 수평적 책임성이 제대로 확보되지 못하고 정치적 대표성과 정부의 여론에 대한 실질적 반응성이 떨어진다는 부정적인 인식과 함께 성장과 분배의 문제에 있어서 정책적 결과에 대한 불만이 당시 국민당 정부에 대한 불만을 고조시키는 데 큰 영향을 미쳤던 것으로 보인다. 그 중에서도, 당시 정부에 대한 불만을 고조시키는 데 가장 큰 역할을 했던 것은 법치라는 민주주의 시스템이 제대로 작동하지 않고 있다는 불만과 정부의 여론에 대한 낮은 반응성, 성장과 분배의 문제에 있어서 정책적 실패에 대한 불만이었다고 볼 수 있다. 이러한 분석 결과는 2014년 당시 해바라기 운동과 같은 대규모의 대중 시위가 발생했던 이유를 설명하는 데에도 유용하다. 즉, 그러한 대규모 대중 시위는 양안 서비스 협정의 날치기 통과, 친중 정책을 통한 경기 침체와 소득 불평등의 심화로 인해 당시 국민당 정부의 낮은 여론 응답성과 성장과 분배의 문제에 있어서 정책적 실패에 대한 기존의 불만이 폭발한 사건이었다고 볼 수 있다. 따라서 이러한 낮은 정부 만족도가 당시 국민당 정부에 대한 신뢰도 하락에 큰 영향을 미쳤다고 볼 수 있다. 즉, 정부 만족도의 하락이 신뢰도의 하락으로 이어졌고, 결국 이후 선거에서 국민당은 참패하면서 야당으로 전락할 수밖에 없었다. 이러한 배경 속에서 대만에서는 국민당에서 민진당으로 세 번째 민주적 정권교체가 이루어졌다고 볼 수 있다.

이러한 분석 결과를 통해 볼 때, 대만 민주주의의 질에 대한 대만인들의 평가 중에서, 절차·제도적 측면에서 정치적 자유(표현·결사의 자유)의 보장과 자유롭고 공정한 경쟁 선거와 같은 민주적 제도에 대한 긍정적인 평가는 민주주의 체제에 대한 대만인들의 비교적 높은 지지도와 만족도를 설명하는데 있어서 더 중요한 변수들이며, 절차·제도적 측면에서 나타나는 대만의 법치 수준에 대한 불만과 결과적 측면에서 나타나는 성장과 분배의 문제에서의 정책적 결과에 대한 불만은 당시 국민당 정부에 대한 낮은 만족도를 설명하는 데 더 중요한 변수들임을 확인할 수 있었다. 또 하나 주목해야 할 부분은 대만 민주주의의 효능 중에 '반응성'에 대한 대만인들의 평가는 긍정적인 평가와 부정적인 평가가 혼재되어 나타났지만, 이러한 '반응성'에 대한 평가가 민주주의 체제에 대한 지지도와 만족도, 정부에 대한 만족도와 신뢰도에 모두에 영향을 미치고 있었다는 점이다.

따라서 향후 대만 민주주의가 질적 향상을 통해 좋은 민주주의의 구현함으로써 시민들로부터 정치적 지지를 지속적으로 확보하기 위해서는 정치적 자유의 보장과 자유롭고 공정한 경쟁 선거, 법치와 같은 민주적 절차·제도를 유지·강화하는 것도 중요하지만, 이러한 민주적 절차·제도가 보다 효과적으로 작동하도록 함으로써 여론에 대한 반응성을 높이고, 성장과 분배의 문제와 같이 시민들이 중요시하는 정책적 의제들에서도 시민들이 만족할만한 정책적 성과들을 일구어내기 위한 다면적인 노력이 필요할 것으로 보인다.

참고 문헌

강우진. 2013. "민주주의에 대한 불만족 결정요인에 대한 연구." 『한국정당학회보』 12집 3호, 173–202.

국민호. 2016. "국민당의 친(親)중국 정책 실패와 대만의 정권교체." 『디아스포라연구』 10집 1호, 247–274.

김비환. 2014. "좋은 민주주의의 조건들: 가치, 절차, 목적, 관계 그리고 능력." 『비교민주주의연구』 10집 1호, 33–63.

김용철. 2016. "한국 민주주의의 품질: 민주화가 정체된 결함 있는 민주주의." 『현대정치연구』 9집 2호, 31–62.

마인섭·이희옥. 2014. "아시아에서의 '좋은 민주주의'의 모색: 개념과 평가." 『비교민주주의연구』 10집 1호, 5–31.

문흥호. 2008. "국민당의 재집권과 대만의 대내외정책 변화 전망." 『新亞細亞』 15집 2호, 103–125.

박광득. 2010. "마잉저우 등장후 양안관계의 변화와 문제점." 『정치·정보연구』 13집 2호, 23–46.

이광수. 2016. "2016년 대만 선거와 양안관계." 『한국동북아논총』 79권, 89–110.

정유선. 2016. "대만 태양화 운동 연구: 메커니즘 접근법을 중심으로." 『중국연구』 68권, 221–247.

조원빈. 2014. ""좋은 민주주의" 지표: 민주주의 질의 경험적 측정." 『비교민주주의연구』 10집 1호, 65–92.

조원빈·이희옥. 2015. "2010년 아시아 국가들의 "좋은 민주주의" 지표." 『정치·정보연구』 18집 2호, 115–150.

지은주. 2012. "대만 경제개방의 확대와 소득불평등 개선을 위한 정부의 대응." 『국제정치논총』 52집 3호, 447–471.

지은주. 2016. "대만의 민주주의는 공고화 되었는가?" 『국제정치논총』 56집 3호, 263–297.

Bühlmann, Marc and Kriesi, Hanspeter. 2013. "Models for Democracy." Hanspeter Kriesi, et al., eds. *Democracy in the Age of Globalization and Mediatization,* 44-68. Houndmills, UK: Palgrave Macmillan.

Chang, Yu-tzung, Chu, Yun-han and Huang, Min-hua. 2011. "Procedural quality only? Taiwanese democracy reconsidered." *International Political Science Review* 32(5): 598–619.

Citrin, Jack, and Luks, Samantha. 2001. "Political trust revisited: Déjà vu all over again?" John R. Hibbing and Elizabeth Theiss-Morse, eds. *What Is It About Government that Americans Dislike?,* 9-27. Cambridge, UK: Cambridge University Press.

Dalton, Russell J. 1999. "Political support in advanced industrial democracies." Pippa Norris, ed. *Critical citizens: Global support for democratic government,* 57–77. Oxford: Oxford University Press.

Diamond, Larry and Morlino, Leonardo, eds. 2005. *Assessing Quality of Democracy.* Baltimore, MD: Thew Johns Hopkins University Press.

Diamond, Larry. 2015. "Facing Up to the Democratic Recession." *Journal of Democracy* 26(1): 141-155.

Easton, David. 1965. *A systems analysis of political life.* New York: John Wiley.

Easton, David. 1975. "A Reassessment of the Concept of Political Support." *British Journal of Political Science* 5: 435-457.

Eulau, Heinz, and Karps, Paul D. 1977. "The Puzzle of Representation: Specifying Components of Responsiveness." *Legislative Studies Quarterly* 3(2): 233–254.

Foa, Roberto Stefan and Mounk, Yascha. 2016. "The Democratic Disconnect." *Journal of Democracy* 27(3): 5-17.

Foa, Roberto Stefan and Mounk, Yascha. 2017. "The Signs of Deconsolidation." Journal of Democracy 28(1): 5-16.

Huntington, Samuel P. 1991. *The Third Wave: Democratization in the Late Twentieth Century.* Norman: Oklahoma Univ. Press.

Klingemann, Hans-Dieter. 1999. "Mapping Political Support in the 1990's: A Global Analysis." Pippa Norris, ed. *Critical Citizens. Global Support for Democratic Governance,* 31-56. Oxford: Oxford University Press.

Logan, Carolyn and Mattes, Robert. 2012. "Democratising the Measurement of Democratic Quality: Public Attitude Data and the Evaluation of African Political Regimes." *European Political Science* 11: 469–491.

Morlino, Leonardo. 2004a. "'Good' and 'bad' democracies: how to conduct research into the quality of democracy." *Journal of Communist Studies and Transition Politics* 20(1): 5-27.

Morlino, Leonardo. 2004b. "What is a 'good' democracy?" *Democratization* 11(5): 10-32.

Norris, Pippa, ed. 1999. *Critical Citizens: global support for democratic government.* Oxford: Oxford University Press.

Norris, Pippa. 2011. *Democratic Deficit: Critical Citizens Revisited.* Cambridge: Cambridge University Press.

Roberts, Andrew. 2010. *The Quality of Democracy in Eastern Europe: Public Preference and Policy Reforms.* New York: Cambridge University Press.

Shyu, Huoyan. 2010. "Trust in Institutions and the Democratic Consolidation in Taiwan." Wei-Chin Lee, ed. *Taiwan's Politics in the 21st Century: Change and Challenges,* 69-99. Singapore: World Scientific Publishing Co.

10장

인도:
참여와 경쟁[1]

저자: 라지브 구마르(한국외국어대학교)
역자: 백주현(성균관대학교)

I. 민주주의의 질: 분석틀

최근 민주주의의 질에 대한 평가가 학계와 정책 공동체의 새로운 연구 주제가 되었다. 예를 들어, 몇몇 연구들은 민주주의의 질에 대한 연구를 어떻게 수행할 것인가, 민주 정부로서 새로운 민주주의 레짐과 기존의 민주주의 레짐의 질을 어떻게 평가할 수 있는가, 무엇이 좋은 민주주의, 질 높은 민주주의를 만드는가와 같은 질문들을 던짐으로써 민주주의의 질을 평가하기 위한 새로운 분석틀을 개발하기 위해 노력하고 있다(Morlino 2004, Diamond and Morlino 2004; Diamond and Morlino

---

[1] 본 글은 『아시아연구』 제23권 1호에 게재된 논문임.

2005; Altman and Pérez-Liñán 2002; Morlino 2011; Morlino et al. 2011; Levine and Morlina 2011). 이러한 학문적 발전은 민주화 연구 분야가 새로운 단계로 진입한 것으로 볼 수 있는데(Case 2007, 1), 바로 이전 단계는 민주화를 연구하는 학자들이 민주주의에 필수적인 전제조건이 무엇인지와 같은 문제들에 더 많은 관심을 기울이던 시기이다(이 문제에 대한 고전적 저작물 은 Lipset 1959; Moore 1966; O'Donnell et al. 1986을 참고할 것).

실제로, '세계 민주혁명(global democratic revolution)'[2] 이후, 학자들의 질문은 민주주의로의 이행이 왜 일어나는지를 묻는 것에서 새로운 민주주의 레짐과 기존의 민주주의 레짐 하에서 나타나는 민주주의의 질이 어떠한지를 묻는 것으로 바뀌어 가고 있다(Diamond and Morlino, 2004, 20; Morlino, Dreszel 2011, 492). 예를 들면, 많은 연구들이 라틴아메리카 국가들의 민주주의의 질을 평가하는 데 초점을 맞추고 있다(Levine and Molina 2011; Altman and Pérez-Liñán 2002). 이와 유사하게, 유럽의 민주주의, 특히 공산화 이후 동유럽 국가들의 민주주의의 질에 대한 검토도 이루어졌다(Hutcheson and Korosteleva 2006; Robert, 2010). 또한, 동아시아 국가들의 민주주의의 질을 평가하기 위해 진지한 학문적 노력을 기울이는 학자도 늘고 있다(Shin and Chu 2004; Case 2007; Im 2011).

위와 같은 학문적 경향을 염두에 두고, 이 연구는 지금까지 단일 사례연구로서 심도 있게 연구되지 않았던 연구주제인 인도 민주주의 질에 대해 평가해보고자 한다. 이제 문제는 한 국가의 민주주의의 질을 어떻게 평가할 것인가 하는 점이다. 학술적 연구들은 이 문제를 탐구하기 위한 다양한 방법론을 제공하는데, 우리는 다이아몬드(Larry Diamond)와 몰

---

[2] 많은 국가들이 민주주의로 이행하던 20세기 후반의 정치적 흐름을 설명하기 위해 헌팅턴이 고안한 개념. Huntington 1991, 579; Huntington 1993을 참고할 것.

리노(Leonardo Morlino)의 분석틀을 사용하여 민주주의의 질을 평가하고자 한다(Diamond and Morlino 2004). 다이아몬드와 몰리노의 분석틀은 민주주의 질에 대한 다른 중요한 학술적 연구들과는 차이가 있다. 예를 들면, 명망 있는 정치학자인 레이파트(Arend Lijphart)는 그의 주요 저서인 『민주주의의 유형(Patterns of Democracy: Government Forms and Performance in Thirty-Six Countries)』에서 민주주의의 질을 평가하기 위해 양적 비교방법론을 채택한 반면, 다이아몬드와 몰리노는 이 문제를 연구하기 위해 질적 방법론과의 통합을 강조하였다.

이제 여기서 던져야 할 질문은 민주주의의 질을 변화시키는 측면이 무엇인지에 대한 것이다. 다이아몬드와 몰리노는 전 세계 민주주의의 질을 평가하기 위해 민주주의를 구성하는 다양한 측면들을 구분하였다(Morlino 2004, 9; Diamond and Morlino 2004, 22; Morlino 2011; Morlino et al. 2011, 495). 그리고 이 가운데, 법치와 참여, 경쟁을 세 가지 핵심적 측면으로 강조한다. 이는 민주주의의 절차적 측면의 일부로 규칙과 관습에 관한 것이다. 이러한 통찰을 바탕으로, 이 연구에서는 인도 민주주의의 질을 평가하기 위해 민주주의의 세 가지 핵심 절차적 측면인 인도의 법치와 참여, 경쟁에 중점을 둘 것이다.

이 연구는 다음과 같이 구성되어 있다. Ⅱ장에서는 인도의 법치 상태를 검토하여 민주주의의 첫 번째 절차적 측면인 법치에 대해 평가할 것이다. Ⅲ장에서는 민주주의의 두 번째 절차적 측면인 참여에 대해 검토한다. 이 장에서는 인도에서의 정치 참여 현황을 평가한다. Ⅳ장에서는 민주주의의 세 번째 절차적 측면인 경쟁을 다룰 것이다. 이 장에서는 인도의 정치 경쟁에 대해 검토한다. 그리고 마지막 장에서 인도 민주주의의 질에 대한 평가의 의미를 고찰할 것이다.

II. 법치

법치는 질 높은 민주주의를 위한 가장 중요한 전제조건 가운데 하나로 여겨진다(Morlino, 2004; Diamond and Morlino 2004, 23; Morlino 2009). 오도넬(Guillermo O'Donnell)은 그의 중요한 논문인『the Quality of Democracy: Why the Rule of Law Matters』에서 민주적 법치의 측면 중 하나를 다음과 같이 설명한다. "헌법의 우위에 대한 보편적 인식이 존재해야 하며, 이를 효과적으로 해석하고 보호하기 위해 대법원 또는 헌법재판소가 있어야 한다."

법치의 측면에서, 인도는 질 높은 민주주의 시스템이 존재함을 보여주는 헌법의 메커니즘을 성공적으로 구축했다. 예를 들면, 인도에서는 공식적으로 헌법이 최상위 법률로 존재하며, 헌법의 우위를 인정하는 보편적인 인식이 존재한다. 뿐만 아니라 인도는 헌법의 최종 결정권자로써 독립적인 사법 시스템을 구축했다(Irani 1965, 1; Mehta 2002, 187). 이 과정에서 인도 헌법상 가장 상위의 사법재판소인 인도 대법원은 사법심사권을 가지고 입법과 행정을 막론하고 헌법적 한계를 넘어서는 정부의 행위를 방어하는 데 효과적인 역할을 해 왔다. 이 때문에 인도 대법원이 '인민법원(People's Court)'으로 간주되는 것이다(Chandra et al. 2017, 145).

이와 마찬가지로, 인도는 수많은 난관에도 불구하고, 헌법과 독립적인 사법 체계의 우위를 유지해왔다. 예를 들면, 인도의 강력한 지도자들과 다수의 지지를 받는 정부의 독단적인 행위들은 종종 법치의 수준을 약화시켰다. 그러나 인도의 민주주의는 이와 같은 부정적인 상황들을 성공적으로 극복한 바 있다. 20세기 들어 인도의 첫 번째 여성 독재자로 기록된 총리 인디라 간디(Indira Gandhi)는 1975년부터 1977년 사이에 전국적으로 비상사태를 선언하면서 인도의 법치를 훼손시켰다(Guha

2007, 491). 클리먼(Aaron S. Klieman)은 이 비상사태 기간 동안 발생한 법치의 훼손을 다음과 같이 설명한다. "간디 총리는 일련의 행위들을 통해 사법부의 우월적 지위와 독립성뿐만 아니라 저항 정신까지 파괴했다(Klieman 1981, 248)."비상사태 선포로 인한 법치의 훼손은 광범위한 항의 시위로 이어졌다. 이런 배경 아래에서 1977년 개최된 총선에서는 당시 집권당이던 인도국민회의(Indian National Congress)가 인도의 독립 이후 처음으로 참패하고 정치 주도권을 상실했다. 이 사건은 인도에서 법치의 회복으로 묘사되기도 한다(Klieman 1981, 243).

나렌드라 모디(Narendra Modi)가 주도하는 인도 인민당(Bharatiya Janata Party) 정부가 당의 정치적 이득을 위해 '대통령 통치(President's Rule)[3]'를 행사하려 했을 때 인도의 법치는 다시 한번 훼손될 위기를 맞았다. 그러나 인도 대법원은 중앙 정부의 불법적인 행위를 저지함으로써 법치를 수호하는 역할을 했다(이 문제에 대해서는 Sharma and Swenden 2018, 59 참고할 것). 인도 대법원은 정부의 권력 남용을 억제하기 위해 몇 차례 사법심사권을 발동했는데, 대법원의 이와 같은 역할은 인도 민주주의의 민주적 토대를 공고히 하는 데 일조했다(Mehta 2007, 71). 여기서 중요한 점은 인도는 헌법과 독립적인 사법 체계의 우위를 유지함으로써 법치를 강화해왔다는 것이다.

그러나 인도의 민주주의에는 한편으로 또 다른 현실이 함께 존재하는데, 이 현실은 인도 민주주의의 질이 여러 측면에서 여전히 열악한 상태라는 것을 보여준다. 여러 학술적인 연구들은 부패와 법치 사이에 상당한 정도의 상관관계가 존재함을 밝히고 있다. 구체적으로, 부패의

---

[3] 인도 헌법 제356조에서는 주 정부가 헌법의 규정에 따라 기능할 수 없는 비상상황이 발생한 경우, 주지사의 보고에 따라 대통령이 주 정부를 직접 통치할 수 있도록 하고 있다(역자 주).

정도가 높으면 민주주의의 질과 법치의 수준은 낮아진다(Diamond and Morlino 2004; Elbasani and Sabic 2018, 1; Im 2011). 이런 점에서 인도 민주주의의 질은 확실히 떨어진다. 인도의 시민사회가 주도하는 반부패 운동에도 불구하고, 인도의 각 주(洲)뿐만 아니라 전 국가 차원에서 정치인들과 정부 관료들 사이에 부패가 만연해 있다(Sharma 2006; Jenkins 2007; Xu 2014). 한 연구에 따르면, 도시에 거주하는 많은 수의 인도인들은 운전면허 취득이나 전기 연결과 같은 기본적인 사회 서비스조차 이를 제공 받기 위해서 뇌물을 주어야 한다. 라지브 간디(Rajiv Gandhi) 전 인도 총리는 "취약 계층의 복지를 위해 정부가 지출한 1루피 중 15파이사(100파이사=1루피)만이 원래 의도했던 사람들에게 돌아간다."고 언급하며 인도 지방의 높은 부패 수준을 인정하기도 했다(Indian Express 2017). 인도 정치를 연구하는 한 학자는 이런 상황에 대해 인도의 민주주의에서 법치는 시험상태에 있다고 결론을 내리기도 했다(Jaffrelot 2002, 1).

인도는 오늘날에도 부패가 만연하다. 국제투명성기구(Transparency International)에서 2018년에 발표한 부패인식지수에 따르면, 전 세계 180개국 가운데 중국이 87위를 기록하였고, 인도가 78위를 기록했다(Transparency International 2018). 이는 인도가 민주주의 국가임에도 부패의 측면에서는 법치의 기반이 약한 권위주의 국가인 중국과 별반 다르지 않다는 것을 보여준다(Li 2012, 1). 인도에 만연한 부패의 원인은 무엇인가? 주요 원인 중 하나는 범죄를 저지른 강력한 정치인들과 유력한 배경을 가진 지도자들을 과도하게 선호하는 인도의 정치 상황에 있다. 정치학자인 바이슈나브(Milan Vaishnav)는 그의 저서 『When Crime Pays: Money and Muscle in Indian Politics』를 통해, 인도에서 범죄와 정치가 공생관계에 있다고 지적했다. 인도의 자유롭고 공정한 민주 선거의 이면에는 범죄가 횡행하고 있으며, 최고 정당들은 부정행위로 널리 알려진 후보들을 적극적으로 당에 영입하고 있다(Vaishnav 2017). 이와 같은 상황들은 인도 민주주의의 질이 확실히 낮다는 것을 입증한다. 다이아몬드와 몰리노(Diamond and Morlino 2004, 23)가 시사하는 것처럼, 법치의 기반이 약하면 요령이 있거나 유력한 배경을 가진 사람들을 정치적으로 지나치게 선호하게 될 수 있다.

Ⅲ. 참여

법치의 측면 이외에도, 많은 연구들은 민주주의 국가에서 성인 시민 모두에게 정치에 참여할 수 있는 형식적 권리를 부여할 때 민주주의의 질이 높아진다는 점을 지적한다(Diamond and Morlino 2004, 23; Morlino 2009, 14). 인도는 민주적 체제의 도입 이후, 성인 시민 모두에게 선거투표를 포함하여 정치적 활동에 참여할 수 있는 형식적 권리를 부여했다. 특히, 인도 민주주의는 사회적 약자들이 정치에 참여할 수 있도록 했다. 구체적인 사례를 들면, 1949년 제헌의회에서 채택되어 1950년 발효된 인도 헌법에서는 여성의 지위를 법적으로 평등하게 하여 남성이 주도하던 정치권에 진입할 수 있도록 했다(Khanna 2009). 또한 카스트 계급이 지배하는 사회인 인도는 민주주의 체제를 도입한 이후, 많은 법률을 제정하여 지정카스트(SC: Scheduled Castes)와 지정부족(ST: Scheduled Tribes)과 같은 또 다른 사회적 약자 계급이 정치에 참여할 수 있는 권리를 보장하였다. 이를 종합적으로 살펴볼 때, 정치에 참여할 수 있는 형식적 권리들을 고려한다면 인도 민주주의의 질은 높다고 말할 수 있다.

또한 많은 연구들이 시사하는 것처럼, 좌와 우, 중도를 포함하여 모든 정치적 입장이 체제 내에 성공적으로 편입되면 민주주의 국가 내의 이념적 스펙트럼이 넓어져 체제가 보다 유연하고 개방적이고 자유로워진다는 것을 알 수 있다. 그리고 이러한 발전은 국가를 '기적의 민주주의(miraculous democracy)' 국가로 만든다(Hahm 2008). 인도 민주주의는 다양한 이데올로기를 체제 안으로 포섭하였다. 인도는 독립 이후 40년 동안 중도 좌파가 의회를 지배하는 일당체제가 우세했다(이 문제에 관해서는 Kothari 1964; Morris-Jones 1964; Weiner 1982; Kumar and Kim 2019 를 참고할 것). 그리고 1990년대 이후부터는 연방 정치와 주 정치에서 사회주의 정당과 좌파 정당이 득세했다(Kumar 2019a). 그리고 마침내 인도의 우파 정당인 인도 인민당(Bharatiya Janata Party)도 중앙 정부와 주 정부를 구성할수 있게 되었다(Kumar 2019b; Kumar 2020b). 인도의 모든 정치적 스펙트럼이 정치에 참여하게 되면서 인도의 민주주의는 보다 유연하고, 개방적이고 자유로워졌으며 이는 인도 민주주의의 질을 향상시키는 원동력이 되었다.

그러나 위와 같은 발전에도 불구하고, 인도 민주주의의 개선을 위해 해결해야 할 문제들은 여전히 남아 있다. 여러 연구들은 일반 국민들이 의사결정 과정에 참여하는 정도 또한 좋은 민주주의를 나타내는 중요한 지표임을 보여준다(Diamond and Morlino 2004, 23). 독립 이후, 인도 의회는 사회적 취약계층이 의사결정 과정에 참여할 수 있는 권리를 보장하는 많은 정책을 수립해 왔지만 아직 갈 길은 멀다. 그러나 인도 의회에 지정카스트(SC)와 지정부족(ST)을 위한 의석을 할당한 것은 주목할 만하다. 이러한 정책 덕분에, 앞서 언급한 집단들은 인도 의회에서 최고 의사결정 과정에 적극적으로 참여해 오고 있다.

그러나 좋은 민주주의의 중요한 측면 중 하나로 간주되는 여성의 최고 의사결정 과정 참여율(Morlino 2004, 7; Lijphart 1999; Tremblay 2007, 1)은 인도에서 여전히 매우 낮은 수준이다. 지난 몇 차례의 총선에서 여성의 록 사바(Lok Sabha: 인도 하원) 진출이 증가했지만, 이러한 진전은 매우 느리다.

〈표 1〉 1952년 이후 록 사바의 여성 참여율

선거년도	총 여성 구성원 수	비율	선거년도	총 여성 구성원 수	비율
1952	22	4.4	1991	36	7.0
1957	27	5.4	1996	40	7.4
1962	34	6.7	1998	44	8.0
1967	31	5.9	1999	48	8.8
1971	22	4.2	2004	45	8.1
1977	19	3.4	2009	59	10.9
1980	28	5.1	2014	61	11.2
1984	44	8.1	2019	72	13.3
1989	28	5.3			

출처: The Election Commission of India, https://eci.gov.in/

〈표 1〉에서 보는 바와 같이, 인도 록 사바의 여성 참여율은 아주 낮다. 2009년과 2014년, 2019년에 치러진 세 번의 총선에서 여성들은 록 사바 의석의 10% 이상을 차지할 수 있었다. 그러나 인도의 여성 인구가 전체 인구 대비 약 48%인 점을 감안하면 인도 여성이 최고 의사결정 과정에 참여하는 비율은 매우 낮은 수준으로 볼 수 있다. 이러한 상황이 발생한 주요 원인 중 하나는 남성이 지배적인 위치를 차지하고 있는 인도의 정치 체제가 여성할당제법안을 저지했다는 것이다. 이 법안은 록 사바와 모든 주의 입법의회 의석의 3분의 1을 여성에게 할당하도록 헌법 개정을 권고했다.

인도 최고의사결정 기구에서 청년층의 참여도가 낮은 것 또한 인도 민주주의의 질이 낮다는 것을 보여주는 한 가지 척도이다. 인도는 인구의 50% 이상이 25세 이하, 65% 이상이 35세 이하인 비교적 젊은 국가이다. 이런 사실에도 불구하고, 인도 정치체제에서는 청년층이 의사결정과정에 참여하는 것에 높은 벽이 존재해 왔다. 한편으로, 인도가 이렇게 젊은 국가가 되었다는 것은 역설적이다. 또 다른 한편으로, 록 사바의 청년 의원(MPs)의 수는 지속적으로 줄어들고 있다. 〈표 2〉를 보면, 제1대 록 사바 의원의 평균 연령은 46.5세였으나 2014년 제16대 록 사바 의원의 평균 연령은 59세였던 것을 알 수 있다.

〈표 2〉 록 사바 의원의 평균연령

역대 록 사바	의원 평균 연령	역대 록 사바	의원 평균 연령
1st Lok Sabha (1952-1957)	46.5	9th Lok Sabha (1989-1991)	51.3
2nd Lok Sabha (1957-1962)	46.7	10th Lok Sabha (1991-1996)	51.4
3rd Lok Sabha (1962-1967)	49.4	11th Lok Sabha (1996-1998)	52.8
4th Lok Sabha (1967-1971)	48.7	12th Lok Sabha (1998-1999)	46.4
5th Lok Sabha (1971-1977)	49.2	13th Lok Sabha (1999-2004)	55.5
6th Lok Sabha (1977-1980)	52.1	14th Lok Sabha (2004-2009)	52.6
7th Lok Sabha (1980-1984)	49.9	15th Lok Sabha (2009-2014)	53
8th Lok Sabha (1984-1989)	51.4	16th Lok Sabha (2014-2019)	59

출처: Oberai, 2014; Rampal, 2019.

1대와 2대(1952년과 1957년)의 록 사바에서는 164명의 젊은 의원(25세에서 40세 사이)이 선출되어(Kumar 2013, 25), 총 의석수의 약 33%를 차지했다. 그러나 DIU(Data Intelligence Unit)와 CSDS(Centre for the Study of Developing Societies)의 연구에 따르면, 최근 치러진 총선에서 젊은 의원의 수는 꾸준히 줄어들고 있다. 2019년 총선에서는 젊은 의원의 선출 비율이 12%에 불과했다(Rampal 2019). 더욱 실망스러운 점은 젊은 의원의 대다수가 족벌정치와 가문정치[4]의 산물로서 록 사바에 참여하고 있다는 사실이다. 한 연구에 따르면, 15대 록 사바에 진출한 40세 이하 젊은 의원의 약 66%가 특권층 출신이었다(French 2011).

IV. 경쟁

앞 장에서 살펴본 것처럼, 법치와 참여의 요소 이외에도 정치적 경쟁은 질 높은 민주주의를 구성하는 중요한 전제조건 가운데 하나이다(Diamond and Morlino 2004, 23; Morlino 2011; Morlino et al. 2011, 496). 정기적으로 치러지는 민주적 선거와 권력의 평화적 이양은 질 높은 민주주의를 위해 중요하다. 다이아몬드와 몰리노가 주장하듯이 서로 다른 정당사이에 정기적이고, 자유롭고, 공정한 선거경쟁이 이루어지는 정치 체

---

[4] 인도 정치에서 인도 독립의 아버지인 네루 가문의 영향력은 매우 크다. 독립 이후, 네루와 그의 딸인 인디라 간디, 그리고 인디라 간디의 아들인 라지브 간디가 총리를 역임하여 네루-간디 가문의 3대가 인도를 통치했다. 라지브의 아내인 소냐 간디는 라지브의 서거 이후, 의회에 진출하여 지금까지 국민회의당을 이끌고 있으며, 소냐의 아들인 라훌 간디 역시 차기 총리 후보로 거론되고 있다. 인도 최초의 여성 대통령인 프라티바 파틸은 정계에 입문한 뒤 줄곧 국민회의당에 소속되어 네루-간디 집안과 각별한 관계를 맺어 온 가신으로 일컬어지기도 한다(역자 주).

제에서는 민주주의의 질이 높다(Diamond and Morlino 2004, 24). 헌팅턴은 '두 번의 정권교체 테스트(two turnover test)' 이론에서 민주주의가 두 번의 권력 교체에서 살아남았을 때 공고해진다고 주장하였다(Huntington 1993, 267). 즉, 정치 권력은 한 국가가 민주적 체제를 도입하고 두 번의 평화적인 권력 이양을 거쳐야 한다.

또한, 앞서 언급한 헌팅턴의 이론에 따르면, 인도는 정기적인 민주 선거가 존재하고 권력의 평화적 이양을 경험했다는 점에서, 민주주의의 질이 높다고 주장할 수 있다. 실제로, 〈표 3〉에서 볼 수 있는 것처럼 인도에서는 1952년 첫 선거가 실시된 이후, 한 정당(또는 연합정부)에서 다른 정당(또는 연합정부)으로 평화적인 권력의 이양이 이루어졌다. 인도의 오래된 거대 정당인 인도 국민회의는 인도가 민주주의 국가가 된 이후 첫 40년의 대부분 동안 국정을 담당했다(Kumar 2020c). 그러나 선거에서 패하고 나자 인도 국민회의는 다른 정당과 그 연합에 평화적으로 권력을 이양했다. 다른 집권당과 연합들도 이와 유사한 관행을 따랐다. 선거에서 패하고 나면, 국민의 요구를 기꺼이 받아들이고 승리한 야당과 그 지도자에 권력을 넘겨주었다. 이러한 민주적 관행의 지속은 인도 민주주의의 질을 확실히 향상시켰다(Kumar 2020a).

〈표 3〉 1952년 이후 선거 현황과 권력의 평화적 이양

선거년도	총리	정당 (Alliance)
1952	Jawaharlal Nehru	Indian National Congress
1957	Jawaharlal Nehru	Indian National Congress
1962	Jawaharlal Nehru	Indian National Congress
1967	Indira Gandhi	Indian National Congress
1971	Indira Gandhi	Indian National Congress (R)

1977	Morarji Desai	Janta Party
1980	Indira Gandhi	Indian National Congress (I)
1984	Rajiv Gandhi	Indian National Congress (I)
1989	V.P Singh/ Chandra Shekhar	Janta Dal (National Front)/ Samajwadi Janata Party with Indian National Congress
1991	P.V. Narashimha Rao	Indian National Congress (I)
1996	Atal Bihari Vajpayee/ H.D. Deva Gowda/ I.K. Gujral	Bhartiya Janata Party/ Janata Dal (United Front)
1998	Atal Bihari Vajpayee	Bhartiya Janata Party (NDA)
1999	Atal Bihari Vajpayee	Bhartiya Janata Party (NDA)
2004	Mammohan Singh	Indian National Congress (UPA)
2009	Mammohan Singh	Indian National Congress (UPA)
2014	Narendra Modi	Bhartiya Janata Party (NDA)
2019	Narendra Modi	Bhartiya Janata Party (NDA)

출처: The Election Commission of India, https://eci.gov.in/

　　선거경쟁력(Electoral competitiveness)은 선거이론을 연구하는 학자들에 의해 제시된 것으로 한 국가의 민주주의 질을 검토할 수 있는 또 다른 지표가 된다(Moreno-Jaimes 2007). 이 지표에 따르면, 선거에서 자유와 공정성(그리고 그에 따른 경쟁력)을 확보할 수 있는 가장 중요한 제도적 보장은 독립된 선거관리위원회를 갖는 것이다(Diamond and Morlino 2004, 25; Pastor 1999). 이런 점에서, 인도 선거관리위원회는 인도 민주주의의 질을 개선하는 데 크게 기여했다. 한 연구에서 밝히고 있는 것처럼, 인도 선거관리위원회는 인도에서 가장 중요한 제도적 장치 중 하나가 되었다. 더욱 강조할 만한 것은, 인도 선거관리위원회가 전국 여론조사에서 국민에 의해 '가장 신뢰받는 기관'으로 뽑혔으며(Katju 2006), 명망 있는 국제기구에서 인도 선거관리위원회를 세계 최고의 기관 중 하나로 간

주하고 있다는 사실이다. EIU(Economist Intelligence Unit)가 발표한 2018
년 민주주의 지수에 따르면, 인도와 한국의 선거 과정은 아시아뿐만 아
니라 전 세계에서 최고 수준에 이르고 있는데, 점수로 환산했을 때, 두
국가 모두 10점 만점에 9.17점을 획득했고, 그 뒤를 이어 일본이 8.75
점을 획득했다(The Economist Intelligence Unit 2019, 36-37).

그렇지만 경쟁의 문제와 관련하여, 민주주의의 질을 개선하기 위
해 다루어져야 할 몇 가지 문제들이 여전히 존재한다. 학술 연구들은
정당과 선거 운동을 위한 모든 자금이 완전하고 신속하게 보고되어야
더 높은 수준의 선거 경쟁과 공정성을 촉진할 수 있다는 점을 지적한다
(Diamond and Morlino 2004, 24-25; Pinto-Duschinshy 2002). 인도에서는 정당
기부금의 절반 이상이 출처가 불분명하며, 이런 상황은 인도 민주주의
의 질을 악화시킨다. 실제로, 인도 ADR(Association for Democratic Reforms)
의 보고에 따르면, 법률상 정치 기부금이 현금이나 선거채권(electoral
bonds)을 통해 20,000루피 이하로 제공될 경우, 개인이나 단체의 이름
을 밝히지 않아도 되기 때문에, 인도에서는 BJP와 INC, BSP, NCP,
AITC, CPI를 포함하여 전국적 정당이 보유한 자금의 50% 이상이 그
출처가 불분명하다(Kumar 2019). '정보권리법(Right to Information Act)'에
따라 정당들이 정당의 자금과 관련된 모든 정보를 제공해야만 인도 민
주주의의 질이 강화될 수 있을 것이라는 의견도 제시된다(Association for
Democratic Reforms 2019). 따라서 정당 자금의 절반 이상을 규제하지 못
하는 상황은 더 높은 수준의 선거경쟁력을 저해할 것이다.

V. 결론

지금까지 우리는 민주주의의 절차적 측면인 법치와 참여, 경쟁에 대해 의논함으로써 인도 민주주의의 질에 대해 고찰했다. 첫 번째로 인도 민주주의는 많은 난관에 봉착해 있지만, 자유롭고 독립적인 헌법의 메커니즘을 구축했고, 헌법의 우위를 유지함으로써 법치를 강화해왔다. 이런 점을 고려할 때, 인도 민주주의의 질은 높은 것으로 결론 내릴 수 있다. 두 번째로 인도는 민주주의 체제를 도입한 이후, 모든 성인 시민들에게 정치 행위에 참여할 수 있는 형식적 권리를 부여했다. 이와 더불어 좌파와 우파, 중도를 아우르는 정치 이데올로기를 체제 안으로 포섭하는 데 성공했다는 점을 고려해보면 민주주의의 질이 높은 것으로 판단할 수 있다. 세 번째로 정치적 경쟁과 관련해서는, 정기적인 민주선거와 평화로운 권력의 이양, 그리고 독립된 선거관리위원회의 존재는 인도 민주주의의 질을 높이는 데 일조했다.

그러나 인도 민주주의의 질을 개선하기 위해 다루어져야 할 몇 가지 중요한 문제들이 여전히 존재한다. 부패와 법치 사이에는 상당한 정도의 상관관계가 있기 때문에 인도에 만연해 있는 부패는 민주주의의 질을 떨어뜨린다. 또한, 여성이나 청년층이 의사결정과정에 참여하는 비율이 지속적으로 낮게 나타나는 것 또한 정치 참여의 측면에서 인도 민주주의의 질을 저해한다. 무엇보다도 정당의 자금 가운데 절반 이상의 출처를 알 수 없다는 점을 상기해 보면, 인도 민주주의는 아직 갈 길이 멀다.

인도 민주주의의 질에 대한 평가들은 어떤 의미를 지니는가? 이 연구의 발견은 두 가지 주요한 시사점을 갖는다. 하나는 정책결정자들을 위한 것이고 또 다른 하나는 인도 정치를 연구하는 학자들을 위한 것이다. 전자는 법치와 참여, 경쟁의 측면에서 인도 민주주의의 질을 높이기 위한 필수요건이 무엇인지를 이해할 필요가 있다. 그리고 후자는 민주주의를 구성하는 다른 측면에 대해 좀 더 심층적인 연구를 할 필요가 있다. 구체적으로는, 책임성과 자유, 평등, 반응성의 측면에서 인도 민주주의의 질을 평가해야 한다. 이러한 측면들을 연구함으로써 인도 민주주의에 대한 이해를 높일 수 있을 뿐만 아니라 민주주의의 질에 대한 학문적 논의에 기여할 수 있을 것이다.

참고문헌

Altam, D., and A. Pérez-Liñán. 2002. "Assessing the Quality of Democracy: Freedom, Competitiveness and Participation in Eighteen Latin American Countries." *Democratization* 9(2): 85-100.

Association for Democratic Reforms. 2019. *Analysis of Sources of Funding of National Parties of India, FY 2017-18*. New Delhi: ADRINDIA.

Case, William. 2007. "Democracy's Quality and Breakdown: New Lessons from Thailand." *Democratization* 14(4): 622-642.

Chandra, Aparna, William Hubbard, and Sital Kalantry. 2017. "The Supreme Court of India: A People's Court?" *Indian Law Review* 1(2): 145-181.

Diamond, Larry, and Leonardo Morlino. 2004. "The Quality of Democracy: An Overview." *Journal of Democracy* 15(4): 20-31.

Diamond, Larry, and Leonardo Morlino. 2005. *Assessing the Quality of Democracy*. Baltimore. MD: Johns Hopkins University Press.

Elbasani, A., and S. S. Sabic. 2018. "Rule of Law, Corruption and Democratic Accountability in the Course of EU Enlargement." *Journal of European Public Policy* 25(9): 1317-1335.

French, Patrick. 2011. *India: A Portrait*. New York: Alfred Knopf.

Guha, Ramachandra. 2007. *India After Gandhi: The History of the World's Largest Democracy*. New Delhi: Picador India.

Hahm, Chaibong, 2008. "South Korea's Miraculous Democracy." *Journal of Democracy* 19(3): 128-142.

Huntington, Samuel. 1991. "How Countries Democratize." *Political Science Quarterly* 106(4): 579-616.

Huntington, Samuel. 1993. *The Third Wave: Democratization in the Late 20th Century*. Norman and London: University of Oklahoma Press.

Hutcheson, D. S., and E. A. Korosteleva. 2006. *The Quality of Democracy in Post-Communist Europe*. Abingdon: Routledge.

Im, Hyug-Baeg. 2011. "Better Democracy, Better Economic Growth? South Korea." *International Political Science Review* 32(5): 579-597.

Irani, Phiroze. 1965. "The Courts and the Legislature in India." *The International and Comparative Law Quarterly* 14(3): 950-968.

Jaffrelot, Christophe. 2002. "Indian Democracy: The Rule of Law on Trial." *India Review* 1(1): 77-121.

Jenkins, Rob. 2007. "India's Unlikely Democracy: Civil Society Versus Corruption." *Journal of Democracy* 18(2): 55-69.

Katju, Manjari. 2006. "Election Commission and Functioning of Democracy." *Economic and Political Weekly* 41(17): 1635-1640.

Klieman, A. 1981. "India's India: Democracy and Crisis Government." *Political Science Quarterly* 96(2): 241-259.

Kothari, Rajni. 1964. "The Congress 'System' in India." *Asian Survey* 4(12): 1161-1173.

Kumar, Rajiv. 2019a. "An Analysis of the Trajectory of Political Decentralization in India: Special Reference to the Changing Dynamics of Party System." *Journal of South Asian Studies* 25(2): 185-204.

Kumar, Rajiv. 2019b. "Decoding 2019 Indian General Election." *Asian Regional Review* 2(1): 1-6.

Kumar, Rajiv. 2020a. "Assessing the Quality of Democracy in India: Rule of Law, Participation, and Competition." *Journal of Asian Studies* 23(1): 303-324.

Kumar, Rajiv. 2020b. "An Analysis of the 2019 Indian Election: Transition in Political Landscape and its Implications." *Asia Review* 9(2): 131-158.

Kumar, Rajiv. 2020c. "Great Transition in Indian Politics: Reflections on The Dynamics of Party System." In *Great Transition in India: Critical Explorations,* edited by Chanwahn Kim and Rajiv Kumar, 201-216, Singapore: World Scientific.

Kumar, Rajiv and Chanwahn Kim. 2019. "From the Hindu Growth Phase to the Moderate Growth Phase: The Role of the State in Economic Transition in India." *The Journal of Asian Studies* 22(2): 281-308.

Kumar, Sanjay. 2013. *Indian Youth and Electoral Politics: An Emerging Engagement. Delhi:* Sage Publications.

Kumar, Prakash. 2019. "50% Funds of Parties from Unknown Sources: ADR Report." *Deccan Herald* (January 23).

Khanna, Manuka. 2009. "Political Participation of Women in India." *The Indian Journal of Political Science* 70(1): 55-64.

Levine, D. H., and J. E. Molina. 2011. *The Quality of Democracy in Latin America.* London: Lynne Rienner Publishers.

Li, Ling. 2012. "The Production of Corruption in China's Courts: Judicial Politics and Decision Making in a One-Party State." *Law & Social Inquiry* 37(4): 848-877.

Lijphart, Arend. 1999. *Patterns of Democracy: Government Forms and Performance in Thirty-Six Country.* New Haven, CT: Yale University Press.

Lipset, Seymour M. 1959, "Some Social Requisites of Democracy: Economic Development and Political Legitimacy." *American Political Science Review* 53: 69-105.

Masani, M. R. 1977. "India's Second Revolution." *Asian Affairs: An American Review* 5(1): 19-38.

Mehta, Pratap Bhanu. 2002 "The Inner Conflict of Constitutionalism: Judicial Review and the Basic Structure." In *India's Living Constitution: Ideas, Practices Controversies,* edited by Zoya Hasan, Eswaran Sridharan, and Rahna Sudarshan, 179-206. Delhi: Permanent Black.

Mehta, Pratap Bhanu. 2007. "India's Unlikely Democracy: The Rise of Judicial Sovereignty." *Journal of Democracy* 18(2): 70-83.

Moore, Barrington. 1966. *Social Origins of Dictatorship and Democracy: Lord and Peasant in the Making of the Modern World.* Boston: Beacon Press.

Moreno-Jaimes, Carlos. 2007. "Do Competitive Elections Produce Better-Quality Governments?: Evidence From Mexican Municipalities, 1990-2000." *Latin American Research Review* 42(2): 136-153.

Morris-Jones, W. H. 1964. "Parliament and Dominant Party: Indian Experience." *Parliamentary Affairs* 17(3): 296-307.

Morlino, Leonardo. 2004. "'Good' and 'Bad' Democracies: How to Conduct Research into the Quality of Democracy." *Journal of Communist Studies and Transition Politics* 20(1): 5-27.

Morlino, Leonardo. 2009. *Qualities of Democracy: How to Analyze Them?* Firenze, Italy: Institute of Italiano Di Scienze Umane.

Morlino, Leonardo. 2011. *Changes for Democracy: Actors, Structures, Processes.* Oxford: Oxford University Press.

Morlino, Leonardo, Bjoern Dressel, and Riccardo Pelizzo. 2011. "The Quality of Democracy in Asia-Pacific: Issues and Findings." *International Political Science Review* 32(5): 491-511.

Oberai, Sanjit. 2014. "Chart: What's The Average Age Of An Indian MP?" *India Spend* (April 28).

O'Donnell, Guillemo. 2004. "The Quality of Democracy: Why The Rule of Law Matters." *Journal of Democracy* 15(4): 32-46.

O'Donnell, Guillermo, Philippe Schmitter, and Laurence Whitehead. 1986. *Transitions from Authoritarian Rule: Comparative Perspective.* Baltimore: Johns Hopkins University Press.

Pastor, Robert. 1999. "A Brief History of Electoral Commissions." In *The Self-Restraining State: Power and Accountability in New Democracies. Boulder,* edited by Andreas Schedler, Larry Diamond, and Marc F. Plattner, 75-82. Colo: Lynne Rienner.

Pinto-Duschinshy, Michael. 2002. "Financing Politics: A Global View." *Journal of Democracy* 13(4): 69-86.

Rampal, Nikhil. 2019. "India is young, its leaders aren't." *India Today* (May 30).

Roberts, Andrew. 2010. *The Quality of Democracy in Eastern Europe: Public Preferences and Policy Reforms.* Cambridge: Cambridge University Press.

Shin, Don Chuck, and Yun-han, Chu. 2004. "The Quality of Democracy in South Korea and Taiwan: Subjective Assessment for the Perspectives of Ordinary Citizens." *Asian Barometer Working Paper* 25, Taipei: National Taiwan University and Academia Sinica..

Spary, Carole. 2014. "Women candidates and party nomination trends in India - evidence from the 2009 general election." *Commonwealth & Comparative Politics* 52(1): 109-138.

Sharma, Chanchal Kumar, and Wilfried Swenden. 2018. "Modifying Indian Federalism? Center-State Relations under Modi's Tenure as Prime Minister." *Indian Politics & Policy* 1(1): 51-81.

Sharma, Chanchal Kumar. 2006. "State of Democracy in India." *The Indian Journal of Political Science* 67(1): 9-20.

Sharma, Kumud. 2016. "Power and Representation: Reservation for Women in India." *Asian Journal of Women's Studies* 6(1): 47-87.

The Economist Intelligence Unit. 2019. *Democracy Index 2018: Me too? Political Participation, Protest and Democracy.* London: Economist Group.

The Indian Express. 2017. "Rajiv Gandhi's Popular 15 paisa remark finds mention in Supreme Court verdict." June 9.

Tremblay, Monon. 2007. "Democracy, Representation, and Women: A Comparative Analysis." *Democratization* 14(4): 533-553.

Transparency International. 2018. *Corruption Perceptions Index 2018*. Berlin: Transparency International.

Vaishnav, Milan. 2017. *When Crime Pays: Money and Muscle in Indian Politics*. New Haven, CT: Yale University Press.

Weiner, Myron, 1982. "Congress Restored: Continuities and Discontinuities in Indian Politics." *Asian Survey.* 22(4): 339-355.

Xu, Beina. 2014. "Governance in India: Corruption." *Council on Foreign Relations* (September 4).

11장

인도네시아: 민주적 절차와 무슬림 민주주의[1]

최경희(서울대학교)

Ⅰ. 서론

　　인도네시아 민주주의로의 전환은 1997년 IMF 외환위기로 32년 동안 집권했던 수하르토의 권위주의 체제가 붕괴하면서 1998년부터 시작되었다. 그로부터 직선제 국회의원선거가 1999부터 시작되어 2004년, 2009년, 2014년, 2019년까지 총 5번 성사되었고, 2004년부터 시작된 직선제 대통령선거는 2009년, 2014년, 2019년까지 총 4번 성사되었다. 본 논문에서는 약 20여 년을 지나온 인도네시아 민주주의를 '민주주의 질(quality of democracy)'이라는 개념으로 분석하고자 한다. 최근 세

---

[1]　이 글은 『비교민주주의 연구』 제16집 1호(2020년)에 "민주주의 질 연구: 인도네시아 사례를 중심으로"라는 제목으로 게재된 논문을 실은 것이다.

계 민주주의의 심각한 위기 상태를 극복하기 위한 대안적 개념이자 '다양한 유형적' 차원의 민주주의를 설명할 수 있는 이론적 도구로서 민주주의 질 개념이 활용될 수 있다는 전제하에 이를 인도네시아에 적용해 보고자 한다. 그러나 인도네시아 민주주의가 새로운 '유형적 차원'의 민주주의 사례로서 정착하기에는 지나온 20년은 매우 짧은 시간이라고 본다. 따라서 현 시점에서 인도네시아의 민주주의 질을 구성하는 요소들에 대한 평가는 '결과적'이기보다는 '과정적'인 의미를 가질 수밖에 없고, 이에 현재적 평가는 단정적이기보다는 여러 측면의 가능성을 중심으로 그 의미를 분석하고자 한다.

세계 민주주의의 위기 담론은 여러 차원에서 드러난다. 우선, 미국의 사례이다. 미국 민주주의 상태를 점검한 '민주주의 프로젝트(The Democracy Project)[2]'가 있다. 그 조사 결과에서 "민주주의 제도에서 살아가는 것이 절대적으로 중요하다" 또는 "중요하다"고 응답한 이들의 비율은 합산하여 92%에 이른다. 이는 미국인에게 민주주의가 매우 중요한 가치임을 알 수 있는 결과이다. 그런데 "최근 미국 민주주의 시스템이 점점 더 약해지고 있다"고 응답한 이들의 비율 또한 68%에 달한다. 이러한 미국의 민주주의 시스템이 약해지는 원인으로 "정치에 큰 영향을 끼치는 돈의 문제(Big money in Politics), 인종주의(Racism)와 차별(discrimination)"이 각각 1순위와 2순위로 지적되었다. 본 조사에서는 최근 미국 민주주의가 가장 심각한 도전 상태에 직면해있다고 평가하였

---

[2] 민주주의프로젝트(The Democracy Project)는 George W. Bush Institute, Freedom House, Penn Biden Center가 공동으로 미국의 정부정책, 민주주의 원칙과 제도에 대하여 전국조사 및 전문가집단조사를 수행한 결과이다. 2018년 4월 28일에서 5월 8일까지 1,700명의 성인을 대상으로 전화 조사를 실시하였고, 10개 포커스 그룹 조사를 수행하였다(Abramowitz, Blinken and Kuzmich, 2018).

다. 이로 인한 가시화된 위기로 공적 제도의 신뢰성 위기, 법의 지배 및 언론자유의 침해 등을 들 수 있으며, 미국 민주주의는 다양한 민주주의의 위기 현상을 경험하고 있다고 평가할 수 있다(Abramowitz, Blinken and Kuzmich 2018). 다음으로 세계 민주주의연구를 진행하고 있는 저널의 하나인 '민주주의 저널(Journal of Democracy, 이하 JoD)'의 담론이다. JoD는 창간 30주년을 기념하여 올해 첫 호에서 세계 민주주의의 위기를 대주제로 다루었다. 플랫너(Marc F. Plattner)는 2015년에 JoD가 제기했던 "민주주의는 쇠퇴하고 있는가?"라는 질문을 상기하면서, 5년이 지난 2020년에는 그때와는 달리 많은 학자들이 "민주주의가 위기 상태"에 직면해 있다는 점에 동의할 수밖에 없다고 역설하고 있다(Palttner 2020). 이러한 흐름은 2006년부터 이코노미스트(The Economist)가 발표하기 시작한 민주주의 지수(Democracy Index)에서도 그대로 반영된다. 2006년은 민주주의의 확산 현상이 전환되는 첫 해로 언급(Puddington 2007; Diamond 2020)되며, 2015년에는 민주주의가 심각한 우려의 상태로 표현되었고, 2019년에는 홍콩 사태, 이란 시위 등 민주주의가 심각해져서 대중적 저항이 증폭되는 시기로 묘사된다. 다이아몬드(Larry Diamond)는 이러한 현상을 비자유주의적 포퓰리스트 흐름(illiberal populist wave)이라고 표현한다(Diamond 2020).

이렇듯 현재는 많은 민주주의 연구자들이 지적하고 있는 '민주주의의 위기'의 시대이다. 제2차 세계대전 이래 오늘날 자유민주주의(liberal democracy)가 이렇게 심각한 위협에 직면한 것은 처음 있는 일이라고 언급하고 있다(Plattner 2020). JoD에서는 그 원인과 이유를 다양한 방식으로 설명하고 있는 가운데, 두 가지 양상이 함께 공존함을 중요하게 지적하고 있다. 두 가지 양상이란 하나는 자유민주주의의 대표 사례로 말할 수 있는 미국과 유럽 민주주의의 위기와 다른 하나는 '권위주의의 반격(authoritarian resurgence)'(Walker 2015) 또는 '지구적 차원에서 권위주의'
의 영향력 확대이다. 즉, 지역적 또는 국제적 차원에서 러시아, 중국,
인도, 이란 등의 영향력이 증대되고 있다는 점이다(Diamond 2020. Plattner
2020). 어떤 입장은 이 두 흐름을 서로의 원인으로 설명하기도 한다. 예
를 들어, 러시아가 미국과 유럽에서 치러지는 선거에 개입한다거나, 권
위주의 체제이지만 경제발전이 가능한 중국모델이 자유민주주의 정당
성 약화에 영향을 준다고 설명하는 방식이다. 그러나 필자는 이러한 설
명방식이 민주주의의 위기를 극복하고 민주주의를 진전시킬 수 있는
좋은 접근은 아니라고 본다. 이 둘의 양상이 전 지구적 차원에서 '민주
주의의 위기'를 드러내는 것은 맞지만, 미국과 유럽에서 나타나는 민주
주의의 위기의 원인을 중국, 러시아 등 비자유민주주의 국가들의 영향
력에서 찾을 수는 없다고 본다. 이는 미국과 유럽에서 나타나는 민주주
의의 위기의 원인을 내부가 아닌 외부로 돌리는 방식이다. 그렇다고 중
국과 러시아의 현재 민주주의 수준을 정당화할 필요는 더욱 없다. '새
로운 권위주의 유형'의 확산은 그 자체로 좀 더 체계적으로 다양한 측
면에서 연구가 되어야 한다고 본다.

　이러한 맥락에서 민주주의가 위기인 시대에서 민주주의 연구는 좀
더 탈이데올로기적 접근에 근거하여 새로운 방식의 민주주의 연구 방
향을 설정해야 한다고 본다. 즉, 다양한 민주주의 유형을 전제하고, 각
각의 유형적 차원에서 민주주의를 저해하는 요인을 분석하고 민주주의
를 심화 및 발전시킬 수 있는 방향으로 이론적 논의를 확대시켜야 한
다. 무엇보다 필자는 민주주의 질 개념이 '질적으로 충분히 다른 민
주주의 유형을 설명할 수 있는' 이론적 도구가 될 수 있다고 전제하고, 민
주주의의 질 개념으로 인도네시아 사례를 분석하고자 한다. 그럼에도
불구하고 인도네시아 민주주의는 아직 하나의 민주주의 유형으로서 완

벽하게 성숙하거나 정착된 단계라고 보기는 어렵기 때문에 현재로서는 '과정적' 단계의 분석일 수밖에 없음을 미리 밝혀두고자 한다.

II. 이론적 논의

본 장에서는 이론적으로 민주주의 질 개념이 갖는 함의를 분석하고자 한다. 이를 위해서 하나는 "형용사가 붙는 민주주의" 담론 체계 속에서 '민주성(democratic quality)' 개념을 이해하고, 다른 하나는 민주주의 질(the quality of democracy) 개념의 이론적·방법론적 의미를 분석하고자 한다.

1. "형용사가 붙는 민주주의" 담론

현대 민주주의에 관한 다양한 논의의 출발은 바로 "제3의 민주화의 물결"(Huntington 1991)로 불리는 정치변동으로부터 기원한다. 주지하는 바와 같이 1970년대 중반 남유럽을 시작으로 중남미, 아시아, 아프리카 지역에 있는 많은 국가들이 다양한 권위주의로부터 민주주의로의 이행을 경험하게 되었다. 맥폴(Michael McFaul)은 1989년 베를린 장벽의 붕괴와 소비에트 연방의 해체로 28개 국가들이 공산주의 체제로부터 체제 이행한 경험을 "제4의 민주주의 물결(The Fourth Wave of Democracy)"로 명명했다(McFaul 2002). 그리고 오랫동안 민주화물결의 예외 지역으로 회자되었던 무슬림세계도 2011년 '아랍의 봄'으로 불리는 민주화 이행을 경험하였고, 이러한 흐름을 앞의 흐름과 구분하여 '제5의 민주주의 물결'로 명명할 수 있다.

이러한 거대한 민주주의로의 변동은 민주화 이행과 공고화론, 민주화이행 패러다임, 비교민주주의 연구, 민주주의 측정 등 현대 민주주의에 관한 다양한 이론적 영역을 만들어 놓았다. 그럼에도 불구하고 개별 연구자들이 지난 오랜 시간 동안 어떠한 연구전통과 연구 패러다임에 있었는지를 막론하고 현재는 두 가지 측면에서 합의를 이룰 수 있다고 본다. 첫째, 전 세계의 민주주의 수준은 '기대했던 민주주의 결과'를 만들어내지 못하고 있다는 점이다. 이는 최근의 민주주의 위기론에서 더욱 구체적으로 드러난다. 둘째, 전 세계 민주주의의 모습은 '다양한' 형태를 가질 수밖에 없다고 본다는 점이다. 즉, 자유민주주의(liberal democracy)는 전 세계 시민들이 모두 선택할 수밖에 없는 유일한 민주주의 형태가 아니라 다양한 민주주의 유형 중 하나일 수밖에 없다는 점이다. 또는 자유민주주의 유형도 모든 국가가 동일한 것이 아니라 개별 국가마다 다른 특징을 갖는다는 점이다. 이러한 두 가지 결론으로부터 2000년대 중후반부터 전 세계의 민주주의와 관련된 논의는 이러한 민주주의의 '위기'를 어떻게 극복할 것인지, 더 나은 민주주의, 더 다양한 민주주의를 어떻게 논의하고 만들어 나갈 것인지를 논의했고, 이러한 이론적 기대감이 2000년대 중반 이후 민주주의 질 개념에 함축되어 있다고 볼 수 있다.

민주주의 질 개념으로 정리되기 이전에 이러한 문제의식은 1997년 콜리어(David Collier)와 레비츠스키(Steven Levistsky)가 처음 제기한 "형용사가 붙는 민주주의(democracy with adjectives)"라는 개념으로 드러났다고 본다. 이 학자들은 민주화 이행의 역사적 경험에 대한 다양한 정치적 결과를 형용사가 다양하게 붙는 민주주의 유형으로 포착하였다. "형용사가 붙는 민주주의" 담론은 제3의 민주화물결, 제4의 민주화물결, 제5의 민주화물결이 동일 선상의 민주화 현상이 아니었음을 지적하고, 서로 다른 토양의 권위주의로부터 시작된 민주주의는 다양한 수준과 결과를 만들어낼 수밖에 없다는 점을 지적하였다. 선거 민주주의(Electoral democracy), 선거 권위주의(Electoral authoritarianism), 경쟁적 권위주의(Competitive authoritarianism)와 같은 개념들이 그 예이다.

스케들러(Andreas Schedler)는 자유민주주의와 선거민주주의의 차이, 선거 민주주의와 선거 권위주의의 차이를 측정 가능한 범주로 설명하였고(Schedler 2002), 레비츠스키와 웨이(Lucan A. Way)는 경쟁적 권위주의의 개념을 만들어 '새로운 유형'의 혼합정치체제를 설명하고자 하였다(Levitsky and Way 2002). 그리고 이 두 연구자는 2020년 '새로운 경쟁적 권위주의의 확산'을 설명하고 있다(Levitsky and Way 2020). 또는 선거민주주의와 경쟁적 권위주의 사이인 '선거권위주의' 단계의 사례들도 설명되고 있다(Morse 2012). 이러한 흐름에는 자유민주주의-선거민주주의-선거권위주의-경쟁적 권위주의-권위주의 선상에서 체제변동을 설명할 수 있는 연구 전통을 갖고 있다. 즉, 권위주의로부터 체제가 변동하여 최종적으로 지향하는 체제는 자유민주주의이고, 각 단계는 '민주성(democratic quality)'[3] 결여로 설명해 낼 수 있는 것이다.

결국 "형용사가 붙는 민주주의"는 자유민주주의를 최대민주주의로 상정하는 그룹에서 선거민주주의, 선거권위주의, 경쟁적 권위주의 등 민주성의 정도에 따라 "형용사가 붙는 하위민주주의" 즉, 절차적 그리고 최소민주주의의 하위유형 분류체계를 만들어내었다. 하지만, 자유민주주의가 아닌 다른 최대민주주의를 상정하는 다른 그룹에서는 '자유'라는 형용사가 아닌 다른 형용사가 붙는 민주주의를 상정할 수 있는

---

[3] 'democratic quality' 개념은 2001년과 2002년 민주화 이행과 공고화론에서 만들어낸 '레짐(Regime) 이론'을 체계화하는 방법이자 측정가능한 개념으로서 처음 언급되었다(Munck, Gerardo L. 2001; Munck, Gerardo L. and Jay Verkuilen 2002).

가?라는 문제의식을 제기한다. 이러한 최초의 문제의식이 "비자유민주주의(Illiberal Democracy)" 개념의 등장(Zakaria 1997)이라고 볼 수 있다. 자카리아(Fareed Zakaria)가 비자유민주주의의 출현을 제기하면서, 대조적으로 자유민주주의는 '헌법적 자유주의(constitutional liberalism)'에 기초하고 있다는 점을 강조하였다. 다시 말하자면, 자유주의적 헌법 이념이 아닌 다른 헌법 이념에 기초한 민주주의 유형도 가능하다는 문제의식이다. 따라서 자유민주주의가 아닌 '다른 유형'의 민주주의를 '비자유민주주의'라는 개념에서 포착한 것이다. 그러나 이 개념에는 다음과 같은 분명한 한계점이 존재한다. 첫째, 자유(Liberal)와 비자유(Illiberal)라는 대당적 구분 속에서는 비자유민주주의를 자유민주주의의 잔여개념으로 이해하고 있는 한계가 있다. 즉, 자유민주주의 이외의 나머지 민주주의 국가들로 취급된다. 비자유민주주의 사례로 언급되는 국가들의 독자성이나 질적인 차이는 설명될 수 없다는 점이다. 둘째, '비자유(Illiberal)'라는 형용사는 민주주의에 대한 결핍 또는 부족이라는 의미를 이미 내포하고 있기 때문에 질적으로 다른 유형의 민주주의를 설명하는 데는 근본적인 한계가 있다고 볼 수 있다.

정리하자면, "형용사가 붙는 민주주의"는 두 가지 차원으로 정리할 수 있다. 하나는 최대민주주의와 다른 하나는 최소민주주의이다. 위에서 설명한 것처럼, 최대민주주의로서 자유민주주의(형용사가 붙는 민주주의 I단계)는 선거민주주의, 선거권위주의, 경쟁적 권위주의 등 민주주의 정도에 따라서 다시 하위분류되는 최소주의적 접근이 가능하다(형용사가 붙는 민주주의 II단계)이다. 또 다른 하나의 차원은 '자유'라는 형용사가 아닌 '다른' 형용사가 붙는 최대민주주의 유형의 가능성을 열어두고, 그 개별 민주주의의 질적 발전과 진화를 상정하는 것이 '위기'에 빠진 민주주의를 전환시킬 수 있는 문제의식이라고 본다.[4] 이들은 개별 국가의 민주주의 조건, 특징, 한계 및 해결해야 할 문제 등을 세심하게 접근하는 전략이다. 민주주의의 위기라고 해도 각 국가들이 처한 상황이 동일하지 않기 때문에, 개별 국가마다 구체적이고 세밀한 접근을 필요로 하는데, 민주주의 질 개념은 이러한 접근을 가능하게 하는 인식이라고 본다.

2. 민주주의 질 개념의 의미와 가치

『Assessing the Quality of Democracy』에서 시도되고 있는 '민주주의(democracy)'와 '질(quality)'을 결합하려고 하는 연구는 민주주의 연구의 새로운 전환을 시도했던 접근이라고 볼 수 있다. 이 연구진들은 "민주성을 평가하는 것은 하나의 분명하게 정의되는 질(quality)의 개념을 요구하게 된다"(Diamond and Morlino 2005)고 밝히고 있으며, 민주주의의 질은 아래 〈표 1〉에서와 같이 절차의 질(quality in terms of procedure), 내용의 질(quality in terms of content), 결과의 질(quality in terms of result)이라는 세 가지 차원으로 제시된다.

---

[4] 그 대표적인 사례가 인도네시아 헌법이 규정짓고 있는 인도네시아 '판차실라 민주주의(Pancasila democracy)'라고 볼 수 있다. 이하 본문에서 본 개념을 구체적으로 설명하고자 한다. '판차실라(Pancasila)'라는 형용사는 인도네시아 민주주의를 규정짓는 매우 강력한 원리인 헌법이념을 말한다. 또한 인도네시아 민주주의는 민주주의의 보편적 원리인 삼권분립, 자유로운 선거와 참여, 시민의 자유, 법치 등이 작동되고 있다. 즉, 인도네시아 민주주의에 대한 최대주의적 접근과 최소주의적 접근이 가능하다.

〈표 1〉 민주주의 질에 대한 세 가지 차원과 구성요소

절차적 차원	법의 지배
	참여
	경쟁
	수직적 책임성
	수평적 책임성
실질적 차원	자유
실질적 차원	평등
결과적 차원	반응성

Diamond and Morlino, 2005, Assessing the Quality of Democracy, pp.xiv~xxxiii의 내용구성

　우선 위의 〈표 1〉에서 제시된 민주주의 질의 세 가지 차원은 분석적으로 나누어진 개념이지만 실질적으로는 서로 연결된 개념들이다. '시스템으로서 민주주의'는 이러한 세 가지 차원이 서로 긴밀하게 상호 영향을 주면서 작동하는 것이다. 예를 들면, 민주주의 질의 절차적 차원으로 첫 번째로 설정된 '법의 지배'는 본질적으로 다른 모든 요소에 영향을 미치는 것이고, 민주주의는 다시 '법의 지배'[5]로 수렴되어 나타난다. 또한 민주주의 질의 절차에서는 '선출된 권력'과 '선출되지 않은 권력' 두 측면 모두를 강조하고 있다. 참여와 경쟁은 '선출된 권력'과

---

[5] 그 나라의 민주주의가 법의 지배에 따르는가에 대한 질문의 답은 다음과 같은 연계된 질문들의 연속이다. 모든 사람들에게 법이 동등하게 적용되는가? 조직화된 세력, 과두집단, 정치적 보스에 의해 지배되지 않고, 법적 체계가 우위로 영향을 미치는가? 국가의 행정부, 사법부, 입법부에서 부패가 최소화되고, 부패가 발견되고, 부패가 처벌되고 있는가? 모든 국가관료 수준에서 법이 보편적으로, 효율적으로, 만족스럽게 적용되고 관료의 오류에 대해 법적 책임성을 묻는가? 공적인 권력은 전문적이며 법적 영향력을 발휘하고 있는가? 법적 절차에서 시민은 충분히 보호되는가? 사법부는 다른 어떤 정치적 영향력으로부터 독립되어 있는가? 법원의 지배는 국가의 다른 기관에 의해 강화되고 보호되는가? 등이다(Diamond and Morlino 2005).

관계되고, 수직적 그리고 수평적 책임성은 '선출되지 않은 권력'에 대한 국민주권의 통제를 의미한다. 기존의 민주주의에 대한 강조에서는 자유롭고 공정한 선거를 통해 대표자를 얼마나 잘 뽑는가에 많은 초점이 맞춰져 있었다면, 민주주의 질의 절차적 차원에서는 '선출되지 않은 권력' 즉, 관료사회에 대한 민주적 통제까지 포괄하여 초점을 맞추고 있다.

또한 민주주의 질 개념은 민주주의 질의 실질적 기초인 '자유'와 '평등'을 분명히 하고 있다. 비담(David Beetham)은 민주주의의 실질적인 질을 규정짓는 것은 '자유'이고, 자유의 범주에는 단순히 정치적 영역에만 국한되는 것이 아니라 시민적, 사회적 또는 사회경제적 권리영역까지를 포괄하는 것이라고 주장한다. 정치적 권리는 투표할 수 있는 권리, 피선거권, 선거운동의 권리, 정당참여의 권리 등이다. 시민적 권리는 시민적 자유 및 안전, 개인생활 보호권, 사상의 자유, 표현의 자유, 정보의 자유, 종교의 자유, 결사의 자유, 이동 및 거주의 자유, 법적 방어의 자유 등이다. 또한 시민적 경제 권리로 사적소유와 기업가의 권리뿐만 아니라 고용에 따른 권리, 공정한 임금을 받을 권리, 집단행동을 할 권리 등이다(Beetham 2004). 특히 '평등'은 민주주의 담론에서 정치적 평등성만 국한되어 논의되었다. 그러나 '질적으로 좋은 민주주의'는 모든 시민과 집단들에게 동등한 권리와 법적 보호가 적용되는 '법적 평등'과 성, 인종, 종족, 종교, 정치적 지향 그리고 다른 어떤 조건에서도 차별받지 않는 '인권적 평등'이 중요하다. 그리고 뤼시마이어(Dietrich Rueschemeyer)는 실질적인 정치적 동등성을 향유하기 위해서는 소득, 부 그리고 지위에 있어서 평등, 즉 경제적 평등이 실현되어야 한다고 주장했다. 그에 따르면 극단적인 사회경제적 불평등사회에서, 정치적 불평등이 강화된다(Rueschemeyer 2005). 오늘날 많은 민주주의의 위기는 이러한 구조적 원인으로부터 발생될 수 있기 때문에, 민주주의의 질을 논하는데 있어서 '경제적 평등'에 관한 논의는 매우 중요한 요소로 더욱 부각되고 있다.

마지막으로 민주주의 질의 '반응성' 측면이다. "좋은 민주주의는 민주주의의 결과에 있어서도 시민의 기대를 만족시키는 것이고, 좋은 민주주의는 시민, 결사체 그리고 다양한 공동체들이 확장된 자유와 정치적 평등을 실질적으로 행사하는 것이고, 좋은 민주주의는 시민 스스로가 정부가 법의 지배에 따라 그 권한을 행사하는지, 자유와 평등이 제공되고 있는지를 평가할 수 있는 것이고, 시민과 시민조직 그리고 정당들이 선출된 관료들의 책임성을 통제할 수 있어야 하고, 법의 적용과 공정성을 감시해야 하고, 선출된 관료들의 정치적 책임성과 반응성을 통제해야한다"(Diamond and Marlino 2005)고 밝히고 있다. 결국 민주주의의 질이 작동하는 '좋은 민주주의'는 권력의 기반, 운영원리 및 작동방식에 있어서 주권(sovereign power)과 법치(rule of law)에 기초하고 있다고 분명히 가리키고 있다.

결론적으로 이러한 민주주의의 '질'을 강조하는 연구는 다음과 같은 파급효과를 갖는다고 본다. 민주주의에 대한 '질적 연구'의 중요성이 부각되는 점인데, 민주주의에 대한 '질적' 의미를 질문하고 있다는 것 자체가 큰 의미를 파생한다고 본다. 가장 우선하는 파급효과는 그동안 질적자료보다는 양적 자료에 더 의존했던 민주주의 연구풍토로부터 오는 한계를 극복할 수 있다는 데 그 의의가 있다고 본다. 많은 기존연구들은 전세계국가들을 비교한다고 했을 때, 비교 가능한 지표 또는 비교 가능한 양적 자료를 통해 일반화하고자 하는 지배적인 흐름을 만들어내었다. 그러나 이러한 접근은 세계적으로 '질적'으로 다른 민주주의가 존재한다는 전제를 애초부터 설정하지 못하게 하는 이론적 배제를 만들어왔다. 예를 들면, '무슬림 민주주의(Muslim Democracy)'의 존재이다. 이 개념은 다소 특이한데, 어떤 형태의 민주주의를 만들겠다는 것을 분명히 밝히기보다는 '무슬림 민주주의자(Muslim Democrats)'들이 자유롭게 선택하여 만들어지는 실용적 관점의 정치를 함축한다. 다시 말하자면, 민주주의를 지지하는 무슬림이 민주주의 제도 안에서 실용적인 정치를 실행하는 것을 무슬림 민주주의라고 볼 수 있는데, 이 개념에서 더 중요한 것은 무슬림 민주주의자들은 이슬람법에 기초한 국가를 만든다거나, 칼리프 체제를 만드는 것에 동의하지 않는 것을 분명히 하고 있다는 점이다(Nasr 2005). 무슬림 민주주의는 민주주의의 유형적 차원에서 논의될 수 있는 개념으로, 자유민주주의와는 질적으로 다른 문제 설정의 민주주의이다. 자유민주주의의 전제 하에서, 다양한 경험적 연구와 조사를 진행하여 왔듯이 무슬림 민주주의의 전제 하에서도, 다양한 경험적 연구와 조사가 동반될 수 있다. 세계인들을 하나의 동일한 존재로 이해하지 않는다면, 질적으로 다른 민주주의도 다양한 차원에서 새롭게 전개할 수 있어야 한다. 이렇듯 민주주의의 본질을 다양한 차원에서 접근할 수 있도록 열어 놓은 민주주의 질 개념은 '질적'으로 다른 '민주주의' 유형을 이론화하는데 매우 중요한 통로 역할을 한다고 볼 수 있다.

Ⅲ. 인도네시아 민주주의 질의 절차적 측면

본 장에서는 인도네시아 민주주의 질의 절차적 차원을 구체적으로 탐색하고자 한다. 민주주의 절차에 대한 질적 접근 중에서 본장에서는 '법의 지배'와 '책임성'을 중심으로 논의하고자 한다. 인도네시아 헌법과 관련법의 특성을 분석함으로써 인도네시아 민주주의가 '질적'으로 다른 성격의 사례이며, 독자적인 '형용사'가 붙는 민주주의 사례임을 밝히고, 권력의 책임성 분석을 통하여 민주주의 질 개념의 보편성에 대해서도 분석하고자 한다.

1. 판차실라 헌법과 무슬림 민주주의, 샤리아경제

법의 지배라는 맥락에서 인도네시아의 민주주의 질을 분석하는 것은 중요한 출발이자, 인도네시아 민주주의의 성격을 규정짓는 전체적인 틀에 대한 시금석이다. 일반적인 국가들과 인도네시아의 법적체계가 갖는 결정적인 질적 차이는 일반사법제도와 같은 수준에서 이슬람법제도가 존재한다는 점이다. 근대 인도네시아 국가의 탄생과 일반사법 제도가 만들어지기 이전인 12-13세기에 인도네시아에 이슬람이 전파되었고, 이슬람 왕국을 거치면서 이슬람법은 인도네시아인의 삶에 오랜 영향을 미쳐왔다. 네덜란드의 식민지 경험 과정에서 이슬람법의 영향을 제거하려고 하였으나 불가능하였고, 독립 이후 인도네시아는 일반사법제도와 이슬람법제도를 동시에 작동시키는 이중적인 법률체계를 갖게 되었다. 일반사법제도는 최고법원으로서 대법원, 헌법재판소를 갖고 있고, 1심 지방법원(kabupaten/kota 지역단위) 2심 고등법원(provinci)과 대법원이라는 3심 제도를 갖추고 있다. 검찰조직과 변호사에 관한 법률, 법무·법제행정은 '법인권부'에서 총괄한다. 독립 이후 종교사법법은 1957년, 1981년, 1989년, 2006년까지의 제정 및 개정의 역사 속에서 2006년 개정된 종교사법법이 영향을 미치고 있다. 종교법원은 '종교부'의 지휘를 받는다. 종교법원은 결혼, 상속, 유언, 히바, 와끄프, 자카트, 인파크, 샤다카, 샤리아경제 등을 관할하는 것으로 명시되어 있고, 종교법원도 지방법원과 고등법원, 대법원의 체계를 갖고 있다(김용운 2011).

현대 인도네시아 민주주의의 작동원리 중에서 '법의 지배'를 이해하는 가장 기본적인 구조를 이해하기 위해서는 인도네시아의 법제도가 가진 두 가지 측면을 이해해야 한다. 첫째는 인도네시아 법적체계 안에서 이슬람법이 영향을 미치지만 헌법 전체가 샤리아법 아래 존재하는 것이 아니라 헌법 이념에는 판차실라[6]라는 별도의 이념이 존재한다는 점이다. 둘째는 그럼에도 불구하고 1998년 수하르토 권위주의 체제 이후 인도네시아 사회에서 '이슬람적 가치'가 공적인 영역에서 점점 더 중요해지면서 이슬람화(Islamization) 현상[7]이 가속화되고 있다는 점이다. 이슬람화 현상은 정치, 경제 그리고 사회문화 영역에 영향을 미칠 뿐만 아니라 2006년 종교사법법의 대폭적인 개정으로 인해 사법의 이슬람화를 보여주는 것으로 해석된다(김용운 2011, 374).

독립 당시 만들어진 판차실라 헌법전문은 현대 인도네시아를 규정짓는 가장 중요한 이념으로 종교적 요소와 전통적·관습적 요소를 포함한 인도네시아 특유의 헌법 이념이다. 물론 독립당시 만들어진 헌법은 몇 번의 개정의 역사를 갖고 있지만, 현재는 민주화 이행 이후 1999–2002년

---

[6] Pacasila는 두 개의 산스크리트(sanskrit) 언어가 결합된 것으로, paca는 '5'이란 의미이고, sila는 '원칙 또는 원리'라는 뜻으로, 판차실라는 '5개의 원리'라는 뜻이다(Fatlolon 2016). Pacasila가 산스크리트 언어의 어원을 갖고 있지만, 이것을 현대 인도네시아어 발음에 가깝게 표기하기 위해서 빤짜실라라고 된소리를 쓰기도 하지만, 본 논문에서는 인도네시아어 발음을 된소리가 아닌 경음으로 통일해서 판차실라라고 기술하고자 한다.

[7] 1970년대 후반부터 시작된 이슬람부흥, 재생, 부활 등의 개념으로 시작되어 일상생활에서 이슬람의 중요성과 종교적 의무 실천을 강조하는 것을 일컫는다. 이러한 전반적인 변화를 이슬람화(Islamization)라고 한다. 이슬람부흥은 중동에서 시작되어 인도네시아와 말레이시아 등 동남아 무슬림사회까지 영향을 미친 것이다. 인도네시아의 경우, 1970년대는 권위주의시대로서 정치, 경제 영역보다는 사회문화영역에 국한하여 새로운 선교운동, 경전의 해석의 중요성 등이 부각되었다. 그리고 민주화이후는 이슬람정당이 출현하고, 의회에 진출하고 이슬람 관련 조례들이 지방의회에서 만들어지고, 종교법원의 역할강화 등 정치 및 사법영역에서 이슬람화가 드러나고 2000년대 이후부터 할랄상품, 할랄인증제 도입과 샤리아경제 도입 등으로 경제영역에서 이슬람적 가치가 우세하게 나타나고 있다(김형준 2013).

사이에 개정된 헌법에 의해 민주주의가 작동된다. 개정된 신헌법을 '민주적'이라고 규정짓는 가장 근본적인 이유는 헌법 제1장 제1조 2항의 변화이다. 2001년에 제1장 제1조 2항에서 "주권(kedaulatan)은 국민에게 있고, 헌법에 의해 구현된다"고 기술하면서, 민주주의의 가장 기본적인 원리인 인민주권과 법치의 원칙을 명시하였다. 그 이전의 헌법에는 '주권'이 국민협의회(Majelis Permusyawaratan Rakyat, 이하 MPR)에 있다고 명시되었기 때문에 헌법 개정이 갖는 민주주의에 대한 함의는 분명하다. '주권'이 국민이 아닌 MPR에게 있었다는 규정은 32년간 유지되었던 인도네시아 권위주의 체제의 권력기반을 표현한 것이다. 또한 1999-2002년에 이루어진 민주적 신헌법개정을 통하여 인민주권뿐만 아니라 삼권분립, 결선투표제에 기초한 직선제 대통령제, 정당명부식 비례대표제 도입 등 선거민주주의를 위한 일반적인 법제도가 마련되었다.

이러한 개정된 신헌법에서도 1945년 독립당시 발표된 헌법전문에 담겨진 판차실라 헌법이념은 계속적으로 이어져왔고, 이것은 인도네시아 헌법 전체를 규정하는 국가의 철학적 기초(dasar filsafat negara)이다(Fatlolon 2016). 판차실라의 5가지 요소는 첫째, 유일신에 대한 믿음(Ketuhannan yang Maha Esa) 둘째, 정의롭고 인간적인 인류애(Kemanusianan yand Adil and Beradab) 셋째, 하나되는 인도네시아(Persatuan Indonesia) 넷째, 합의와 대표원리 안에서 지혜와 슬기에 의해 수행되는 민주주의(Kerakyatan yang dipimpin oleh hikmat kebijaksanaan dalam permusyawaratan/perwakilan) 다섯째, 전 민중을 위한 사회정의 추구(Serta dengan mewujudkan suatu Keadilan bagi seluruh rakyat Indonesia)이다(최경희 2014, 153). 인도네시아 헌법전문에 나와 있는 판차실라의 5가지 요소를 이와 같은 현지어로 표현한다고 했을 때, 그 의미는 더 중요하게 부각된다고 볼 수 있다.[8] 판차실라 헌법 이념의 5가지 요소가 민주주의 차원에서 어떤 의미를 갖고 있는가는 흥미로운 주제로서, 이러한 헌법 이념은 '자유주의 이념'에 기초하기보다는 사회 민주주의(Social democracy) 또는 심의 민주주의(Deliberative democracy)에 더 가깝다고 분석된다(최경희 2014; Fatlolon 2016).

무엇보다 경제가 정치에 지대한 영향을 미치는 것처럼, 인도네시아 민주주의에 지대한 영향을 미치는 경제적 요소 중에서 '샤리아 경제(Sharia Economy)'[9]에 대한 영향력을 언급할 수 있다. 앞에서도 언급하였듯이 이슬람화가 진전됨에 따라, 경제 및 시장에 이슬람화 현상이 영향을 계속적으로 높여가고 있다. 1992년 이슬람은행(Islamic bank)이 만들어진 것을 시작으로, 이슬람 금융이 도입되면서 인도네시아 은행은 전통적인 상업은행과 이슬람 은행이 공존하는 이중구조를 갖게 되었고, 이슬람 금융을 더욱더 발전시키기 위한 관련 법제도를 계속적으로 만들고 있다. 예를 들면, 2016년에는 대통령직속 위원회로 '샤리아금융위원회(Komite Nasional Keuangan Syariah)'를 만들어 운영하는데, 샤리아금융을 활성화하고자 하는 범부처 기관이 출범한다거나 2019년부터는 할랄인증제

---

[8] 판차실라 5가지 요소를 영어로 소개한 내용들을 보면, Belief in God, Humanitarianism, Nationalism, Unanimous Decision or Democracy, Social Welfare라고 표현되는데(Fatlolon 2016), 인도네시아적 맥락과 의미해석를 위해서 원어를 사용하는 것이 훨씬 더 유용하다고 판단된다.

[9] 샤리아경제는 이슬람경제에 대한 인도네시아식 표현이다. 전통적으로는 이슬람경제 또는 이슬람금융이라는 표현을 더 많이 사용하는데, 인도네시아는 이슬람경제 및 이슬람금융에 적용되는 이슬람법 즉, 샤리아를 전면적으로 사용하고 있다. 이슬람경제에 대한 학적체계는 파키스탄 학자인 마우두디(Sayyid Abul A'la Maududi)로부터 시작된다. 그는 이슬람경전에 나타난 경제원리를 기초로 하여 이슬람 경제원리를 체계화하였다. 이슬람 경제원리의 핵심은 인간의 경제활동의 전제가 '신적 이해와 신적 가르침'에 종속되어야 하는 것이다. 경제에 관한 인간적, 정의로운 그리고 효율적인 접근뿐만 아니라 모든 인간의 복지와 필요의 충족이라는 개념으로 경제를 이해하는 것이다. 그는 신성에 기초한 인간의 경제원리 즉, 이슬람 경제원리를 체계화였다(Ahmad 2011).

가 전면 실행되었다. 또한 최근 샤리아경제를 전면화하기 위해 정부정책 (Masterplan Ekonomi Syariah Indonesia 2019-2024)도 집행되고 있다.

결론적으로 인도네시아 민주주의는 '판차실라'라는 형용사가 붙는 민주주의로 명명할 수 있고, 이것은 민주주의 유형적 차원에서 다른 국가들과는 질적으로 다른 민주주의에 속한다고 볼 수 있다. 그러나 판차실라 민주주의가 언제까지 지속할 수 있을지, 더 좋은 민주주의로 발전할 수 있을지 아니면 민주주의가 퇴행할지는 여전히 남아있는 과제이다. 왜냐하면 정치적으로 '이슬람화' 현상이 어디까지 영향을 미칠 것인지가 매우 중요한 논쟁지점이기 때문이다. 인도네시아에서 정치적으로 이슬람 급진주의 또는 근본주의를 주창하는 정치적 이슬람(Political Islam) 세력이 영향력을 높여가고 있기 때문이다. 그들은 절차적 민주주의 가치를 폄하 또는 반대하는 정치세력으로서, 그들의 영향력이 커질수록 '이슬람적 가치와 민주주의'에 대한 균형을 이끌고자 하는 인도네시아의 무슬림 민주주의는 깨지거나 약화될 가능성이 있다. 결국, 인도네시아 민주주의는 유형적으로는 독특하지만, 현재 그 유형자체가 질적으로 성숙하였다고 보기는 아직 어렵다.

2. '선출된 그리고 선출되지 않은 권력'에 대한 책임성

현대 민주주의 시스템은 '선출권력'과 '선출되지 않은 권력'에 대한 민주적 통제를 통해서 이루어진다. 민주주의 질의 절차적 차원에서 '책임성'을 강조하는 이유도 여기에 있다. 수직적 책임성(Vertical Accountability)[10]과

---

[10] 수직적 책임성은 '선출된 정치리더'는 그들을 선택한 시민이 요구에 책임을 지어야 하는 것이다. 다시 말하자면, 선거캠페인과정에서 유권자들은 대표자들에게 그들의 요구를 밝힐 수 있고, 선출

수평적 책임성(Horizontal Accountability)[11]은 현대 민주주의의 질을 제고하는 매우 핵심적인 가치이다. 정부 또는 정부정책의 높은 불신과 불만족, 공공권력의 불공정 등 권력에 대한 국민적 책임성이 취약해지고, 국가권력의 부패로 인한 국민의 불신이 팽배해짐에 따라 현대 민주주의의 위기가 만들어진다고 볼 수 있다.

인도네시아 정부의 책임성의 수준이 어떠한지를 양적으로 먼저 기술하고자 한다. 첫째로는 권력의 부패측면이다. 국제투명성기구(Transparency International)가 측정하는 2019년 부패인식지수(Corruption Perception Index, 이하 CPI)에 따르면, 40점[12] 이고, 세계 순위 85위이다. 2018년 CPI는 38점이고, 2017년 CPI는 37점이다. CPI로 보았을 때, 인도네시아 권력의 투명성은 매우 취약한 것으로 볼 수 있다. 무엇보다 민주화 이행이 시작된 1999년 선거 이후의 CPI 흐름을 보면, 부패는 인도네시아 민주주의의 가장 큰 취약점으로 볼 수 있다.[13] 둘째, 세계

된 리더는 이러한 요구에 대해서 책임을 져야 한다. 국가공직을 운영 관리하는 선출된 대표이자 통치자가 자신의 공적영역에서 시민들에게 책임지는 행위를 수직적 책임성이라고 말한다.

[11] 수평적 책임성은 국가권력을 움직이는 다양한 조직과 기관 자체가 얼마나 민주적 통제를 받고 있는가를 통해서, 이러한 국가권력 자체가 궁극적으로 국민에 대한 책임을 높이는 것이다. 예를 들면, 헌법재판소, 감사원, 금융감독원, 옴브즈맨 제도 등 권력의 요소들을 수평적으로 감시, 감독하여 독립되고 민주적인 권력이 작동될 수 있도록 하는 것이다.

[12] CPI는 100점에서 0점 사이로, 100점에 가까울수록 공적 권력의 투명성이 좋은 것이고, 0에 가까울수록 부패한 것이다. 2019년 CPI 보고서에 따르면, 180개 조사대상 국가 중에서 1위가 덴마크이고, 180위가 소말리아이다.

[13] CPI는 1995년부터 측정하였지만, 첫 해는 인도네시아가 조사대상에 포함되지 않았다. 인도네시아 CPI 측정은 첫해부터 2011년까지는 10점에서 0점을 기준으로 하였고, 2012년부터는 100점에서 0점을 기준으로 점수가 높을수록 투명성이 높은 것을 의미한다. 인도네시아 CPI는 1996년 2.65, 1997년 2.72, 1998년 2.0, 1999년 1.7, 2000년 1.7, 2001년 1.9, 2002년 1.9, 2003년 1.9, 2004년 2.0, 2005년 2.2, 2006년 2.4, 2007년 2.3, 2008년 2.6, 2009년 2.8, 2010년 2.8, 2011년 3.0, 2012년 32, 2013년 31, 2014년 34, 2015년 36, 2016년 37이다(https://www.transparency.org/ 검색일: 2020. 3. 16).

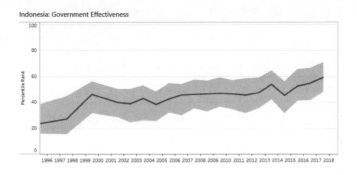

Indonesia: Government Effectiveness

출처: https://info.worldbank.org/governance/wgi/Home/Reports(검색일: 2020. 3. 18)

〈그림 1〉 인도네시아 정부의 효과성 측정

은행(World Bank)이 측정하는 세계거버넌스지수(World Governance Indicator, 이하 WGI)를 보자. WGI는 6개 지표[14]로 구성되어 있는데, 공공서비스의 질과 공무원의 질과 정치적 압력으로부터 자율성을 지킬 수 있는 정도, 정책형성과 질, 정책수행능력에 대한 신뢰도를 의미하는 '정부효과성(Government Effectiveness)'과 민간분야를 발전시키고, 건전한 정책과 법제를 형성할 수 있는 정부의 능력을 측정하는 '규제의 질(Regulatory quality)'측면을 보고자 한다.

위의 〈그림 1〉에서 인도네시아 정부의 효과성 수준을 보면, 100점 만점 기준에 2018년 60점이고, 2000년 이후의 2006년에서 2018년

---

[14] WGI는 1996년부터 조사되기 시작하였고, 전 세계 200여 개국을 조사대상을 삼고 있다. Voice and Accountability, Political Stability and Absence of violence, Government effectiveness, Regulatory quality, Rule of law, Control of corruption 6가지 지표로 구성된 WGI는 이미 존재하는 31가지 지표로부터 만들어졌고, 민간, 관료, NGO, 기업가의 인터뷰 내용을 반영하여 작성된다.

까지 정부효과성에 관한 평균점수는 52.68이다. 그리고 다음으로 '규제의 질'을 2000년 이후 시기별로 점수를 보면, 2002년 27.55, 2003년 20.92, 2004년 24.14, 2005년 27.94 등으로 100점 만점에서 보았을 때 매우 낮은 수준이라고 볼 수 있다. 2006년부터는 조금 나아져서 41.18 점수를 보이고 2018년까지 평균치는 48.25이다. 국제투명성기구의 CPI, 세계은행의 WGI를 통해서 인도네시아 공적권력의 부패 수준과 정부효과성 능력을 보았을 때, 여전히 공공기관의 부패 수준이 높고, 그 효율성이 낮은 수준이라는 것을 알 수 있다. 그리고 수평적 책임성을 확보하기 위한 제도적 장치들인 '국가회계감사원', '헌법재판소', '사법위원회', '선거관리위원회', '금융감독원', '부패방지위원회', '국가인권위원회' 등이 설립되어있다(최경희 2014). 그러나 이러한 제도들이 실질적으로 그 기능을 제대로 발휘하고 있지 못하고 있다는 것은 위에서 언급한 여러 조사를 통해서 나타나고 있다. 이와 같은 '선출되지 않은 권력의 비민주성'에 관한 논의는 인도네시아 민주주의 이행의 결과와 민주주의 심화에 대한 논의를 전개하는 과정에서 인도네시아 민주주의의 한계를 규정짓는 가장 결정적인 개념인 '과두제 민주주의(Oligarchy democracy)'와 긴밀히 연관된 것이다. '인도네시아 과두제 민주주의'는 1999년 첫 번째 총선과 2004년 두 번째 총선 그리고 2004년 최초 직선제 대통령을 경험한 이후 인도네시아 민주주의의 많은 변화를 기대했지만, 그 내용에 있어서 질적인 변화를 경험하고 있지 못하다는 비판적인 견해로부터 만들어진 개념이다. 즉, "변화된 민주적 정치기구들이 여전히 과거 권위주의 지배엘리트들에 의해 포획된 체제"(Priyono and Subono 2007)로 설명하였고, 그것을 극복하고자 하는 논의("Beyond Oligarchy")가 인도네시아 민주주의에서 중요한 맥락을 차지하고 있었다(Ford and Pepinsky 2013).

정치엘리트 과두성을 변화시킬 결정적인 사례는 2014년 조코 위도도(Joko Widodo, 이하 조코위) 대통령의 등장으로 "조코위 현상(Jokowi Phenomenon)"(Tapsell 2015)[15] 이란 말도 생겼다. 처음으로 직선제로 선출되고 10년을 집권한 유도요노(Susilo Bambang Yudhoyono) 대통령도 군부출신이기 때문에, 최초 민간인 출신인 조코위의 등장과 선출은 기존의 지배 엘리트 체제를 변화시킨 첫 번째 사례이고, 그는 2019년 대선에서 재임에 성공하였다. 군부가 아닌 민간인이라는 조코위의 출신배경과 광범위한 빈곤층의 지지로 등장한 조코위는 인도네시아 내에서 '포퓰리즘' 논쟁을 불러일으키기도 하였다. 한 가지 더 흥미로운 것은 2014년 대선 당시 조코위 상대 후보였던 프라보워(Prabowo Subianto)의 정치캠페인이 "과두제 포퓰리즘(Oligarchy populism)"으로 분석되기도 하였다(Aspinall 2015)[16]. 결국 조코위의 등장과 선출은 인도네시아 지배엘리트

---

[15] 자바의 작은 소도시 솔로(Solo)의 시장이 2005년에 되면서, 그의 지방정치경험이 시작되었다. 중산층 출신의 조코위는 솔로시장으로서 현장중심적, 생산적인 지방행정의 결과를 보여주면서, 중앙정치에 관심을 받는 인물이 되었고, 2012년에 자카르타 주지사로 뽑혔고, 자카르타 빈곤층에 대한 혁신적인 사회정책으로 전국적인 관심을 받는 인물이 되었고, 자카르타 주지사 경험 1년 만에 인도네시아투쟁민주당(PDI-P)의 대통령 후보가 되어 2014년 대통령으로 선출되었다. 최초 민간인 출신의 친서민적이고 개혁적인 조코위의 정치행보는 빈곤층과 중산층의 광범위한 지지를 구축하게 됨으로써 기존에는 없었던 인도네시아의 새로운 정치현상을 만들어내었다. 특히 기존의 정치엘리트들이 거대 미디어 회사를 하나씩 갖고 있는 구조에서 조코위 선거캠페인은 쉽지 않았는데, 조코위 지지자들에 의한 자발적 SNS 운동은 2014년 선거 당시 돌풍을 일으키면서 인도네시아 정치에서 대중적 힘이 작동된 선거로 기록된다. 물론 이러한 대중적 지지는 기존 미디어에서도 반영되어 전국적인 조코위 현상을 만들었다고 분석한다.

[16] 2014년 선거 당시 조코위 대통령 후보가 "조코위 현상"을 만들어내면서 돌풍을 일으켰던 것과는 다르게, 당시 상대후보였던 수비안토도 대중적 지지자들을 몰고 다녔다. 그러나 수비안토는 32년간 유지되었던 군부권위주의체제의 핵심적인 지배엘리트였고, 민주화이후 정당을 만들어 연속적으로 대권에 도전한 인물로서, '과거 지배엘리트(oligarchy)'의 도전으로 해석된다. 무엇보다 그가 "권위주의-파퓰리스트(authoritarian-populist)" 도전자로 불리는 이유는 '민주주의와 선거 무용론'을 과감하게 주장한다는 점이다(Aspinall 2015). 그는 정치엘리트들의 부패성과 그들의 의한 국고유출 등을 신랄하게 비판하면서 그의 이러한 주장은 광범위한 지지세력을 등장시켰다. 물론 프라보워가 지적하는 문제-정치엘리트의 부패 또는 올바른 국부의 사용-는 옳지만 그것을 해결

의 새로운 균열을 만든 사례로 기록된다. 이러한 선출된 지배엘리트의 변화는 '선출되지 않은 지배엘리트' 구조의 혁신과 개혁으로 확실하게 전개되고 있지는 못하고 있다. 그러나 조코위의 등장으로 정치엘리트와 유권자 사이의 조응성과 반응 메카니즘이 형성됨으로써 민주주의의 가장 기본적인 구조를 만들어냈다고 하는 것은 인도네시아 민주주의의 질적 성장의 역사에서 중요한 계기를 만들었다고 평가할 수 있다.

Ⅳ. 인도네시아 민주주의 질의 실질적·반응적 측면

본 장에서는 민주주의 질의 실질적 차원인 '자유와 평등'이 인도네시아 사회에서 어떻게 작동하고 있는지를 분석하고, 경제 및 사회정책을 통하여 민주주의 반응성을 분석하고자 한다.

1. 종교의 자유와 이슬람 그리고 이슬람 정당정치

인도네시아 헌법에는 자유와 평등에 관한 법제도적 기반으로서 기본권(인간존엄과 행복추구권), 평등권(법 앞의 평등, 기회의 균등), 자유권적 기본권(인신, 사생활, 정신생활의 자유), 경제적 기본권(재산권, 직업의 자유), 정치적 기본권(정치적 자유권과 참정권), 사회적 기본권(인간다운 생활을 할 권리, 교육받을 권리, 근로의 권리, 환경권, 혼인과 가족생활의 보장, 보건권이 제도화되어 있고, 다른 나라와 비교해보았을 때, 청구권적 기본권이 없다는 특징이

하는 방식이 국수주의와 민주주의 무용론과 같은 주장이기 때문에 파퓰리스트적 요소를 분명히 갖고 있는 것이다. 이러한 그의 정치현상은 2019년 대선에서도 다시 반복되어 나타났다.

있다(고우정 2017). 그러나 인도네시아 사회가 얼마나 자유로운 사회인 가를 측정할 때, 프리덤 하우스 지수에 빠르면 약간씩의 변화는 있지만 1999년 이후 '부분적으로 자유로운(Partly Freedom, 이하 PF)' 상태를 계속 유지하고 있다. 인도네시아의 2019년 프리덤 하우스 점수는 정치적 권 리(Political rights) 30과 시민적 자유(Civil liberties) 32로 100점 만점에 62점 을 받았으며 여전히 PF 상태이다. 특히 주목할 부분은 시민적 자유 중 에서 "종교적 신념과 종교적 표현의 자유 그리고 무신론적 신념"에 대 한 항목의 점수가 제일 낮다는 점이다."[17]

인도네시아에서는 종교의 자유에 관한 두 가지 본질적 쟁점이 존 재한다. 하나는 '무(無)종교'의 자유를 허용하지 않는 한계와 다른 하나 는 무슬림 신자가 양적으로 지배적인 우위를 차지하면서 오는 다른 종 교에 대한 자유의 제한성 문제이다. 이는 앞에서도 언급하였던 인도네 시아 판차실라 헌법의 제1원리인 '유일신에 대한 믿음'과 연관된다. 인 도네시아 국민이라면 유일신 원리에 입각한 종교를 가져야 한다는 것 이다. 즉, 모든 국민은 법에 보장된 6개 종교−이슬람, 개신교, 카톨릭, 불교, 유교, 힌두교− 중에 하나를 믿어야 한다. 인도네시아 사회에서 무신론자들의 사회적 권리는 존재하지 않는다. 그리고 이슬람에서 종 교의 자유란 타종교로부터 간섭을 받지 않고 개인이 자신의 종교를 믿 고 실행할 수 있는 자유를 의미하며 자신의 종교를 이교도에게 포교할 권리를 포함하고 있지 않다(김형준 1997). 후자의 측면에서 양적으로 지 배적인 우위를 차지하고 있는 이슬람은 민주화 이후 공적인 영역에서

---

[17] 정치적 권리와 시민적 자유는 각각 40점과 60점 만점으로 시민적 자유가 더 많은 점수를 차지하 고 있다. 이렇게 보았을 때, 인도네시아는 현재 정치적 권리보다는 시민적 자유가 훨씬 더 취약한 사회라고 볼 수 있다(https://freedomhouse.org/country/indonesia/freedom−world/2019(검 색일: 2020. 3. 27).

더 많은 영향력을 행사하고 있기 때문에 다른 종교에 대한 간섭과 자유롭고 다원화된 사회분위기를 다른 방향으로 변화시키는데 영향력을 넓혀가고 있다. 이러한 현상은 이슬람화가 진행되면서 나타나는 결과로도 해석될 수 있다. 이슬람화는 자바 전통문화에 기반을 둔 자유롭고 다원주의적 색책을 띠었던 인도네시아의 이슬람문화를 경전 및 교리중심의 이슬람으로 변화시키는데 기여하고 있다(김형준 2008; 2013). 이러한 흐름으로 나타나는 종교적 자유의 제한성의 예로는 신성모독판결의 증가이다. 이슬람화 현상이 강화되면서 이슬람 교리의 왜곡이나 희화화, 이슬람에 대한 비판이 금기시되고 있다. 가장 최근 전 세계적으로 주목받았던 사례가 2018년 자카르타 주지사 아혹의 신성모독 판결이고, 2020년 세계인권보고서(Human right Report)에 따르면, 2019년에 나타난 신성모독판결은 3개 사례였다고 적시하고 있다.

이러한 인도네시아의 종교자유 제한성에도 불구하고, 인도네시아의 민주주의 실험이 갖는 의미는 크다고 볼 수 있다. 인도네시아는 지구상에서 가장 많은 무슬림을 보유한 국가이다. 2020년 현재 인도네시아 인구는 2억 7,300만 명 정도[18]이다. 그중에서 90%에 육박하는 것이 무슬림이다. 거대한 무슬림 사회로서 인도네시아가 '민주적'으로 운영되고 앞으로 더욱 민주주의를 진전시키기 위해 노력하는 것은 국제적 차원에서도 매우 중요하다. 인도네시아 민주주의의 성공에는 '이슬람'과 '민주주의'를 어떻게 결합시켜 유지하고 변화시켜 나갈 것인가라는 매우 근본적인 쟁점이 녹아 있다고 볼 수 있다(Midlarsky 1998; Hilmy 2010; 최정희 2017). 중동의 많은 국가들의 사례가 민주주의의 실패라는 경험

---

[18] https://www.worldometers.info/world-population/population-by-country/(검색일: 2020. 3. 27).

을 한 것에 비하면, 인도네시아는 중동에 비해 상대적으로 성공한 사례로서 전체 무슬림 세계에 대한 하나의 경험 그리고 발전하면 모델이 될 수 있기 때문이다.

이러한 측면에서 인도네시아 민주주의의 핵심적인 강점은 민주화 이행 이후 다수의 무슬림 인구를 대변할 만한 '이슬람 정당'이 자유롭게 정치활동을 수행하고 있다는 점이다. 독립 이후 1955년 총선거가 처음 실시되었을 때, 세속주의 정당계열과 이슬람 정당계열의 지지도가 대등한 균형을 이뤘다. 그러나 1965년 군부 쿠데타로 시작된 32년의 권위주의 체제 동안 이슬람 정당들은 통폐합되어 하나의 정당으로 통제받았고, 정당정치로 보았을 때 이 기간은 골카르정당(Golkar party)의 일당지배체제였다. 1998년 수하르토 체제가 붕괴하고 새로 복원된 1999년 첫 민주주의 선거에서 PKB, PKN, PKS, PPP[19] 등 다수의 이슬람 정당이 출현하였고, 1999년 총선거 이후 모두가 의회에 진출하였다. 1999년 첫 선거에서는 이슬람 정당계열에 대한 지지가 세속주의 정당계열보다 훨씬 낮았지만, 그 이후로 진행된 4번의 총선에서 이슬람 정당계열의 지지율은 계속 증가하였다. 2019년 총선에서는 PKB 9.69%, PKS 8.21%, PAN 6.84%, PPP 4.52%로 이슬람 정당의 전체 지지율은 약 30%에 달한다(최경희 2019).[20] 이슬람 정당이 인도네시아 민주주의 게임의 행위자로 등장하고 활동하는 것은 무슬림이 다수인 인도네

---

[19] PKB(Partai Kebangkitan Nasional)은 민족각성당(National Awakening Party)으로 번역되고, PKN(Partai Amanant Nasional)은 민족위임당(National Mandate Party)으로 번역되고, PKS(Partai Keadilan Sejahtera)로 복지정의당(Prosperous Justice Party)로 번역되고, PPP(Partai Persatua Pembangunan)은 통일개발당(Development Unity Party)으로 번역할 수 있다.
[20] 이슬람 정당을 포함하여 인도네시아 전체 정당구조는 판차실라로 표현되는 세속주의 정당계열과 이슬람 정당계열 두 축으로 구성된다. 2019년 총선에서 판차실라 정당이 얻은 전체 지지율은

시아 사회에서 게임의 룰이 제도화되는데 매우 큰 역할을 하고 있다고 볼 수 있다. 무엇보다 위에서 언급한 이슬람 정당들은 이데올로기적인 측면에서도 넓은 스펙트럼을 대표하고 있기 때문에 무슬림의 다양한 이데올로기도 반영하고 있다. PKB와 PKN은 무슬림 민족주의(Muslim Nationalist)로 PPP와 PKS는 이슬람주의 정당(Islamist party)[21]이라는 이데올로기적 특성으로 구분할 수 있다(Epley and Jung 2016). 물론 민주주의 게임의 룰에 동의하지 않는 정치적 이슬람 세력－예를 들면, HT, FPI 등－은 시민사회 안에서 급진적 정치행위를 통해서 그들의 의사를 드러내고 있기도 하다(최경희 2017). 그러나 그들조차도 민주주의 게임의 룰을 완전히 무시할 수 없는 것이 인도네시아 민주주의의 힘이라고 볼 수 있다.

2. 경제발전, 경제적 불평등 극복과 민주주의

경제적 조건과 발전은 민주주의를 지탱하고 정치를 발전시키는 데 있어서 매우 중요한 요건이다. 그리고 경제적 불평등의 심화는 민주주의를 저해하는 가장 큰 원인으로도 설명할 수 있다. 인도네시아의 경우도 군부 권위주의 체제가 붕괴되었던 것도 IMF 외환위기라는 경제적 타격이 가장 결정적인 원인이었고, 그 이후 유도요노 10년의 집권과 조

70%에 육박한다(최경희 2019). 즉, 인도네시아 정당구조는 판차실라 정당과 이슬람 정당 두 축으로 구성되지만, 판차실라 정당이 훨씬 더 많은 대표성을 갖고 있다.

[21] 힐미(Hilmy Masdar)는 '이슬람주의 정당(Islamist Party)'을 이슬람주의(Islamism)를 정치영역에서 실현시키길 원하는 정당이라고 말한다. 다시 말하자면, 이슬람적 가치와 원리를 공공영역에서 구현하기 위해 정당활동을 추구하는 것이다. 이것에 비해 '무슬림 민주주의'는 이슬람적 가치를 실용적인 차원으로 이해하고, 정당의 정치활동을 실용적 차원으로 적용하고자 입장이다.

코위 재집권의 과정에서 나타난 전반적인 경제적 성과와 안정도 인도네시아 민주주의를 정착시키는데 큰 기여를 했다고 평가할 수 있다. 민주주의 질의 실질적 요소인 '평등'의 측면에서 민주주의를 위협하는 가장 심각한 요인은 경제적 불평등 심화로 인한 사회적 위기 증폭이라고 볼 수 있다. 그리고 유권자와 정치엘리트 사이에서 가장 높은 반응성을 보이는 것이 '경제 이슈'이기도 하고, 유권자 이익의 관점에서 경제 이슈는 곧 '복지 및 사회정책'과 관련성을 맺는다. 민주주의 질의 결과적 측면에서 얼마나 정부가 시민의 선호에 반응하는가는 매우 중요하다. 민주적 반응성의 메커니즘은 시민적 선호(1단계)→시민적 투표행태(2단계)→정책결정자 선택(3단계)→공공선택과 결과(4단계)의 사이클을 말한다(Powell 2005).

　IMF 외환위기 속에서 전개된 인도네시아의 민주화 이행은 정부정책의 반응성을 높이는 계기가 되었다. 인도네시아 정부정책 중에서 가장 늦게 발달한 영역이 사회정책인데, 사회정책의 출현은 민주화 이행의 산물이라고 평가한다. 당시의 심각한 경제적 상황을 반영하여 빈곤정책을 기반으로 국가적 차원에서 사회정책이 만들어지기 시작하였다. 외환위기 당시였던 1997년과 1998년에 경제성장률은 각각 −1%, −11%였기 때문에 빈곤층에게는 매우 심각한 상황이었다. 1997년 IMF 외환위기로 빈곤층이 20% 이상 발생함에 따라 1998/1999년에는 사회안전망(Jaring Pengaman Sosial, 이하 JPS) 프로그램이 실시되었다. 위기 당시에는 무조건 현금이전과 조건부 현금이전 프로그램이 실시되어 위급한 상황을 대응했다(홍석표 외 2011). 또한 이렇게 시작된 인도네시아의 사회안전망 및 사회보장제도가 체계화된 시기는 2004년이다. 국가사회보장시스템(Sistem Jaminan Sosial Nasional, 이하 SJSN)에 관한 법률안 UU Nomor 40/2004이 마련되었고, 이에 기초하여 2011년에는 사회보험공단(Badan Penyelenggara Jaminan Sosial, 이하 BPJS)이 만들어져서 분야별로 국가적 차원에서 사회보장제도가 실행될 수 있는 기회가 만들어졌다. 이러한 흐름에서 건강보험공단(Badan Penyelenggara Jaminan Sosial Kesehatan)도 만들어지기 시작했다(홍석표 외 2011).

　유도요노 정부가 시작한 사회정책은 조코위 정부의 등장으로 좀 더 적극적인 방향으로 나아가고 있다. 2014년 조코위 정부가 시작되면서 3개의 빈곤감소 프로그램이 도입되었다. 첫째, 보건프로그램(Program Indonesia Sehat, 이하 PIS)이다. 2014년 1월부터 운영된 건강보험공단(Badan Penyelengara Jaminan Sosial Kesehatan, 이하 BPJS Kesehatan)을 통하여 그동안 관리해온 국민건강프로그램을 개선하고 확대한 것이다.[22] 정부가 보험료를 대신 내주는 빈곤층을 제외하고, 모든 국민은 건강보험의 의무가입 대상자이다. PSI 프로그램의 대상자는 빈곤 가구뿐만 아니라 복지 문제를 안고 있는 취약계층도 포함된다. 본 프로그램은 단순히 진료 차원의 보건 서비스뿐만 아니라 예방접종 서비스도 가능하다. 이러한 제도가 발달하여 국민건강보험카드(Jaminand Kesehatan Nasional-Kartu Indonesia Sehat, 이하 JKN-KIS)를 발급하여 운영하고 있다. 2018년 11월 기준으로 2억 6만 정도 가입되었다. 둘째, 스마트 인도네시아 프로그램(Program Indonesia Pintar, 이하 PIP)이다. 이것은 빈곤층 학생을 위한 장학금 제도를 개선한 것으로 PIP가 이전보다 그 대상 범위를 확장한 것이

---

[22] 인도네시아에 공공보건기관은 네덜란드 식민지 시절부터 존재했다. 독립이후 1968년 건강관리위원회(Badan Penyelenggara Dana Pemeliharaan Kesehatan)가 만들어져 운영되어 왔고, 빈곤층 보건에서 일반인 보건까지 그 대상 범위를 넓혀갔다. 그러다가 2004년 사회보장법이 정비되어 2011년 사회보험공단(BPJS)이 만들어졌고, 그 이후 2014년에 BPJS Kesehatan이 별도로 보건분야의 공공정책을 체계적으로 운영되게 되었다(https://bpjs-kesehatan.go.id/bpjs/pages/detail/2013/4 검색일: 2020. 4. 3).

다. 그리고 PIP는 정규학교뿐만 아니라 종교학교 및 교육센터도 적용 범위에 포함된다. 셋째, 가족복지저축프로그램(Program Simpanan Keluarga Sejahtera, 이하 PSKS)이다. 과거에 있었던 무조건부 현금이전 프로그램을 유지·개선하여 2014년 11월부터 PSKS를 실시하였다. 수급대상자는 전자화폐가 들어 있는 SIM카드를 받게 되며, 은행이나 은행에서 지정한 대리인을 통해 돈을 인출할 수 있다. PSKS 실시로 이전에 비해 2배 더 지급받게 되었다(노대명 외 2015). 무엇보다 조코위 정부가 이러한 사회보장제도를 적극적으로 도입한데는, 연료보조금 지급으로 국가재정을 압박받고 있었던 구조적 문제를 해결하기 위함이었다. 연료보조금을 폐지하고, 이에 따른 부정적 문제를 해결하기 위해 사회보장제도를 체계화한 것이다.

그리고 민주화 이행 이후 얼마나 경제적 불평등이 완화되었는가? 라는 측면에서 살펴본다면 위에서 분석한 조코위 정부의 사회정책들은 인도네시아 경제적 불평등을 완화하는데 기여한 것으로 분석된다. 구체적인 조사결과로서 2013년의 인도네시아 전역의 평균 지니계수는 0.41이었는데, 2018년에는 0.389로 불평등의 폭이 좁혀졌음을 알 수 있다. 그리고 그 변화의 폭이 가장 큰 섬들이 칼리만탄과 수마트라이다(Muhtadi, Warburton and Dewayanti 2019). 이렇듯 조코위 1기 5년의 집권 기간에는 경제적 불평등을 완화하는 성과가 나타났을 뿐만 아니라 평균 약 4.5%의 경제성장을 지속하였다. 조코위 정부가 인프라 강화정책을 실행하고 있다는 점도 장기적인 경제발전에 있어서 중요한 디딤돌을 만들고 있다고 평가받고 있다. 사회 및 복지정책을 통한 부의 재분배정책과 경제이 질적 성장전략은 인도네시아 민주주의를 좋은 방향으로 이끄는데 긍정적인 토대이다. 이렇듯 조코위의 초선과 재선을 통하여 인도네시아에서는 유권자와 정치리더 사이의 반응적 메카니즘을 형성하는 계기를 만들었다고 볼 수 있다.

V. 결론

민주주의의 질 개념의 이론적·방법론적 함의는 다음과 같다. 첫째, 민주주의 질 접근으로 민주주의 근본적인 원리인 '인민주권' 실현의 폭과 깊이의 문제를 본질적으로 다룬다고 본다. 국가권력이 민주적으로 운영되어야 하는 것은 국가의 존재 이유가 국가권력을 행사하는 정치엘리트를 위해서 존재하는 것이 아니라 국민의 질 좋은 삶의 실현을 위해 국가권력이 행사되어야 하기에, 국가권력을 행사하는 행위자들을 국민의 선택을 통하여 선출하는 것을 민주주의로 이해했다. 지금까지 민주주의를 통해 '대표자'를 선출하고 싶었던 것은 그렇게 선출된 '대표자'가 국민의 뜻에 반응하는 정치 활동을 하길 원했기 때문이다. 그러나 국가는 '선출된 권력'만으로 움직이지 않고, '선출되지 않는 무수한 권력기관'으로 구성되어 있기 때문에, 이제 민주주의는 '선출되지 않은 권력'에 대한 민주적 통제까지를 고려해야 한다. '선출되지 않은 권력'에 대한 민주적 통제는 법의 지배, 수직적 또는 수평적 책임성, 반응성이라는 민주주의 질 개념으로 연관된다. 둘째, 민주주의를 '질적'으로 규정짓는 접근은 '민주주의'를 유형적 차원에서 자유민주주의 유형이 아닌 다른 민주주의 유형을 상정할 수 있는 이론적 전제를 만들었다고 본다. 그리고 민주주의에 대한 '질적' 접근은 기존에 민주주의에 대한 본질적 의미와 개념에 대한 고민을 더욱 더 충실히 할 수 있도록 한다. 그렇기 때문에 기존에 민주주의 연구의 양적 접근, 양적 측정뿐만 아니라 민주주의에 대한 질적 자료와 질적 접근을 포함한 통합적 접근을 가능하게 했다고 본다.

이러한 민주주의 질에 대한 이론적·방법론적 의미에 기초하여 인도네시아 민주주의 질에 대한 평가는 다음과 같이 정리할 수 있을 것이다. 첫째, 인도네시아 민주주의는 유형적 차원에서 독특한 위치를 차지하고 있다. 인도네시아 민주주의는 자유민주주의와는 질적으로 다른 무슬림 민주주의의 구체적인 형태인 판차실라 민주주의로서 '무슬림'과 '판차실라'라는 형용사가 붙는 민주주의이다. 판차실라 헌법 이념에 기초한 인도네시아 민주주의는 다른 국가들과 다른 발전 경로를 밟고 있다. 세계 최대 숫자의 무슬림을 보유한 인도네시아가 민주주의 시스템을 안착시키고 질적으로 안정적인 발전의 가능성과 경로를 보여준다면 이것이 무슬림 민주주의를 지향하는 다른 국가들에게 의미하는 바는 크다고 본다. 인도네시아 민주주의가 앞으로도 계속적으로 발전할 수 있는지는 '이슬람화' 경향과 민주주의 가치의 양립 가능성을 어떻게 확보할 것인가에 달려있다. 다시 말하자면, 이슬람적 가치를 부각하는 것과 다양성과 포용적 가치를 어떻게 공존시킬 수 있는지에 달려 있다. 둘째, 이렇게 질적으로 다른 인도네시아 민주주의 상태가 현재로서는 '충분히' 민주적이라고 말할 수는 없지만, 신생민주주의로서 '발전하는 과정에 있는' 사례라는 것은 분명하다. 이코노미스트가 발표하는 민주주의 지수(Democracy Index)에 따르면 2019년 인도네시아 민주주의는 167개 조사대상 국가 중에서 64위에 포진하고, 10점 만점에 전체 평균 점수 6.48이다. 그 중에서 정치문화와 시민적 자유 영역의 점수가 제일 낮다. 이것은 최근 프리덤하우스 결과와 일맥상통하다. 바로 이러한 부분이 인도네시아 민주주의가 실질적으로 더 발전되기 위해서 해결해야 할 숙제이다. 다수가 무슬림이고 종교가 매우 중요한 가치판단의 기준이 되는 인도네시아에서 이슬람 종교가 사회, 정치 그리고 경제의 영역에서 민주주의 가치를 어떻게 발전시킬 수 있는지를 주목해야하는 이

유이다. 정리하자면, 인도네시아 민주주의는 질적으로 다른 유형의 민주주의이지만, 그럼에도 불구하고 무슬림이 다수인 사회에서 자유와 평등과 같은 민주주의의 보편적 가치를 어떻게 더 충실히 구현해 낼 수 있는가가 앞으로 인도네시아 민주주의 역사에 노정되어 있다고 본다.

참고문헌

고우정. 2017. "한국과 인도네시아의 민주주의에 관한 비교연구: 기본권, 경쟁성, 권력공유, 책임성 측면의 분석." 성신여대 박사학위논문.
노대명·강지원·김근혜 외. 2015. 「아시아 각국의 복지제도 비교연구: 소득보장체계를 중심으로」. 서울: 한국보건사회연구원.
김용운. 2011. "인도네시아 이슬람법에 대한 연구." 「이화여자대학교 법학논집」 16권 1호, 357–395.
김형준. 1997. "종교 자유에 대한 변화하는 해석: 인도네시아 사례." 「동남아시아연구」 5호, 3–23.
김형준. 2008. "인도네시아의 이슬람 자유주의와 종교다원주의." 「동아연구」 54호, 327–361.
김형준. 2013. "이슬람부흥의 전개와 영향: 인도네시아 사례." 「동남아시아연구」 23권 3호, 181–215.
홍석표 외. 2011. 「아시아국가의 사회보장제도」. 서울: 한국보건사회연구원.
최경희. 2014. "제4장 인도네시아 민주주의 심화와 헌정공학: 권력공유와 책임성을 중심으로." 윤진표 외. 「동남아의 헌정체제와 민주주의」, 133–194. 서울: 명인문화사.
최경희. 2017. "인도네시아 이슬람식 정치실천: 이데올로기와 조직형태에 따른 정치개입방식의 차이." 김형준·홍석준 편. 「동남아의 이슬람화 2」, 106–166. 서울: 눌민출판사.
최경희. 2019. "인도네시아 조코위 대통령 재선은 어떤 의미를 갖는가?" 「다양성+Asia」 6월호(http://diverseasia.snu.ac.kr/).

Abramowitz, Michael, Antony Blineken, and Holly Kuzmich. 2018. *The Democracy Project.* USA: Gorge W. Bush Institute·Freedom House·Penn Biden Center.
Ahmad, Khurshid. ed. 2011. *The First Principles of Islamic Economics.* UK: The Islamic Foundation.
Aspinall, Edward. 2015. "Oligarchic Populism: Prabowo Subianto's Chanllenge to Indonesian Democracy." *Indonesia* 99: 1-28.
Beetham, David. 2004. "Freedoms as the Foundation." *Journal of Democracy* 15(4): 61-75.
Collier, David and Steven Levistsky. 1997. "Democracy with Adjectives: Conceptual Innovation in Comparative Research." *World Politics* 49: 430-451.
Diamond, Larry and Leonardo Morlino. eds. 2005. *Assessing the Quality of Democracy.* Baltimore: The Johns Hopkins University Press.
Diamond, Larry. 2020. "Breaking out of The Democratic Slump." *The Journal of Democracy* 31(1): 36-50.
Economist. 2020. *Democracy Index 2019: A year of democratic setbacks and Popular protest.* https://www.eiu.com/topic/democracy-index(검색일: 2020. 4. 4).
Epley, Jennifer and Eensook Jung. 2016. "Vertically Disconnected: The Politics of Islam in Democratic Indonesia." *Asian Journal of Social Science* 44: 54-77.
Fatlolon, Constantinus. 2016. "Pancasila Democracy and the Play of the Good." *Filocracia* 3(1): 70-92.
Ford, Michele and Thomas B. Pepinsky. 2013. "Beyond Oligarchy? Critical Exchanges on

Political Power and Material Inequality in Indonesia," *Indonesia* 96: 1-9.

Hilmy, Masdar. 2010. *Islamism and Democracy in Indonesia: Piety and Pragmatism.* Singapore: ISEAS.

Levitsky, Steven, and Lucan A. Way. 2002. "The Rise Competitive Authoritarianism." *Journal of Democracy* 13(2): 51-65.

Levitsky, Steven, and Lucan A. Way. 2020. "The New Competitive Authoritarianism." *Journal of Democracy* 31(1): 51-65.

Liddle, R. William. 2013. "Improving the Quality of Democracy in Indonesia: Toward a Theory of Action." *Indonesia* 96: 59-80.

Mcfaul, Michael. 2002. "The Fourth Wave of Democracy and Dictatorship: Noncooperative Transition in the Postcommunist World." *World Politics* 54: 212-244.

Midlarsky, Manus I. 1998. "Democracy and Islam: Implications for Civilizational Conflict and the Democratic Peace." *International Studies Quarterly* 42(3): 485-511.

Muhtadi, Burhanuddin, Warburton, Eve, and Aninda Dewayanti. 2019. "Perceptions of Inequality in Indonesia: A Matter of Partisan Politics?" *ISEAS Perspective* 10: 1-16.

Munck, Gerardo L., and Jay Verkuilen. 2002. "Conceptualizing and Measuring Democracy: Evaluating Alternative Indices." *World Politics* 54: 119-144.

Munck, Gerardo L. 2001. "The Regime Question: Theory Building in Democracy Studies." *World Politics* 54: 119-144.

Nasr, Vali. 2005. "The Rise of Muslim Democracy." *Journal of Democracy* 16(2): 13-27.

Plattner, Marc F. 2020. "Democracy Embattled." *The Journal of Democracy* 31(1): 5-10.

Powell, G. Bingham. 2005. "The Chain of Responsiveness." in Larry Diamond and Leonardo Morlino. eds. *Assessing the Quality of Democracy,* 62-76. Baltimore: The Johns Hopkins University Press.

Priyono, AE and Nur Subono. 2007. "Demokrasi Oligarkis: Kolonisasi Instrumen Demokrasi oleh Elit Dominan." in Olle Törnquist eds. *Menjadikan Demokrasi Bermakna: Masalah dan Pilihan di Indonesia,* 83-102. Jakarta: Demos.

Puddington, Arch. 2007. "The Pushback Against Democracy." *Journal of Democracy* 18(2): 125-137.

Rueschemeyer, Dietrich. 2005. "Addressing Inequality." in Larry Diamond and Leonardo Morlino. eds. *Assessing the Quality of Democracy,* 47-61. Baltimore: The Johns Hopkins University Press.

Schedler, Andreas. 2002. "The Menu of Manipulation." *Journal of Democracy* 13(2): 36-50.

Tapsell, Ross. 2015. "Indonesia's Media Oligarchy and the 'Jokowi Phenomenon'." *Indonesia* 99: 29-50.

Walker, Christopher. 2015. "The Authoritarian Resurgence." *Journal of Democracy* 26(2): 21

Winters, Jeffrey. 2013. "Oligarchy and Democracy in Indonesia." *Indonesia* 96: 11-33.

Zakaria, Fareed. 1997. "The Rise of Illiberal Democracy." *Foreign Affairs* November/ December: 22-43.

참고사이트
- 국제투명성기구 https://www.transparency.org/
- 세계거버넌스지수 https://info.worldbank.org/governance/wgi/
- 프리덤 하우스지수 https://freedomhouse.org/ • 세계인권감시 https://www.hrw.org/

12장

몽골: 민주적 절차와 책임성

박정후(서울대학교)

I. 들어가며

각 국가의 민주주의 수준에 대한 평가 기준과 지표들은 연구자들에 따라 매우 다양하다. 이러한 관련 논의들에서 현대 민주주의의 필요조건은 다음과 같이 요약할 수 있겠다. 첫째, 정부 지도자 선출에 대한 시민의 참여, 둘째, 민주적 절차에 따른 선출 관료직의 경쟁, 셋째, 정부가 시민에 대한 정치적·시민적 자유를 보장하는 정치체제이다(김형철 2007, 127). 그리고 이는 언론의 자유, 출판의 자유, 합법적인 선거, 결사의 자유, 다수결의 원칙, 소수의 권익보호, 사법부의 독립 등의 기초 위에서 성립될 수 있다(이상환 2010, 270). 이와 같은 평가 기준을 토대로 본 연구에서는 몽골의 민주화 정도를 평가하기 위해 2019년 프리덤하우스(Freedom House)의 민주화(자유화) 지수와 산트마랄 재단(Sant Maral

Foundation)이 몽골 국민들을 대상으로 한 설문조사 결과를 바탕으로 작성한 「politbarometer」를 활용하고자 한다.

프리덤 하우스는 민주주의와 자유의 중요성을 강조하기 위해 세계 각국 및 지역에 대해 단일한 기준을 적용한다. 프리덤 하우스가 제시하는 민주주의의 개념은 '공정하고 자유로운 경쟁이 보장된 그룹들 가운데서 시민들이 선거를 통해 정치 지도자를 선출할 수 있으며 정부가 임명한 공직자에 의한 통치를 받지 않는 것'을 말하며, 자유를 '시민들이 정부나 다른 어떤 지배 세력들의 통제나 간섭을 받지 않고 자발적으로 다양한 분야에서 선택하고 행동할 수 있는 기회를 분명하게 누리는 것'이라고 정의한다.[1]

프리덤 하우스가 1978년부터 매년 세계 각국의 정치적 권리와 시민적 자유에 관해 발간하는 세계자유지수(Freedom in the World)에서는 시민들이 정치과정에 자유롭게 참여할 수 있는 정치적 권리(political rights)와 국가의 방해 없이 여론을 형성하며 참여 및 자율권을 지니는 시민적 자유(civil liberties)의 정도를 평가한다. 프리덤 하우스 지수는 조직 내·외부의 전문가, 싱크탱크, 학계, 인권 단체 등의 전문가 집단으로부터의 설문 답변을 통해 측정된다. 측정 방법과 결과물의 신뢰도와 효용성에 대해서 높은 평가를 받고 있으나, 특정 전문가 집단을 대상으로 한 설문을 통해 지수를 표출해냈기 때문에 바탕이 정성적인 경향이 짙으며, 특히 신생민주주의 국가들에서 두드러지는 민주주의 관련 지표의 급격한 부침을 단기간에 반영하는 데 한계가 있다. 이와 같은 한계를 극복하기 위해 본 연구에서는 산트마랄 재단이 몽골 국민들을 대상으로 실시한 설문조사 결

---

[1] http://freedomhouse.org

과를 활용하여 보다 실질적인 분석이 가능하도록 할 것이다.

본 연구에서는 산트마랄 재단이 거의 매년 실시하는 설문조사 중에서 몽골에서 큰 폭의 정치변동이 일어났던 2012년과 2016년 총선거 무렵의 설문조사와 선거 결과, 그리고 가장 최근인 2019년 설문조사 결과를 분석할 것이다. 1990년 민주화 이후 몽골은 4차례의 정권교체를 이루어내었지만, 선호정당과 표심의 변화가 가장 두드러지게 표출되었던 것은 2012년 6대 총선거와 2016년 7대 총선거였기 때문이다. 아울러 비슷한 맥락에서 5, 7대 대통령 선거 과정과 결과 등을 살펴볼 것이다. 2012, 2016, 2019년의 설문조사와 선거 결과를 통해 몽골 내·외부적인 급변상황에서 정치권과 정부에 대한 구체적 지지 추이와 민주주의 정치체제에 대한 포괄적 지지 변동 여부를 살펴볼 것이다. 아울러 프리덤 하우스 지수 분석을 더해 몽골의 민주주의 질에 대한 평가와 더불어 향후 몽골의 민주주의 공고화 여건을 조망할 것이다.

II. 몽골의 정치문화와 민주주의

1990년대 초, 구소련의 영향력 하에 있었던 국가들은 모두 민주주의와 시장 자본주의 체제로의 이행을 시작하였다. 몽골 또한 유사한 형태의 체제 전환기를 거쳤지만, 비슷한 처지에 있던 인근 국가들과는 다른 여정을 겪게 된다. 체제 전환 초기인 1994년부터 몽골은 국민들의 요구에 따라 언론에 대한 검열제도를 폐지하고, TV, 라디오, 신문에 대한 통제중단을 요구하는 시위가 잇달아 발생하여 결국 선거법 개정과 언론의 자유에 관한 법이 제정되는 등 주변의 신생민주주의 국가들과 달리 민주화에 대한 높은 요구수준과 두드러진 반응성 등을 보여주었다. 헌팅턴(Huntington 1991)의 분류에 의하면 몽골은 타협을 통한 민주화(transplacement)를 이룬 국가로서[2] 체제 전환 이후 4차례에 걸친 수평적 정권교체를 통해 이미 절차적 민주주의를 달성하였다. 아울러 1999년의 프리덤 하우스 평가에서는 탈공산주의 국가들 중에서 유일하게 정치적 자유의 기준에 부합하는 국가였고, 2008년 같은 조사에서 몽골은 탈공산주의 국가들 중 아시아를 통틀어 가장 민주적인 국가로 평가받았다. 나아가 현재 몽골은 절차적 민주주의의 달성을 넘어 민주주의 공고화의 단계로 접어들고 있다.

몽골이 이루어낸 이와 같은 민주주의 이행의 성과를 이해하기 위해서는 정치문화의 배경과 특성을 살펴보아야 할 것이다. 먼저 몽골의 국민 구성을 살펴보면, 몽골족이 94.9%를 차지하고 있으며 이 중에서도 다수부족인 할흐 족이 70%로 집계되어 단일민족 국가로 분류된다. 또한 인구의 93% 이상이 라마교 신자로서 명목상 불교국가이다. 아울러 주변 신생민주주의 국가들과는 달리 구소련 시절에도 독립국가로서의 정체성을 지니고 있었다. 이를 바탕으로 구소련이 붕괴 즈음에 경제원조를 줄여나가자 타국으로부터의 원조와 교역을 위해 상대적으로 유연한 대내·외 정책을 수립할 수 있었던 것이다.

2008년 6월에 치러진 몽골 5대 총선거에서 여당인 몽골인민혁명당이 76석 중 45석으로 다수 의석을 차지하자 몽골민주당 당수인 엘벡도르지(Elbegdorj)가 선거 부정 의혹 제기와 선거 결과 불복을 선언하였다. 이어 1만여 명의 몽골민주당 지지자들이 몽골 정부청사 앞 수흐바타르 광장 근처에서 격렬한 시위를 벌였다. 이 시위에 대해 정부는 계엄령을

---

[2] Samuel P. Huntington, 1991, The third wave: Democratization in the Late Twentieth Century, Unversity of Oklahoma Press.

포고하였고, 경찰의 발포로 5명이 사망하고 700여 명이 체포되는 사건이 벌어졌다. 선거 결과가 뒤바뀌거나 재선거가 치러지지는 않았지만, 이듬해 치러진 2009년 대선에서 민주당 후보인 엘벡도르지가 대통령에 당선되고, 2012년 6월 몽골 6대 총선에서 민주당이 다수 의석을 차지하여 집권당이 되는 등 구소련으로부터 독립한 국가들이 대부분 수단에 구애받지 않고 권위주의적인 체제를 유지하는 것과는 대조적인 모습을 보여주었다.

반면, 몽골에는 민주주의의 공고화를 저해하는 정치문화 또한 상존하고 있다. 정치권의 부정부패와 선거 때마다 등장하는 포퓰리즘, 그리고 여기에서 비롯된 정치에 대한 불신과 혐오, 불만 등이다. 가장 최근에 치러진 총선거와 대통령 선거 사례를 살펴보면 다음과 같다.

1. 몽골 7대 총선거

몽골의 총선거 투표율은 1992년 95.6%, 1996년 92.1%, 2000년 82.4%, 2004년 81.8%, 2008년 76.4%, 2012년 67.2%로, 95%가 넘었던 1992년에 치러진 민주화 이후 최초 총선거 이래 꾸준히 하락하였으나, 2016년 총선거에서는 72.1%의 투표율을 기록하여 선거에 대한 높은 관심이 표출되었다. 직전 2012년 총선거에서 민주당이 압도적인 지지를 받았던 수도 울란바타르의 총 28개 선거구에서도 몽골인민당이 24석, 민주당 3석, 무소속 1석으로 몽골인민당이 압승하였다.

〈표 1〉 역대 총선거 결과

구분	선거제도	총인구(명)	유권자	정당별 의석수	투표율(%)
1992년 (1대)	중선거구 /다수대표제	2,154,646	1,202,704	몽골인민혁명당 70, 민주연대4, 몽골사민당 1, 무소속 1	95.6
1996년 (2대)	소선거구 /다수대표제	2,231,363	1,218,549	민주연대 50, 몽골인민혁명당 25, 무소속 1	92.1
2000년 (3대)	소선거구 /다수대표제	2,382,525	1,364,862	몽골인민혁명당 72, 민주연 대 1, 민의녹색연대 1, 몽골 신사민당 1, 무소속 1	82.4
2004년 (4대)	소선거구 /다수대표제	2,407,568	1,472,372	몽골인민혁명당 36, 민주연대 36, 공화당 1, 무소속 3	81.8
2008년 (5대)	소선거구 /다수대표제	2,564,285	1,607,825	몽골인민혁명당 45, 민주당 28, 녹색시민연대 1, 민의조직당 1, 무소속 1	76.4
2012년 (6대)	중선거구 /정당명부식 비례대표제	2,801,136	1,882,035	민주당 31, 몽골인민당 25, 정의연대 11, 민의조직당 2, 무소속 3	67.2
2016년 (7대)	중선거구 /정당명부식 비례대표제	3,091,866	2,004,048	몽골인민당 65, 민주당 9, 몽골인민혁명당 1, 무소속 1	72.1

자료: МОНГОЛ УЛСЫН СОНГУУЛИЙН ЕРӨНХИЙ ХОРОО https://gec.gov.mn/

2016년 총선거와 같은 날 치러진 지방의회 선거에서도 자황 아이막[3]을 제외한 나머지 20개 선거구에서 몽골인민당이 다수 의석을 차지했으며, 10개 정당, 2개 연합에서 282명, 무소속 4명 등 총 286명이 출마한 수도 울란바타르의 시의원 선거에서도 총 45석 중 몽골인민당이 34석, 민주당이 11석을 획득하며 몽골인민당이 승리했다(박정후 2016, 186). 더욱

---

[3] 한국의 '道'에 해당

이 민주당 소속인 엘벡도르지 대통령의 고향인 홉드 아이막에서도 몽골인민당이 2석, 민주당이 1석을 차지함으로써 현 집권당과 대통령에 대한 실망감이 표출되었다(박정후 2016, 186).

〈표 2〉 2016년(7대) 총선거 지역별 획득 의석 수

	몽골인민당	민주당	몽골인민혁명당	무소속
울란바타르	24	3	0	1
지방	41	6	1	0
합계	65	9	1	1

자료: МОНГОЛ УЛСЫН СОНГУУЛИЙН ЕРѲНХИЙ ХОРОО https://gec.gov.mn/

기존에 민주당 소속으로 장관, 총리, 국회의장, 당 대표 등을 역임하며 다선의원으로서 몽골의 현대정치를 이끌었던 몇몇 거물들은 모두 낙선하였다. 반면 이들과 같은 지역구에서 경합을 벌이던 몽골인민당 소속의 정치신인들이 대거 당선되는 등 인물보다 정당이 주요 투표 요인으로 작용하였다. 결국 7대 총선거 결과는 지난 4년간의 민주당 정권에 대한 몽골 국민들의 실망감이 표출되었다고 볼 수 있는 것이다(박정후 2016, 186).

정권 심판에 가까운 몽골 국민들의 당시의 선택은 경제문제를 주요 원인으로 꼽을 수 있다. 1990년 신헌법 제정에 따라 자본주의 시스템이 도입된 이후, 몽골 경제는 한동안 괄목할 만한 성장세를 보이지 못하였다. 그러나 중국의 급성장과 더불어 광물자원의 수요가 급격하게 늘어나고, 원자재 공급가격이 상승하기 시작하면서 해외투자자들로부터 주목받기 시작하였다. 중국과 러시아에 둘러싸인 형태의 국경선을 지닌 몽골로

서는, 원자재 유통로의 다각화 및 광산개발 인프라 구축 등 광산개발 여건에 부합하기 힘든 난제들이 산적하여 중국과 러시아를 제외하고는 대규모 개발투자가 이루어지기 어려운 실정이었다. 그럼에도 불구하고 구리, 석탄 등 산업 필수 원자재의 막대한 매장량은 해외직접투자(FDI)를 가속 시켰다. 외국인 투자법 등의 관련법과 제도가 정비되기 시작하자, 중국을 비롯한 북미, 유럽, 아시아 국가들로부터 몽골에 대한 직접투자가 이루어지기 시작했다.

2009년 BHP 빌리턴(BHP Billiton), 캐나다의 아이반호 마인즈(Ivanho Mines), 호주의 리오 틴토(Rio Tinto) 등 광산개발 분야에서 세계적인 기업들이 참여한 몽골 오유톨고이(Oyu tolgoi) 광산개발에 대한 몽골 정부와 다국적기업 간의 협상이 타결되었다. 이를 필두로, 다양한 국적의 광산탐사 및 개발기업들이 이 분야에 참여하기 시작하였다. 이와 같은 광산개발 붐과 외국인직접투자(FDI)의 증가에 힘입어 몽골은 2011~14년의 기간 동안에 연간 두 자리 수의 성장률을 기록하였다.

그러나 2014년 이후, 몽골의 주요 자원 수출국이었던 중국의 경기둔화에 따라 몽골의 대중국 석탄 수출물량이 큰 폭으로 감소하고, 국제 원자재 시세도 떨어지기 시작했다. 게다가 오유톨고이 광산의 지분률 재협상과 개발시설 투자확대 문제에 대해 몽골 정부와 오유톨고이 광산 투자회사인 리오 틴토 사이의 갈등이 빚어졌다. 몽골의 거대 프로젝트였던 오유톨고이 프로젝트가 어려움에 봉착하자, 외국 투자자들은 갈등의 주요 원인이 몽골 정부에 있다고 판단했다(박정후 2016, 186). 당시 집권당이었던 민주당은 이전 인민혁명당 정권에 의해 체결되었던 오유톨고이 광산개발 관련 협정의 협상과정 및 결과에 대해 신뢰하지 못했다. 민주당은 급기야 광산개발 및 외국인투자 관련법 개정을 통해, 오유톨고이 광산개발 투자자이자 파트너였던 리오 틴토(Rio Tinto)에 재협상을 통한 기존 협정 수정을 압박하기에 이르렀다.

이러한 과정을 통해 결국 몽골 정부는 해외 투자자들로부터 신뢰를 상실하게 되었고 이는 큰 폭의 외국인직접투자 감소로 이어졌다. 2013년까지 두 자리를 기록했던 경제성장률은 2015년 2.3%를 기록하는 등 경제성장이 급속하게 둔화되었고, 환율은 크게 인상되어 수입 원자재 및 공산품 가격의 상승이 이어졌다. 2015년 실업률은 최근 몇 해간 최대치인 8.3%로 늘어나게 되었고, 실업률 상승으로 인한 구매력 감소로 인해 특히 소규모 기업들과 자영업자들은 큰 어려움을 겪게 되었다.

민주당 집권 4년 동안 국내 경기는 침체되었고, 외채 원리금 상환 비율이 갈수록 높아지는 실정이었다. 더욱이 신규차관을 들여 기존 대외채무를 변제하기 시작하는 등 국가재정 또한 어려움에 봉착하게 되었다. 게다가 원자재 등의 주요 수출국이었던 중국의 경기둔화와 석탄, 구리 등의 국제 원자재 가격이 하락하는 등 몽골 경제는 대내외적인 어려움 겪게 되었고, 결국 국가부도 위기에까지 직면하게 된다. 이러한 과정 속에 집권당인 민주당의 지속된 계파 간 갈등 양상과 부정부패 스캔들은 또한 국민들에게 큰 실망을 안겨주었던 것이다. 반면 몽골인민당의 압승은 집권당의 행태와 경기침체에 따른 국민들의 분노와 실망감의 표출이라고 볼 수 있다.

국민들의 지지를 얻은 몽골의 양대 정당 중 하나인 몽골인민당은 전신인 몽골인민혁명당 집권 시기에 적극적인 외국인직접투자(FDI) 유인책을 펼쳐 경기 호황을 이루었던 적이 있고, 오유톨고이 프로젝트와 같은 다국적기업과의 거대 투자 협상도 타결시키는 등 외국인 투자유치에 대해 축적된 경험이 많은 것으로 인식되었다. 또한 몽골의 주요 산업인 자원 분야에 대해서 민주당보다 자원민족주의 성향이 덜하기 때문에 향후 자원 분야에 대한 외국인 투자유치에 더욱 능숙할 것이라는 기대가 있었다. 이에 새롭게 집권한 몽골인민당은 2017년 IMF 차관 도입 협상을 타결시키고, IMF와 차관 공여국들이 제안하는 경제회복 프로그램을 운영하며 현재에 이르렀다.

2. 5, 7대 대통령 선거

2009년 대선에서 민주당 엘벡도르지 후보와 몽골인민혁명당 엥흐바야르(Enkhbayar) 후보가 근소한 지지율 차이로 경합을 벌이고 있었다. 당시 오유톨고이 광산 투자 협상이 타결됨으로써, 몽골 정부는 외국인 투자자로부터 선 세금을 지급받게 되었다. 집권 여당이었던 몽골인민혁명당은 몽골 국민 1인당 100만 투그릭을 지급하는 공약을 내세웠고, 이에 질세라 몽골민주당은 1인당 150만 투그릭을 지급하는 공약을 발표했다.[4] 투표 결과 150만 투그릭 지급을 약속했던 몽골민주당 후보가 대통령에 당선되었다. 애초 공약대로 1인당 150만 투그릭이 일시적으로 지급되지는 않았으나, 이후 국가재정에서 각종 복지, 교육, 주거 보조 등의 항목에 대한 지출이 크게 늘어나게 되었다.

2017년 대선에서 몽골민주당의 바툴가(Battulga) 후보는 결선투표를 앞두고 '전 국민 부채탕감' 공약을 내세웠다. 해당 공약의 당선 기여 여부에 대한 측정지표가 없어 그 영향력을 수치화하기는 어렵지만, 결선투표를 앞둔 시점에서는 1차 선거에서 비슷한 정책과 이념을 지향하던 몽골인민당과 몽골인민혁명당 후보들의 표가 몽골인민당 후보에게 몰릴 것으로 예상되었다. 그러나 결선투표 결과, 몽골민주당 바툴가 후보가 당선되

---

[4] 2009년 공무원 평균 월급은 약 30만 투그릭 정도였다.

었다. 물론 전 국민의 부채를 일시에 탕감할 재정도, 구체적인 방법도 마련되지 않아 결국 시행되지 못하였다. 이와 같은 정치권의 포퓰리즘과 무책임한 행태는 몽골 국민들로 하여금 정치 무관심을 넘어 혐오단계에 이르게 한 것으로 보인다. 일례로 콘라드 아데나워(Konrad Adenauer) 기금이 2016년 총선을 앞두고 실시한 조사결과에 따르면 18~20세 청소년들의 13.4%는 '선거란 국민을 속이는 행사'라는 취지로 답변하였다.[5] 2017년 7월에 치러진 대선 결선투표에서 누구에게도 기표하지 않은 의도적인 무효표가 8.23%(99,494표)를 차지한 것 또한 이와 같은 추측을 뒷받침한다.

2020년 1월, 바툴가 대통령은 그가 대선 때 내걸었던 '전 국민 부채 탕감' 공약에 갈음하여 연금 대출 면제를 발표하였다. 기존 몽골−러시아 공동개발 광산이었던 샬히트(Salkhit) 은광산이 몽골 정부자산으로 정리됨에 따라 동 광산으로부터의 수익을 담보로 6% 이율의 본드를 발행하여 1번에 한해 연금대출을 면제해준다는 것이다.[6] 2020년 1월 현재, 인구의 약 10%에 해당하는 309,000명이 연금을 받고 있으며, 이중 75.4%가 대출을 받은 실정이다. 1인당 평균 330만 투그릭, 총 7,760억 투그릭의 대출 잔액이 있으며, 대출을 받은 노인들의 95.8%가 지방에

---

[5] Mongoliin unen 2019. 12. 20.
[6] 연금대출 면제 법안의 주요 조항은 다음과 같다.
- 600만 투그릭 이하 연금대출을 면제
- 600만 투드릭 이상 연금대출을 받은 경우, 600만 투그릭 이하는 면제하고 남은 대출을 본인이 직접 상환
- 연금대출을 받지 않은 194,000명에게 100만 투드릭의 본드 바우처 지급
- 2021년 5월 1일부터 본드 바우처 발행
- 연금대출을 받지 않은 노인이 2021년 5월 1일 이전에 사망한 경우, 그의 자식들에게 본드 바우처 양도
- 2019년 12월 31일 이전에 던금대출을 받고 사망한 경우 연금대출 면제
- 대상자는 1년에 한 차례, 6개월 기한으로 연금대출 가능(Mongoliin unen 2020. 01. 13.)

거주한다.[7] 이는 다가올 6월 총선을 앞두고 기존의 소선거구제 다수대표제에서 대선거구제로 선거제도를 변경한 점을 의식하고, 민주당이 상대적 약세였던 지방의 표심을 공략하기 위한 선택으로 볼 수 있겠다. '전 국민 부채탕감'과 같은 파격적인 지난 대선 공약에 일부 부합하는 행태로서, 지난 공약을 이행하지 못한 책임을 회피하기 위한 방책이자 지지율 제고를 위한 선거 전략으로 판단된다. 상대편인 몽골인민당 또한 자신들의 지지기반인 지방과 노년층에 대한 선심정책에 대해 반대할 수 없었던 것이다. 더욱이 연령별 투표성향을 들여다보면, 18-25세 청년층들의 투표율은 2016년 총선 투표율 기준 50.8%로 전 연령대 중 가장 낮은 반면, 60세 이상 연령층의 투표율은 97%를 기록하였다.[8] 몽골 국가재정에 막대한 부담을 안기는 선심성 정책이지만 거센 비판 보다는 정치권 전체가 동조하는 현실을 잘 보여주는 사례이다.

앞서 2009년 대선에서 오유톨고이 광산 협상타결을 이끌어냈던 몽골인민혁명당의 현직 대통령과 몽골민주당의 대통령 후보로부터 각각 100만 투그릭, 150만 투그릭의 전 국민 대상 현금지급 공약 대결 결과, 150만 투그릭을 지급하기로 공약했던 몽골민주당 엘벡도르지 후보가 대통령에 당선된 것과 몽골민주당 바툴가 대통령이 전 국민 부채탕감 공약을 내세워 당선된 사례, 그리고 연금대출 면제 공약 등 선거를 앞둔 정치권의 선심성 공약은 의외로 큰 효과를 발휘하는 것으로 보인다. 뿐만 아니라 평균 81%가 넘는 높은 총선거 투표율이 보여주듯이, 포퓰리즘인 것을 충분히 인지하며 불신과 혐오를 표출하면서도 결코 정치무관심으로 이어지지 않는 것을 몽골 정치문화의 중요한 특징 중 하나

---

[7] Unuudur 2020. 01. 03.
[8] Mongoliin unen 2019. 12. 20.

로 꼽을 수 있을 것이다.

Ⅲ. 몽골 민주주의에 대한 인식

이스턴(Easton. D)에 의하면 정치적 지지는 포괄적 지지(diffuse support)와 구체적 지지(specific support)로 구분되며, 포괄적 지지는 정치체제에 대한 지지를, 구체적 지지는 정치 엘리트와 정권에 대한 업적(performance)에 대한 만족도로 표출된다.[9] 이에 따르면 민주주의 정치체제를 도입하여 운영하는 몽골에서 단기간동안 발생한 구체적 지지의 드라마틱한 변화에도 포괄적 지지에 대한 부침이 크지 않았다면, 민주주의에 체제에 대한 정당성과 안정성이 높은 수준에 이르러 궁극적으로 민주주의의 공고화가 심화되고 있는 것으로 볼 수 있을 것이다.

몽골에서 구체적 지지와 포괄적 지지의 현황과 추이를 확인하기 위해 산트마랄 재단이 각각 2012년 1,000명, 2016년 1,500명, 2019년 1,200명의 몽골국민을 대상으로 한 설문조사 결과를 들여다볼 것이다. 먼저 몽골에서 큰 폭의 정치변동이 일어났던 2012년과 2016년 총선거 무렵의 설문조사와 가장 최근인 2019년 설문조사 결과를 분석할 것이다. 1990년 민주화 이후 몽골은 4차례의 정권교체를 이루어내었지만, 선호정당과 표심의 변화가 가장 두드러지게 표출되었던 것은 2012년 6대 총선거와 2016년 7대 총선거였기 때문이다. 2012년 선거에서 대통령 소속당과 같은 민주당을 집권당으로 만들었던 몽골 국민들은

---

[9] Easton. D. 1975. "A Reassessment of the Concept of Political Support", British Journal of Political Science.

2016년에는 야당인 몽골인민당을 압도적으로 지지했던 것이다. 더구나 2013년 대통령 선거에서 민주당 소속 대통령이 재선되었음에도 불구하고 3년 뒤 총선거에서 이와 같은 결과가 나타났던 것이다.

따라서 2012, 2016, 2019년의 설문조사를 통해 몽골 내·외부의 급변상황에서 정치권과 정부에 대한 구체적 지지 추이와 민주주의 정치체제에 대한 포괄적 지지 변동 여부를 살펴볼 것이다. 아울러 프리덤 하우스 지수 분석을 더해 몽골 민주주의 질에 대해 평가할 것이다.

1. 프리덤 하우스 지수 분석

몽골의 민주주의 지수에 대한 프리덤 하우스의 2019년 조사에 따르면, 자유지수 합계는 85점(정치적 권리: 36점, 시민적 자유: 49점)을 기록하였고, 2020년에는 84점(정치적 권리: 36점, 시민적 자유: 48점)을 기록하였다. [10]

〈표 3〉 2019 몽골 프리덤 하우스 지수

분야		분류		질문내용	
부분	만점	내용	만점	내용	85점
정치적 권리	40점	선거 과정	12점	현 정부 수반이나 기타 국가권한위원장이 자유롭고 공정한 선거를 통해 선출 되었는가?	4/4
				현재 국가 의회대표들은 자유롭고 공정한 선거를 통해 선출 되었는가?	4/4

---

[10] https://freedomhouse.org/country/mongolia/freedom-world/2019; https://freedomhouse.org/country/mongolia/freedom-world/2020; 참고로 같은 조사에서 한국은 2019, 2020년에 자유지수 합계가 83점(정치적 권리: 33점, 시민의 자유: 50점)을 기록하였다. https://freedomhouse.org/country/south-korea/freedom-world/2019; https://freedomhouse.org/country/south-korea/freedom-world/2020.

		선거 과정	12점	선거법과 체계가 공정하며, 관련 선거관리 기구에 의해 공평하게 시행되고 있는가?	3/4
정치적 권리	40점	정치 다원성과 정치참여	16점	국민은 서로 다른 정당이나 그들이 선택한 다른 경 쟁적인 정치집단을 조직할 권리를 가지고 있는가? 그리고 이러한 시스템은 경쟁 정당이나 집단의 부침 에 대한 지나친 장애로부터 자유로운가?	4/4
				야당이 선거를 통해 지지를 높이거나 힘을 얻을 현 실적인 기회는 있는가?	4/4
				국민의 정치적 선택은 군사, 외세, 종교계층, 경제적 과두 또는 민주적으로 책임지지 않는 다른 강력한 집단의 지배로부터 자유로운가?	4/4
				인구의 다양한 부문(민족, 종교, 성별, 성소수자 및 기타 관련 집단 포함)이 완전한 정치적 권리와 선거 기회를 가지고 있는가?	4/4
		정부 기능	12점	자유롭게 선출된 정부 및 국가 의회 대표들이 정부 의 정책을 결정하는가?	4/4
				공무원의 부패에 대한 강하고 효과적인 방지장치가 있는가?	2/4
				정부 운영은 개방적이고 투명한가?	3/4
시민적 자유	60점	신념과 표현의 자유	16점	자유롭고 독립적인 언론이 있는가?	3/4
				개인은 공공장소, 혹은 사적인 공간에서 각자의 종 교적 신념이나 불신을 자유롭게 표출할 수 있는가?	4/4
				학문적 자유가 보장되는가? 교육체계가 정치적 교화 로부터 자유로운가?	4/4
		신념과 표현의 자유	16점	개인이 감시나 응징에 대한 두려움 없이 정치적 또 는 다른 민감한 주제에 대한 개인적인 견해를 자유 롭게 표현할 수 있는가?	3/4
		결사의 권리	12점	집회의 자유가 있는가?	4/4
				비정부 단체, 특히 인권과 통치와 관련된 업무에 종 사하는 단체들의 자유가 있는가?	4/4
				노동조합과 이와 유사한 전문 또는 노동단체의 자유 가 있는가?	3/4
시민적 자유	60점	법치	16점	독립된 사법부가 있는가?	3/4
				민·형사상 문제에서 적법한 절차가 우선인가?	3/4

시민적 자유	60점	법치	16점	물리적인 힘의 불법 사용과 전쟁과 폭동으로부터의 보호가 있는가?	3/4
				법률, 정책 및 관행이 동등하게 적용되는가?	3/4
시민적 자유	60점	개인의 자율성 및 권리	16점	개인들에게 거주지, 고용, 교육 등을 선택할 수 있는 자유가 있는가?	3/4
				개인이 국가나 비국가 행위자의 부당한 간섭 없이 재산 소유권을 행사하고 민간사업체를 설립할 수 있는가?	4/4
				개인들은 배우자와 가족의 규모, 가정폭력, 외모 품평 등으로부터 자유로운가?	3/4
				개인은 경제적 착취로부터 기회와 자유의 평등을 누리고 있는가?	2/4

자료: https://freedomhouse.org/country/mongolia/freedom-world/2019 를 참조하여 저자 작성.

    정치적 권리 분야는 다시 선거 과정, 정치 다원성과 정치참여, 정부 기능 등으로 나누어졌고, 시민적 자유는 표현의 자유 및 신뢰, 관계기관 및 조직 권한, 법치, 개인의 자율성과 권리 등으로 분류되었다. 선거 과정과 정치참여, 표현의 자유, 결사의 권리 등의 분야에서는 거의 만점에 가까운 지수가 매겨졌으나, 정부와 사법부에 대한 신뢰 및 개인의 권리 등의 분야에서는 상대적으로 지수가 낮게 나타났다. 가장 낮은 점수를 받은 분야와 그 배경을 살펴보면 다음과 같다.

    먼저, 정부 기능 분야에서 공무원의 부패 문제에 대한 지수는 4점 만점에 2점을 기록하였다. 몽골에서 공무원, 정치인, 기업인 등 상대적으로 우월한 지위에 있는 자에 의한 각종 부패행위는 사회주의 시절에 만연했던 것으로 알려져 있다. 민주화 이후에도, 몇 차례에 걸쳐 정권이 바뀌기 이전까지는 각종 인허가 과정이나 거래에 있어 일종의 통행세, 급행료 개념으로 크고 작은 금액, 혹은 선물을 주고받는 것은 일종의 관행으로 여겨지곤 했었다.

2000년대 들어 사회주의 시절 집권당이었던 인민혁명당에서 민주당으로 정권이 교체되고 언론 및 출판의 자유가 크게 신장되면서 뇌물수수 및 부패에 대한 인식 또한 크게 변화했다. 나아가 부패의 유형과 규모가 인·허가권 및 각종 단속권을 가진 공무원의 단순 뇌물수수에서 국회의원, 총리, 대통령 등 국가 중대 사항에 대한 결정권을 지닌 권력자들과 광산 등 몽골 국유자산에 대한 투자환경을 유리하게 진행하고자 하는 외국인 투자자들 사이의 뒷거래 등으로 확대되면서 정치권 전반에 대한 신뢰가 추락하였다. 몽골 국회의장, 총리, 대통령을 지냈던 엥흐바야르 대통령이 2012년 재선에 실패하자 즉각 각종 부패 및 뇌물수수죄로 체포되어 수감생활을 했고, 2014년에는 알탄후약(Altankhuyag) 총리가 부패 및 권한 남용 혐의로 의회결의를 통해 탄핵된 사례 등을 본다면, 몽골에서 나타나는 정치권 전반에 대한 불신은 고위 공직자와 정치인들의 부패 스캔들이 끊이질 않았던 결과이다.

몽골 정부도 이러한 문제의 심각성을 인지하고, 2007년 의회 소속으로 부패방지청(IAAC: Independent Authority Against Corruption)을 설치하여 공직자들의 각종 부정부패 사건을 수사하고 연루자들을 처벌하는 등의 강력한 조치를 취하고 있으나, 2019년 국제투명성기구(TI: Transparency International)의 조사에서 부패인식지수(CPI: Corruption Perception Index)가 100점 만점에 35점을 기록하며 180개 조사대상국 중 106위를 기록하였다[11]. 이는 직전 조사에 비해 2점이 떨어진 것으로, 103위에 선정된 2017년도에 비해 부패에 대한 국민 인식이 개선되지 못하고 있다는 것을 보여준다.

---

[11] https://www.transparency.org/country/MNG

경제적 착취(economic exploitation)에 대한 질문에서도 4점 만점에 2점
이 매겨졌다. 이와 같은 배경에는 급격한 도시화와 국민들 간 경제적
격차의 심화 등에서 기인한 것으로 볼 수 있다. 몽골의 민주화 및 자본
주의 심화와 더불어 이촌향도 현상이 두드러졌고, 기존 목축업 종사자
들이 도시 근로자로 변모하게 되었다. 도시 이주자의 증가에도 불구하
고 이들을 위한 도시 인프라와 거주공간 조성은 이주자들의 증가 속도
와 차이가 나기 시작하였다. 게다가 자본주의 초창기 국유재산의 사유
화 과정과 도시 부동산 가치 상승 등을 빌어 양생된 유산계층과의 경제
적 격차가 점차 커지고 있다. 이들 도시 빈민들과 취약계층을 위한 주
거개선정책 등이 정부 주도로 꾸준히 이루어지고 있으나, 경제적 하층
민들은 양질의 일자리를 얻는 것보다 취약한 환경에서 노동 착취를 당
하는 경우가 허다한 실정이다.

한편, 법치 분야에서 프리덤 하우스는 총 20점 만점에 16점을 부여했
으나, 몽골 국민들의 체감도와는 큰 차이가 있는 것으로 보인다. 같은 해
인 2019년 산트마랄 재단이 1,200명의 몽골 국민들을 대상으로 실시한
설문조사에서 "몽골 사회에서 법치는 얼마나 강합니까?"라는 질문에 매
우 강함(1.5%), 강함(8.2%), 약함(49.7%), 전무함(38.4%) 등으로 응답하였
다.[12] 즉, 법치에 대한 부정적인 응답이 무려 88.1%를 차지하여 프리덤
하우스가 매긴 지수는 몽골 국민들의 의견과는 큰 차이가 있어 보인다.

---

[12] Sant Maral Foundation, 2019, politbarometer 18(52).

2. 설문조사 결과 분석

산트마랄 재단의 대국민 설문조사(2012, 2016, 2019년) 중, 정부 만족도 관련 설문에서는 긍정적 응답이 각각 49.2%, 34%, 50.8%로 나타났다. 오유톨고이 프로젝트와 같은 대규모 외국인 투자 협상이 타결되고, 외국인직접투자(FDI)가 크게 늘어난 2012년에 비해 정권 심판에 가까운 투표를 실시했던 2016년 총선에서는 긍정적 응답이 큰 폭으로 감소했다. 2020년 총선거를 앞둔 2019년 설문조사에서는 정부 만족도가 과반을 넘겨, 경기 침체의 골이 깊어지는 상황에서도 현 몽골인민당 정권에 대한 만족도가 높아지고 있음을 알 수 있다.

〈표 4〉 정부에 대해 만족하십니까? 단위: %

	2012년	2016년	2019
매우 만족	10.4	3.1	12.3
대체로 만족	38.8	30.9	38.5
다소 불만족	29.2	35.9	24.1
매우 불만족	16.7	24.9	23.8
무응답	0.4	0.4	0
모름	4.5	4.9	1.3

자료: Sant Maral Foundation. 2012. politbarometer 11(44); Sant Maral Foundation. 2016. politbarometer 15(49); Sant Maral Foundation. 2019. politbarometer 18(52).

그러나 몽골 국민들의 정당에 대한 신뢰는 크게 낮은 것으로 여겨진다. 정당이 국가가 당면한 일련의 문제해결 능력을 지니고 있는가에 대한 질문에서 2012, 2016, 2019년 설문조사에서는 공통으로 '없음'이 각각 가장 높은 응답률(58.8%, 35.1%, 49.3%)을 기록했다. 이와 같은 결과는 정치권에 대한 신뢰가 결코 높지 않음을 보여준다. 2016년 총선에서 몽골인민당에 대한 압도적인 지지를 보냈었지만, 정당 신뢰도에 대한 설문에서는 몽골인민당이 응답자의 14.6%의 지지를 받았을 뿐이다. 2019년에는 그나마도 12.3%로 감소하였으나 이는 49.3%의 '없음'을 제외하면 유일한 두 자리수 지지율로, 가장 높은 수치를 기록하였다.

〈표 5〉 어느 당이 국가 일련의 문제들을 해결할 수 있겠습니까? 단위: %

	2012년	2016년	2019년
몽골인민당	12.5	14.6	12.3
몽골민주당	16.1	11.1	8.0
정의연합(몽골인민혁명당–국가민주당)	9.7	-	-
몽골인민혁명당	-	6.8	5.3
그 외	2.9	5.5	4.5
없음	58.8	35.1	49.3
무응답	-	1.6	1.9
모름	-	25.3	17.6

자료: Sant Maral Foundation. 2012. politbarometer 11(44); Sant Maral Foundation. 2016. politbarometer 15(49); Sant Maral Foundation. 2019. politbarometer 18(52).

민주주의와 현 정치체제에 대한 만족도 조사에서는 긍정적 응답이 각각 54.7%, 47.7%, 48.5%를 기록하였다. 비록 과반을 차지했던 2012년보다는 낮은 비율이지만, 정치·경제적 부침이 심했던 2016년보다는 높은 수치를 보여주며 하락추세를 이어가지 않았다.

〈표 6〉 민주주의와 현 정치체제에 대해 얼마나 만족하십니까? 단위: %

	2012년	2016년	2019년
만족	18.0	11.6	8.9
대체로 만족	36.7	36.1	39.6
다소 불만족	21.8	30.6	23.8
불만족	18.2	18.5	26.7
무응답	0.9	0.4	0
모름	4.4	2.9	1.0

자료: Sant Maral Foundation. 2012. politbarometer 11(44); Sant Maral Foundation. 2016. politbarometer 15(49); Sant Maral Foundation. 2019. politbarometer 18(52).

정치적 효능감 및 반응성에 대한 긍정적 답변은 갈수록 감소추세에 있다. 정치권의 반응성에 대해서는 2012년 25.6%, 2016년 15%에 이어 2019년 13%를 기록하는 등 해를 거듭할수록 감소하고 있다. 정치적 효능감에 대한 설문에서도 긍정 응답이 28.6%에 불과하여 몽골이 정치·경제적 호황기를 누리던 2012년의 59.7%, 경기침체가 본격화되었던 2016년의 32.6%에 이어 점차 감소하는 추세이다.

〈표 7〉 정당은 여론을 대변한다고 생각하십니까? 단위: %

	2012년			2016년			2019년		
	지방	수도	전국	지방	수도	전국	지방	수도	전국
네	26.0	25.0	25.6	15.9	13.8	15.0	13.5	12.4	13.0
아니요	60.2	64.8	62.0	76.1	77.7	76.8	82.5	85.5	83.8
무응답	1.8	1.8	1.8	0.5	0.3	0.4	0	0.2	0.1
모름	12.0	8.5	10.6	7.5	8.2	7.8	4.0	2.0	3.1

자료: Sant Maral Foundation. 2012. politbarometer 11(44); Sant Maral Foundation. 2016. politbarometer 15(49); Sant Maral Foundation. 2019. politbarometer 18(52).18(52).

〈표 8〉 정치적 결정에 대한 유권자들의 영향력은 어떠합니까? 단위: %

	2012년	2016년	2019년
매우 강함	18.0	6.4	7.6
다소 강함	41.7	26.2	21.0
다소 약함	21.3	40.8	46.0
없음	7.7	18.2	21.9
무응답	2.8	0.9	0.1
모름	8.5	7.5	3.4

자료: Sant Maral Foundation, 2012, politbarometer 11(44); Sant Maral Foundation, 2016, politbarometer 15(49); Sant Maral Foundation, 2019, politbarometer 18(52).

2012년 총선거 이후, 경제적 상황 및 정치권에서의 각종 부패 스캔들 등으로 말미암아 정부 만족도 및 반응성, 효능감, 민주주의 정체에 대한 긍정적 반응에 다소 변화가 있었다. 민주주의와 정부 만족도는 대내외적 상황에 따라 부침이 있었지만, 정치권의 반응성과 효능감에 대한 부정적인 평가가 점증하고 있는 것을 볼 수 있다.

한편 2019년 설문조사에서 응답자들은 정치행태에 대한 질문에서 의회나 선거에 개의치 않는 강력한 리더십에 대한 긍정적 반응(73.1%)을 표출했다.

〈표 9〉 의회나 선거에 구애받지 않는 강력한 리더를 갖는 것은 어떠십니까? 단위: %

	2019년		
	울란바타르	지방	전국
좋음	34.2	33.1	33.6
대체로 좋음	37.6	41.1	39.5
대체로 나쁨	12.0	9.1	10.4

나쁨	9.5	8.5	8.9
무응답	0.2		0.1
모름	6.5	8.3	7.5

자료: Sant Maral Foundation, 2019, politbarometer 18(52).

아울러 몽골 국민들은 현 이원집정부제나 의원내각제보다는 대통령제를 더욱 지지(53.2%)하는 것으로 나타났다. 또한 몽골 국민들은 강력한 리더십을 원하면서도 민주적 절차에 의해 선출된 대표가 거버넌스를 행사하는 것이 좋다는 답변이 다수(74%)를 차지했다. 아울러 "상황에 따라 독재가 더 나을 수도 있는가?"라는 질문에는 동의(40.3%)보다 부동의(47.5%)가 더 많았고, "민주주의 정치체제가 보다 나은 체제인가?"라는 질문에는 동의(46.7%)가 부동의(41.6%)보다 높게 나타났다.[13]

이와 같이 설문결과를 통해 과거 약 70년 이상 사회주의 체제를 유지하다가 민주주의를 도입한 지 30년이 지난 현 몽골에서, 민주주의에 대한 포괄적 지지는 정치·경제적 변동 상황을 겪으면서도 일정 수준을 유지하며 견고한 모습을 보이는 반면, 정치권과 정부에 대한 만족도 및 신뢰 등으로 나타나는 구체적 지지는 낮은 수준을 유지하는 것으로 확인되었다.

[13] Sant Maral Foundation, 2019, politbarometer 18(52).

IV. 나오며

몽골의 민주주의는 달(Dahl 1971)이 정의한 바와 같이, [14] 자유롭고 공정한 경쟁, 포괄적인 정치참여, 정치적·시민적 자유를 보장하면서 시민의 선호에 반응하는 자유민주주의를 실현하고 있는 것으로 볼 수 있겠다. 전술한 분석을 통해 적어도 오늘날 몽골에서는 기존의 신생 민주주의 국가에서 나타나는 제한된 민주주의(restricted democracy), 비자유 민주주의(illiberal democracy), 혹은 민주주의와 권위주의가 혼합된 체제(mixed regime)의 특성들을 더 이상 찾아볼 수 없다. 몽골은 민주화 이후 4번의 수평적 정권교체 과정을 통해 민주적 경쟁 및 참여가 보장되었다. 그리고 이와 같은 과정을 통해 정권의 정당성이 담보되는 절차적 민주주의(procedural democracy)가 이미 달성된 것으로 평가할 수 있다. 또한 성숙한 민주주의의 주요 척도인 정치적 권리와 시민적 자유가 상당한 수준으로 보장되고 있으며, 급격한 경제의 부침 상황에서도 민주주의에 대한 포괄적 지지가 유지되고 있음을 알 수 있다. 이에 따라 몽골의 민주주의는 실질적 민주주의(essential democracy) 수준을 이미 달성하였음은 물론 공고화 수순을 밟고 있다고 할 수 있겠다.

민주주의에 대한 포괄적 지지는 일정수준을 유지하며 견고한 모습을 보이는 반면, 정치권과 정부에 대한 구체적 지지는 낮은 수준을 유지하고 있음에도 불구하고, 몽골에서는 이와 같은 성과를 통해 선거 때마다 상대적으로 높은 투표 참여율을 기록하는 등의 정치적 관심과 집권세력의 실정에 대해서도 민주적 절차를 통해 책임성 제고를 요구하

---

[14] Dahl, Robert. 1971. Polyarchy: Participation and Opposition. New Haven, Conn.: Yale University Press.

는 민주적 시민의식을 보여주고 있다.

향후 몽골의 민주주의가 더욱 공고화하기 위해서는 산트마랄 재단의 설문결과를 통해 표출되었듯이 정치엘리트와 관료사회에 대한 신뢰 제고가 선결되어야 할 것으로 보인다. 이 분야에 대한 불신의 주요 원인은 이들에 의해 자행되는 각종 부패 스캔들에서 비롯된 것으로 볼 수 있다. 정치권 및 관료사회에 만연된 부패는 전환기를 겪은 신생 민주주의 국가에서 겪는 공통된 현상이다. 그럼에도 불구하고 사회주의 시절부터 오랜 시간 관행처럼 굳어진 이와 같은 현상을 극복하기 위해서는 부패행위에 대한 엄중한 규제는 물론 시민의식의 신장을 바탕으로 한 성숙한 시민사회를 통해 정치권에 대한 감시·감독 기능이 강화되어야 할 것이다. 아울러 2019년 산트마랄 재단의 설문조사에서 법치에 대한 국민들의 부정적인 응답이 88.1%를 차지하는 등,[15] 사법당국에 대한 불신이 매우 강하게 표출되고 있어 민주주의의 공고화를 지체시키는 요인이 될 개연성이 크다. 몽골 사법당국에 의해 법이 정당하게 적용되고 집행될 수 있도록 사법부 내부의 개혁 의지는 물론, 감시·감독 및 견제 시스템 도입 및 강화를 통해 국민들에게 신뢰를 회복하여야 할 것이다.

다행히 몽골은 매 선거 투표율이 상대적으로 높고, 민주주의에 대한 일련의 규칙들을 국민들이 충분히 이해하고 체득하고 있는 것으로 보인다. 2012년과 2016년 총선 결과에서 알 수 있듯이 몽골 국민들의 투표 행태는 회고적 투표(retrospective voting) 성향이 강하며, 정당 일체감(party identification)이 낮은 특성이 있다. 이와 같은 특성은 정치인과 고위 관료들의 반응성과 책임성 제고를 압박하는 좋은 기제로 작용할 것이다. 한

---

[15] Sant Maral Foundation. 2019. politbarometer 18(52).

편 매 선거마다 번번이 등장하는 선심성 공약에 적지 않은 영향을 받는 것은 민주주의의 발전의 저해 요소로 작용할 것이다. 향후 몽골의 시민 사회가 더욱 성숙해지고 국민들이 지닌 선거와 민주주의에 대한 긍정적인 특성들이 보다 구체적이고 다양한 형태로 발현될 수 있을 때, 몽골 민주주의의 공고화는 물론 민주주의의 질 또한 제고될 것이다.

참고문헌

김형철. 2007. "민주주의 수준에 대한 사회경제적 · 정치제도 요인의 효과: 8개 신생민주주의 체제에
　　대한 경험적 비교연구." 『한국정치학회보』 41권 1호, 123–144.
박정후. 2016. "한국-몽골 관계 추이와 전망: 2016년 몽골총선과 ASEM 정상회담 결과를 중심으로."
　　『제8차 중앙아시아 연합학술회의』.
이상환. 2010. "국제사회에서의 반부패 현상에 관한 경험적 연구: 세계화, 민주화, 반부패 간 상관관계
　　분석을 중심으로." 『한국정치외교사논총』 31권 2호, 263–291.

Dahl, Robert. 1971. *Polyarchy: Participation and Opposition.* New Haven, Conn: Yale
　　University Press.
Easton, David. 1975. "A Reassessment of the Concept of Political Support." *British Journal
　　of Political Science* 5(4): 435-457.
Huntington, Samuel P. 1991. *The third wave: Democratization in the Late Twentieth Century.*
　　Norman: Unversity of Oklahoma Press.
Munck, Gerardo L., Jay Verkuilen. 2002. "Conceptualizing and Measuring Democracy:
　　Evaluating Alternative Indices." *Comparative Political Studies.* Vol. 35, No. 1.
Sant Maral Foundation. 2012. *politbarometer* 11(44).
Sant Maral Foundation. 2016. *politbarometer* 15(49).
Sant Maral Foundation. 2019. *politbarometer* 18(52).
Mongoliin unen 2019. 12. 20.
Unuudur 2020. 01. 03.
https://freedomhouse.org/country/mongolia/freedom-world
https://www.transparency.org/country/MNG
https://gec.gov.mn/

13장

베트남:
경쟁 없는
책임성과 대표성

김용균(이화여자대학교)

I. 들어가며

지난 35년간 베트남 사회는 급변하였다. 냉전 시기 소련을 비롯한 공산권 국가들의 원조로 가까스로 연명하던 최빈국 베트남은 1986년의 '도이머이'(doi moi) 선언 후 시장 지향 경제개혁과 수출 주도 산업화 정책을 성공적으로 추진하며 오늘날 세계에서 가장 빠르게 성장하는 신흥 공업국으로 거듭났다. 그동안 실질 소득 수준은 다섯 배 넘게 증가해 이제 1인당 국민소득 3천 달러 진입을 눈앞에 두고 있으며, 인구의 절반을 훌쩍 넘던 극빈층(1일 1.90 달러 기준) 비율은 단 1.9%에 불과하다 (World Bank 2020). 산업구조 역시 크게 바뀌어 한때 GDP의 46%에 달하던 농업 부문의 비중은 18%로 줄고 대신 2차 산업이 45%, 3차 산업이 37%를 차지하게 되었다. 개혁개방 전 10%대에 불과하던 도시화율도 꾸준히 증가해 이젠 전국적으로 35%에 이르는 인구가 도시에 거주하고 있다(GSO 2018).

베트남 체제의 자본주의적 변모는 이렇듯 사회 전반에 걸쳐 눈부신 속도로 진행되어 왔으나 '사회주의 공화국'이라는 정치체제의 기본 성격은 지금도 변함없이 유지되고 있다. 베트남은 중국, 북한, 라오스, 쿠바 등과 함께 아직까지도 1당 독재 권력을 행사하는 공산당이 건재한 나라이다. 이를 반영하여, 1975년 남북 베트남이 통일되면서 지금의 베트남 사회주의 공화국이 수립된 이래 베트남 정치체제의 폴리티(Polity IV) 지수(-10에서 10)는 줄곧 −7을 유지해왔다(Marshall et al. 2018). 정치적 권리 지수와 시민적 자유 지수의 평균값인 프리덤하우스(Freedom House)의 자유지수(7에서 1) 역시 별반 다르지 않아, 베트남은 1990년대까지 가장 자유롭지 못한 상황을 나타내는 7을 유지하다 2000년대 중반 이후 6으로 살짝 상승했을 뿐이다(Freedom House 2018). 베트남의 정치체제는, 개혁개방 이전과 다름없이, 베트남공산당이 국가 권력을 독점 지배하는, 권위주의적 '당−국가'(party-state) 체제이다.[1]

하지만, 공산당 1당 지배 체제의 기본 성격이 유지되는 중에도 지난 수십 년간 베트남 정치체제에는 작지만 의미심장한 정중동의 여러 변화들이 있었다. 대체로 당−국가 체제의 틀 내에서 민주주의적 요소를 강화하는 방향이었다. 우선, 국회와 지방의회 선거의 개방성과 경쟁성이 차츰 강화되었다. 이로 인해 유권자가 선거를 통해 대표자를 통제하

---

[1] 베트남공산당의 지위와 역할에 대해 개혁개방 직전까지 서열 1위의 당중앙 총비서를 역임했던 레 주언(Le Duan)은 1976년 제4차 당대회에서 "당이 영도하고, 국가가 운영하며, 인민이 주인이다"라는 말로 정식화한 바 있다. 공산당의 영도적 지위는 베트남 현행 헌법에도 명시되어 있다. 헌법 제4조 1항은 "노동자 계급의 선봉대이고, 동시에 베트남 민족 및 노동인민의 선봉대"인 베트남공산당이 "국가와 사회의 영도세력이다"라고 밝히고 있다.

는 민주적 기제가 초보적 수준으로나마 작동하기 시작했다. 이는, 국회의 전문성 및 상대적 권한 강화와 맞물려, 베트남 정치체제에서도 수직적 책임성(vertical accountability) 차원의 민주주의 요소가 제한적으로나마 존재하고, 이것이 실제 정책 결과에 영향을 미칠 수 있음을 시사한다. 권력 분산 및 권력 간 상호 견제, 그리고 대표자 기구의 집행 조직에 대한 통제 등 수평적 책임성(horizontal accountability)의 강화는 베트남 정치체제의 보다 두드러진 변화이다. 이러한 민주적 견제와 균형의 원리가 공산당 내 조직 간 관계에서, 당-국가 관계에서, 의회-정부 관계에서, 그리고 중앙-지방 관계에서 모두 일정 수준 작동되고 있다. 그리고 이러한 정치 제도적 변화들이 의미 있는 정책 결과들을 낳고 있다.

이 논문은 개혁개방 이후 점진적으로 도입된 이러한 베트남 정치 제도의 민주주의적 요소들과 그 효과를 고찰한다. 개혁 초기 시행된 일련의 국회의원 선거 개혁으로 인해 국회의원의 대표성, 다원성, 그리고 책임성이 높아졌다. 이는 국회가 인민의 대표기구로서 자신의 역할과 위상을 다하는 데 필요한 조건 한 가지를 마련해주었다. 이러한 토대 위에서 국회의 입법 기능과 대정부 견제 기능을 강화하는 일련의 조치들이 이어졌다. 이로써 과거 당의 거수기에 불과했던 베트남의 국회는 높아진 전문성과 유권자 요구에 대한 반응성으로 정부의 권력을 견제하고 정책 결정 과정에 영향력을 행사하는 유의미한 행위자로 거듭났다. 지방의 상대적 권력 역시 꾸준히 커졌다. 지방을 과다대표하는 국회의 권한이 커진 데다 지방의 지분이 늘어난 공산당 중앙위원회 역시 당의 최고 의사결정기구의 위상을 확립했다. 이는 중앙정부 권한의 지방 이양을 촉진해 지방 성 정부의 정책적, 재정적 자율성을 강화시켰다. 이러한 변화들이 실제 정책 효과로도 이어졌다는 강력한 증거가 사회·경제정책 상의 결과 지표들이다. 빈곤 퇴치나 소득불평등의 억제

등의 측면에서 봤을 때, 베트남의 사회·경제정책은, 특히 상기의 민주주의적 요소가 훨씬 미약한 중국과 비교했을 때, 상대적으로 보다 포용적이고 재분배적인 성격을 띠고 있다는 것이 확인된다.

II. 국회의원 선거 개혁: 시민 참여, 개방성, 경쟁성 확대

베트남의 국회[2]와 각급 지방 인민의회의 대표자는 모두 5년마다 보통(18세 이상), 평등(1인 1표), 직접, 자유 선거의 원칙에 의거해 인민에 의해 선출된다. 물론 베트남공산당만이 유일한 합법 정당이기에 민주주의의 기본 원칙인 다당제 선거 경쟁은 원천적으로 봉쇄되어있다. 게다가 선출직 후보자로 최종 선정되기 위해서는 공산당의 지도를 받는 베트남조국전선(이하 조국전선) 주관의 엄격한 심사 과정을 거쳐야한다. 때문에 베트남의 선거제도는 국민의 참정권과 자유롭고 공정한 선거경쟁을 심하게 제약한다는 점에서 민주주의 선거와는 거리가 멀다.

하지만 이러한 근본적 한계 내에서 선거제도의 점진적 민주화가 시도되었다. 국회의원 선거제도는 절대다수 블록투표(block voting) 2인 또는 3인 중선거구제[3]의 기본 틀이 유지되는 가운데 개혁개방 직후인

---

[2] 베트남의 정치제도는 헌법 상 "인민의 최고 대표기구"이자 베트남 "최고 권력 기구"(헌법 제69조)인 국회가 국가주석과 수상을 공식적으로 선출한다는 점에서 형식상 의회제(의원내각제)에 가장 가깝다.

[3] 베트남의 국회의원 선거제도는 선거구 당 2명 또는 3명을 선출하는 중선거구제이다. 유권자는 선거구 의원정수만큼 투표할 수 있다. 즉 2인 선거구에서는 두 표까지, 3인 선거구에서는 세 표까지 행사할 수 있다. 각 선거구에서 50% 이상의 득표를 한 후보자 중 더 많은 표를 얻은 상위 후보자 2인 혹은 3인이 당선된다. 2015년 개정 선거법에 따르면, 만약 50% 이상 득표한 후보자수가 선거구 의원정수에 미달할 경우, 2차 투표를 실시해 단순다수제 방식으로 나머지 당선자를 결정하게 된다(IPU 2019).

1987년 이래 수차례의 선거법 개정을 통해 여러 미세조정들이 이루어
졌다(Malesky and Schuler 2008, 8). 주요 선거 개혁 조치들은 첫 10년동안
주로 시행되었는데, 유권자의 참여를 확대하고, 입후보 절차의 관문을
넓히고, 선거 경쟁을 강화하는 방향으로 개혁이 진행되었다.

1. 유권자 선거 참여의 확대

우선, 유권자가 주어진 후보에게 다만 수동적으로 표를 던지는 것에
그치지 않고, 대표자 선출 전 과정에 보다 적극적으로 참여할 수 있도
록 하는 내용의 개혁들이 추진되었다. 1987년 제8대 국회의원 선거를
앞두고 이루어진 선거법 개정에서 최초로 후보자가 선거운동을 할 수
있도록 허용되어 유권자가 후보자에 대한 정보를 얻을 수 있게 되었다.
그리고 1997년부턴 선거운동에 신문, 라디오, 텔레비전 등 대중매체를
이용하는 것이 가능해졌다(이한우 2000, 170-171).

후보자-유권자 간 지역 단위 소규모 회동을 통해 유권자들이 후보
자 검증을 할 수 있는 기회 역시 주어졌다(Porter 1993, 154). 흡사 미국의
타운홀 미팅(town hall meeting)을 연상시키는 이러한 후보자-유권자 회동
은 지방 조국전선 상무위원회의 주최로 열리는 국가 공식 행사라는 점
에서 자발적 상향식 민주주의 과정이라기보다는 하향식 대중 동원의
성격이 강하다.[4] 하지만, 보통 세 시간가량 진행되는 마을 회동에서 후
보자들이 먼저 자신의 정견을 발표하고 나면 유권자들이 비교적 자유

---

[4] 유권자들의 참여율은 상당히 높은 것으로 보인다. 2016년과 2017년 실시된 두 차례의 전국 조사
에서 응답자 중 후보자-유권자 회동에 참석했다고 답한 비율이 각각 85.2%와 83.9%로 나타났다
(PAPI 2016-2017).

로운 분위기 속에서 이에 대한 의견을 표명하거나 여러 지역 현안에 대한 해결책을 요구할 기회를 갖게 된다는 점에서 나름의 참여 민주주의적 요소가 구현되고 있다고 할 수 있다. 공산당 입장에선 선거 기간에 전국적으로 이루어지는 이 과정이 지역에서 인민들이 가진 불만을 미리 파악해 심각한 문제가 불거지기 전에 대책을 강구할 수 있도록 하는, 일종의 "조기경보 장치"(early-warning system)로서 기능하는 것으로 볼 수 있다(Gainsborough 2005, 64-65).

또 1997년부터 공식 선거운동이 시작되기 전 후보 추천 과정에서부터 유권자의 역할을 보장한다는 취지로 기관과 단체의 유권자 회의에 후보자 추천권을 부여하였다(이한우 2010, 178). 베트남에서 국회의원 입후보 절차는 먼저 공산당이 국회 상무위원회, 중앙 선거위원회, 조국전선 등의 기관을 통해 차기 국회 구성의 큰 틀을 짜고 중앙과 지방의 기관과 단체에서 추천한 예비 후보자들에 대한 여러 단계의 검증을 거쳐 선거구별 최종 후보를 선정하는 과정으로 이루어진다. 여기서 기관과 단체의 추천을 받았거나 자기 추천으로 등록한 예비 후보자들에 대해 해당 직장의 동료와 지역의 유권자들이 소규모 회합에 참석해 투표를 통해 지지 여부를 밝히게 된다. 이때 다수의 지지를 얻지 못하면 후보자로 최종 등록을 할 수 없다(Malesky and Schuler 2009, 17-19). 이는 일종의 예비선거(primary) 개념으로 후보 선정 과정을 철저히 공산당 통제 하에 두면서도 상향식 공천의 요소를 가미해 후보 선정 과정의 민주적 정당성을 확보하려는 시도로 보인다.

2. 입후보 과정의 개방

두 번째로, 피선거권에 대한 절차상 제약이 완화되었다. 원래는 대체로 공산당원이 중앙과 지방의 국가기관이나 당 조직, 또는 사회단체의 추천을 받아 후보 등록을 한 후 사전검증을 통과하면 공산당 후보로 출마할 수 있었다. 하지만 1987년 국회의원 선거부터 비당원 후보자의 출마가 용인되기 시작했고, 그러한 '예외'가 이후 지속적으로 증가해 이젠 더 이상 이상한 일로 여겨지지 않게 되었다. 1997년까지만 해도 11명에 불과했던 비공산당원 국회의원 후보자 수가 2002년엔 125명으로 처음으로 세 자릿수를 기록했고, 2011년엔 133명이 출마해 역대 최고 숫자를 기록했다. 전국적으로 국회의원 선거에 출마한 후보자 7명 중 1명은 비공산당원인 셈이다(IPU 2019).

입후보 과정과 관련된 더 큰 변화는 자기 추천 방식의 허용이다. 1992년 선거법 개정을 통해 국가기관의 추천 없이 자기 추천 방식으로 후보 등록을 할 수 있게 입후보 절차의 개방성을 확대했다(Vasavakul 1998, 312). 베트남공산당이 국회의원 선출 과정을 통제하는 방식은 후보자의 추천 단계, 심사 과정, 그리고 중앙 추천 후보자의 출마 지역구 배정을 통해서 이루어진다.[5] 자기 추천 허용은 이 중에서 추천 단계의 통제를 완화시켰다는 뜻이다.

이것의 의미와 더불어 그 한계를 이해하기 위해서는 베트남에서 국회의원 후보 선정이 이루어지는 과정을 좀 더 자세히 살펴볼 필요가 있다. 베트남 국회의원 후보는 후보 선정의 성격에 따라 크게 두 부류로 나누어진다. 첫 번째 부류는 하노이에 있는 중앙 기관에서 추천하고 심사해서 선정된 후보들, 즉 중앙 추천 후보자들이다. 이들은 당 중앙, 중

---

[5] 일단 모든 선거구에 출마자가 확정되고 나면 투개표 과정의 개입과 부정의 여지는 사실상 없다는 것이 선거과정을 현지 참관한 학자들의 공통된 견해이다(Koh 2006; Malesky and Schuler 2008, 14).

앙정부 부처, 군과 공안의 중앙 기구, 조국전선 전국 기구 등에서 각자 할당된 수를 추천하고 각 기관에서 심사한 후 최종 선정된다. 2007년 선거 기준 165명이 중앙 추천으로 출마했는데, 이는 출마자수 기준으로 전체의 19%, 당선자수 기준으로 전체의 28%에 해당된다.[6] 나머지는 지방 추천 후보들이다. 지방 당 조직, 지방 정부, 사회단체의 지방 조직들이 추천하고 조국전선 지방기구의 주관하에 열리는 지방 선거위원회의 심사과정을 통해 최종 후보자로 선정된다(Malesky and Schuler 2011, 503-507).

자기 추천 후보는 이 후자의 부류에 속한다. 자기 추천이 허용되면서 소속 기관의 추천이 없어도, 심지어 소속되어 있는 기관 자체가 없을지라도 후보 등록이 가능해졌다.[7] 공식 야당이 없는 베트남에서 이러한 자기 추천 후보는 사실상의 야당 후보 또는 독립 후보의 역할을 하게 된 것으로 이해할 수 있다(Malesky and Schuler 2008, 21-22). 1992년 개정된 법 시행 첫 선거인 제9대 선거에 2명의 자기 추천 후보가 출마하기 시작해 최종 출마에 성공한 자기 추천 후보자 수는, 비록 최근에는 다시 감소했지만, 1997년 선거엔 11명, 2002년엔 13명, 2007년엔 30명으로 2007년까지 꾸준히 늘었다(IPU 2019). 2007년 선거를 기준으로 전국적으로 7개 선거구 중 한 곳에서 자기 추천 후보가 출마한 것이

---

[6] 후보 선정 작업이 끝나면 중앙과 지방의 선거위원회가 함께 중앙 추천 후보의 출마 지역구를 조정한다. 이때 특히 같은 선거구에 중앙 추천 후보가 두 명 이상 출마하는 일이 없도록 이들을 전국에 고루 배치하는데, 이는 중앙 추천 후보들끼리 경쟁하는 상황을 방지하기 위함이다. 2007년 출마한 165명의 중앙 추천 후보들도 각자 다른 지역구에 출마했다. 전체 182개 지역구 중 나머지 17개 지역구엔 중앙 추천 후보가 없었다.

[7] 물론 심사 과정을 거쳐야하기 때문에 이들이 모두 최종 입후보를 할 수 있는 것은 아니다. 예를 들어, 2011년 선거에선 82명이 자기 추천으로 등록했지만 그 중 15명만이 심사를 통과해 출마할 수 있었다. 2016년 선거에선 162명이 등록해 11명이 최종 선정되었다. 당선자수는 각각 4명과 2명에 그쳤다(IPU 2019).

다. 선거구에 출마한 중앙 추천 후보자들은 대체로 당 중앙위원급 고위 인사여서 이들의 당선은 사실상 기정사실에 가깝다. 하지만 지방 추천 후보자들은 선거구당 남은 한 두 자리를 놓고 서로 치열하게 경쟁을 벌이게 된다. 자기 추천 후보자들이 늘어나면서 이들이 지방 기관 추천 출마자들과 '동등하게' 선거 경쟁을 펼치게 된 것이다.

3. 선거 경쟁의 강화

마지막으로 선거의 경쟁성이 강화되었다. 개혁 시기 이전에는 하나의 의석을 두고 평균 1.23명의 후보자가 경쟁하였다. 사실상 유권자에게 실질적인 후보 선택권이 주어지지 않았던 것이다. 하지만 당선자 수 대비 입후보자 수, 즉 전국 평균 경쟁률이 1987년 선거에서 1.67대 1로 상승했다. 이는 3인 선거구 기준으로 5명의 후보자가 출마한 것으로 선거구 당 평균 2명의 낙선자가 발생했다는 것을 뜻한다. 1992년엔 아예 선거법에 의원정수보다 후보자 수가 많아야 한다는 규정을 넣었다(이한우 2010, 178). 이후 평균 경쟁률은 1997년 선거에서 한때 1.47대 1로 줄기도 했지만 대체로 유지되거나 소폭 상승했다(Vasavakul 1998, 313). 그리고 다시 2007년엔 후보자 수가 선거구 의원정수보다 최소 2명이 더 많아야 한다는 규정이 추가되었다(Malesky and Schuler 2010, 489). 이에 따라 2007년 선거에서는 경쟁률이 1.78대 1까지 올랐고, 가장 최근 치러진 2016년 선거에서도 1.76대 1을 기록했다(IPU 2019).

2007년 선거법 개정으로 2인 선거구에서는 4명의 후보, 3인 선거구에서는 5명의 후보가 경쟁하는 것이 일반화되었는데, 일부 3인 선거구에선 6명의 후보가 출마하는 경우들도 나타났다. 선거구에 따라서 경쟁률이 1.67대 1인 경우가 다수지만(5명 후보의 3인 선거구) 경쟁률이 2대

1인 선거구(2인 선거구와 6명 후보의 3인 선거구)도 적지 않게 되었다. 중앙 추천 후보자들의 월등한 당선 경쟁력을 고려하면, 지방 추천 후보자들 사이의 실질 경쟁률은 더 높아진다. 5인 후보 3인 선거구에 중앙 추천 후보자가 출마했다면 4명의 지방 추천 후보자들이 남은 2석을 두고 경쟁하게 되어 이들 간 실질 경쟁률은 2대 1인 셈이다. 6인 후보 3인 선거구라면 지방 후보들 간 실질 경쟁률은 2.5대 1이 되고, 4인 후보 2인 선거구라면 3대 1에 이른다. 세 명 중 두 명은 낙선하게 되는 것이다.

하지만 선거 경쟁이 강화되면서 이제는 중앙 추천 후보자들도 당선을 장담할 수 없게 되었다. 실제로 2007년 선거에서 이들의 당선율은 93%에 그쳤다. 이 선거에 출마한 165명의 중앙 추천 후보자들 중 12명이 낙선의 고배를 들어야 했다. 출신 기관별로 살펴보면, 당 중앙과 정부, 그리고 군 출신 후보 51명은 전원 당선됐으나, 국회 추천 후보들은 81명 중 75명이, 그리고 조국전선 추천 후보들은 33명 중 27명만이 당선되어, 당선율이 각각 93%와 82%에 그쳤다(Malesky and Schuler 2009, 12).

정당 간 경쟁이 없다는 점에서 한계는 분명하지만, 이렇게 주어진 의석을 두고 복수의 후보들이 경쟁하게끔 제도화한 것은 그만큼 유권자가 선거를 통해 대표자에게 책임을 물을 수 있고 따라서 대표자가 지역구 유권자의 요구에 보다 반응적이 되도록 하는 선거의 수직적 책임성 기제가 어느 정도 작동하게 되었음을 의미한다.

III. 국회 개혁

대표자를 선출하는 국회의원 선거의 민주적 개혁이 실제 정책 형성 과정에서 실질적인 의미를 가지려면 대표자들로 구성된 국회 자체가 본연의 위상과 역할을 찾아야 한다. 베트남에서 헌법상 국회는 언제나 "인민의 최고 대표기구"이자 "최고 권력 기구"였고, 현재도 그렇다(헌법 제69조). 하지만 공산당이 지배하는 당-국가 체제에서 베트남 국회의 역할은 오랫동안 당의 결정을 승인하는 거수기 이상도 이하도 아니었다. 베트남의 정치과정은 늘 정치국과 중앙위원회, 그리고 5년 주기로 이들 지도부를 선출하는 당대회를 중심으로 이루어졌고, 허울뿐인 국회는 특별한 역할을 하지도, 별다른 주목을 받지도 못했다(Gainsborough 2005, 57). 하지만 민주주의 장식에 불과했던 베트남 국회에서도 개혁개방 이후 변화가 시작되었다. 특히 1992년 새 헌법이 발효되면서 국회의 위상과 역할이 눈에 띄게 달라지기 시작했다.[8] 개혁의 큰 방향은 국회의 입법 기능과 정부 견제 역할을 강화하는 것이었다(Salomon 2007). 일련의 국회 기능 정상화 조치들은 앞서 논의한 선거 개혁과 맞물려 국회의원들이 적극적으로 민의를 반영해 정책 형성 과정에 의미 있는 기여를 할 수 있게끔 만들었다.

1. 국회 입법 기능의 강화

1992년 개헌 전 베트남 국회는 온전한 의미의 상설 기구가 아니었다. 겸직으로만 활동하는 국회의원들은 평소 본업에 종사하다가 매년 두 차례 개최되는 정기국회 본회의가 소집될 때만 의원의 역할을 수행

---

[8] 베트남은 1992년 헌법 개정을 통해 정치체제가 개혁개방에 따른 사회경제적 변화에 부응하도록 당-국가 체제의 기본틀을 유지하는 속에서 기존 국가 권력구조를 전면 개편하였다. 변화의 핵심은 "평의회라는 협의체로부터 최고위 지도자 개인별 권한을 강화하고 책임을 중시하는 체제"로 바꾼 것이다(이한우 2019, 169). 이후에도 2001년 소폭 개정하고, 다시 2013년 전면 개정해 현재는 2014년 헌법 체제이지만, 정치체제의 대체적인 틀은 1992년 체제가 유지되고 있다.

하였다. 정기국회 회기는 다해서 연간 7주, 길어야 10주를 넘지 않았다. 하지만 1992년 헌법 제90조에 국회상무위원회(이하 국회상무위)가 설치되면서 국회상무위 의장과 부의장을 비롯해 15명가량의 국회상무위 위원들이 전임 국회의원으로 활동하게 되었다. 국회의 상설 지도부라고 할 수 있는 국회상무위는 이후 수상이 지명한 장관에 대한 임명 절차나 차기 국회의원 후보 선정 과정 등에 막대한 영향력을 행사하게 된다. 또 국회의 분야별 전문성을 확보하기 위해 정부의 여러 부처들에 상응하는 전문위원회들이 설치되었다. 국회상무위 소속 위원들과 전문위원회 위원장과 부위원장들인 전임 의원들이 정기국회가 열리지 않는 기간에도 상시로 법안 심사 업무를 맡게 되면서 국회의 법안 심사 기능이 크게 강화되었다. 여전히 국회 본회의에서 수상이나 국가주석이 발의한 법안을 부결하는 사례는 극히 드물지만, 본회의 상정 전에 전문성을 지닌 소관 위원회에서 정부 발의 법안을 심도 있게 검토해 내용을 수정하는 경우들이 점차 늘어나기 시작한 것이다(Malesky and Schuler 2010, 486). 농득마인(Nong Duc Manh)이 국회 주석으로 재임했던 1992년에서 2001년 사이에 시행된 이러한 일련의 국회 개혁 조치들로 베트남 국회의 위상이 획기적으로 높아졌다.

이후에도 국회의 전문성을 강화하려는 노력이 이어졌다. 우선 전임 국회의원의 비율이 지속적으로 확대되었다. 전임의원은 보수도 더 많고, 직업 국회의원으로서 경력을 쌓으려는 동기도 강하기 마련이다. 존 헨드라(Jonh Hendra) 유엔 베트남 현지 담당관은 이러한 전임의원의 증가가 국회의 투명성과 책임성을 높일 것이라고 전망했다(Malesky and Schuler 2010, 491). 2001년 국회조직법이 개정되어 전임의원수가 전체의 25% 이상이 되어야 한다는 규정이 마련되면서, 이후 전임의원 비율이

30%를 상회하게 되었다(Abuza 2004; 이한우 2010, 179).[9] 위원회의 전문성도 강화되었다. 제12대 국회부터 기존 7개의 전문위원회가 9개로 확대, 개편되었다(이한우 2007, 86). 국회의원들 개인의 전문성 역시 향상되었다. 국회의원 구성에 있어서 정부 관료, 당 간부, 군, 시민단체 지도부 출신이 과거와 큰 변화 없이 여전히 전체의 3분의 2 이상을 차지하고 있지만, 국영기업체 간부 출신 의원 비중은 1992년 13%에서 2007년 2% 미만으로 크게 감소했다. 그 자리를 대신해 교수, 의사, 법조인, 민간 기업인, 기업협회 임원들의 비중이 증가했다. 국회의원들의 학력 수준도 전반적으로 상승했다. 1992년엔 전체의 48%만 대졸 학력이었던 데 반해, 2007년엔 대졸 출신 비중이 62%로 증가했다. 여기에 추가로 34%의 국회의원이 석사 또는 박사학위 소지자인 것으로 조사되었다(Malesky and Schuler 2010, 487).

1990년대와 2000년대를 거치며 점진적으로 이루어진 국회의 전문적 역량 강화는 정부에 대한 국회의 상대적 권력 강화로 이어졌다. 2000년대 중반까지만 해도 당 지도부의 결정이 국회 본회의에서 부결된다는 것은 베트남에서 상상하기 어려운 일이었다. 수상이 지명한 장관급 인사의 임명을 국회가 거부한 적도 거의 없었고, 수상이나 국가주석이 발의한 법안이 부결된 사례는 단 한 번도 없었다. 하지만 2006년 국회 본회의에서 장관 임명 동의안이 57% 찬성으로 가까스로 통과하는 일이 발생하며 지배-종속적인 당정과 국회 간 관계에 변화의 조짐이 엿보이기 시작했다(Malesky and Schuler 2010, 486). 그러다가 2010년 6

---

[9] 대략 140명 정도가 전임 의원인데, 제12대 국회 기준, 이 중 절반 가까이인 67명이 지방 추천 의원들이었고, 나머지 73명은 중앙 추천 의원들이었다. 후자는 대체로 국회상무위 위원이거나 10개 전문위원회 위원장이나 부위원장을 맡는다(Malesky and Schuler 2010, 489).

월 정기국회에서 역사적 사건이 벌어진다. 응우옌떤중(Nguyen Tan Dung) 수상이 국가 장기 발전 계획의 일환으로 야심차게 추진한 560억 달러 규모 고속철도 건설사업안이 찬성 38%, 반대 42%, 기권 20%로 부결된 것이다(Malesky et al. 2012, 771). 이는 베트남 국회가 당 지도부의 고무도 장 역할을 하던 시대가 끝났음을 보여준 상징적인 사건이었다.[10]

2. 정부 견제 기능의 강화 1: 대정부 질의

최근 20여 년간 베트남 국회의 무엇보다 가장 두드러진 변화는 수 상과 장관 등 정부 고위인사들에 대한 공개적인 견제 활동이 활발해졌 다는 점이다. 그 중 하나가 대정부 질의이다. 1992년 헌법 개정 후 도 입된 대정부 질의는 매년 두 차례 열리는 정기국회 폐회 직전 마지막 주에 진행된다. 국회의원들이 본회의에 출석한 수상, 장관, 중앙은행 장 등을 상대로 현안 및 업무수행에 대해 질의를 한다. 특히, 1994년부 터 이 장면을 생방송하고 주요 텔레비전 채널에서 저녁 뉴스 시간에 하 이라이트를 보도하기 시작하면서 전 국민의 이목을 끌게 되었다(Malesky and Schuler 2010, 483; Malesky 2014, 91).[11]

---

[10] 물론 국회의 상대적 권력은 여전히 제한적이며, 국회의원의 특권 역시 당정의 다른 고위급에 비 해 미미하다. 국회의원은 보수도 다른 정부 관료에 비해 낮은 편이고(Salomon 2007), 예산 분배 에 대한 실질적 권한도 작다. 공산당 지도 아래 재정부(Ministry of Finance)가 마련하는 정부 예 산안에 대한 국회의 입김은 아직까지 제한적이다(Gillespie 2008, 681). 하지만 최근 들어 국회의 정부 예산안 심의 역시 강화되고 있는 추세이다(이한우 2010, 179).

[11] 베트남에서 국회 대정부 질의에 대한 국민들의 관심은 상당히 높은 편이다. PAPI 조사에 따르면, 대정부 질의 방송을 시청했는가를 물었을 때, 2009년 30개 성 파일럿 조사 시 응답자의 24.3%가 전체를, 59.3%가 일부를 시청했다고 답했다. 전국 조사로 확대된 첫 해인 2010년엔 이 수치가 각 각 2.8%와 39.3%로 떨어졌으나 2016년까지 이어진 이 조사에서 두 수치는 매년 큰 변함없이 각 각 2~3%대와 30~40%대를 줄곧 유지했다(PAPI 2010-2017). 베트남 국민들의 대정부 질의에 대

대정부 질의 과정이 상대적으로 서열이 낮은 국회의원이 국회 본회의에 출석한 당서열 상 상급 간부에게 현안에 대해 국민에게 직접 설명 내지 해명할 기회를 부여하는 성격의 질의를 하는 측면이 있는 것은 사실이다. 하지만, 의원 개개인의 활약이 대중의 주목을 끌 수 있는 대정부 질의의 공개적 성격상, 적지 않은 수의 의원들이 책임추궁과 질책성 질문을 날카롭게 던지는 것도 사실이다. 제12대 국회에서 진행된 대정부 질의에서 전체 의원 중 3분의 1 정도가 발언을 했는데, 이들 의원들이 제기한 질문 중 대략 31%가 장관을 직접적으로 비판하는 내용을 담고 있었다(Malesky and Schuler 2010, 492). 의원들의 비판적 질의는 대체로 현안과 관련해 정부가 문제를 파악하고 있는지, 어떤 적절한 대응과 조치를 취했는지, 앞으로의 대책을 마련하고 있는지 등에 대한 답변을 요구하는 내용이 보통이지만, 부패 스캔들 같이 대중적 관심이 높은 중대 사안이 발생했을 경우 질의의 비판 수위가 상당히 높아지기도 한다(Malesky et al. 2012, 769). 꼭 신랄한 비판이 아니더라도 국회의원의 질의는 장관들에게 상당한 압력으로 작용하며, 장관으로 하여금 적절한 조치가 부족했음을 인정하게 하거나 대책을 약속하게끔 강제하기도 한다. 경우에 따라 장관이 공개적 망신을 당하는 수모를 겪기도 한다(Malesky et al. 2012, 769).

예를 들면, 대정부 질의에서 다오딘빈(Dao Dinh Binh) 교통부 장관은 자신이 연루된 부패 의혹에 대해 강도 높은 추궁을 받은 끝에 결국 사임했다. 대학 입시 부정이 불거졌던 2003년엔 한 의원이 교육부 장관을 질책하며 장관에 대한 불신임투표를 요구하기도 했다(Salomon 2007).

한 꾸준한 관심을 확인할 수 있는 대목이다. 부패 스캔들이나 대학시험 부정 등 큰 이슈가 있을 때 대정부 질의 방송에 대한 국민들의 관심이 특히 높았다(Ninh 2007).

결국 교육부 장관이 물러나야 했고, 이후 교육부는 고등학교 졸업시험과 대학교 입학시험을 통합하는 대학입시 제도 개편안을 마련했다(Ninh 2007). 2008년 3월 경제위기 동안 열린 특별회기에선 재무부 장관과 중앙은행장이 도마 위에 올랐다. 의원들은 정부의 환율과 물가안정 정책에 대해 매서운 질책을 쏟아냈다(Malesky and Schuler 2010, 493). 또 2009년엔 중부고원 지방의 보크사이트 광산 개발에 중국 투자를 허용한 정부의 결정이 사회적으로 큰 이슈로 떠올랐는데, 국회의원들은 대정부 질의를 통해 부수상에게 정책 결정 과정의 불투명성을 질책하며 책임 있는 대책 마련을 요구했다. 이를 통해 정부가 앞으로 광산 개발 프로젝트의 진행 상황에 대해서 국회에 주기적으로 서면 보고를 하겠다는 약속을 받아낼 수 있었다(Malesky and Schuler 2010, 488). 이상의 사례들은 베트남에서 제한적이나마 수평적 책임성의 기제가 작동되고 있음을 보여주고 있다. 대정부 질의를 통해 국회가 공산당 지도부의 권력 남용을 제한하는 힘을 일정 정도 행사하고 있는 것이다(Malesky et al. 2012, 769).

어떤 의원들이 누구에게 무슨 질문을 던지는지를 비교적 투명한 방식으로 드러낸다는 점에서 대정부 질의는 앞서 논의한 선거 개혁이 국회의원의 정부견제 활동에 어떤 영향을 미쳤는지를 엿볼 수 있는 좋은 기회를 제공한다. 즉, 국회의 정부견제 기능 강화 차원에서 도입된 대정부 질의라는 제도의 공개적 성격이 국회의원 선거 과정의 개방성과 경쟁성을 강화한 선거 개혁의 효과를 확인할 수 있게 해주는 것이다. 제12대 국회 대정부 질의를 분석한 말레스키와 슐러(Malesky and Schuler 2010)의 연구에 따르면, 공산당원이 아닐수록, 지방 추천 후보일수록, 전임 의원일수록, 그리고 높은 선거경쟁을 뚫고 당선된 의원일수록 더 많은 질의를 하고, 질의의 내용이 더 비판적이고, 또 발언 중에 자신의 지역구 관련 이슈나 지역 유권자를 더 자주 언급하는 등 대표자로서의 역할을 더 적극적으로 수행한 것으로 나타났다(Malesky and Schuler 2010, 494-496). 이는 1987년 이후 진행된 선거 개혁을 통해 국회의원의 대표성과 수직적 책임성을 높여온 것이 1990년대에 마련된 국회의 공개 정부견제 제도의 공간 내에서 2007년 시점의 대표자가 유권자의 요구 사항에 더 민감하게 반응하고 행동하도록 만들었음을 시사하는 결과이다.

3. 정부 견제 기능의 강화 2: 정부 신임 투표

2013년 베트남 국회는 정부 견제 기능을 다시 한번 획기적으로 강화하는 새로운 제도를 실시한다. 국회가 선출권을 갖는 국가주석, 수상, 국회주석(국회의장) 등 정부요인 5인, 그리고 국회가 임명 동의권을 행사하는 수상 임명 장관들에 대해 국회의원들의 신임 여부를 묻는 투표를 실시하기 시작한 것이다.[12] 1당 독재 체제 하에서는 말할 것도 없고, 다른 일반적인 권위주의 체제 하에서도 의회가 행정부 (불)신임 투표를 실시하는 것은 거의 찾아보기 힘든 모습이라는 점에서, 공산당의 1당 지배가 유지되고 있는 베트남에서 국회가 정기적인 정부 신임 투표를 하기 시작한 것은 권력 간 수평적 책임성의 강화라는 측면에서 대단히 획기적인 발전이라고 평가할 수 있다.

이 제도의 실시 배경은 베트남 최고 지도자들 간의 권력 균형에 미묘한 변화가 생긴 것과 관련이 있다. 합의제 전통이 강한 베트남은 개

---

[12] 1992년 헌법 개정 이후 국회는 국가주석, 국회주석, 수상, 최고인민법원장, 최고인민검찰원장에 대한 선출권을 갖는 한편, 수상은 부수상 및 장관 임명권을 갖는다. 그리고 국회는 수상이 임명한 인사에 대한 임명 동의권을 행사한다(이한우 2000, 156-157). 또 2001년 개정된 국회조직법은 국회가 국가주석, 수상 및 장관에 대해 해임권을 행사할 수 있다고 규정하고 있다(이한우 2010, 179).

혁개방 이후 총비서, 국가주석, 수상이 권력을 공유하는 3두(트로이카) 체제를 확립한다. 1991년 열린 제7차 당대회에서 이러한 3두체제의 권력 분립이 제도화되었고, 1992년 개정 헌법에 각각의 권한과 책임이 명문화되었다. 당시 제7차 당대회를 앞두고 도므어이(Do Muoi), 레득아인(Le Duc Anh), 보반끼엣(Vo Van Kiet)이 삼각 경쟁 구도를 형성하고 있었는데, 각각 총비서, 국가주석, 수상직을 맡으면서 서로의 권력을 견제하기 위한 일종의 차선책으로 합의한 방안이 3자 간 권력 분립이었다. 이후 1990년대를 지나고 2000년대를 거치면서 최고 지도자들 간 권력 분립 체제에 서로 연관되어 있는 다음 두 가지 변화가 나타났다. 첫째는 국회의 역할과 권한이 커지면서 국회주석의 위상도 상승해 기존 3두체제가 국회주석을 포함한 4주(four pillars)체제로 진화한 것이다(이한우 2007, 96). 둘째는, 개혁이 심화되면서 당보다는 국가의 기능이 확대되었고, 따라서 특히 정부의 수반인 수상의 권한이 점차 강화되었다는 점이다(이한우 2011, 125).[13] 4인 간 권력균형의 중심이 수상으로 기울기 시작하자 이를 견제하기 위한 필요성이 제기되면서 국회의 정부 견제 권한이 강화되었다. 결국 정부 기능과 수상 권력의 증대가 국회의 정부 견제 역할 강화로 이어진 것이다.

신임투표 제도 도입의 보다 직접적인 배경은 베트남이 경제위기를 겪자 막강한 권한을 행사하는 수상에게 정책 실패의 책임을 물을 수 있는 장치가 필요하다는 공감대가 공산당 내에 형성되었다는 데에 있다. 2010년을 전후해 베트남 경제는 심각한 위기를 맞는다. 2000년대 들어

---

[13] 수상 권력의 강화 현상은 과감한 시장 경제 개혁을 주창한 개혁파들인 보반끼엣, 판반카이(Phan Van Khai), 응우옌떤중이 1990년대 초반 이후 연이어 수상직을 맡으며 지속되었다. 특히 응우옌떤중 재임기(2006–2016) 기간에 수상의 부상이 두드러졌다.

대규모 국영기업들을 '재벌화'하여 국가 대표 기업으로 키우려던 정부 정책이 오히려 부작용을 키운 게 화근이었다. 정부는 이들 기업집단에 대한 전폭적인 지원을 아끼지 않았으나 대형 국영기업들은 부패와 차입경영에 의존해 무리한 문어발식 확장과 부동산 투기에 열을 올렸다. 정부의 국영기업 재벌화 정책이 국영기업 부실을 키우는 결과를 낳은 것이다. 여기에 2008년 글로벌 금융위기가 터지자 부채 규모가 큰 여러 국영기업들이 직격탄을 맞았다. 급기야 2010년 대표 국영기업인 베트남조선그룹(Vinashin)이 46억 달러에 이르는 채무를 감당하지 못하고 도산하는 사태가 벌어졌다.

국가 부도의 위기감이 퍼지면서 2006년부터 수상으로서 경제 개혁을 진두지휘해오던 응우옌떤중 수상의 경제 실정에 대한 책임론이 불거졌다. 국회에서 열린 대정부 질의에서 정부 실정에 대한 질책이 쏟아져 나왔고, 이듬해 2011년 초 열린 제11차 당대회는 부패와 국영 부문의 비효율에 대한 사과로 시작할 정도로 당 쇄신의 목소리가 높았다. 그 후 2012년 10월 중앙위원회 제4차 전원회의에서 국영기업 문제와 고위직 부패 문제가 재부상하며 정치국 위원들이 자기비판에 나서는 한편 이들 다수의 지지로 응우옌떤중 수상의 퇴진을 결의하였다. 하지만 수상 퇴진 안은 중앙위원 다수의 지지를 확보하는 데 실패하게 되고, 대신 국회를 통해 수상을 비롯한 정부 고위 관료의 책임을 물을 기제가 필요하다는 공감대가 형성되었다(Malesky 2014, 92-93). 그 결과물이 2013년에 최초로 실시된 국회의 정부 신임투표였다.

국회의 정부 고위 관료 신임투표는 2단계 과정으로 진행된다. 먼저 1단계로 국회의원들이 비공개투표로 평가 대상 관료의 신임 여부에 대해 '높은 신임', '신임', '낮은 신임' 중 하나를 선택해 평가한다. 투표가 끝나면 각 평가 대상 관료가 얻은 투표수와 상대적 랭킹이 발표된다. 2단계는 3

분의 2 이상의 국회의원들로부터 '낮은 신임'을 받았거나, 2년 연속 과반수로부터 '낮은 신임'을 받은 고위관료가 있을 경우 개시된다. 이 경우 국회 상무위의 요청에 의해 실제 불신임 여부를 묻는 가부 투표가 진행될 수 있다. 따라서 적어도 이론적으로는 국회가 신임투표 절차를 통해 국가 고위 지도자를 해임하는 것이 가능해졌다(Malesky 2014, 93-94).

2013년 6월 첫 신임투표가 실시되었다. 응우옌반빈 중앙은행장, 응우옌떤중 수상, 부후이황 산업통산부 장관 순으로 가장 많은 '낮은 신임'을 받았다. 하지만 누구도 '낮은 신임'을 3분의 2는커녕 50% 이상도 받지 않았다. 응우옌반빈 중앙은행장이 받은 42%가 가장 높은 '낮은 신임'표 비율이었다. 따라서 2단계 투표 대상자 자체가 나오지 않았다. 가장 적은 '낮은 신임'표를 받은 관료는 국방부 장관, 외교부 장관, 검찰총장이었다. 한편, 응우옌떤중 수상은 두 번째로 많은 '낮은 신임'을 받았을 뿐 아니라, 동시에 꽤 많은 '높은 신임'을 받아 국회의원들의 평가가 가장 극단적으로 갈라진 인물이었다(Malesky 2014, 94-96). 2차 신임투표는 1년여 후인 2014년 11월에 열렸고, 3차 신임투표는 그로부터 4년 후인 2018년 10월에 실시되었다(이한우, 채수홍 2019).

1차 신임투표 결과를 분석한 말레스키(Malesky 2014)의 연구에 따르면, 대정부 질의와 신임투표 사이에 유의미한 연관성이 있는 것으로 나타났다. 대정부 질의에 더 많이 소환되어 국회의원들의 따가운 질책을 받은 장관일수록, 그리고 대정부 질의에 출석한 장관들 중 답변을 제대로 하지 못한 장관일수록 이후 실시된 신임투표에서 더 많은 '낮은 신임'을 받은 것이다(Malesky 2014, 95-96). 이는 정기적으로 실시되는 신임투표가 비록 고위 공직자의 실질적인 불신임으로 이어지지는 않더라도 이들에 대한 공개적인 수행평가의 역할을 하고 있다는 것을 보여준다. 대정부 질의 절차와 함께 국회가 실시하는 이러한 주기적 공개 평가는 정부 고위 관료들에게 상당한 부담이 될 수밖에 없고, 따라서 이들로 하여금 국회에서 진행되는 법안 심사, 예산 심의, 대정부 질의 등의 과정에서 자신들을 평가하는 국회의원들의 시선을 끊임없이 의식하면서 행정 업무에 최선을 다하도록 만드는 강력한 압박 기제로 작용하고 있다. 국회가 명실상부한 권력의 감시자 역할을 할 수 있게 된 것이다.[14]

IV. 지방분권화

중앙 권력 기관 간의 권력 분산이 수평적 책임성의 주된 한 축이라면, 또 다른 축은 중앙–지방 차원의 권력 분산, 즉 권력이 얼마나 중앙으로 집중되어있는지, 지방으로 분산되어있는지의 차원이다. 이 점에서도 베트남은 개혁개방 이후 상당한 수준으로 중앙에서 지방으로 권력을 분산시킨 것으로 평가할 수 있다. 베트남의 행정 구조는 중앙정부 아래 63개 성(province), 700개에 가까운 현(district), 그리고 2,000개가 넘는 사(commune)로 이루어져 있는데, 이 중 특히 성 단위의 당위원회와 인민위원회(지방정부)의 중앙에 대한 자율성이 상당히 높은 편이다.

베트남에서 성 단위의 상대적 권력 강화는 베트남 개혁개방의 기원 및 전개 과정과 밀접하게 관련되어 있다. 1970년대 후반과 1980년대 초반 사회주의 계획경제의 모순이 첨예해지며 식량 위기가 벌어지

---

[14] 이렇게 높아진 국회의 역할과 위상은 국민들의 국회에 대한 신뢰도 상승으로 이어졌다. 2011년에서 2017년 사이에 실시된 PAPI 전국조사에서 매년 각급 지방 정부와 중앙 정부, 국회, 지방 공안, 지방 법원에 대한 응답자의 신뢰 정도를 100점 만점의 척도로 조사하였는데, 국회는 늘 응답자 평균 80점대 후반 점수를 얻어 거의 매년 빠짐없이 가장 높은 신뢰를 받는 기관인 것으로 나타났다(PAPI 2011–2017).

자 일부 지방정부들이 중앙정부의 계획과 그에 따른 식량 가격 통제 및 의무 정부수매 할당량 등에 대한 중앙의 명령을 어기며 탈법적으로 시장 요소를 도입하기 시작한 것이 베트남 개혁개방의 시원이었다. 이러한 일부 지방들의 "일탈 행위(fence breaking)"가 식량 생산 급증의 성과를 내기 시작하자 중앙 정부가 이를 처벌하지 않고 용인하였고 나중에는 아예 이를 중앙 정책으로 채택하였다. 그러면서 성과를 올린 지방 간부가 오히려 중앙 고위직으로 영전하는 사례들이 생겼다. 이러한 과정이 반복적으로 이어지며 결국 1986년의 도이머이 선언으로 귀결된 것이다 (Fforde and de Vylder 1996). 이렇게 보면 도이머이 자체가 성 단위에서 자율적으로 시작된 탈집중화된 정책 실험의 산물이었던 셈이다.

도이머이 이후 개혁개방이 본격화되면서 성 단위의 정책 자율성, 재정 자립도, 중앙에 대한 상대적 권력이 지속적으로 증대되었다. 도이머이를 채택한 역사적인 제6차 당대회에서 총비서로 선출된 응우옌반린 (Nguyen Van Linh)은 보반끼엣 등 다른 개혁파들과 함께 당시 개혁개방 정책에 유보적이거나 적대적인 입장을 고수하던 정치국 내의 보수세력의 권한을 약화시키기 위해 상대적으로 지방의 목소리를 더 대변하는 중앙위원회의 상대적 권력을 강화시켰다. 특히 이를 위해 중앙위원회 구성에서 30%에 그치던 지방 출신의 몫을 40% 중반대로 크게 늘렸다 (Abrami et al. 2013). 이후에도 중앙위원회 내 지방출신 비중은 꾸준히 상승해 1990년대에는 50%를 넘었고 2000년대에 이르면 전체의 3분의 2 가량을 차지하게 된다(이한우 2007, 93). 중앙위원회 내에서 지방의 영향력이 개혁개방 이전 시기와 비교해 두 배 이상 커진 것이다.

중앙위원회의 구성에만 변화가 있었던 것은 아니다. 중앙당 행정부인 정치국보다 이론상 우위에 있는 중앙당 입법부인 중앙위원회가 점차 정치국에 대해 실질적 권력을 행사하기 시작했다(Vu 2006). 중앙위원회의 상대적 권력 우위를 극명하게 보여준 사건이 2001년에 열린 제9차 당대회에서 벌어졌다. 당시 재선을 노리던 레카퓨(Le Kha Phieu) 총비서가 정치국원 3분의 2 이상의 지지를 확보했음에도 불구하고 새로 선출된 중앙위원회의 반대에 부딪혀 재선에 실패하고 만 것이다(Abuza 2002). 앞서 언급한, 2012년 정치국에서 결의된 응우옌떤중 수상 퇴진안이 중앙위원회 제4차 전원회의에서 뒤집힌 사건 역시 이와 유사한 사례이다. 중앙위원회 내에서 차지하는 지방의 비중을 고려했을 때, 이러한 중앙위원회의 권력우위는 결국 지방의 중앙에 대한 상대적 권력 강화를 의미한다.

성 인민위원회의 자율성도 지속적으로 강화되었다. 특히 1990년대와 2000년대를 거치며 외국인투자 유치와 산업 지구 개발 등 경제 정책의 수립과 집행에 있어 많은 정책 결정 권한들이 성 정부로 이양되었다 (Jandl 2013, 89). 물론 정책 자율성이 실질적인 의미가 있으려면 이를 실행할 수 있는 재정에 있어서의 자립성이 필수적인데, 베트남은 1996년과 2002년 세법 개정을 통해 지방정부의 세원을 확대하고 재정 자율성을 강화시켰다(Uchimura and Kono 2012, 101). 이로써 자연자원, 토지 임대, 토지사용권 및 건물소유권, 토지사용권 거래, 인허가와 등록 등과 관련된 세목들이 지방세에 포함되었을 뿐만 아니라, 부가가치세, 법인소득세, 개인소득세, 특별소비세 세입 역시 지방정부가 중앙과 일정 비율로 공유하게 되었다(Nguyen-Hoang and Schroeder 2010, 702). 이러한 재정 분권화 정책으로 인해 특히 외국인투자 유입이 많고 산업화가 크게 진전된, 전체 63개 성의 18%에 해당하는 13개 성들은 높은 수준의 재정 자립도를 갖추고 있다. 그리고 이렇게 재정적으로 보다 자립적인 성 정부들일수록 중앙에 대해 더 높은 상대적 권력을 행사할 수 있게 되었다 (Malesky 2008).

요컨대 개혁개방 이후 지난 수십 년간 베트남 정치체제에는 권력의 원심화 경향이 뚜렷했다. 지방 엘리트들의 이해를 대변하는 중앙위원회가 정치국을 압도하는 명실상부한 베트남공산당의 최고 의사결정 기구가 되었고, 70%가 넘는 지방 추천 의원들로 구성된 국회가 정부에 대해 실질적인 정책 영향력을 행사하게 되었으며, 중앙의 당과 정부 기구 내 이러한 지방 권력의 강화는 성 단위 지방정부의 재정적, 정책적 자율성 강화로 이어졌다. 현재 베트남의 지방 분권 수준은 다른 일반적인 권위주의 체제와 비교해 월등히 높은 편이라고 할 수 있다.

V. 민주주의 요소의 정책 효과: 중국과의 비교

개혁개방 이후 베트남 정치체제에 민주주의적 요소가 강화된 것이 어떠한 정책적 효과를 낳았는지를 직접적으로 검증하는 것은 쉽지 않은 일이다. 하지만 이를 간접적으로나마 확인할 수 있는 방법이 베트남과 체제 유사성이 높은 중국과 베트남을 비교하는 것이다. 중국은 베트남과 마찬가지로 중국공산당의 1당 지배가 유지되고 있는 권위주의 당-국가 체제이다. 하지만 1990년대 이후 중국 정치체제는 베트남과는 반대 방향의 변화를 보여 왔다. 당 총서기 겸 국가주석 1인으로 권력 집중이 심화되었고, 중앙위원회에 비해 정치국, 그중에서도 정치국 상무위원회의 위상이 더 높아졌다. 또 베트남과 달리 중국의 국회인 전국인민대표회의(전인대)의 대표자들에 대한 직접 선거는 열리지 않는다. 국민들은 마을 단위의 선거에만 직접 참여할 수 있을 뿐이고, 전인대를 포함한 상급의 인민대표회의는 바로 아래 단계의 지방인민대표회의에 의해 간접적으로 선출된다. 헌법 상 권한으로만 보면 중국의 전인대는 베트남의 국회와 크게 다르지 않지만 실질적인 역할과 권한에 있어서는 큰 차이를 보인다. 우선 전인대는 매년 약 2주간의 일정으로 단 한 차례의 정기 회기가 소집된다(Shirk 1993; Shih 2008). 그리고 비록 중국의 전인대 역시 점차 입법 기능을 확대해 왔지만 베트남의 국회가 보여주는 수준의 대정부 견제 기능을 담당하기에는 중국의 정부인 국무원에 비해 그 상대적 권력이 훨씬 미약한 상태로 남아있다(Abrami et al. 2013). 중앙—지방 관계 역시 중앙에서 지방으로 당 간부를 파견하는 중국이 베트남에 비해 중앙집권화 정도가 높다(Sheng 2005). 수직적 책임성과 수평적 책임성의 두 차원 모두에서 중국에 비해 베트남의 정치체제가 비교적 높은 수준의 민주주의적 성격, 즉 대의기구의 대표성, 대표자 선출의 경쟁성, 중앙 기구 간의 견제와 균형, 지방 분권 등의 요소를 지니고 있는 것이다.

양국 정치체제의 이러한 차이가 실제적인 정책 차이로 이어졌다면 그러한 차이가 드러날 수 있는 가장 유력한 분야가 포용적 사회 · 경제 정책이다. 같은 1당 지배 권위주의 체제이지만 이익 대표의 다원성과 합의제적 성격이 보다 강한 정치과정의 성격으로 인해 베트남은 중국에 비해 정책 결정 과정에서 다양한 이해관계가 고려될 가능성이 높다. 특히 양국 모두 급속한 산업화를 추진하는 과정에서 도농 간 그리고 계층 간의 경제발전 격차가 크게 벌어졌는데, 중국 정치체제에 비해 지방의 지분과 목소리가 큰 베트남 정치체제는 낙후된 지역의 요구에 보다 반응적일 수밖에 없다. 따라서 베트남이 중국에 비해 경제정책 수립에 있어서 지역을 안배하고 저소득 계층을 포용하는 소득 재분배 정책에 보다 적극적일 것으로 예측할 수 있다(Malesky et al. 2011).

실제로 두 나라의 빈곤율과 소득불평등 정도(지니계수)를 비교해보면 그러한 차이가 명백히 드러난다. 베트남의 개혁개방은 중국에 비해 10년 가까이 늦게 시작됐다. 이후 경제발전 과정도 대체로 베트남이 약 10년의 시차를 두고 중국을 뒤쫓는 양상이 지속되었다. 비교적 최근에

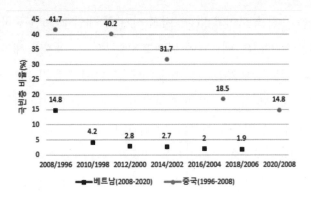

출처: World Bank (2020). World Development Indicators.

〈그림 1〉 베트남과 중국의 극빈층 비율 비교

는 이 차이가 좀 더 벌어져 양국의 소득수준이 11−12년 정도의 격차를 보이고 있다. 실질 구매력 기준(PPP) 1인당 국민소득을 2011년 달러로 측정했을 때, 2018년 베트남의 1인 평균소득이 6,609 달러인데, 중국은 이미 2006년에 6,392 달러를, 그리고 2007년에는 7,264 달러를 기록했다. 따라서 소득수준이 비슷한 시점에 양국이 달성한 정책 결과의 포용성을 서로 비교하려면 이러한 시차를 감안해야 한다. 즉 2018년에 측정한 베트남의 빈곤율과 지니계수를 2006년 또는 2007년경에 측정한 중국의 빈곤율과 지니계수와 비교해야 두 나라의 소득수준의 차이를 통제할 수 있는 것이다.

〈그림 1〉은 12년 격차를 고려한 양국의 극빈층(1일 1인소득 1.90 달러 이하) 비율 감소 추세를 보여준다. 베트남은 2008년까지 극빈층 비율이 15%였으나 그 후 크게 감소해 2012년 이후 2%대로 낮아졌고 2018년엔 1.9%까지 내려갔다. 이에 상응하는 시기에 중국 역시 극빈층 비율이 40%대에서 15%까지 큰 폭으로 낮아졌으나 베트남과는 비교가 안될

만큼 높은 수치를 보이고 있다. 비교 시기 첫 해인 1996년 중국의 극빈층 비율은 2008년의 베트남에 비해 2.8배 높았고, 마지막 해인 중국의 2008년과 베트남의 2018년을 비교하면 그 차이가 무려 7.8배에 달한다. 비슷한 경제발전 시기에 베트남이 중국에 비해 빈곤층 감소에 정책의 우선순위를 두었음을 여실히 보여주고 있다.

〈그림 2〉는 양국의 소득불평등 지니계수 추이를 보여준다. 1990년대와 2000년대에 걸쳐 급속한 산업화와 도시화가 진행된 중국은 그 20년 동안 급격한 소득불평등의 증가를 경험했다. 이 그래프에 나와 있는 1996년과 2008년 사이의 소득불평등 증가 추이는 그중 일부에 해당한다. 1996년 35.2였던 지니계수가 이후 꾸준히 증가해 비교 시기의 마지막 해인 2008년엔 43에 이르렀다. 12년간 지니계수 증가율이 22.2%에 달한다. 하지만 비슷한 경제성장 과정을 거치고 있는 베트남에서 최근 10여 년간 나타나고 있는 소득불평등의 변화는 중국과는 사뭇 다르다. 2008년 베트남의 지니계수는 35.6으로 1996년의 중국과 차이가 없었다. 그러

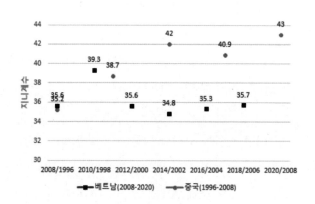

출처: World Bank (2020). World Development Indicators.

〈그림 2〉 베트남과 중국의 지니계수 비교

나 10년 후인 2018년에도 베트남의 지니계수는 35.7을 기록하며 거의 변화를 보이지 않았다. 10년간 소득불평등이 전혀 증가하지 않은 것이다. 다만 2010년 조사에서 지니계수가 39.3까지 상승한 것으로 나왔는데, 1992년까지 거슬러 올라가는 베트남 지니계수 추이를 보면 2010년의 지나치게 높은 지니계수 값이 측정오류에 기인했을 가능성이 크다는 점을 알 수 있다. 1992년 이후 거의 모든 관측값들이 35에서 크게 벗어난 적이 없었기 때문이다. 어쨌든 분명한 것은 양국 비교 시기에 양국의 소득불평등 수준이 큰 격차로 벌어졌다는 점이다. 중국과 달리 베트남은 급속한 경제성장을 경험하면서도 소득불평등 수준을 상대적으로 낮은 수준으로 유지해왔던 것이다. 이를 통해 베트남이 중국에 비해 소득 재분배에 보다 적극적이었음을 알 수 있다(Malesky et al. 2011).

VI. 결론

이상에서 살펴본 바와 같이 베트남 정치체제는 개혁개방 이후 점진적인 변화를 거쳐왔다. 유권자의 참여를 확대하고, 입후보 절차를 개방하고, 선거 경쟁을 강화하는 방향으로 국회의원 선거제도의 제한적인 민주화가 이루어졌다. 이로 인해 국회의원의 대표성, 다원성, 책임성이 제고되었다. 입법 기능과 정부 견제 기능을 강화하는 국회 자체의 개혁도 이어져 국회의 위상과 역할이 눈에 띄게 높아졌다. 이는 선거 개혁과 맞물려 국회의원들이 적극적으로 민의를 반영해 정책 결정에 의미 있는 영향력을 행사할 수 있도록 만들었다. 지방 추천 의원이 다수를 차지하는 국회의 입법 권한이 커지고 지방 출신 몫을 꾸준히 늘려온 공산당 중앙위원회의 정치국에 대한 우위가 확립되면서 성 단위 정부로 점점 더 많은 정책적, 재정적 권한이 이양되었다. 이러한 제도적 변화들은 베트남의 정치 과정이 이익 대표의 다원성과 합의제적 성격이 비교적 강한 특성을 띠도록 하였으며, 이는 결국 베트남의 사회·경제정책이 낙후된 지역과 소외된 계층에 대해 보다 포용적인 방향으로 형성되도록 만들었다.

베트남 정치체제가 이러한 민주주의적 요소를 도입할 수 있었던 요인은 무엇일까? 이에 대한 본격적인 분석은 이 논문의 범위를 넘는 것이나, 본문에서 언급된 일부 개혁 조치들의 직간접적인 배경, 그리고 그러한 민주주의적 요소가 낳은 정책적 효과의 포용적 성격은 한 가지 주요 동인이 작동하고 있음을 암시한다. 그것은 바로 공산당 1당 지배 체제를 안정적으로 유지하겠다는 지배 엘리트들의 의도이다. 개혁개방 이후 사회주의 이념이 소구력을 잃고 사회의 다원성이 증대되는 조건에서 베트남공산당은 체제 정당성의 새로운 원천을 확보해야만 했다. 베트남식 민주주의의 실현이 그 하나의 원천이었음은 개혁개방 시대에 공산당이 심각한 체제 정당성의 위기를 겪을 때마다 거의 어김없이 민주주의적 제도 개혁이 뒤따랐다는 사실을 통해 확인할 수 있다. 잠재적 체제 비판 세력과 그에 동조할 가능성이 높은 소외된 지역과 계층을 제한적인 제도 개혁을 통해 체제 내로 포섭하려는 공산당의 노력이 이어졌던 것이다. 그리고 이점은 이 논문에서 고찰한 베트남 정치체제의 민주주의적 요소가 지닌 명백한 한계를 상기시켜준다. 그 모든 화려한 수사와 실질적인 성과에도 불구하고, 기본적으로 베트남의 민주주의는 공산당의, 공산당에 의한, 공산당을 위한 민주주의라는 점이다.

참고문헌

이한우. 2000. "'도이 머이' 정책 이후 베트남 정치제도와 지도부의 변화." 『베트남연구』 1호, 147-180.
이한우. 2007a. "베트남에서 개혁의 확대와 정치적 일원주의의 완화: 제10차 당대회 결과 분석." 『신아세아』 14권 1호, 84-108.
이한우. 2007b. "베트남 제12대 국회의원 선거와 정부조직 개편." 『East Asia Brief』 2권 3호, 82-89.
이한우. 2010. "베트남 '도이머이' 시기 정치체제 변화: 사회적 도전과 당-국가의 대응." 『신아세아』 17권 4호, 160-190.
이한우. 2011. "베트남에서 점진적 개혁의 지속: 제11차 공산당대회 결과 분석." 『동남아시아연구』 21권 3호, 105-138.
이한우. 2019. "2013년 베트남 헌법 개정의 정치." 『원광법학』 35권 4호, 161-178.
이한우, 채수홍. 2019. "베트남 2018: 경제성장의 가속화와 정치적 보수화." 『동남아시아연구』 29권 1호, 175-203.

Abuza, Zachary. 2001. *Renovating Politics in Contemporary Vietnam.* Boulder: Lynne Rienner.
Abuza, Zachary. 2002. "The Lessons of Le Kha Phieu: Changing Rules in Vietnamese Politics." *Contemporary Southeast Asia* 24(1): 121-145.
Fforde, Adam, and Stefan de Vylder. 1996. *From Plan to Market: The Economic Transition in Vietnam.* Boulder: Westview Press.
Freedom House. 2018. *Freedom in the World 2018: The Annual Survey of Political Rights & Civil Liberties.* Freedom House.
Gainsborough, Martin. 2005. "Party Control: Electoral Campaigning in Vietnam in the Run-up to the May 2002 National Assembly Elections." *Pacific Affairs* 78(1): 57-75.
General Statistical Office(GSO). 2018. *Statistical Handbook.* Hanoi, Vietnam: Statistical Publishing House.
Gillespie, John. 2008. "Localizing Global Rules: Public Participation in Lawmaking in Vietnam." *Law and Social Inquiry* 33(3): 673-707.
Inter-Parliamentary Union (IPU). 2019. *Vietnam Quoc-Hoi (National Assembly).*
Jandl, Thomas. 2013. *Vietnam in the Global Economy: The Dynamics of Integration, Decentralization, and Contested Politics.* Lanham: Lexington Books.
Koh, David. 2006. *Wards of Hanoi.* Singapore: Institute of Southeast Asian Studies.
Malesky, Edmund. 2008. "Straight Ahead on Red: How Foreign Direct Investment Empowers Subnational Leaders." *The Journal of Politics* 70(1): 97-119.
Malesky, Edmund. 2014. "Understanding the Confidence Vote in Vietnamese National Assembly: An Update on 'Adverse Effects of Sunshine'." In *Politics in Contemporary Vietnam: Party, State, and Authority Relations,* 84-99. ed. Jonathan D. London. New York: Palgrave Macmillan.

Malesky, Edmund, and Paul Schuler. 2008. "Why Do Single-party Regimes Hold Elections? An Analysis of Candidate-level Data in Vietnam's 2007 National Assembly Contest." Paper presented at the Annual Meeting of the American Political Science Association, Boston.

Malesky, Edmund, and Paul Schuler. 2009. "Paint-by-numbers Democracy: The Stakes, Structure, and Results of the 2007 Vietnamese National Assembly Election." *Journal of Vietnamese Studies* 4(1): 1-48.

Malesky, Edmund, and Paul Schuler. 2010. "Nodding or Needling: Analyzing Delegate Responsiveness in an Authoritarian Parliament." *American Political Science Review* 104(3): 482-502.

Malesky, Edmund, and Paul Schuler. 2011. "The Single-Party Dictator's Dilemma: Information in Elections without Opposition." *Legislative Studies Quarterly* 36(4): 491-530.

Malesky, Edmund, Paul Schuler, and Anh Tran. 2012. "The Adverse Effects of Sunshine: A Field Experiment on Legislative Transparency in an Authoritarian Assembly." *American Political Science Review* 106(4): 762-786.

Malesky, Edmund, Regina Abrami, and Yu Zheng. 2011. "Institutions and Inequality in Single-Party Regimes: A Comparative Analysis of Vietnam and China." *Comparative Politics* 43(4): 401-419.

Marshall, Monty G., Ted Robert Gurr, and Keith Jaggers. 2018. Polity IV *Project: Political Regime Characteristics and Transitions,* 1800-2018. Center for Systemic Peace.

Nguyen-Hoang Phuong, and Larry Schroeder. 2010. "An Analysis of Quasi-Decentralized Budgeting in Vietnam." *International Journal of Public Administration* 33(12-13): 698-709.

Ninh, Kim. 2007. "In Vietnam: Grilling Public Officials—A Good Thing." In *Asia.* July 5.

PAPI. 2011-2018. *The Vietnam Provincial Governance and Public Administration Performance Index: Measuring Citizens' Experiences.* Hanoi.

Porter, Gareth. 1993. Vietnam: *The Politics of Bureaucratic Socialism.* Ithaca, NY: Cornell University Press.

Salomon, Mathieu. 2007. "Power and Representation at the Vietnamese National Assembly: The Scope and Limits of Political Doi Moi." In *Vietnam's New Order,* 198-216. eds. Stephanie Balme and Mark Sidel. New York: Palgrave Macmillan.

Sheng, Yumin. 2007. "Global Market Integration and Central Political Control: Foreign Trade and Intergovernmental Relations in China." *Comparative Political Studies* 40(4): 405-434.

Shih, Victor. 2008. *Factions and Finance in China: Elite Conflict and Inflation.* Cambridge: Cambridge University Press.

Shirk, Susan L. 1993. *The Political Logic of Economic Reform in China.* Berkeley: University of the Press.

Uchimura, Hiroko, and Hisaki Kono. 2012. "Intergovernmental Fiscal Relationships in Vietnam after the 2002 State Budget Law: The Center-Province and the Province-District/Commune Dimensions." In *Fiscal Decentralization and Development: Experiences of Three Developing Countries in Southeast Asia,* 101-132. ed. Hiroko Uchimura. New York: Palgrave Macmillan.

Vasavakul, Thaveeporn. 1998. "Vietnam's One-Party Rule." *Southeast Asian Affairs 1998.*

ISEAS, 309-327.

Vu Quang Viet. 2006. "The Evolution within the Leadership and Leadership System of the Party and State of Vietnam from 1945: The Probability of Reforming Institutions of Power to Stop Corruption." *New Era* 9 (September): 1-33.

World Bank. 2020. *World Development Indicators.* Washington, D.C.: World Bank.

14장

중국:
경쟁 없는
정치 참여[1]

백우열 (연세대학교)

I. 현대 중국정치의 신방(信訪): 문제제기

중국공산당 권위주의 체제는 놀라울 정도의 회복탄력성(resilience)를 기반으로 70년 이상을 생존해왔다(Fewsmith and Nathan 2019). 이는 중국 공산당은 1978년 '11기 3중 전회'에서 덩샤오핑의 주도로 개혁개방(改革開放) 정책을 도입한 이후 지난 40년 간 중국의 유일한 집정당(執政黨, ruling party)으로서 여러 정치적 '특색(特色)'들을 발전시켜온 것에 상당 부분 기인한다. 대체로 기존 문헌들은 이러한 중국 특색 정치의 핵심은

---

[1] 이 장은 "백우열. "현대 중국의 탄원정치: 권위주의정권의 정치참여, 쟁의정치, 그리고 거버넌스." 「한국정치학회보」 47집 5호, 367–388" 게재본이며 편집자의 요청으로 서론과 결론을 수정한 것임을 밝힌다.

마오쩌둥 시기의 전체주의에서 일당권위주의(one party authoritarian regime)로 전환한 정치체제로 파악하고 있다(장윤미 2010; 조영남 2009; Nathan 2003; 潘偉 2010).[2] 현대 중국과 자주 비교되는 러시아를 비롯하여 동유럽, 중앙아시아 등 소위 탈사회주의국가(post-socialist country)라고 지칭되는 구공산권 국가들은 대부분 현대 민주주의의 핵심 제도인 국가와 지방 지도자 선출을 위한 경쟁선거(competitive election)를 다소 불완전하게나마 도입하면서 일부는 서구식 민주주의로, 다른 일부는 다양한 권위주의 정치체제로 변화해왔다(Diamond 2002; Levisky and Way 2010). 하지만 이와 같은 수준의 경쟁선거를 도입하지 않은 중국은 베트남과 더불어 위의 일반적인 분류에서 다소 벗어난 상이한 정치체제를 형성해왔으며 이의 정치적 표현이 '중국 특색의 사회주의민주정치(中國特色社會主義民主政治)'라고 할 수 있다(이홍규 2010; Pan 2003; 房寧 외 2002; 金太軍 2002).[3]

이러한 특색들 중 하나를 발견할 수 있는 장소가 2000년대 중후반부터 꾸준히 중국 국내외 언론에 의해 보도된 베이징시 차오양구 쌍허촌 등에 위치했던 다수의 '흑감옥(黑監獄)'이다(Anderlini 2009; 龍志 2010). 이 불법적인 사설 감옥은 각급 지방정부가 중국 각지에서 베이징으로 상경하여 자신의 억울한 사정을 중앙의 당과 정부 기관에 탄원하려는 '신방인(信訪人, 탄원서 제출자 및 항의 방문자)'들을 회유 또는 납치하여 거주지로 돌려보내기 전에 구금하기 위해 암묵적으로 운영되었다. 이 흑감옥은 '상방인(上訪人, 기층정부보다 상급정부에 탄원하는 신방인)', 조금 더 구체적으로 '경방인(京訪人, 베이징 중앙당과 정부에 탄원하는 신방인)'들이 집

---

[2] 권위주의체제(authoritarian regime) 분류에 관한 기본석인 이론은 Geddes(2003), Geddes et al.(2018) 참조.

[3] 중국과는 달리 베트남의 경우 점진적으로 제한된 경쟁선거를 확대하고 있다(Malesky et al. 2009).

단적으로 거주했던 베이징 남부기차역 근처 동좡촌(東莊村) 내 '상방촌 (上訪村)'과 더불어 많은 중국과 외국 언론들에 의해 보도되었다(Anderlini 2009; Li et al. 2012; 蘇永通 2004). 이 흑감옥과 상방촌은 개혁개방 이후 '사 회주의 시장경제화'로 급속한 경제성장을 추구하는 과정 속에서 형성된 부작용에 기인한다. 즉 당정간부들과 사영기업가, 전문가 계층으로 이 루어진 공고한 기득권층의 불법적인 공권력 사용, 부패, 착취, 강탈 등 으로 인해서 농민, 노동자, 이주노동자 등 다수 일반 시민들의 이익을 심각하게 침해와 이의 결과인 극심한 빈부격차 등의 불공정한 중국정 치의 현실을 상징하는 존재로 자리매김 하였다(Paik 2012). 경쟁선거 등 이 부재한 현 정치체제 하에서 더 이상 호소할 곳이 없는 절망적인 시 민들은 이 베이징으로의 탄원, 즉 '신방' 이라는 극단적 정치행위를 통 해서 자신의 이해관계를 반영하고자 시도하고 있으며 인민일보마저 '탄 원의 홍수(信訪洪峰)'라고 지칭할 만큼 주목받는 전국적인 정치 현상이 되었다(人民日報 2010; 孫展 2005; 王幼華 2005; 于建嶸 2009).

하지만 이러한 언론보도 수준을 넘어 면밀히 분석하면 우리는 신방 이 권위주의 정치체제가 이끌어가는 현대중국정치의 여러 핵심 메커니 즘을 이해하는 중요한 단서임을 알 수 있다. 이 신방은 '중국 특색의 사 회주의 민주정치'라는 목표를 달성하기 위한 주요한 정치제도로서 지속 적으로 강화되고 있다. 이러한 맥락에서 우리는 신방제도와 신방행위 의 역사적, 통계적, 제도적인 분석과 동시에 국가-사회관계의 관점에 서 분석하여 그 정치적 함의를 알아보고자 한다. 신방제도와 신방행위 의 정치적 이해는 향후 중국공산당정권의 정치발전 방향과 한계에 대 한 약간의 전망도 가능하게 할 것이다. 이러한 문제제기에 이어 제2장 에서는 신방제도의 역사적 기원과 현대 중국정치에서의 등장 배경을, 제3장은 신방의 종적(條條) 관리체제와 지역적 횡적(塊塊) 관리체제, 그리고 기층신방의 제도적 구성과 신방행위의 전국적 통계 현황을, 제4장은 신방제도와 신방행위의 정치적 역할을 중앙정부-지방정부(간부)-일반시민대중의 세 정치적 행위자 그룹이 상호작용하는 '대중정치참여', '지방정부(간부) 감시통제', 그리고 '대중사회통제'의 세 가지 국가-사회관계의 시각에서 분석한다.[4] 마지막 5장은 이 신방이 향후 어떠한 정책적 정치체제적 함의를 가지며 발전할 것인가, 그리고 어떠한 2010년대 중후반을 거치며 등장한 국내적, 국제적 변수를 고려할 것인가를 다룬다. 관련 자료는 신방 관련 정부공식문서, 내부문서, 도서, 그리고 50여 개의 성-시-현/구급의 연감(1994-2009년)을 사용하였으며 2차 문헌 자료, 언론보도와 필자가 중국 현지에서 실시한 관련 인터뷰들도 함께 활용하였다.

II. 신방제도의 기원과 현대 중국정치에서의 등장 배경

현대 중국정치에서의 신방은 1951년 중앙인민정부정무원의 〈인민의 서신 탄원 처리와 인민 방문 탄원 접대 공작에 관한 결정(關於處理人民來信和接待人民來訪工作的決定)〉에서 처음 공식적으로 사용된 '인민래신래방(人民來信來訪)'이라는 용어에서 기인한다. 신방은 1971년 중공중앙기관지인 홍기(紅旗)에서 마오쩌둥의 관련 발언을 기념하는 의미에서 '인민래신래방'을 축약한 '신방'이라는 단어를 사용하면서 공식 명칭으로 확정되어 현재까지 사용되고 있다(紅旗 1971; 吳超 2011). 다시 말해 신

---

[4] 최근 중국의 국가-사회관계에 대한 연구 동향은 Wright(2008) 참조.

방은 '각종 당과 정부 및 기타 기관들에 서신과 방문을 통하여 개인 시민 또는 집단이 불만, 건의, 제안을 탄원하는' 행위를 일컬으며 헌법과 2005년 반포된 신방조례(信訪條例)개정안 등에 의해 인민의 정당하고 보호받는 정치적 권리로 정의, 해석되고 있다(童之偉 2011).[5] 물론 이러한 탄원은 중국에만 국한된 정치행위라고 할 수 없으며 중국의 과거와 현재의 정치체제에서 모두 활용되었다. 탄원, 즉 신방 제도와 업무를 관할하는 국가신방국(國家信訪局)이 2000년 발간한 2,300페이지에 달하는 매뉴얼에 따르면 이 신방은 원시시대를 거쳐 춘추전국시대, 진한대의 왕조들의 유가적 정치제도에 기인하며 그 이후 청나라에 이르기까지 유가와 법가의 혼합된 형태에 기초한 왕조 정치에서 꾸준히, 그러나 매우 상징적이고 보조적으로 활용되었다(李九團 외 2000, 266-281; 319-544).[6] 이 탄원의 전통은 초기 중국공산당 시기에도 이후 중국의 통일을 완성한 후에도 꾸준히 활용되었으나 그 정치적 역할은 미미하였다.

이러한 명목적인 정치제도와 행위로서 존재하던 신방은 1978년 개혁개방이 시작되어 시장경제화가 적극적으로 추진되고 전체주의적인 정치체제가 해체되어 시민 개개인의 여러 자유와 권리가 보장되기 시작하면서 그 전기를 맞게 된다. 그 시작은 1980년대 초기에 폭발적으로 늘어난 문화대혁명(無産階級文化大革命, 1966-1976) 관련 신방이었다(李九團 외 2000, 440-441; 中共江西省委 辦公廳信訪處 외 1989, 59-192). 중국공산당 지도부에 의해 '10년 동란'이라고 규정된 문화대혁명의 피해자들이 자신들의 정치적 복권과 피해 보상을 호소하는 탄원을 각급 당정기관

---

[5] 신방조례는 총 7장 51조로 구성되어 있으며 2005년 1월5일 국무원 제76차 상무위원회 통과되어 국무원령 제431호로 공포되어 2005년 5월 1일자로 시행되었다.
[6] 한국의 전근대 탄원제도에 대한 연구로 한상권(1996) 참조.

에 대한 신방행위를 통해 본격화하면서 이 신방제도의 중요성과 가치가 부각되기 시작하였다. 이를 시작으로 개혁개방이 본격화되면서 공산당 지도부가 신방제도를 급격하게 팽창시키기 시작했다. 즉, 급속도로 발전하는 시장경제와 동시에 폭발적으로 증가하는 국가-사회간, 사회 계층간, 집단간, 개인간의 이해 갈등과 충돌을 수렴하고 해결하여 사회안정(社會穩定)을 유지하면서 체제의 내구성(resilience)을 확보하는 정치제도의 필요성을 절감한 이후이다(李九團 외 2000, 218-221; 吳超 2011, 70; 于建嶸 2005, 26-28.).

중국공산당정권의 정치적 정당성(legitimacy)과 내구성이 주로 지난 35년간 평균 국민총생산(GDP) 성장률 10%에 가까운 경제발전에 기반한다는 것은 주지의 사실이다. 마오쩌둥 지배 하의 대약진운동(大躍進運動, 1958-60)과 문화대혁명으로 피폐해진 국가경제를 덩샤오핑의 주도하에 '사회주의 시장경제'의 점진적 개혁개방을 통해서 세계은행(The World Bank) 구매력 기준 2012년 1인당 국민소득(GDP per capita)을 6,091달러까지 향상시키고, 2억 명 이상의 극빈층을 구제하였으며, 일본을 넘어서 세계 2위의 경제규모를 달성한 것은 이 정권에 통치정당성을 부여하고 있다(The World Bank 2013). 하지만 급속한 지방분권적 발전국가 모델을 통한 경제발전은 수많은 정치경제적인 문제 또한 발생시켰다. 중앙정부의 강력한 "성장우선" 경제발전 정책에 따라서 지방정부에 경제적 권한을 대폭 이양했고 (정재호 1999; Zhan 2009) 이를 기반으로 하여 각급의 지방정부와 당정간부들은 개발독재형 지방경제발전 정책을 추구하며 소수의 '붉은자본가(red-capitalist)'라고 불리는 사영기업가와 협력하여 경제발전을 추구하는 동시에 그 성과를 대부분 독점했다(김재철 2004; Dickson 2003; Dickson 2008; Pearson 1997; Pei 2006; Tsai 2007). 이러한 소수에 집중된 경제발전을 덩샤오핑은 불균형 성장을 합리화하는 '선부론(先富

論)'으로, 그의 후계자 짱쩌민은 과거 계급의 공공의 적으로 정의되었던 자본가계급을 공산당의 핵심 세력으로 편입시킨 '삼개대표론(三個代表論)'으로 상당부분 합리화하였다. 물론 경제발전에 의한 '낙수(trickle-down) 효과'는 중국 전체의 생활수준을 급속히 향상시켰지만 그 과정에서 소외되고 착취당하며 박탈당한 수많은 일반 시민(老百姓)—농민, 노동자, 이주노동자—의 정치경제적 불만은 급격히 심화되었다. 이는 공산당 정부의 간부들과 신흥자본가들의 불법적 결탁으로 인하여 GDP의 16%를 넘어선 것으로 추정되는 부패 문제와(전병곤 2004; Pei and Hu 2007; Wedeman 2012) 1984년 0.26에 불과했던 지니계수가 제4세대 후진타오에서 제5세대 시진핑으로 권력계승이 이루어진 2012년경 0.61에 이른 것으로 추정되는 빈부격차와 지역격차 문제로도 명백히 확인된다(전병곤 2004; Pei and Hu 2007).[7]

이러한 폭발적인 정치적, 경제적, 사회적 갈등과 충돌은 이 정권의 가장 중요한 정책적 목표, 즉 덩샤오핑이 1989년 천안문사건 직후 천명한 '사회안정이 무엇보다 우선한다(穩定壓到一切)'는 원칙에 가장 큰 위협이 되어 왔으며 어떠한 형식으로든 이를 해소 또는 통제하는 정치적인 기제가 필요했다. 또한 이러한 정치적 필요성은 경제의 개혁개방과 맞물려 정치적 자유와 권리가 상당히 성장하면서 대약진운동과 문화대혁명 기간 중 전체주의적인 대중동원운동과 더불어 도시에서의 단위(單位)와 농촌에서의 생산대(生産隊)를 통한 사회통제를 복합적으

---

[7] 중국관영 씽크탱크인 사회과학원이 2010년 12월 15일 발간한 '2011年 社會淸書'는 사회 불평등 지표인 지니계수가 이미 0.5 수준에 도달함을 인정하고 이를 사회불안정의 주요 원인으로 지적, 경고했다. 중국 전역 25개 성시(省市·성 및 직할시) 80개 현(縣)의 8438가구의 소득 자료를 바탕으로 가장 최근 보고된 지니계수는 2010년 기준 0.61에 달한다(西南財經大學 中國家庭金融調查與研究中心. 2012. 『中國家庭收入不平等報告』).

로 사용하였던 대중통제 기제가 크게 약화된 제도적 한계와도 연관되어 있다. 기존의 정치적 동원과 통제를 대체할 수 있는 정치참여, 거버넌스, 사회통제 제도가 필요하게 된 것이다. 위에서 간단히 언급하였듯이 여러 권위주의정권들과는 달리 사회 갈등과 충돌을 상당부분 수렴, 타협, 해결해주는 기제인 준경쟁선거(semi-competitive election)를 도입하지 않은 중국공산당정권에게 이의 대체재는 필수적이었다(조영남 외 2011, 199-204).[8] 그 역할을 수행해야 하는 전국인민대표대회와 지방인민대표대회(성급(성/직할시/자치구), 지급, 현급(현/시/구), 향급(향/진/가도)는 그 정치적 위상과 역할이 증대했음에도 여전히 위의 정치적 요구를 충족시키기에는 많이 부족하다.[9] 또한 기층민주주의의 확대로 평가받는 촌민위원회선거(村民委員會選擧) (이정남 2007; O'Brien and Han 2009), 행정소송법(行政訴訟法) (O'Brien and Li 2004; Pei 1997) 등의 여러 정치제도들도 위의 정치경제적 문제들을 해결하기에는 역부족이다. 이러한 맥락에서 신방제도가 한 대안으로서 부각되어 적극적으로 활용된 것이다. 물론 다음의 분석에서 알 수 있듯이 위에서 제시된 대안적 정치제도들과 마찬가지로 신방도 어느 정도의 역할만 할 수 있을 뿐 효능적인 대안이 되기 어렵다. 그럼에도 불구하고 그 정치 제도적 역할은 국가-사회의 역학관계에서 중요성을 더하고 있다.

---

[8] 준경쟁선거의 선거권위주의(electoral authoritarianism)의 맥락에서 주목할 연구로 Schedler(2006) 참조.

[9] 조영남은 "중국의 정치민주화를 위해서는 의회(인민대표대회)의 역할 강화 그 자체보다는 자유경쟁선거의 도입이 더욱 중요하다"고 지적하고 있다(조영남 2006, 198). 인민대표대회에 관한 연구는 조영남(2006)과 Xia(2008) 참조.

Ⅲ. 신방제도조직과 신방행위현황

1. 신방제도의 조직 구조

신방제도의 조직적 구조는 중국 당정 체계의 기본인 중앙에서 기층에 이르는 종적 관리체제(條條)와 지역적 횡적 관리체제(塊塊) 그리고 기층의 신방공작망 (基層信訪工作網)으로 상당히 복잡하고 촘촘하게 형성되어 있다(李九團 외 2000, 1317-1327). 하지만 이 구조는 다른 당정 관료조직과는 두 가지 측면에서 구별된다. 첫째, 신방조직은 정부의 국토자원, 가족계획, 공안, 민정 부문 등과 같은 전형적인 부서가 아니다. 조직의 최상위에는 국무원 산하의 국가신방국이 있으며 각급 정부-중앙, 성급, 시급, 현급, 향급, 심지어 다수의 경우 공식 정부 단위가 아닌 촌까지-의 당위원회와 인민정부가 공동으로 신방국, 신방처 등의 신방전담 부서를 두고 있다.[10] 이와 같은 각급 당정의 신방 컨트롤 타워 아래 모든 정부 부서와 거의 모든 당정 기관들이 각각의 신방 관련 조직들을 운용하고 있다(李九團 외 2000, 556).[11]

이러한 신방조직 체계는 대체적으로 다섯 그룹으로 구분될 수 있다 (李九團 외 2000, 1619-2107; 中共中央辦公廳 國務院辦公廳 信訪局, 1-14).[12]

(1) 각 정부 부문: 국토자원, 가족계획, 민정, 환경, 세무, 교통, 등

---

[10] 현지조사 중 필자는 공식 행정기구가 아닌 촌급의 신방조직을 상하이의 J촌(2012/01/20), 광동성 동관시의 X촌(2008/06/30), 베이징의 B촌의 촌정부(2008/02/01)에서 직접 확인하였다.

[11] 전국의 31개 성급 정부의 당위원회와 인민정부는 각각의 신방국을 가지고 있으며 대체로 최고 책임자는 당위원회 부서기 또는 인민정부의 부성장이다.

[12] 허난성연감(1998, 53)과 난캉시연감(2004, 84-85) 등 성시현연감 50개의 신방부문 참조.

(2) 각 사법 기관: 당기율위원회, 공안, 법원, 검찰 등

(3) 각 입법 및 통일전선 기구: 전국 및 각급 지방 인민대표대회와 정
    치협상회의

(4) 기타 기구: 인민해방군, 총공회(總工會), 부녀자연맹(婦聯), 공산주
    의청년단(共青團), 장애인협회(殘疾人協會) 등의 대중기구, 국영기
    업, 사업단위 등

(5) 미디어: 신문사, 방송사 등

각 신방 조직들은 상당히 복잡한 행정 절차들을 통하여 신방 탄원을
접수하고, 보고하며, 해결하고 있다. 또한 각급 지방 정부의 다층적인
'신방영도소조(信訪領導小組)'가 존재하여 해당 조직들 간의 업무들을 조
정하고 관할한다. 이와 같은 당정 제도는 광범위하며 나아가 기층 수준
의 신방 조직인 '기층신방공작망'에 의해 그 제도적 밀도를 높인다.

이 기층신방공작망은 원래 몇몇 현급 정부에서 기층의 현, 향, 촌 당
정의 신방업무를 보조하기 위해서 설치되었다. 하지만 중국공산당은 이
기층 신방 조직이 '모든 가구, 가족, 사람(每家每戶每個人)'의 중요한 기
층 상황들에 관한 정보를 수집하는데 매우 유용함을 인지하였다(李九團
외 2000, 1576). 1984년 이래 중앙당기율위원회는 이 기층 신방 네트워크
를 핵심 현급 신방 조직으로 우선시하고 전국적으로 대부분의 현에 설
립하였다(李九團 외 2000, 1573-77; 2206-08; 人民信訪 2001/10, 38; 2001/12, 26-
27). 이러한 기층조직은 현과 향의 신방 간부들, 촌과 기업의 간부들, 그
리고 다양한 신방 관련 종사자―정보원(信息員), 연락원(聯系員), 중재원(仲
裁員), 감독원(監督員)―들로 구성되어 있다(챵샤시연감 2007, 71). 공산당은
일부 지역에서 이 기층신방공작망을 연락가구(聯系戶)를 통하여 더욱 확
장하였다. 이 가구들은 대개 가족 구성원이 당원, 공청단원, 부녀자연맹,

지방자치보안대(治安隊)의 일원으로서 신방과 관련된 각 이웃의 모든 가구들에 대한 감시, 보조, 교육 업무를 맡게 되어 있다. 예를 들어 산동성 장구현 수성전은 '한 연락가구가 네 가구를 맡는다'는 제도(四聯戶)를 사용하고 있다(李九團 외 2000, 1576-77; 2206-08; 人民信訪 1994. 05. 25). 이 조직은 부현장 또는 현당위원회부서기가 수장으로서 '신방영도소조'를 이끌며 모든 당정부문의 신방 업무를 총괄하며 경찰 등의 다른 법 집행기관들과 협조하여 신방 업무를 수행한다. 이 기층조직은 또한 신방 제도의 핵심 업무 중 하나인 정보 수집, 분석, 보고의 핵심 조직인 '신방정보망(信訪信息網路)'을 이끌고 있다(푸젠성연감 1999, 55; 장쑤성연감 1999, 132; 샨시성연감 1999, 98; 저장성연감 2007, 71).

이러한 방대한 신방 조직의 인력 규모도 상당하다. 예를 들어 2002년 광시좡족자치구(성급)의 신방조직은 현급에 506명, 향급에 4,000명, 촌급에 40,000명 등 총 44,500명이 넘는 신방공작 관련자가 있었다(광시성연감 2003, 151; 광시성연감 1998, 157; 광시성연감 2004, 161). 이 성의 인구가 당시 4788만 명이었고 중국 전체 인구가 12억 9227만 명이었음을 감안할 때 중국 내의 신방공작 관련자가 약 120만에 달했다고 할 수 있다. 나아가 세부적인 현급 상황을 보면 얼마나 방대한 조직인가를 알 수 있다. 1999년 산시성의 신장현의 신방 조직은 현당위원회 부서기와 신방국장을 겸임한 부현장을 포함한 7명의 부현장들이 영도소조를 이끌며 22개의 신방영도소조-9개의 당정계통과 13개의 향전 정부-와 398개의 영도그룹-각 당정 부문, 거주민위원회, 촌민위원회, 공장, 광산-을 운영하였다.[13] 이 398개의 영도그룹은 당정 부문의 사무실, 기

---

[13] 상하이의 J촌의 경우 총 6명의 촌위원회-촌정부 간부들 중 1명이 신방업무를 전담하고 있었다 (인터뷰: 2012/01/20; 2013/01/18).

업 및 상점 사무실, 촌정부, 각종 주민 조직들에서 운영하는 1,968개의 신방공작소조를 총괄했다. 총합 8,618명의 전임과 겸임 당정 간부, 정보원, 보조원, 감독원 등이 이 신방업무에 간여했으며 이들 모두는 중국공산당의 지도사상에 충실하고 능력이 있으며 한 조직을 운영 관리할 수 있는 능력이 있는 기층 당원이었다. 2000년경 이 현은 9개의 향/전과 하나의 개발구, 그리고 220개의 촌과 320,000명의 인구로 구성되었으므로 한 명의 신방공작 관련자가 약 37명의 시민들을 관리하는 체제였다고 할 수 있다. 지난 10년 간 이러한 신방제도의 조직이 더욱 확장되었다는 것을 감안하면 중국공산당 지도부가 이 신방제도를 주요 정치제도로 확대 운용하고 있음을 잘 알 수 있다. [14]

2. 신방행위의 현황

신방제도를 통한 탄원 행위는 크게 탄원수단(서신 또는 방문)과 탄원인수(개인 또는 집체)의 두 가지 기준으로 분류된다. [15] 이에 따라 탄원인들은 각자의 상황에 맞게끔 개인서신탄원, 개인방문탄원, 집체서신탄원, 집체방문탄원을 선택하여 개인과 집체의 불만, 건의, 고발 사항들을 적절한 당정기관의 신방 조직에 접수하게 된다. 아래 표1에서 볼 수 있듯이 신방탄원의 주요 항목들은 다양하지만 공통적으로 엘리트 계층이 아닌 일반

---

[14] 난징시 6개구의 신방기층공작소조 건설 공작에 대한 것은 장쑤성연감(2002, 355) 참조. 하지만 이러한 제도가 설계와 중앙의 의도대로 모두 실행되고 있는지는 불확실하다. 신방제도는 상당히 방대하지만 여러 가지로 조율과 위계질서 등이 안 잡혀있어서 제대로 기능하지 못하고 있다는 비판도 제기되고 있다(于建嶸 2005, 26).

[15] 새로운 형태의 탄원 방법으로 인터넷을 이용한 탄원이 있다. 많이 사용되고 있으며 이는 일종의 서신 탄원으로 분류가 될 수 있지만 서신 탄원으로는 집계되어 발표되고 있지 않다.

시민—농민, 도시노동자, 이주노동자—들의 불만과 애로 사항임을 잘 알수 있으며 대부분의 사항은 '문제해결추구'의 성격을 가지고 있다. 신방의 주요 항목들은 농민의 경우 불법적인 토지 수용과 불공정한 보상, 농업세 및 예산외 부가금 과다 징수, 환경오염이 주를 이루고 도시노동자의경우 국영기업 민영화에 따른 실업, 사영기업 고용주에 대한 불만, 강제주택 철거 및 이주, 그리고 이주노동자의 경우 사영기업 고용주에 대한불만과 거주, 교육, 의료 등의 공공서비스 관련 문제였다. 또한, 세 부류의 일반 시민들이 공통적으로 제기하는 문제는 지방정부 당정간부들의부패와 공권력 남용 문제였음을 알 수 있다. 각 시기별로 주요한 신방 항목들이 약간씩의 변화가 있지만 대부분의 항목들은 그대로 유지되고 있는 특징을 보이며 이는 중국공산당이 고질적인 기층의 정치, 경제, 사회적 문제들을 해결하지 못하고 있음을 반증하는 것이라 하겠다. [16]

〈표1〉 주요 신방탄원 항목 1994 - 2009

탄원자 탄원내용	탄원자 유형		
	농민	도시노동자	이주노동자(농민공)
고용		• 국영기업민영화에 따른 실업: -미지급 임금 -미지급 연금 -불공정한 보상 -재취업 보장 이행 지연/취소	• 사영고용주에 대한 불만: -미지급 임금 -열악한 근무 조건
고용		• 사영고용주에 대한 불만: -미지급 임금 -열악한 근무 조건 -불공정한 노동계약 (파기) -부적절한 산업재해 보상 -구타 등의 신체적 상해	-불공정한 노동 계약 (파기) -부적절한 산업 재해 보상 -구타 등의 신 체적 상해

[16] 이러한 고질적인 기층의 정치, 경제, 사회적 문제들에 관해서는 백우열(2013) 참조.

재산	−토지 수용과 불공정한 보상 −강제주택철거 및 이주 −토지사용계약 위반 −불공평한 집체토지 등의 자원 배분 −환경오염	−토지 수용과 불공정한 보상 −강제주택철거 및 이주 −주택관련 소유권 침해 및 관리부실 −환경오염	−짠주증(임시거주증) 발급 및 유지 애로
지방 정부 및 간부	−농업세 및 예산외부가금 과다 징수[17] −부패 및 공권력 남용 (촌민위원회 재정 사기, 매관매직 등), 촌민위원회 부정 선거 −예산 및 기금 오남용 (전기, 수도, 하수 관련) −학교 관련 예산 횡령 및 남용 −교사 임금 미지급 −기타 공공재(학교, 병원 등) 부족 −법원과 상급정부 결정 불이행	−부패 및 공권력 남용 −예산 및 기금 오남용 −법원과 상급정부 결정 불이행	−부패 및 공권력 남용 −이주노동자들에 대한 지방정부의 보호 미흡 −이주노동자 자녀들의 교육기회 부재

출처: 중국 18개 성연감(省年鑑, 1995~2009), 30개 도시/현연감(城市/縣年鑑, 2002-2008).

이러한 대중 시민들의 신방탄원은 1990년대 들어서 폭발적으로 증가했다. 신방에 관한 최고 전문가 중 하나인 중국사회과학원 위지엔롱에 따르면1992년 이후 2003년에 이르기까지 전국의 신방총량은 폭발적으로 증가했다(于建嶸 2009). 그는 내부 통계 자료를 인용하여 2003년 전국의 당정신방부문에서 접수한 신방인의 수가 1272만 명에 달하여 2002년 대비 4.1% 증가했으며 그 중 집체방문상방은 712만 명이 31만5천 건을 접수하여 전년 대비 41%와 44.7% 급증하였고, 그 중 50인 이상의 집체상방인(상급정부에 대한 집단탄원인)과 건수는 각각 33.3%와 39%가 증가하였다. 베이징에 위치한 국가신방국을 비롯한 중앙 당정 기구들에의 신방인수도 46%가 증가하였다. 이러한 수치는 필자가 14개 성의 연

---

[17] 1990년대에서 2000년대 초반까지의 주요 탄원 항목이었으나 2000년대 중반까지 실행된 농업세 전면폐지 등의 정책으로 인하여 불만 사항에서 제외되었다.

감(1994-2004)에서 직접 수집하여 작성한 통계 자료에서도 거의 동일하게 나타난다. 위지엔롱이 언급한 전국의 당정신방부문 접수 신방인수는 2002년 1,100만 명, 2003년 1,250만 명, 2004년에는 1,330만 명에 이르렀고 이 수치는 각 성연감에서 명시한 기준에 의하면 현급 이상의 당정 부문 신방만을 수집한 것이다. 이에 법원계통의 신방 부서에 접수된 1,100만명(2002년)을 추가하면 2002년 기준으로 2,200만 명에 달하게 된다.[18] 또한, 현급 정부 이하의 향급과 촌급 정부의 수가 현급 정부 이상의 정부 수보다 압도적으로 많아 이에 접수된 신방인 수는 위의 수치보다 훨씬 많을 것으로 추정된다. 실로 신방의 홍수(信訪洪峰) 현상이라 하겠다. 필자의 지속적인 통계자료 수집에 의하면 대부분의 성연감에서 구체적인 수치가 사라지거나 모호하게 된 2006년과 2007년 이후를 제외하고 2005년까지는 약간의 오르내림이 있지만 꾸준히 상승하는 추세를 보여주고 있다.[19]

---

[18] 中國法律年鑑(2003) 참조. 윈난성 통계에 따르면 2006년 현급이상 인민대표대회, 정치협상회의, 법원, 검찰, 유관기업과 사업단위, 인민단체에의 신방탄원인수는 809,100명이었으며 그 중 당정기관에는 294,800명이 탄원하였다(윈난성연감 2007, 84~85).

[19] 필자가 명시한대로 31개 성연감 중 14개 성연감만이 1994년~2008년까지 현급 이상의 당정부문 신방인수와 건수를 기록하고 있으며 나머지 17개 성연감은 그 수치를 명기하지 않거나 모호하게 기록하고 있다. 또한 14개 성연감 중 대부분이 2007년 이후 그 수치를 모호하게 기록하는 경향을 보이고 있어 지속적인 자료수집이 어려운 상황이다. 여러 경로로 탐문하여 보았으나 이러한 현상의 이유는 파악할 수 없었다. 그래서 필자는 1994년~2005년까지의 각 지역별(동부, 중부, 동북부, 서부)에 골고루 분포되어 있는 14개 성의 자료를 31개 성으로 환산하여 평균치를 제시한

IV. 신방의 정치적 역할

1. 신방의 3가지 정치적 역할: 국가-사회관계적 분석

위에서 살펴보았듯이 개혁개방이 본격화된 이후 신방은 제도적 측면과 활용도 측면에서 폭발적인 성장을 해오고 있다. 이는 위에서 분석했듯이 중국공산당정권이 '사회주의 시장경제'정책에 따른 급속한 그러나 불균형한 경제성장에서 기인한 정치, 경제, 사회적인 충돌과 갈등을 해결해야 하는 정치적 현실이 그대로 드러나는 현상이다. 하지만 이 신방을 이렇듯 뭉뚱그려 분석하는 것은 이러한 제도적 틀에서 복잡다단한 관계를 형성하고 있는 중국의 국가-사회의 주요한 세 행위 주체들-중앙 및 상급지방정부, 하급지방정부, 그리고 일반시민대중-의 관계를 파악하기 어렵게 한다. 아래와 같이 서로에 정치적 상호작용을 하는 세 행위 주체들을 중심으로 신방의 정치적 역할과 이로 인한 결과들을 분석하는 것이 필요하다. 이는 크게 세 휴형의 국가-사회관계로 분석할 수 있다.

첫째, 신방은 절대적 또는 상대적 약자인 다수의 일반시민들이 많은 경우 하급지방정부와 간부들에 의해 침해된 이익을 보상받기 위해 정치제도의 유도(channel)를 따라 실행하는 대중정치참여(mass political participation)이다(Cai 2004). 둘째, 신방은 중앙과 상급지방정부가 권력 남용과 부패로 수많은 대중들의 이익을 침해하고 있는 하급지방정부와 그 당정 간부들, 그리고 그들과 결탁한 자본가에 대한 감시와 통제를 가능케 하는 기능(monitoring local government)을 하고 있다. 셋째, 신방은 정치

것이다. 이 자료를 활용한 신방을 통한 대중정치참여의 원인에 관한 상세한 통계분석은 백우열 (2012) 참조.

적 자유와 권리를 제한하는 권위주의 정권(중앙 및 상급지방정부와 하급지방정부)이 사회불만 세력인 신방탄원인들을 통제하는 대중사회통제(mass social control)의 거버넌스 기제로 작동하고 있다. 이러한 세 가지 이론틀로 분석하면 표1에서 요약되듯이 현대중국정치의 갈등 구조의 한 단면을 파악할 수 있다. 대중정치참여의 관점에서 보면 중앙(상급지방)정부와 대중신방탄원인이 함께 하급지방정부에 대응하며, 지방정부 감시의 관점에서도 동일한 갈등 구조가 형성되지만 마지막 대중사회통제의 관점에서는 중앙(상급지방)정부와 하급지방정부가 함께 신방탄원인과 집단과 갈등하는 다층적인 국가–사회관계를 파악할 수 있다.

〈표2〉 신방제도와 신방행위의 3가지 해석

해석	행위자			갈등구조
	(a)중앙(상급지방)정부	(b)하급지방정부	(c)대중신방탄원인	
관리된 정치참여	정보수집 선택적 문제 해결	정보수집 신방탄원인 억제	이익보호요구	(a)+(c)vs.(b)
지방정부감시	지방정부 부정행위 적발 및 방지	정보은폐	지방정부 부정행위 및 이익침해 폭로 및 고발	(a)+(c)vs.(b)
대중사회통제	사회 불만 대중 파악 및 통제	사회 불만 대중 파악 및 통제	국가 탄압에 대한 저항	(a)+(b)vs.(c)

2. 대중정치참여

신방제도의 가장 중요한 기능은 인민대중의 정치참여 경로로서의 역할이다. 위에서 언급하였듯이 개혁개방 이전의 중국에서는 수많은 대중동원운동을 통하여 또한 기층단위인 생산대와 단위의 정치행위를 통하여 일반시민대중들이 직접적으로 정치에 참여하였고 기층간부들과의 정치적 상호작용 또한 활발하였다. 이로 인하여 문화대혁명에서 와 같은 부정적인 결과들이 중국 사회를 휩쓸었음에도 일면 대중의 정치적 영향력은 상대적으로 강했다고 하겠다. 하지만 중국공산당정권이 사회주의시장경제 중심의 일당권위주의체제로 전환함에 따라 이와 같은 대중동원운동은 급속히 감소하였고 생산대와 단위는 급속히 해체되었다. 이는 농촌과 도시의 기층대중들이 기층간부들과 정치경제적 상호작용을 유지하는 정치참여기제가 급속도로 약화되었음을 의미한다.

이러한 체제 변환에 따라서 다른 탈사회주의국가들은 대체로 경쟁선거 또는 준경쟁선거의 대중정치참여제도를 도입하였지만 중국은 그렇지 않았다. 물론 1990년대 이후 기층의 촌민위원회선거를 도입하여 적극적으로 활용하고 있지만 그 촌민위원회는 공식적인 정부 단위가 아니며 그 상급 정부인 향급과 현급에서는 극소수의 시험적 선거 실시만이 이루어졌을 뿐 전국적으로 도입하지 않았다(이정남 2007; O'Brien and Han 2009). 지급시와 성급, 그리고 국가급의 지도자를 직접 대중이 뽑는 선거는 존재하지 않는다(조영남 외 2011, 199-204; Li 2002). 물론 향급과 현급의 인민대표대회의 대표들은 대중 유권자가 직접 선거로 선출한다고 하지만 매우 제한된 선거이며 그 위의 시급 이상의 인민대표회의 대표들은 바로 아래 급의 대표들이 간접적으로 선출하여 기층의 대중들의 정치참여라고 보기 어렵다(조영남 2006; Xia 2008). 중국공산당이 높은 수준의 전국적 경쟁 선거를 도입하지 않는 이유는 이의 부정적 결과, 즉 정치자유화가 강화되며 선거를 통하여 다수 대중의 요구에 부응하는 대안 세력이 등장, 정권의 유지를 위협할 수 있는 가능성 때문이다(Fewsmith 2010). 더구나 급속한 경제발전의 결과로 교육수준이 급격히 향상되었고, 수많은 정치, 경제, 사회의 정보들을 가지고 있으며, 정치적 법적 권리를 보호하려는 의식이 고양된 대다수의 시민들의 정치

참여 요구는 더 이상 억누를 수만은 없는 수준에 다다랐다(Paik 2012).

　이러한 맥락에서 대중정치참여를 위한 경쟁선거 대체제로 사용된 정치제도 중 하나가 신방이다. 위에서 살펴본 대로 신방제도를 통하여 정치에 참여하는 주요 계층은 대부분 농민, 도시노동자, 이주노동자로 서 기층인민대중이다. 소위 당정간부와 사영기업가, 전문가들의 경우 신방을 통한 정치참여를 하는 경우는 드물다. 이것은 기본적으로 탄원 의 주요 항목에서 확인할 수 있듯이 신방은 기층사회에서 개인과 집단 이 심대한 이익의 침해를 당했으나 법적 수단으로 해결되지 않는 절박 한 경우에 사용되는 정치참여 통로이기 때문이다. 하지만 이러한 '대중 만을 위한' 정치참여의 제도적 설계는 중국공산당에 의해 강화되었다. 중국공산당 조직부(組織部)는 1998년 5월 〈組工通訊〉 제24호에서 "당 원은 집체상방에 참여해서는 안된다"라는 지시를 내렸다. 관련 조직부 내부 문건에 의하면

　"왜 공산당원은 집체상방에 참여해서는 안 되는가? 집체상방이 매 우 많은 상황에서… 당원이 참여한다면 집체상방이라는 불에 기름을 부어대는 격이며 그 해로운 영향이 매우 커진다: 첫째, 집체상방의 발 생률이 높아진다. 당원의 한마디와 하나의 행동이 모두 군중에게 비교 적 큰 영향을 미친다. 당원이 상방을 이끌거나 조직하면 매우 부정적 영향을 야기한다. 비록 수동적으로 참여하더라도 실제로는 상방군중 에게 정당성을 주어 부추기게 되며 행동 지침을 주게 된다. 둘째 당내 의 통일된 단결을 해치는 현상을 만든다. 당원이 집체상방에 참여하면 상급조직이 처리할 문제를 더 어렵게 만들고, 또한 군중과 거주지역과 단위의 당조직의 관계에 악영향을 미치며 또한 당조직의 위신에 큰 해 악을 끼친다. 우리당은 주도면밀하고 엄격한 기율의 당이며 당원은 당

의 근본이익에 부합하도록 행동해야 한다… 우리는… 권리의 추구가 당기율에 위배되는 자유주의행동에 이르게 해서는 안 된다(中共中央組織部辦公廳 2004, 203)."

이를 통해 알 수 있는 것은 중국공산당은 이 신방제도를 활용한 대중의 정치참여가 정치엘리트인 중국공산당 당원들과 결합되는 것을 원하지 않는다는 점이다.

권위주의정권이 가장 우려하는 것은 불만을 가진 대중과 이를 이용하려는 잠재적인 기회주의적 정치엘리트(중국의 경우 공산당원)가 제도적, 비제도적인 정치참여를 통하여 사회안정을 저해하고 정권에 도전하는 것이다(Geddes 2007). 물론 현대 중국정치에서 경쟁선거와 실질적인 야당이 존재하지 않는다는 점을 감안할 때 제도적인 경로를 통해서 중국공산당의 집권에 도전할 수 있는 세력이 등장할 가능성은 낮다. 하지만 중국공산당은 '신방'이라는 대체재로의 대중정치참여 제도에서조차 그 가능성을 근본적으로 차단하려고 하는 것이다. 일반 대중의 정치참여를 정치엘리트로부터 격리하여 구획화(compartmentalization)한 것이라고도 해석할 수 있다.

이러한 구획화의 전략은 관리된 대중정치참여의 제도적 역할을 넘어서 신방의 비제도적 역할이 급속도로 강화되고 있는 상황과 맞물려 중요한 의미를 지닌다. 이 신방, 특히 신방탄원의 주요 형식으로 부상한 집체상방은 제도적으로 수용 또는 억제하는 정도를 이미 넘어서 비제도적인 정치참여, 즉 사회운동(social movement)의 하나로 진화하였기 때문이다(김종현 2011; Chen 2012; 저장성연감 2005, 61). 신방 연구에 있어서 가장 큰 의문점 중 하나는 신방탄원을 통한 실질적인 문제 해결은 비효율적이고 그 성공률은 매우 낮은 것(약 0.2%)으로 파악되고 있는데

(Shi 2006) 왜 이 제도를 통한 정치참여는 급증하고 있는가이다. 그 한 가지 답은 신방탄원인은 이 신방, 특히 집체상방을 하급지방정부와 당정간부, 그리고 그들과 후견인-수혜자관계(patron-client relation)를 맺고 있는 지방 세력들에 대항하는 다양한 사회운동을 시작하는 출발점이자 합리화의 기제로 활용한다는데 있다.[20]

위에서 설명했듯이 신방은 서신과 방문, 개인과 집단이라는 두 가지 기준에 의해 분류된다. 대중들은 신방제도가 발전하고 반복적인 탄원 행위를 통한 학습효과를 통해 개인과 집단 서신보다 방문, 그것도 집단 방문탄원이 가장 효율적이라는 것을 깨닫게 되었고 그 집단탄원인, 즉 집체상방인의 수가 급증한 것이다.[21] 첸(Chen Xi)에 의하면 더 많을수록 더 시끄러울수록 더 많은 문제를 일으킬수록(troublemaking) 탄원의 효과가 크다(Chen 2009).[22] 또한, 중앙정부가 헌법과 신방조례 등으로 공식적으로 보장하는 제도적 정치참여로 규정하고 장려한 신방제도를 활용함으로써 하급지방정부에 대한 저항을 합리화 할 수 있다. 이것은 공산당이 보장한 권리를 중앙정부가 보장한 제도를 통해서 불만을 표출하고 합리적인 이익 보호를 추구했지만 지방정부가 수용, 해결해주지 않았기 때문에 연좌농성, 시위, 파업, 폭동 등의 비제도적인 사회운동을 할 수 밖에 없었다는 합리화 나아가 정당화의 논리에 근거한다. 수많은 군체성사건 또는 집단소요사건(群體性事件, Incident of Social Unrest)이 이러

---

[20] 현대 중국 지방정치의 후견인-수혜자 관계에 관해서는 Paik and Baum(Forthcoming) 참조.

[21] 필자의 통계 자료에 의하면 현급 이상 성급까지의 당정부문 집체신방인수는 1994년 160만 명에서 2005년 970만 명으로 급증하였다.

[22] 신방의 대규모화, 집중화, 조직화에 관해서는 저장성연감(2007, 71); 안후이성연감(2003, 39; 2005, 41); 장쑤성연감(2003, 352) 참조. 필자가 2007년에서 2013년까지 수차례 실시한 광둥성 동관시와 션전시, 산둥성 칭다오시, 상하이시, 베이징시 현지조사 시 현지민들과 농민공들과의 인터뷰에서도 이 전략은 반복적으로 확인되었다.

한 집체상방을 통해서 시작되었고 정당화되었다.[23] 심지어 저장성 신방국에서는 '군체성신방(群體性信訪)'이라는 신조어를 사용하고 있다(저장성연감 2007, 71).

이와 같은 분석에는 오브라이언과 리(O'Brien and Li)가 쟁의정치(contentious politics)의 관점에서 제기했던 '정당한 저항(rightful resistance)'라는 개념이 유용하다. "정당한 저항은 권력에 의해 승인된 경로(channel)를 벗어나지 않는 가장자리에서 작동하며, 권력자의 수사나 약속들에 의지해 정부 물리력의 사용을 막고, (다층적인)국가 안의 분열을 찾아내어 이용하며, 조금 더 광범위한 대중들의 지지를 동원해내는 방식의 대중 쟁의(contention)이다."(O'Brien and Li 2006, 2). 집체신방(집단 탄원서 제출 또는 항의성 방문)은 이러한 정당한 저항의 논리를 이용하여 '중앙(상급지방)정부와 대중' 대 '하급지방정부'의 갈등/대결의 국가−사회관계를 형성한다. 신방탄원인은 중국공산당 지배 체제의 정당성과 권위에 직접 도전하지 않으며 모든 문제는 중앙정부의 최고지도자들이 제정하고 승인하고 발표한 법, 규정, 정책, 지시들을 수행하지 않는 하급지방정부의 문제라는 저항의 틀에서 벗어나지 않는다. 당중앙의 권위를 이용하여 절박한 자신들의 이익을 보호하려는 구도인 것이다. 이는 공식적으로 비난 받거나 탄압받을 수 없는 정치참여행위이다. 물론 이렇게 발전한 집체상방과 이에 이어지는 비제도적 사회운동이 무조건 허용되는 것은 아니다. 위의 조직부 문건에서 알 수 있듯이 당원 등의 정치엘리트들이 이러한 정당한 저항에 어떠한 경로로도 참여하는 것을 금함으로써 엘리트와 대중이 연합하는 것을 허용하지 않았고 아래 4.4에서 자

---

[23] 구체적인 사례는 산시성연감(2000, 78; 2004, 75) 참조.

세히 설명하듯이 지방과 수도의 사회안정에 심각한 영향을 미치게 되는 군체성사건으로 발전하게 되거나 정해진 지역을 벗어나 다른 지역의 동일한 신방인들 또는 시위대와 연계하는 등의 시도를 할 때에는 물리적 탄압을 받게 된다(Cai 2008).

3. 지방정부/간부의 감시

이와 같은 '중앙(상급지방)정부와 대중' 대 '하급지방정부' 갈등의 국가—사회관계는 신방의 두 번째 중요한 기능에도 적용된다. 신방은 중앙(상급지방)정부가 하급지방정부를 감시하고 통제하는데 중요한 역할을 한다. 거의 모든 신방탄원의 문제는 하급 및 기층지방정부의 불법적 부패와 결탁 그리고 공권력 남용 등에 기인한다. 물론 다수의 중앙과 상급지방정부의 당정 간부들도 이러한 부정행위에 연루되어 있지만 기층대중들의 삶에 직접적으로 피해를 미치는 것은 하급 및 기층지방정부이다. 이 분야 전문가인 페이(Minxin Pei)와 후(Angang Hu)에 따르면 2000년경 중국의 국민총생산의 13.1−16.8%가 부패로 사라졌으며 이는 구체적으로 세금포탈(7.6-9.1%), 공금유용 및 횡령(3.4-4.5%), 지대추구(1.7-2.7%), 지하경제(0.4-0.5%)에 기인한다(Pei and Hu 2007). 이러한 부패는 기층 및 하급지방 당정간부들과 후견인−수혜자 관계(patron-client relation)를 맺은 지방의 사영기업가와 재력가들에 의해서 주로 행해진다. 그 대표적인 사례가 하급지방정부의 비호 아래 농민들과 도시민의 토지를 불법적으로 강제 수용하고 각종 횡령을 저지르며 미미한 보상으로 농민들을 이주시키는 토지−부동산 개발상과 공장 노동자의 임금을 체불하고 노동계약법을 위반하며 학대하는 악덕 공장주의 불법행위로 표1에서도 지적하였듯이 대표적인 신방탄원 항목이다.

하지만 이러한 부정행위들을 중앙과 상급정부가 파악하는 것은 매우 어렵다. 왜냐하면 하급지방정부가 관련된 정보를 은폐하거나 왜곡하여 보고하기 때문이다. 이것은 '정보의 비대칭(information asymmetry)' 현상을 야기한 본인－대리인 문제(principal-agent problem)라고 이해할 수 있다. 공산당 중앙 지도자들의 지방정부의 당정간부들에 대한 비판은 수없이 행해졌지만 이같은 비판과 일회성 운동 형식의 반부패 정책은 그 효과가 미미하다. 권위주의체제 하에서도 부패 방지에 성공하고 있는 싱가포르와는 달리 중국은 워낙 방대한 영토와 인구, 그리고 관료제를 지니고 있기 때문에 '위에서 아래로의' 지방정부 통제는 지난하다.

위의 어려움을 타개하려는 정치제도 중 하나가 바로 신방이다. 신방의 탄원 항목들이 대부분 지방정부와 그의 당정간부들의 불법, 부정, 폭력 행위에 기인하므로 이러한 정보들은 상급정부가 '정보의 비대칭' 현상을 극복하고 하급정부를 통제할 수 있는 근거이자 수단으로 쓰일수 있다. 상급정부는 이를 통하여 본인－대리인 문제도 어느 정도 방지할 수 있게 된다. 물론 하급지방정부는 이러한 신방 행위를 통해 드러난 정보들을 최대한 은폐하려고 노력한다(于建嶸 2005; Shi 2006). 예를 들어 한 농민이 부패한 촌의 공안(경찰)을 향 또는 현 정부의 공안국 신방 조직에 탄원을 했다고 하더라도 그 보고를 받은 공안국의 간부들은 그 부패한 경찰을 보호하기 위하여 그 신방 행위와 정보 자체를 은폐할 수 있다. 하지만 이를 잘 알고 있는 신방탄원인들은 그 위의 또는 더 상급 지방정부의 여러 신방 조직들에 탄원을 하는 '상방(上訪)' 전략을 취한다. 그러므로 이러한 은폐 의도도 상급정부에 신방을 하는 상방탄원인들을 통해서 전해지는 정보는 막기 어렵다. 또한 집체신방을 통하여 본지 정부에 탄원하여 문제를 해결하지 못한 사람들은 이를 정당화 기제로 삼아서 본격적인 사회운동으로 발전시켜 상급정부와 신문, 방송, 인터넷 등의 각종 미디어 매체들의 주목을 끄려는 시도를 하여 관련 정보를 공개적으로 노출시키기까지 한다.[24] 물론 각종 휴대폰의 문자메시지 서비스를 시작으로 2000년대 중후반 이후 대중화 된 소셜네트워크 서비스(social network service)를 통하여 위와 같은 탄원 사건들과 이로 인해서 촉발된 각종 군체성사건들까지 널리 알려지는 상황이다. 지방의 당정간부들은 이 신방에 주의를 기울이지 않을 수 없고 중앙과 상급지방정부는 이를 적극적으로 활용한다.[25]

이러한 맥락에서 중앙정부는 신방책임제(信訪責任制)도 도입하였다(저장성연감 1998, 75; 저장성연감 1999, 70; 저장성연감 2000, 66). 이는 지방간부들의 실적을 그의 관할 지역 또는 업무에 관한 신방탄원인수에 기인하여 평가하는 제도로서(李九團 외 2000, 63-65; 푸젠성연감 1995, 55; 푸젠성연감 2000, 110; 타이저우시연감 2003, 74) 관련된 신방의 수가 증가하면 그 관할 간부 또는 부서 전체의 인사고과와 승진에 불이익을 주는 것이다. 이는 상급정부가 신방을 직접적으로 하급지방정부를 감시, 통제하는데 사용하고 있음을 나타내는 증거라 하겠다. 예를 들어, 헤이룽장성의 이춘시의 경우 "신방공작일표부결(信訪工作一票否決)" 정책을 실행하고 있다. 다음 5가지-(1) 베이징으로의 상방, (2) 3회 이상의 집체신방 또는 한번 이상의 반복된 성도로의 집체상방, (3) 사회안정을 해치는 심각한 집체신방, (4) 3건 이상 또는 2회 이상 반복된 베이징으로의 상방, (5) 접수된 신방탄원에 대한 미디어의 보도- 중 하나의 신방 행위

---

[24] 인터뷰(동관, 2008/06/30; 선전, 2012/08/22, 상하이, 2013/01/21).

[25] 허베이성 신방국은 이러한 정치적 메커니즘을 다음과 같이 설명하고 있다. "2000년 7월과 8월 동안 스지아좡시, 한단시, 창저우시에서 성도로의 대규모의 집체 신방인이 급증하였고 이를 성 지도자들이 주목하였다. 그들은 위의 탄원 사례에 대하여 충실한 조사와 해결을 지시하였다."(허베이성연감 2001, 54).

가 발생하면 일종의 '거부권(否決)'을 행사하여 그 신방탄원인이 속해있는 지역과 해당 사항 관련 조직에 대한 개인적, 조직적인 포상을 전면 금지하는 것이다. 이는 해당 당정 간부들의 승진과 지위에 크게 부정적으로 영향을 미치므로 강력한 지방간부들에 대한 통제 기능이라고 할 수 있다(公仆與信訪 1999/04, 6).

또한 지방정부의 지도자와 고위 당정간부들이 직접 탄원인을 찾아가서 애로 사항을 듣고 접수하여 해결해주는 '하방(下訪)'정책이 본격적으로 도입되었다. 예를 들어 2004년 허난성에서는 성급, 시급, 현급 조직의 42,000명의 지도급 간부들이 하방하여 직접 신방사항을 접수하고 해결하는 시도를 하였다(허난성연감 2005, 60; 저장성연감 2004, 62). 물론 전시 행정적 성격이 강하지만 이에 해당하는 지역과 부서의 간부들은 이와 관련하여 긴장할 수 밖에 없는 역학관계를 만들어 낸다. 이처럼 신방제도의 두 번째 기능은 '중앙(상급지방)정부와 대중'의 연합과 '기층 및 하급지방정부' 갈등의 국가—사회관계를 보여주고 있다.

4. 대중사회통제

위의 두 정치적 역할에서 보듯이 신방제도가 일반대중에게 제한적이지만 상당한 도움이 되는 대중정치참여제도이자 지방정부통제기제인 것은 분명하다. 하지만 이러한 신방의 또 다른 역할은 이러한 국가—사회관계와는 다른 양상을 보인다. 잘 알려지지 않은 신방제도의 마지막 기능은 신방탄원인과 그를 지지하는 기층대중들에 대한 감시와 통제다. 이 통제 거버넌스 기능의 작동원리는 매우 간단하고 직관적이다. 신방제도를 통해 정치에 참여하는 대중들은 현 정치경제체제 하에서 가장 불만이 많은 절대적, 상대적 피해자라고 할 수 있다. 현재의 정치적 경제적 체제에 만족하고 있는 소위 당정간부들, 사영기업가, 전문가 등의 기득권층과는 달리 표면적으로는 중국공산당체제에 저항을 하지 않지만 잠재적으로 현 체제에 대한 변화를 원하는 계층이라고 하겠다. 이러한 계층에 속한 사회불만세력을 파악하고 감시 및 통제하는 것은 사회안정 유지에 필수적이다. 신방탄원인이 집체상방 등을 통하여 더 적극적이고 때로는 폭력적이기까지 한 대규모의 사회운동으로 발전하는 상황임을 고려할 때 그 중요성은 더 커진다.

신방제도는 이러한 계층과 개개인에 대한 매우 자세한 자료를 축적할 수 있는 효율적인 정보수집 기제이다. 신방인들은 탄원을 각각의 신방조직들에 접수할 때 자신과 동료탄원인들의 개인신상정보와 구체적인 불만족 사항 등의 정보들을 스스로 하급지방정부에게 넘겨주게 된다. 이 정보들은 체계적인 통계 및 보고 체계에 의하여 상당부분 축적되며 불만세력의 정치참여가 정권이 감내할 수 없는 정도의 사회운동 또는 저항운동으로 발전하는 경우 적발, 통제, 억압하는 기본적인 자료가 된다.[26] 신방의 제도적 규정상 탄원인들은 비록 상방을 하더라도 촌급, 향급, 현급, 시급, 성급, 중앙의 신방 기관들 중 복수에 자신의 정보를 남기도록 한다. 특히 공산당에서 지정한 '네 가지 요주의 탄원(四方)'-집체신방(集體訪), 중복신방(重複訪), 상방(越級訪), 장기신방(老戶訪)-실행자들에 대한 감시와 관리는 강력히 시행되고 있다(칭다오시연감 2004, 59; 샨시성연감 2000, 78; 차오양시연감 2004, 107).

신방조직은 위의 네 가지 요주의 유형을 비롯하여 다른 신방탄원인들을 직접적으로 감시하고 관련된 정보들도 수집한다. 스스로 자신의 불만

---

[26] 신방의 통계 축적 시스템에 관해서는 李九團 외(2000, 1379-1527) 참조.

들을 등록하고 각종 사회불안을 조장하는 행위들을 한 신방인들에 대해서 또한 잠재적으로 신방탄원 및 사회운동을 할 가능성이 있는 개인 또는 집단에 대하여 기층신방조직망 등을 활용하여 지속적인 정보를 수집한다. 기층당정조직에 배치되어 있는 신방 정보원, 연락원, 감독원들과 연락가구를 통한 정보는 '신방정보망'을 통해서 전파된다. 이들은 당정기관 또는 공산당의 대중조직에 속하면서 기층사회 통제에 기여하며 때로는 신방조직 간부들과 경찰과 검찰과 함께 직접 수사에 참여한다(허베이성연감 2000, 57; 지린성연감 2001, 61; 샨시성연감 2004, 76; 더저우시연감 2006, 180; 시안시연감 2005, 77; 이청시연감 2004, 61). 이렇게 수집된 정보 중 중요한 사회안정 위협 요소에 대한 것은 스촨성의 '집체탄원 긴급보고(集體快報)'(스촨성연감 2003, 57), 후난성 창샤시의 신방정보긴급보고(信訪信息快報)'와 '비정상적상방보고(非正常上訪通報)'(창샤시연감 2007, 100) 등의 내부 문건으로 종횡의 신방조직들과 기타 사회안정 관련 당정 조직에 회람된다. 허난성의 '중요신방영도보고(重要信訪領導報告)'를 통해 주요 성의 지도자급 간부들에게 전파된 중요 신방 관련 정보가 1994년 4,900건, 1995년 9,052건, 1996년 9,843건, 1997년 11,600건, 1998년 12,000건, 1999년 10,442건, 2000년 12,360건, 2001년 13,000 건, 2002년 16,190건으로 급속도로 증가한 것은 이러한 신방의 대중사회통제 기능 확대의 단면을 보여주고 있다(허난성연감 1995년-2003년의 신방부문).[27]

신방 조직은 이러한 기층에서의 사회통제를 넘어서 31개 성의 수도인 성도들과 국가 수도인 베이징의 사회안정을 저해할 수 있는 상방인, 특히 집체상방인들을 직접 관리하는 기능도 한다. 논문의 서두에서 언급했던

---

[27] 이 신방의 정보 수집 및 보고 제도 기구는 전국적으로 강화되고 있다(저장성연감 2007, 73).

흑감옥이 바로 이 신방조직의 사회통제 기능을 잘 보여주는 증거이다. 중국의 권위주의정치체제에 가장 큰 위협은 바로 수도인 베이징의 사회안정을 해치는 사건들이다. 이러한 사건들 중에는 개인 또는 집체상방인들이 일으키는 소요사건들은 지방정부의 지도자급 당정 간부들에게 그 책임이 있으며 각 성급과 시급의 정부는 베이징에 신방 간부들과 관련 인력들을 상주시키면서 각각의 지역 출신 상방인들을 감시, 통제하고 심지어 납치, 구금하여 흑감옥에 구치하고 본 지역으로 강제 소환한다(허난성연감 2004, 70). 이러한 탄원인들이 향후 특별 관리 대상이 됨은 물론이다. 다층적인 신방정보수집 기능은 이러한 신방인들에 대한 통제를 수월하게 한다. 산동성의 공안연감에 따르면 산동성의 신방조직은 2004년 한 해 동안 200명의 신방 간부와 경찰을 베이징으로 파견하여 300명의 위험한 본성 출신 신방인들을 통제하고 74회의 신방 행위를 사전에 차단하였다(산동성공안연감 2003/2004, 25).[28] 또한 지린성 신방국에 따르면 전성 각급 각부문의 정기조사로 집체상방의 동향과 불안전 요소 4,000건, 관련자 32만 명을 면밀히 조사하였고 성급신방조직이 4차례의 전성 범위 집중조사를 실시하여 타 기관과 협조 하에 사회불안정 요소 350건을 색출하여 처리하였다(지린성연감 2002, 51).

그러나 중국공산당이 원래부터 이와 같은 사회통제의 거버넌스 기제로 신방을 운용하려 했었는지는 확실치 않다. 아마도 점증하는 신방 탄원인의 규모와 새로운 쟁의정치의 사회운동적인 성격으로의 전환과 맞물려 부각된 기능이라고 추측된다. 여기에는 사회안정을 심각하게 위협하는 상황에 이르면 신방과 같은 '대중을 위한' 정부 조직 또한 국

---

[28] 이와 유사한 주장은 Li et al.(2012) 참조.

가의 물리력을 구현하는 도구로 사용된다는 것을 명확히 보여준다. 이에 근거하여 우리는 이 세 번째 신방의 정치적 역할에서 첫 번째와 두 번째 역할과는 다른 '중앙(상급)정부와 하급지방정부'와 '대중'의 갈등과 대결 구도라는 국가-사회관계를 발견하게 된다.

V. 신방제도의 정치적 의의와 정책 제언, 전망

중국공산당정권에게 무엇보다도 중요한 정치적 목표는 사회안정을 통한 정권의 유지와 생존이다. 신방의 세 가지 정치적 역할—대중정치참여, 지방정부감시 및 통제, 대중사회통제—은 이 정치적 목표를 각기 다른 방향에서 지원하고 있다. 급속한 경제 성장을 통해서 이미 기득권층이 된 당정 간부들, 사영기업가, 전문가 등의 부당한 행위로 인하여 심대한 피해를 본 다수의 농민, 노동자, 그리고 이주노동자들은 심각한 사회불만세력으로 부상하고 있다. 이들의 침해된 이익 보상과 실현을 위한 대중정치참여제도로서 신방은 불만을 호소할 수 있는 안전핀(safety valve)의 역할뿐 아니라 이들이 집체상방 등을 통하여 정당한 저항, 즉 정치적으로 정당한 논리에 맞춰 기층 및 하급지방정부에 더 강력한 압력을 행사할 수 있는 연좌농성, 파업, 시위, 심지어는 폭동과 같은 비제도적 사회운동을 조직, 참여하는 발판으로 사용되고 있다. 이는 신방을 통한 하급지방정부와 그 당정 간부들의 심각한 부패, 결탁, 그리고 공권력 남용 등의 부정한 행위를 감시하고 통제하는 거버넌스 기제로의 기능과 더불어 주요한 사회불만세력인 신방탄원인들을 비롯한 일반 대중들의 이익을 보호함으로써 사회불안의 요소를 줄이는 역할을 한다. 반면 신방탄원인의 주요 저항 대상인 하급지방정부뿐만 아니라 근본적으로 일반시민대중들을 통제해야 하는 중앙정부는 신방제도의 대중사회통제 기능을 활용함으로써 사회불만세력에 대한 정보를 축적하고 감시하며 유사시 신방조직과 경찰과 검찰 등을 동시에 활용, 강제적 물리력을 동원하여 사회안정을 추구하는 전략을 취하고 있다.[29]

이러한 다층적 신방제도를 둘러싼 중앙(상급지방)정부, 하급지방정부, 그리고 일반 인민대중들의 정치적 상호작용은 현대 중국정치에서 정치참여, 쟁의정치, 그리고 거버넌스라는 큰 틀 아래 국가─사회관계가 복합적으로 진화하고 있음을 보여준다. 하지만 역설적으로 신방은 현대 중국공산당정권의 정치체제를 규정하는 것이 얼마나 어려운가를 보여주는 상징적 존재이기도 하다. '중국 특색의 사회주의 민주정치'체제 정도로 모호하게나마 요약할 수 있는 이 권위주의정권은 주류 비교정치의 권위주의체제 비교의 관점에서 파악할 때 비선거일당권위정권(non-electoral one party authoritarian regime)이라고 정의할 수 있지만 그 세밀한 특징들을 분석하기 어렵다. 다른 탈사회주의국가들과 달리 (제한된)경쟁선거를 도입하지 않고 권위주의체제를 유지하고 있다는 비교점에 주목하여 신방이라는 특수한 정치제도를 확대 발전시킨 중국 권위주의정권의 특징을 포착하였다. 이는 권위주의 정치체제를 지속하고 있는 다수의 국가들과는 구별되는 특성이며 이에 대한 비교 연구가 더 필요하다.

이러한 신방과 같은 경쟁선거의 대체재를 통해 정치 자유화, 궁극적으로 서구식의 자유민주주의의 도입을 지연 또는 거부하려는 중국공산당의 시도에는 끊임없는 의문부호가 달린다. 하지만 중국이라는 거

---

[29] 이러한 신방제도의 세 가지 기능의 상대적 중요성과 어떤 기능이 강화되고 있는가에 대한 분석은 시계열적 심층적 후속 연구가 필요하다. 가장 최근 2013년 11월 개최된 제18기 중국공산당중앙위원회 제3차 전체회의(中國共産黨第十八屆中央委員會第三次全體會議)를 전후로 제시된 신방제도 개혁 또는 개악에 관해서는 邢世偉(2013) 참조

대한 영토, 인구, 관료제와 다양한 문화와 민족들의 공존이라는 특수한 상황, 그리고 무엇보다도 지속적인 경제성장에 대한 필요성과 통일국가로서의 정체성 유지라는 중국공산당의 목표 달성을 위해서 서구식의 자유경쟁선거를 기반으로 한 민주주의가 과연 적절한 대안인지 또한 아직 알 수 없다. 물론 자유민주주의는 현재 중국 사회가 겪고 있는 엄청난 부패와 불공평을 다수표의 힘과 아래로부터의 감시와 통제를 통하여 해소하는데 기여할 수 있다. 그러나 자유민주주의의 도입이 위에서 지적한 중국의 특수성과 결합된다면 인도와 같은 형태의 후견인-수혜자관계 기반의 민주주의(patronage democracy)로 전락할 가능성도 상당히 크며 그렇다면 중국의 정치, 경제, 사회적 문제점들을 해결하고 시민들의 삶이 향상될 것이라고 장담할 수 없다(Chandra 2004, 1-7). 또한 중국공산당 정권이 다른 권위주의 체제와 유사하게 '중화민족의 위대한 부흥의 중국몽(中華民族偉大復興的中國夢)'과 같은 민족주의적 국가 통합성을 정치적 정당성으로 삼고 있는 것도 큰 변수라고 하겠다.

이러한 맥락에서 준경쟁선거의 대체제의 하나로 운용되고 있는 신방제도를 어떻게 개선하여 그 순기능을 강화할 것인가가 중요한 정책적 과제로 떠오른다. 중국의 정권차원에서도 또한 중국의 신방전문가차원에서도 다양한 정책적 개선책을 제시하고 있지만 그다지 효과적으로 보이지는 않는다(中共中央 2007; 于建嶸 2005; 于建嶸 2009). 그 이유는 신방제도가 지속적으로 강화될 수는 있으나 이를 통해 지속적 경제발전과 향상된 일반시민대중들의 정치의식과 법의식, 당중앙의 척결의지에도 불구하고 갈수록 악화되어 가고 있는 정치엘리트인 당정간부들 중심의 후견인과 그들의 경제엘리트 사영기업가와 전문가 중심의 수혜자들의 결탁, 부패, 독점 구조를 타파할 수 없기 때문이다. 위로부터의 통제가 효과가 없다면 아래로부터의 저항과 통제를 강화할 수 있는 정치제도를 구축해야 한다. 또한 현재까지는 절대 약자였던 농민과 노동자, 이주노동자들이 주요 신방탄원인이었지만 이미 엄청난 수준의 빈부격차가 더욱 악화되고 현재 급증하고 있는 대졸실업자와 같은 고급인력들이 사회불만세력으로 편입되어 신방제도를 통한 대중정치참여에 합세한다면 이 신방의 무게는 달라질 것이다.[30] 또한 갈수록 조직화, 대형화되어 가고 있는 집체상방과 이에 이은 사회운동이 심각한 군체성사건으로 발전하고 있다. 이 잠재적인 신방탄원인들은 공산당에서 그 참여를 금지하고 있는 2012년 8,200만 명, 2020년 현재 9,000만 명을 초과하는 당원 중 하나일 수도 있고 그렇지 않더라도 정치엘리트로 성장할 수 있는 가능성을 가진 계층이다.

이에 대응하여 시진핑 정권이 시작된 2012년 이후 지속적으로 사회통제 국가 역량을 발전시켜왔다. 위에서 언급한 신방의 대중사회통제 기능이 여러 4차 산업혁명 기술과의 결합으로 강화될 수 있음을 의미한다. 또한 이러한 형태의 기술은 보다 적극적으로 중국 당국가 체제가 선거없이도 일반 시민들의 의견과 요구를 수렴을 확대하는 방향으로도 사용될 수 있다. 엘리트 정치에서의 시진핑 개인 권력 강화와 그에 대한 반발, 중속성장 또는 뉴노멀(新常態)로 수용된 경제 성장의 둔화, 그리고 공격적인 세계전략인 '일대일로'의 추진(Bader 2015)과 더불어 본격화된 미국과의 패권 경쟁 등의 중요한 변수가 이 신방과 같은 비선거권위주의 체제의 정치제도와 어떻게 상호작용하는가에 대한 연구가 필요하다.

---

[30] 신방탄원주체의 다양화에 관해서는 허난성연감(2003, 60); 장쑤성연감(2003, 352); 산시성연감(2004, 75); 차오양시연감(2004, 107) 참조. 또한 최근 급증세를 보이고 있는 환경오염 관련 군체성사건의 경우 집체신방인의 주요 구성원인 대중뿐만 아니라 관련 전문가 등의 중산층들도 참여하는 경향이 보이고 있으며 지방정부 주도 하의 반부패운동의 경우 대중동원의 성격에도 불구하고 대중과 엘리트가 범계층적인 쟁의정치에 참여하는 경향도 보인다.

참고문헌

김재철. 2004. "사영기업가의 등장과 정치변화." 전성흥 편. 『전환기의 중국 사회 II: 발전과 위기의 정치경제』. 151–182. 서울: 오름.

김종현. 2011. "사회운동의 관점에서 본 중국 농민 집체상방." 『중국학연구』 58집. 555–583.

백우열. 2013. "시진핑의 중국공산당 정권 생존전략은?: 성장, 재분배, 반부패를 통한 정치–사회안정." 『Sungkyun China Brief』 1권 1호. 56–63.

이정남. 2007. 『중국의 기층선거와 정치개혁, 그리고 정치변화』. 서울: 폴리테이아.

이홍규. 2010. "중국 특색의 사회주의민주: 기층선거의 도입과 효과." 전성흥 편. 『체제전환의 중국정치: 중국식 정치발전모델에 대한 시론적 연구』. 23–129. 서울: 에버리치홀딩스.

장윤미. 2010. "전환기 정치체제의 비교사회주의적 분석." 전성흥 편. 『체제전환의 중국정치: 중국식 정치발전모델에 대한 시론적 연구』. 61–68. 서울: 에버리치홀딩스.

전병곤. 2004. "권력부패의 구조화와 체제안정성." 전성흥 편. 『전환기의 중국 사회 II: 발전과 위기의 정치경제』. 219–250. 서울: 오름.

정재호. 1999. 『중국의 중앙–지방 관계론』. 서울: 나남.

조영남. 2006. 『중국의회정치의 발전: 지방인민대표대회의 등장, 역할, 선거』. 서울: 폴리테이아.

조영남. 2009. 『정치개혁과 '중국 특색의 민주주의' 21세기 중국이 가는 길』. 서울: 나남.

조영남·안치영·구자선. 2011. 『중국의 민주주의: 공산당의 당내민주 연구』. 서울: 나남.

한상권. 1996. 『조선후기 사회와 소원제도: 상언, 격쟁 연구』. 서울: 일조각.

Anderlini, Jamil. 2009. "Punished Supplicants." *Financial Times* (March 05), 7.

Bader, Julia. 2015. "China, Autocratic Patron? An Empirical Investigation of China as a Factor in Autocratic Survival." *International Studies Quarterly* 59(1): 23-33.

Cai, Yongshun. 2004. "Managed Political Participation in China." *Political Science Quarterly* 119(3): 425–51.

Cai, Yongshun. 2008. "Local Governments and the Suppression of Popular Resistance in China." *The China Quarterly.* 193: 24-42.

Chandra, Kanchan. 2004. *Why Ethnic Parties Succeed: Patronage and Ethnic Head Counts in India.* Cambridge: Cambridge University Press.

Chen, Xi. 2009. "The Power of 'Troublemaking': Protest Tactics and Their Efficacy in China." *Comparative Politics.* 41(4): 451–471.

Chen, Xi. 2012. *Social Protest and Contentious Authoritarianism in China.* Cambridge: Cambridge University Press.

Diamond, Larry. 2002. "Thinking about Hybrid Regimes." *Journal of Democracy* 13(2): 21-35.

Dickson, Bruce J. 2003. *Red Capitalist in China: The Party, Private Entrepreneurs, and Prospects for Political Change.* Cambridge: Cambridge University Press.

Dickson, Bruce J. 2008. *Wealth into Power: The Communist Party's Embrace of China's*

Private Sector. Cambridge: Cambridge University Press.

Fewsmith, Joseph. 2010. "Inner-Party Democracy: Development and Limitations." *China Leadership Monitor* 31: 1-11.

Fewsmith, Joseph, and Andrew J. Nathan. 2019. "Authoritarian Resilience Revisited: Joseph Fewsmith with Response from Andrew J. Nathan," *Journal of Contemporary China* 28(116): 167-179.

Geddes, Barbara. 2003. *Paradigms and Sand Castles: Theory Building and Research Design in Comparative Politics.* Ann Arbor: The University of Michigan Press.

Geddes, Barbara. 2007. "What Causes Democratization?" In Carles Boix and Susan C.

Geddes, Barbara, Joseph Wright, and Erica Frantz. 2018. *How Dictatorships Work.* Cambridge: Cambridge University Press.

Stokes. eds. *The Oxford Handbook of Comparative Politics.* Oxford: Oxford University Press.

Levitsky, Steven, and Lucan A. Way. 2010. *Competitive Authoritarianism: Hybrid Regimes After the Cold War.* Cambridge: Cambridge University Press.

Li, Lianjiang. 2002. "The Politics of Introducing Direct Township Elections in China." *The China Quarterly* 171: 704-23.

Li, Lianjiang, Mingxing Liu, and Kevin J. O'Brien. 2012. "Petitioning Beijing: The High Tide of 2003-2006." *The China Quarterly* 210: 1-22.

Malesky, Edmund, and Paul Schuler. 2009. "Paint-by-Numbers Democracy: The Stakes, Structure, and Results of the 2007 Vietnamese National Assembly Election." *Journal of Vietnamese Studies* 4(1): 1–48.

Nathan, Andrew J.. 2003. "Authoritarian Resilience." *Journal of Democracy* 14(1): 7–17.

O'Brien, Kevin J. and Lianjiang Li. "Suing the Local State: Administrative Litigation in Rural China." *China Journal* 51: 76-96.

O'Brien, Kevin J. and Rongbin Han. 2009. "Path to Democracy? Assessing Village Elections in China." *Journal of Contemporary China* 18(60): 359-378.

Paik, Wooyeal. 2012. "Economic Development and Mass Political Participation in Contemporary China: Determinants of Provincial Petition *(Xinfang)* Activism 1994-2002." *International Political Science Review.* 33(1): 99-120.

Paik, Wooyeal and Richard Baum. 2014. "Clientelism with Chinese Characteristics: The Political Economy of Local Patronage Networks in Post-Reform China." *Political Science Quarterly* 129(4): 675-702.

Pan, Wei. 2003. "Toward a Consultative Rule of Law Regime in China." *Journal of Contemporary China* 12(34): 3–43.

Pearson, Margaret M. 1997. *China's New Business Elite: The Political Consequences of Economic Reform.* Los Angeles: University of California Press.

Pei, Minxin. 1997. "Citizens v. Mandarins: Administrative Litigation in China." *The China Quarterly* 152: 832-862.

Pei, Minxin. 2006. *China's Trapped Transition: The Limits of Developmental Autocracy.* Cambridge: Harvard University Press.

Schedler, Andreas ed. 2006. *Electoral Authoritarianism: The Dynamics of Unfree Competition.* Boulder: Lynne Renner Publishers.

The World Bank. 2013. "Data Bank: GDP per capita (current US$)." http://data.worldbank. org/indicator/NY.GDP.PCAP.CD(검색일: 2013. 08. 10).

Shi, Ting. 2006. "Petition System Reform Due after Party Plenum". *South China Morning*

Post (October 06).

Tsai, Kellee S. 2007. *Capitalism without Democracy: The Private Sector in Contemporary China.* Ithaca: Cornell University Press.

Wedeman, Andrew. 2012. *Double Paradox: Rapid Growth and Rising Corruption in China.* Ithaca: Cornell University Press.

Wright, Teresa. 2008. "State-Society Relations in Reform-Era China: A Unique Case of Postsocialist State-Led Late Development?" *Comparative Politics* 40(3): 353-374.

Ming, Xia. 2008. *The People's Congresses and Governance in China: Toward a Network Mode of Governance.* London: Routledge.

Zhan, J. Vivian. 2009. "Decentralizing China: Analysis of Central Strategies in China's Fiscal Reforms." *Journal of Contemporary China* 19(60): 445-462.

童之偉. 2011. "信訪體制在中國憲法框架中的合理定位." 『現代法學』 33(1): 3–17.

房寧, 王炳權. 2011. "中國特色社會主義民主政治具有強大生命力." 『求是』 20期: 14–17.

紅旗, 1971. "必須重視人民來信來訪." 第1期.

金太軍. 2002. "政治文明: 歷史發展與中國特色." 『政治學研究』 03期, 33–39.

李九團, 王俊山 編. 2000. 『新世紀中國信訪工作實務全書』 北京 : 中國審計出版社.

龍志. 2010. "安元鼎: 北京截訪"黑監獄"調查." 『南方都市報』 (09月 24日), AA18.

潘偉. 2010. 『當代中華體制: 中國模式經濟政治社會解析』 廣州: 三聯書店.

人民日報. 2010. "從典型案例看化解"信訪洪峰"的緊迫性." (02月 25日).

孫展. 2005 "接訪戰役"能否化解信訪洪峰? 『中國新聞周刊』 2005年 19期: 30–31.

蘇永通. 2004. ""上訪村"的日子." 『南方周末』 (11月 5日).

王幼華. 2005. "全面保護信訪人權利 新信訪帶來新一輪信訪洪峰?" 『南方周末』 (01月 26日)

吳超. 2011. "中國當代信訪史基本問題探討." 『當代中國史研究』 18(1): 69–75.

邢世偉. 2013. "信訪制度正改革將取消排名 影響不亞於勞教廢除." 『新京報』 (11月 11日)

于建嶸. 2005. "中國信訪制度批判." 『中國改革』 02期. 26–28.

于建嶸. 2009. "中國信訪制度的困境和出路." 『戰略與管理』 第1/2期合編本.

中共江西省委 辦公廳信訪處, 江西省人民政府辦公廳信訪處. 編. 1989. 『信訪工作資料選』 第1 冊(機密).

中共中央. 2007. "國務院關於進一步加強新時期信訪工作的意見." 中發 5號(2007. 03. 10).

中共中央辦公廳 國務院辦公廳 信訪局 編 『信訪工作實用政策法規手冊 內部文件』 北京: 法律出版社. 1–14.

中共中央組織部辦公廳. 2004. 『組織部門信訪工作問答』 北京: 黨建讀物出版社.

중국 18개 성연감(省年鑑, 1995~2009), 30개 도시/현연감(城市/縣年鑑, 2002–2008).

15장

결론:
민주주의의
미래

조원빈 (성균관대학교)

민주주의가 과연 위기에 처해 있는가? 그렇다면, 현재 우리가 마주하는 민주주의의 위기가 권위주의 체제의 부상으로 이어질 것인가, 아니면 기존 민주주의 체제에 대한 비판과 그 개선으로 이어질 것인가? 이러한 문제에 대하여 이 책은 아시아 지역 내 다양한 국가들의 민주주의 수준을 단지 과정적 측면의 질뿐 아니라 결과적 측면의 질도 평가함으로써 그 대답을 찾고 있다. 그 결과, 절차적 측면의 수준이 높은 민주주의 국가가 반드시 결과적 측면의 수준을 높이는 것은 아니라는 것을 보여주었다. 예를 들어, 동아시아의 민주주의 국가들이 민주화뿐 아니라 경제 발전을 비교적 성공적으로 이루었음에도 불구하고 경제적 불평등의 문제를 해결하시 못하고 있다. 이에, 아시아 지역 시민들은 자국의 민주주의 수준에 관계 없이, 소득 불평등 문제 해결을 포함한 경제적 수행력을 민주주의 공고화에 중요한 요소로 인지하고 있다. 민주주의 제도 중 핵심적인 다당제 선거도 유권자의 투표가 어떠한 방식으로 의석으로 배분되는가에 따라 정치적 결과물인 효능에 중요한 영향을 미치는 것으로 나타났다. 예를 들어, 한국과 일본, 대만이 의회 선거에 공통적으로 도입한 혼합명부다수대표제가 정치적 대표성과 민주적 책임성을 확대하지 못하는 것으로 나타났다. 민주주의 절차적 측면에서 여성 의원 비율의 증가는 정책결정 과정을 통해 여성의 이해관계를 실질적으로 대변할 수 있도록 이끌었다.

이 책은 한국을 비롯해 아시아 8개국의 민주주의의 질을 평가했다. 이 중에는 일당체제의 권위주의 국가인 중국과 베트남도 포함되어 있다. 민주주의의 심화를 추구하는 한국과 일본, 대만은 민주적 절차를 통해 민주주의의 질적 향상을 이루어가고 있지만, 개별적으로 극복해야 할 문제들을 내재하고 있다. 일본은 실질적인 권력 분산을 이루기 위해 지방장치를 강화하려 했으나, 중앙 정부와 지방정부의 갈등이 걸림돌이 되고 있다. 한국은 기존에 다수를 차지했던 보수 세력의 분열이 한국 정치의 불확실성을 초래하고 있다. 대만인들은 민주주의 체제에 대한 높은 지지도를 보여주는 반면, 특정 정부의 업적에 대한 만족도는 상대적으로 낮게 나타난다. 장기적으로 정부에 대한 낮은 지지도가 민주주의 체제의 정당성에 부정적인 영향을 미칠 수도 있다. 인도와 인도네시아, 몽골은 각각 상이한 역사와 문화에도 불구하고, 민주주의의 절차적 측면이 점진적으로 향상되는 것으로 나타났다. 과연 이러한 민주주의의 절차적 측면의 향상이 결과적 측면의 향상으로 이어질 것인지는 아직 불확실하다. 마지막으로, 중국과 베트남은 모두 일당체제로 민주주의의 절차적 요소인 경쟁이 불가능한 권위주의 체제이다. 그럼에도 불구하고, 중국은 지방수준에서 탄원정치를 통해 대중정치참여와 지방정부감시 및 통제가 이루어져 제한적이지만 체제의 정당성을 유지하고 있다. 베트남도 국회의 역할 강화를 통해 대정부 견제 기능과 국회의 입법 기능을 강화함으로써 제한적이지만 민주주의의 결과적 측면인 대표성과 책임성을 강화하고 있다.

현재 우리가 마주하고 있는 민주주의의 위기는 지금까지 민주주의가 생산한 결과적 측면에 대한 불만족의 표현인가? 과연 전 세계에서 관찰되는 민주주의 체제와 권위주의 체제 사이의 경제력 균형의 변화가 전자의 위기 혹은 후자의 성공이라고 주장할 수 있을까? 민주주의에서 권위주의로의 전환이나 반대로 권위주의에서 민주주의로의 전환은 시민들이 스스로의 존재감에 대하여 얼마나 위기의식을 느끼는가로 설명되어질 수 있다. 긴 인류의 역사에서 생존은 언제나 불안한 것이었다. 식량 공급이 증대함에 따라 인구 규모도 증가했으며, 식량 공급이 줄어들면 인구도 감소했다. 식량 공급이 매우 어려워진 상황에서 외국인 혐오는 하나의 현실적인 전략이었다: 어느 한 종족이 지배하는 지역이 종족의 생존에 맞는 양의 식량을 생산할 수 있으면, 타 종족이 이 지역으로 이주한다는 것은 원주민에게는 생사의 문제로 받아들여지게 된다. 이처럼 경제적 환경이 불안한 상황에서 인간은 강력한 지도자를 중심으로 결속력을 강화하는 모습을 보여준다. 이는 현재 권위주의적이고 외국인 혐오를 주장하는 정당에 대한 적극적인 지지가 확산되는 모습과 유사한 것이다.

경제적 불안정을 민주주의를 위협하는 전적인 요인으로 받아들일 필요는 없다. 민주주의 이행에 대한 기존 연구들에 따르면, 학자들은 민주주의의 존립에 부정적인 영향을 미치는 다양한 요인들을 주장하고 있다. 그럼에도 불구하고, 한 가지 요인은 거의 만장일치로 동의한다:

극단적인 불평등은 민주주의와 양립할 수 없다. 지난 30여 년 동안 권위주의를 표방하는 정당에 대한 지지가 증가해온 만큼 동 기간에 불평등의 증가도 유사한 비율로 나타나는 것은 놀라운 것이 아니다.

　누구나 예외 없이 경제적 부를 경험하는 한 불평등의 증가가 심각한 문제가 되지 않는다. 몇몇 사람들은 타인들에 비해 좀 더 빠른 속도로 부의 증가를 경험하고 있지만, 모두가 긍정적인 방향으로 함께 이동하는 것이기 때문이다. 그러나, 오늘날 모든 사람들이 부의 증가를 경험하고 있지 않다. 오랫동안 선진국가의 노동계급의 실질임금은 점차 감소해왔다. 현재 교육수준이 낮은 사람일수록 자신의 직업의 불안정성을 더 심각하게 느끼고 있으며 경제 성장의 열매에 대한 접근이 차단되어 있다. 경제성장의 혜택은 대부분 경제적 상위계층에게만 집중되고 있다.

　불평등의 증대와 노동자 계급의 경제적 어려움은 자본주의가 필연적으로 초래한 것일까? 이것은 사회발전 단계를 반영하는 결과이기도 하다. 즉, 농경 사회가 산업경제 사회로 전환함에 따라 수많은 노동자의 필요성이 증가했고 이처럼 증가한 노동자 계급의 강력한 협상력을 보유하게 되었다. 반면, 사회가 서비스 중심 경제로 변하면서 이와 반대되는 결과를 초래했다. 자동화(automation)가 인력을 대체함에 따라 조직화된 노동계급의 협상력은 쇠퇴한 것이다. 이러한 사회 발전 단계의 변화는 우선 산업 노동자의 협상력을 줄였으며, 인공지능이 지배하는 사회로 변화함에 따라 교육수준이 높은 전문가들의 협상력도 줄이고 있다.

　최근 관찰되는 민주주의의 위기가 계속 이어질지는 우리 사회가 이러한 문제를 심각하게 받아들여 정부의 개입을 요구할 것인가에 달려있다. 선진 민주주의 국가에서 99퍼센트를 대변하는 새로운 정치연대가 등장하지 않는 한, 이들 국가의 경제는 계속해서 어려움을 겪을 것이며 일반 시민 대부분의 경제 상황도 계속해서 악화될 것이다. 정치적 안정과 고임금 사회의 건강한 경제가 지속되기 위해서는 분배에 초점을 맞춘 정책들에 대한 지속적이고 높은 관심이 요구된다. 최근 상위 1퍼센트에 부가 지나치게 집중되어감에 따라 과거 미국의 뉴딜 연대와 같은 새로운 연대의 등장 가능성이 높아지고 있다.

민주주의는 이전에도 위기를 경험했지만, 다시 회복되었었다. 그러나 오늘날 민주주의의 위기는 서구 선진국들이 지난 수십 년 동안 점점 심각해지고 있는 불평등의 문제를 신중하게 대응하고 자동화 중심의 경제로 전환되는 것을 잘 관리해야만 다시 회복될 수 있다. 시민들이 정치연대를 형성하여 불평등이 확산되는 것을 막고 중요한 일자리 창출 가능성을 유지한다면, 민주주의의 확산을 기대할 수 있을 것이다.

다수의 권위주의 체제도 근본적인 체제 내 도전에 직면하고 있으며 약점을 갖고 있다. 권위주의 국가들은 자국민들이 요구하는 것들을 제공하는 데 어려움을 겪고 있으며, 이러한 어려움이 이들 권위주의 국가가 자신의 국경을 넘어 공격적인 모습을 보이도록 추동하는 것이다. 이러한 대외적 모험주의(foreign adventurism)는 권위주의 체제의 지도자가 자국민들로부터 국내 문제의 실패에 주목하지 않도록 유도하는 데 도움을 줄 수 있다. 오일 가격의 하락으로 경제적 어려움을 겪고 있는 러시아의 푸틴 대통령이 효과적인 경제개혁과 부패방지 개혁을 실행하지 못하고 있다. 이에, 푸틴은 자신의 통치 정당성을 유지하기 위해 다른 방법을 모색할 수밖에 없었다. 대외적으로 위협적인 행동을 취하는 것은 푸틴에게 아주 자연스러운 것일 수 있다. 중국의 시진핑 국가주석의 경우도 이와 유사하다. 비록 중국이 놀라운 경제발전을 계속 유지하고 있지만, 내부 부패문제와 최근 둔화된 경제 성장이 시진핑 국가주석이

정통성 확보를 위한 또 다른 기반을 찾아야 했으며, 강력한 대외정책이 그 결과물 중 하나였다.

결국, 자유민주주의가 권위주의 체제가 초래하는 강력한 도전에 직면하고 있다는 것은 사실이다. 자유민주주의가 직면한 위협은 권위주의 체제가 하나의 성공적인 대안으로써의 정치체제로 부상했다는 것이 아니라, 이들 권위주의 체제가 생산하는 불안정성인 것이다. 민주주의의 미래에 대하여 최근에 확산되고 있는 실망이 근거가 없는 것은 아니다. 현재 전 세계의 민주주의 상황은 제3의 민주화 물결 초기의 기대에 크게 못 미치고 있다. 사실, 과거 민주주의 상황은 우리가 기억하는 것만큼 양호하지 않았으며, 몇몇 지역의 민주주의 상황은 악화되지 않고 그대로 유지되고 있다. 퍼퓰리즘도 종종 묘사되는 것처럼 전 세계의 일관된 경향성을 보여주지 않고 있다. 오히려, 대부분의 시민들은 반자유주의(illiberalism)보다 정부의 책임성 강화에 더 관심을 갖고 있다. 반민주적(antidemocratic)인 반혁명(counterrevolution)을 강조하는 시각으로 전 세계에서 일어나는 변화를 보는 것은 왜곡된 모습을 그리게 된다. 민주주의가 처한 위기 상황에 대하여 좀 더 엄밀한 시각으로 보는 것이 필요하다.

뉴노멀 시대, 아시아의
뉴데모크라시

초판 1쇄 인쇄 2020년 6월 26일
초판 1쇄 발행 2020년 6월 30일

엮은이 조원빈
지은이 조원빈, 정구연, 김남규, 김형철,
남윤민, 마인섭, 강명세, 최희식,
강수정, 라지브 구마르, 백주현,
최경희, 박정후, 김용균, 백우열
펴낸이 신동렬
책임편집 신철호
편집 현상철·구남희
마케팅 박정수·김지현

펴낸곳 성균관대학교 출판부
등록 1975년 5월 21일 제1975-9호
주소 03063 서울특별시 종로구 성균관로 25-2
대표전화 (02)760-1253~4
팩시밀리 (02)762-7452
홈페이지 press.skku.edu

ISBN 979-11-5550-415-4 93340